TODO AQUEL QUE EN ÉL CREE

Una crítica bíblica y teológica del calvinismo

TODO AQUEL QUE EN ÉL CREE

Editado por

DAVID L. ALLEN y STEVE W. LEMKE

{ REFLEXIONES DEL CONGRESO JUAN 3:16 }

B&H
ESPAÑOL
NASHVILLE, TENNESSEE

Todo aquel que en Él cree

B&H Publishing Group
Nashville, TN 37234

Clasificación Decimal Dewey: 284
Clasifíquese: CALVINISMO / TEOLOGÍA DOCTRINARIA

Publicado originalmente por B&H Publishing Group con el título *Whosoever Will: A Biblical-Theological Critique of Five-Point Calvinism* © 2010 por David L. Allen y Steve W. Lemke.

Traducción al español: Anabella Vides de Valverde

ISBN: 978-1-4336-9200-0

Impreso en EE.UU.
1 2 3 4 5 * 19 18 17 16

{Contenido}

PARTE DOS

{ Prólogo }

Mientras contemplo escribir el prólogo para este libro, la frase que captura mi corazón al considerar el tema de la teología reformada y no reformada es una: diferentes perspectivas, un espíritu unificado. Yo puedo de manera honesta confesar que el Señor ha puesto personas en mi vida a quienes amo profundamente y que han hecho contribuciones increíbles a mi vida y que están en ambos lados. Lo que he llegado a apreciar más acerca de la teología es la capacidad de llegar al mutuo acuerdo de estar en desacuerdo, pero hacerlo en el espíritu de Cristo. Dicho eso, creo firmemente que serás un mejor estudiante de la Palabra de Dios tras leer este libro.

Como bautistas, sabemos que tenemos calvinistas y no calvinistas dentro de nuestras filas. Creo que el Señor Jesucristo es exaltado cuando podemos reconocer nuestras diferencias, pero unimos esfuerzos alrededor de un mensaje centrado en el evangelio para proclamar su verdad a las naciones. También confieso que, después de estudiar el tema del calvinismo y sus doctrinas, soy un mejor estudiante de la Palabra de Dios. Casi todos los que me conocen personalmente están al tanto, que no me adhiero a los cinco puntos del calvinismo. Sin embargo, como un estudiante de la Palabra de Dios, en la medida en que me informo al escuchar el corazón de mis amigos y leer libros recomendados, valoro mucho más y tengo una mejor comprensión de la soteriología. Una cosa es segura: Nunca comprenderé lo que pasó aquel día cuando Dios bajó del cielo en la persona del Señor Jesucristo y me salvó.

Desde ese día, estoy agradecido por los hombres y las mujeres que han sido usados por Dios para moldear mi vida y mi teología.

Los ensayos que leerás en este libro son de algunos de los hombres más influyentes que he conocido. Cuando leas el mensaje sencillo pero profundo del Dr. Jerry Vines, recordarás que Dios en verdad ama al mundo, y que Él dio el máximo regalo. Pocos hombres han tocado mi vida como el Dr. Paige Patterson, por el modo en que él me ha buscado y amado desde el primer día en que lo conocí, y pocos hombres me han alentado como él a ser un mejor estudiante de la Palabra de Dios.

Al continuar tu lectura, estarás agradecido por la mente brillante y el gran corazón del Dr. David Allen. Él, junto con los otros autores, nos guiará a través de este proceso paso a paso al abordar el tema del calvinismo. Es evidente que este libro está escrito desde una perspectiva no calvinista. Sin embargo, creo que verás el espíritu de Cristo de una página a otra porque nunca se pretendió criticar con severidad a aquellos de una persuasión diferente. Más bien, el libro es parte de un diálogo permanente de acercamiento de los bautistas del sur. Yo, por mi parte, he sentido un progreso increíble en la relación entre calvinistas y no calvinistas. Mi oración es que llevemos la soteriología que creemos a los más necesitados y perdidos en esta nación y en las naciones en el mundo.

Confío que este libro te bendecirá enormemente, te informará y te animará, y que te sentirás obligado a recomendarlo y pasarlo a otros. Además, es mi oración que procures ser el mejor estudiante, y aun mejor, que desees ser el mejor cristiano que puedas ser, de manera que Dios sea glorificado y otros sean llevados a Él.

Bendiciones sobre ti mientras lees.

Johnny Hunt, Pastor

First Baptist Church [Primera Iglesia Bautista], Woodstock, Georgia

Presidente de la Convención Bautista del Sur (SBC)

{Prefacio}

James Leo Garrett, Jr.

Aunque los predicadores cristianos por siglos han procurado honrar el testimonio paulino al proclamar «todo el propósito de Dios» (LBLA, NVI, NBLH), o «todo el consejo de Dios» (RVR60), o «el plan de Dios» (RVC) (Hechos 20:27), en ocasiones ciertas doctrinas cristianas, enseñanzas o temas han recibido la atención o el énfasis que no se le ha asignado a otras enseñanzas. En el siglo IV, cuando Arrio enseñaba que Jesús era una criatura del Dios único y por tanto no era el Hijo de Dios y no era Dios, las doctrinas de la Trinidad y de la persona de Jesucristo fueron motivo de gran preocupación. En el siglo XVI, cuando Martín Lutero anunciaba la doctrina de la justificación por la sola gracia de Dios a través de la sola fe y cuando los anabaptistas enfatizaron el nuevo nacimiento, las interrogantes sobre cómo se salvan los seres humanos fueron primordiales. En el siglo XVII, cuando el poco conocido Juan Smyth formó una congregación de exiliados ingleses en Amsterdam sobre la base del bautismo del creyente, el tema del bautismo del creyente frente al bautismo de infantes llegó a ser controversial.

Así también las doctrinas estipuladas por el Sínodo de Dort (1618-1619) en los Países Bajos en oposición a las enseñanzas de los arminianos han tenido un lugar destacado en la expresión reformada del cristianismo y en ocasiones han sido de suma importancia para los bautistas. En los primeros dos siglos de la historia de los bautistas, el XVII y el XVIII, los temas que distinguieron a los arminianos y a los de Dort fueron la norma que diferenció a los bautistas generales y particulares en Inglaterra y a los bautistas regulares y a los del libre albedrío en Estados Unidos. Pero, durante la mayor parte de los siglos XIX y XX esas diferencias históricas no estaban definidas con claridad[1] y fueron menos significativas para la teología y para la vida de las iglesias bautistas.

Cuando era un joven en la iglesia donde sirvió B. H. Carroll como pastor por 29 años, yo no estaba al tanto de los temas sobre el calvinismo y el arminianismo, estos simplemente no estaban dentro de nuestro radar. Una apreciación similar puede hacerse de nuestros salones de clase en el Seminario Teológico Bautista del Suroeste durante 1945-1948, cuando, según recuerdo, el único profesor de historia eclesiástica, W. W. Barnes, era quien de manera específica aludía a estos temas en su curso sobre Historia de los bautistas. Tanto para los maestros como para los estudiantes no eran temas contemporáneos. Solo cuando comencé (1950) a desarrollar un curso sobre la historia de la teología bautista descubrí la enorme importancia de estos temas para los primeros bautistas, y solo cuando llegué a ser un compañero de trabajo de Dale Moody (1959) el asunto de la perseverancia y la apostasía pasó a ser de importancia.

Pero, aquellas cuestiones que han permanecido intactas pueden volver otra vez a la vida. Así con el debate entre los que sustentaban los postulados de Dort frente a los arminianos. El movimiento neocalvinista entre los bautistas del sur comenzó a tomar importancia durante la década de 1980, y ahora quizá un tercio de los recién graduados del seminario de la Convención Bautista del Sur, quienes están activos en el ministerio de la iglesia, se consideran a sí mismos calvinistas de los cinco puntos o calvinistas de Dort.[2] ¿Cómo se explica esta tendencia? El presente autor ha sugerido que es una oscilación básica del péndulo que se aleja de la responsabilidad y actividad humanas

---

[1] La mayoría, aunque no todos, de los bautistas generales y particulares en Inglaterra se unieron en 1891.

[2] Ed Stetzer, «Calvinism, Evangelism, SBC Leadership», en *Calvinism: A Southern Baptist Dialogue* (ed. E. Ray Clendenen y Brad J. Waggoner; Nashville, TN: B&H Academic, 2008), 17.

y regresa a la soberanía y actividad divinas.[3] Otros han argumentado que los cristianos hoy buscan más seguridad y alguna estabilidad en un tiempo de ansiedad y gran cambio. Los bautistas calvinistas podrían decir que ellos han leído sus biblias con mayor atención y así han arribado a conclusiones calvinistas o que los jóvenes bautistas del sur están descubriendo y adoptando su legado bautista calvinista.

¿Qué queremos decir por «calvinismo»? Hay varias respuestas. La primera, puede referirse a la totalidad de la enseñanza de Juan Calvino (1509-1564). Esto incluiría su enseñanza sobre el bautismo de infantes, la organización política presbiteriana, la interrelación de la iglesia y el estado, y el castigo del estado para los creyentes disidentes. La segunda respuesta, podría referirse a la totalidad de la tradición teológica reformada. Aunque este uso con dificultad le haría justicia a la obra de Ulrico Zwinglio y a otros, este uso existe. Richard A. Muller, un importante teólogo reformado, ha argumentado que uno no puede separar legítimamente las enseñanzas de Dort del resto de la enseñanza reformada o considerar Dort como el «único» o «principal» indicador del calvinismo.[4] La tercera respuesta, el calvinismo puede usarse para identificar las enseñanzas del Sínodo de Dort. La cuarta respuesta, el término puede usarse para referirse a los elementos de la tradición reformada que han sido retenidos y afirmados por algunos bautistas. A esto, Malcolm B. Yarnell lo llama «calvinismo bautista».[5] La quinta respuesta, existe el término «hipercalvinismo». Aunque se ha incorporado en el vocabulario de los bautistas, se aplica de forma más adecuada a las perspectivas de ciertos anglicanos, congregacionalistas, y teólogos bautistas particulares en la Inglaterra del siglo XVIII.[6]

---

[3] James Leo Garrett, Jr., «What Are the Alternatives to Dortian Calvinism?», *The Alabama Baptist* (2 agosto de 2007): 12.

[4] R. A. Muller, «How many points?», *Calvin Theological Journal* 28 (noviembre de 1993): 426. Para Muller, John Gill, aunque adoptó los cinco puntos de Dort, no era un verdadero calvinista, y la crítica de Muller a «una relación personal con Jesús» implica desacreditar el ministerio de Billy Graham.

[5] Malcolm B. Yarnell III, «Calvinism: Cause for Rejoicing, Cause for Concern», en *Calvinism*, 77-81.

[6] El presente autor ha identificado cinco marcas del hipercalvinismo: el supralapsarianismo; el pacto eterno entre el Padre, el Hijo, y el Espíritu; la justificación eterna que es solamente manifestada en el tiempo; no ofertas generales de gracia en la predicación; y el antinomianismo. James Leo Garrett, Jr.,

Sin duda, debemos reconocer que hay una importante vertiente de calvinismo en la vida de los bautistas, es decir, calvinismo bautista, a pesar de los esfuerzos de algunos por restarle importancia.[7] ¿Cuál es la naturaleza precisa de esa vertiente, y se puede sustentar partiendo de una lectura exhaustiva, razonable y fiel del Nuevo Testamento? Estas interrogantes han sido abordadas por los que presentaron sus ponencias en la Conferencia Juan 3:16 y por los que han preparado ponencias adicionales. Así que, ellas constituyen el peso de este libro. Estos temas deben ser tratados en un espíritu conciliatorio y de reflexión, no de modo hostil o polémico. Los colaboradores para este libro han procurado hacerlo así.

No obstante, alguna artillería pesada se ha colocado, en particular por David Allen y Steve Lemke en sus estudios detallados sobre *la expiación limitada* y *la gracia irresistible* (o llamamiento eficaz). Allen ha reunido evidencia que demuestra que muchos teólogos reformados no abrazaron la expiación limitada, y el capítulo de Lemke está repleto con textos bíblicos y crítica teológica. Richard Land ha ofrecido una alternativa a la elección incondicional que seguramente enviará a sus lectores más estudiosos en busca de si es *sui géneris* o tiene un defensor anterior en la historia de la doctrina cristiana. Kenneth Keathley ha evaluado de nuevo la *seguridad* a fin de concluir que está basada en la justificación, no en la santificación, y que la fe es esencial, y propone una forma modificada de ver la evidencia de la veracidad de la

---

Baptist Theology: A Four-Century Study (Macon, GA: Mercer University Press, 2009), 89. Nathan Finn, «Southern Baptist Calvinism: Setting the Record Straight», en *Calvinism*, 182, ha impugnado la inclusión de dos de estas marcas, es decir, «elección incondicional» y el eterno «pacto de redención», basado en Garrett, «Calvinism: What Does It Mean?», *The Alabama Baptist*, (2 de agosto de 2007): 7. Primero, yo no cité «elección incondicional» en el sentido que la elección no está basada en el conocimiento previo de Dios sobre quien se arrepiente y cree, sino en el supralapsarianismo con su doctrina de la doble predestinación, que incluye la reprobación de los no electos, no solamente su preterición, una enseñanza que no adoptaron la Primera ni la Segunda Confesiones de Londres de los Bautistas Particulares. Segundo, mi uso del término «enseñanzas distintivas» con respecto a esas marcas, un uso debatible no repetido en la teología bautista, significaba «distintivo» de los cinco puntos de Dort, no «distintivo» de la totalidad de la tradición reformada o de la totalidad de la historia de la doctrina cristiana. Por ello, Finn tiene razón al notar que los calvinistas, aparte de los hipercalvinistas, han enseñado el pacto eterno de redención.

   [7] F. Humphreys y P. E. Robertson, *God So Loved the World: Traditional Baptists and Calvinism* (Nueva Orleans, LA: Insight Press, 2000); Humphreys, «Traditional Baptists and Calvinism», *Historia y legado bautista* 39 (primavera de 2004): 56-60.

perseverancia. El trato de Paige Patterson a *la depravación total*, apenas una refutación a Dort, podría servir de apoyo a la opinión de este autor que la diferencia crucial no fue la depravación total, sino el arrepentimiento y la fe.[8] Kevin Kennedy completa lo dicho por Allen al exponer la evidencia que muestra que el mismo Calvino no enseñó *la expiación limitada*, mientras que Malcolm Yarnell se enfoca en *los peligros potenciales del calvinismo para las congregaciones bautistas hoy*, y Allan Streett se ocupa de *la práctica de la invitación pública*, o el llamado al altar. Jeremy Evans sondea el *compatibilismo* que busca combinar el determinismo y la libertad humana en comparación con el libre albedrío libertario en medio del rechazo del *llamamiento eficaz*, y Bruce Little examina *el problema del mal y el sufrimiento* con una «simple soberanía» — lo que Dios permite y lo que Dios ordena — y sin dos voluntades divinas, la revelada y la oculta. Jerry Vines introduce el libro con un cautivante sermón sobre el gran texto que provee el título para el libro.

Todos aquellos que quieran considerar con seriedad el papel del calvinismo en la vida de los bautistas hoy podrían encontrar estimulante el contenido de estas páginas, que a su vez invitan a una discusión y a un diálogo más a fondo.

James Leo Garrett, Jr.
Profesor distinguido de teología,
y profesor emérito del Southwestern Baptist Theological Seminary
[Seminario Teológico Bautista Southwestern]

---

[8] Garrett, *Baptist Theology*, 27.

{ Colaboradores }

David L. Allen, profesor de predicación, director del Centro del Suroeste para la predicación expositiva, profesor de la cátedra de ministerio: George W. Truett, y decano de la Escuela de Teología, Southwestern Baptist Theological Seminary [Seminario Teológico Bautista Southwestern], Fort Worth, Texas.

Jeremy A. Evans, profesor asistente de filosofía cristiana, Southeastern Baptist Theological Seminary [Seminario Teológico Bautista Southeastern], Wake Forest, Carolina del Norte.

Kenneth D. Keathley, profesor de teología y decano de estudios de posgrado en el Southeastern Baptist Theological Seminary [Seminario Teológico Bautista Southeastern], Wake Forest, Carolina del Norte.

Kevin Kennedy, profesor asistente de teología, Southwestern Baptist Theological Seminary [Seminario Teológico Bautista Southwestern], Forth Worth, Texas.

Richard Land, presidente de la comisión de libertad religiosa y ética de la Convención Bautista del Sur, Nashville, Tennessee.

Steve W. Lemke, vicerrector y profesor de filosofía y ética, New Orleans Baptist Theological Seminary [Seminario Teológico Bautista de Nueva Orleans], Nueva Orleans, Louisiana.

Bruce A. Little, profesor de filosofía y director del Centro Bush para la fe y la cultura, Southeastern Baptist Theological Semianry [Seminario Teológico Bautista Southeastern], Wake Forest, Carolina del Norte.

Paige Patterson, presidente, profesor de teología y profesor de la cátedra de evangelización: L. R. Scarborough, Southwestern Baptist Theological Seminary [Seminario Teológico Bautista Southwestern], Fort Worth, Texas.

R. Alan Streett, profesor de la cátedra de predicación expositiva: W. A. Criswell, Criswell College [Universidad Criswell], Dallas, Texas.

Jerry Vines, presidente de Ministerios Jerry Vines, Inc. y pastor emérito de la First Baptist Church [Primera Iglesia Bautista], Jacksonville, Florida.

Malcolm B. Yarnell III, profesor asistente de teología sistemática y director del Centro para la investigación teológica, Southwestern Baptist Theological Seminary [Seminario Teológico Bautista Southwestern], Fort Worth, Texas.

{Introducción}

David L. Allen y Steve W. Lemke

El resurgimiento del interés en el calvinismo

El tema del calvinismo ha acumulado considerable interés en años recientes. En la publicación de *Christianity Today* [Cristianismo hoy] de septiembre de 2006, Collin Hansen escribió el artículo de portada titulado «Joven, inquieto y reformado: el calvinismo vuelve a la escena y está sacudiendo la Iglesia», que se ocupa de las dos tendencias entre los ministros evangélicos más jóvenes, incluyendo a aquellos dentro de la Convención Bautista del Sur (SBC).[1]

Esta publicación de amplia circulación también destaca en la portada a un joven teólogo vistiendo una camiseta con las palabras estampadas «Jonathan Edwards es mi amigo». La publicación se centró, ante todo, en el viraje calvinista que muchos jóvenes ministros bautistas han dado hacia la teología reformada.

---

[1] C. Hansen, «Young, Restless, and Reformed: Calvinism Is Making a Comeback—and Shaking Up the Church», *Christianity Today*, 50, n.º 9 (22 de septiembre de 2006), consultada el 5 de mayo de 2016. http://www.christianitytoday.com/ct/2006/september/42.32.html. Usando el mismo título, Hansen publicó más tarde una versión ampliada de este artículo en su libro, *Young, Restless, Reformed: A Journalist's Journey with the New Calvinists* (Wheaton, IL: Crossway, 2008).

Varias reuniones recientes han mostrado interés en el calvinismo. La conferencia denominada «*Together for the Gospel* [Juntos por el evangelio]» se ha realizado cada dos años en Louisville, Kentucky, desde 2006, con disertantes bautistas calvinistas y presbiterianos atrayendo varios miles de asistentes. Los líderes de la conferencia redactaron un documento titulado «Juntos por el evangelio», el cual enfatiza creencias compartidas por los bautistas calvinistas y presbiterianos. Luego, en noviembre de 2007, una conferencia titulada «Estableciendo vínculos: los bautistas del sur y el calvinismo», organizada por *LifeWay Christian Resources* y patrocinada por *Founders Ministries* y el Seminario Teológico Bautista del Suroeste, se realizó en el *Ridgecrest Assembly Center* [Centro de asambleas Ridgecrest] en Black Mountain, Carolina del Norte. En estas conferencias, la abrumadora mayoría de los expositores era de convicciones calvinistas moderadas o fuertes.

Del 6 al 7 de noviembre de 2008, la Conferencia Juan 3:16 se llevó a cabo en la *First Baptist Church* [Primera Iglesia Bautista] en Woodstock, Georgia. Los disertantes en la Conferencia Juan 3:16 están en la gran tradición bautista que ni es del todo calvinista ni arminiana, pero toma en cuenta ambas tradiciones teológicas. Ellos creen que la mayoría de los bautistas del sur y muchos otros evangélicos no adoptan del todo el calvinismo o la teología reformada.[2] Por tanto, la Conferencia Juan 3:16 se realizó, en parte, para presentar su respuesta y ofrecer una perspectiva diferente a la de algunos otros eventos. La conferencia pretendía proveer una crítica bíblica y teológica a los cinco

---

[2] En un estudio hecho a 413 pastores bautistas del sur en 2006, alrededor del 10% se describieron a sí mismos como calvinistas de los cinco puntos. Véase L. Lovelace, «10 Percent of SBC Pastors Call Themselves 5-Point Calvinists», *Baptist Press*, (18 de septiembre de 2006), consultada el 11 de enero de 2008. http://www.bpnews,net/bpnews,a sp?ID=23993. Puesto que el estudio fue dirigido solo a pastores a tiempo completo, algunos investigadores han sugerido que si se hubiera incluido el importante número de pastores bivocacionales en la SBC, se habría reducido el porcentaje total de pastores con fuertes convicciones calvinistas a cerca de un 8%. Sin embargo, una proporción mayor de recién graduados de los seminarios de la SBC (29% según un estudio de pastores del nuevo milenio realizado en 2007 por NAMB y LifeWay) ratifican los cinco puntos del calvinismo (véase «Calvinism and SBC Leadership: Key Findings and Evangelistic Implications», consultada el 5 de mayo de 2016. http://www.christianitytoday.com/assets/10269.pdf). En ambos estudios, más del setenta por ciento de los líderes bautistas del sur no ratifican los cinco puntos del calvinismo.

puntos del calvinismo. *Jerry Vines Ministries* [Ministerios Jerry Vines] patrocinó la conferencia, pero el Seminario Teológico Bautista de Nueva Orleans, el Seminario Teológico Bautista del Suroeste, el Seminario Teológico Bautista del Medio Oeste, el Seminario Teológico Bautista Liberty y el Seminario Luther Rice copatrocinaron el evento. La conferencia atrajo un grupo de 1000 participantes, y los CD y DVD de la conferencia se han distribuido ampliamente.

Los ponentes en esta conferencia no se identificarían como calvinistas (ni como arminianos), sino simplemente como bautistas. Los primeros seis capítulos en la Parte uno de este libro presentan versiones editadas de las ponencias presentadas en la conferencia, todas ellas abordan temas sobre la soteriología calvinista. «El sermón de Juan 3:16», presentado por Jerry Vines, es un enfoque magistral a ese texto. Luego, Paige Patterson trata «la depravación total», después Richard Land se centra en «la elección incondicional». David L. Allen cubre el tópico de «la expiación limitada», y Steve Lemke se refiere al tema de «la gracia irresistible». El ensayo de Ken Keathley, «la perseverancia de los santos», completa la Parte uno del libro.

En la Parte dos, cinco capítulos adicionales tratan con otros temas que surgen de la teología calvinista. Esta parte comienza con un capítulo por Kevin Kennedy titulado «¿Era Calvino un —calvinista—? Juan Calvino sobre el alcance de la expiación». Malcolm Yarnell explora el calvinismo y la iglesia local bautista, y Allan Streett aporta el artículo «La invitación pública y el calvinismo». Jeremy Evans presenta «Reflexiones sobre el determinismo y la libertad humana», y Bruce Little termina el libro con «El mal y la soberanía de Dios».

El debate sobre el calvinismo

El debate respecto al calvinismo no es nuevo. Aunque el tema de la depravación humana, importante para el calvinismo, ha sido causa de debate al menos desde Agustín, el conocido Sínodo de Dort de la iglesia reformada holandesa (1618-1619 d.C.) abordó el tema en respuesta a la preocupación expresada por los remonstrantes—los que protestan—, quienes eran calvinistas reformados holandeses. El teólogo Jacobo Arminio fue el que mejor expresó sus puntos de vista, aunque él mismo no vivió para asistir al Sínodo de Dort. Otros calvinistas estuvieron en total desacuerdo con los remonstrantes arminianos. En preparación para el Sínodo, con el propósito de examinar estos temas, algunos de los calvinistas escribieron sus puntos de vista sobre la depravación humana:

> El hombre no tiene gracia propia, ni la energía de su libre albedrío, puesto que, en el estado de la apostasía y pecado, no puede concebir por sí mismo algo realmente bueno (como la fe eminentemente salvadora); por esto es necesario que él sea renacido de Dios en Cristo, por su Espíritu Santo, y renovado en la comprensión, la inclinación, o voluntad y todos sus poderes, para que correctamente pueda entender, pensar, desear, y obrar lo bueno realmente, conforme a la Palabra de Cristo, Juan 15:5: «Separados de mí nada podéis hacer».

> La gracia de Dios es el principio, la continuación y el cumplimiento de todo lo bueno, hasta tal punto, que el hombre regenerado, por sí mismo, sin la prevención o la asistencia, el despertar, seguimiento y la gracia cooperativa, no puede pensar, desear, ni hacer el bien, ni resistir cualquier tentación al mal; de modo que todas las buenas acciones o movimientos, que pueden ser concebidos, sean atribuidos a la gracia de Dios en Cristo.[3]

¡Qué firme declaración calvinista de la depravación humana y nuestra absoluta incapacidad aparte de Dios para contribuir para nuestra salvación! Afirma que los seres humanos son tan depravados que no pueden pensar, desear o hacer lo que es realmente bueno. Además, los humanos no pueden salvarse a sí mismos por sus propios esfuerzos, fe, o libre albedrío porque ellos viven «en el estado de la apostasía y pecado». Describe su absoluta incapacidad para pensar, desear, hacer el bien o resistir las tentaciones. La única esperanza de salvación viene de Dios—ser nacido de nuevo y regenerado por

---

[3] Philip Schaff, «The Five Arminian Articles», artículos III y IV en *The Creeds of Christendom*, 6ta ed. (Grand Rapids, MI: Baker Books, 1983), 3:546-47.

el Santo Espíritu de Dios. La declaración afirma que solo Dios puede renovar el entendimiento, el pensamiento y la voluntad de manera que los humanos puedan hacer lo bueno, pues Jesús dijo que sin Él los humanos no pueden hacer nada. Es más, afirma que toda buena acción «que puede ser concebida» debe atribuirse solo «a la gracia de Dios en Cristo».[4]

Uno podría inferir que esta declaración calvinista expresaba las opiniones de los calvinistas radicales que formaban la mayoría en el Sínodo de Dort (los remostrantes fueron sistemáticamente excluidos del Sínodo, de manera que sus puntos de vista no tenían verdadera representación en el Sínodo). Pero, esta declaración es una cita de los artículos III y IV de los temas planteados por los remonstrantes. Esta afirmación tan poderosa sobre la depravación humana y la incapacidad total de los humanos de salvarse a sí mismos significa que los remonstrantes no pueden, de modo responsable, considerarse pelagianos o incluso semipelagianos. Los pelagianos y semipelagianos afirman que los seres humanos naturales pueden iniciar o responder a Dios de manera completamente independiente de Su gracia.[5] Nada podría ser más foráneo a las creencias de estos arminianos remonstrantes que la noción que los humanos pecadores podrían iniciar, mucho menos ganar, su propia salvación. Así como hay diferentes tipos de calvinistas, con muchos calvinistas resentidos por ser llamados hipercalvinistas, es totalmente inapropiado para los teólogos describir a estos arminianos remonstrantes como pelagianos o semipelagianos en su doctrina. Ciertamente, el Sínodo de Dort, de modo lamentable, etiqueta mal a los arminianos remonstrantes como «totalmente pelagiano[s]».[6] Algunos

---

[4] Ibíd.

[5] R. H. Weaver, *Divine Grace and Human Agency: A Study of the Semi-Pelagian Controversy*, Patristic Monograph Series 15 (Macon, GA: Mercer University Press, 1996), ix-x, 1-14.

[6] «Los Cánones de Dort», Reprobación de los errores para los capítulos 3 y 4, artículo VII, consultada el 12 de mayo de 2016. http://www.iglesiareformada.com/canones_de_dort.html. El Sínodo asimismo acusa a los remonstrantes de enseñar que «la gracia y la voluntad libre son las causas parciales que obran conjuntamente el comienzo de la conversión, y que la gracia, en relación con la acción, no precede a la acción de la voluntad; es decir, que Dios no ayuda eficazmente a la voluntad del hombre para la conversión, sino cuando la voluntad del hombre se mueve a sí misma y se determina a ello. Pues la Iglesia antigua condenó esta doctrina, ya hace siglos, en los pelagianos, con aquellas palabras del Apóstol: Así que no depende del que quiere, ni del que corre, sino de Dios, que tiene misericordia (Rom. 9:16)». («Los Cánones de Dort», Reprobación de los errores para los capítulos III y IV, artículo IX, consultado el 12 de

arminianos posteriores llegan a ese extremo, y se equivocan al hacerlo. De manera similar, algunos calvinistas llegan a ser tan radicales que se convierten en hipercalvinistas. Pero, abstengámonos de llamarlos lo que no son. Los arminianos en Dort eran calvinistas (miembros de congregaciones reformadas) quienes tenían preocupaciones respecto a los extremos a los que algunos teólogos calvinistas habían llevado el calvinismo, en puntos seguramente más allá que el mismo Calvino. Caricaturizar a los remonstrantes como pelagianos o semipelagianos es, por tanto, históricamente impreciso e inapropiado.

Sin embargo, pese a defender a los arminianos remonstrantes de esta caricatura, ninguno de los autores en este proyecto es arminiano o defensor del arminianismo. Ninguno de los autores es un arminiano de cinco puntos, un pelagiano, un semipelagiano, o un calvinista radical. Todos estos autores se suman a la larga historia de la iglesia al afirmar que el pelagianismo es una herejía que exagera en demasía el potencial humano, minimiza en demasía la maldad humana y la necesidad de la salvación solo a través de la gracia de Dios. Todos estos colaboradores apoyan la lucha contra la «apertura de Dios» que coloca un enorme valor en el libre albedrío humano, al punto de afirmar que Dios no tiene presciencia exhaustiva del futuro, y los colaboradores se han opuesto a aquellos que no creen en la seguridad del creyente. Más bien, nuestros colaboradores tratan de mantener las dos posiciones más extremas en balance, aprender de ambas, y se consideran a sí mismos como la corriente principal de la tradición teológica bautista. Esta tradición, no obstante, es bastante amplia para incluir a ambos polos de este tema. ¿Pueden los bautistas ser calvinistas? Sí, pero los bautistas también pueden ser no calvinistas. Los bautistas han tenido siempre calvinistas y no calvinistas dentro de sus filas. Dos extremos deben evitarse: (1) Los bautistas del sur *jamás* deben ser calvinistas, y (2) los verdaderos bautistas del sur *deben* ser calvinistas.

---

mayo de 2016. http://www.iglesiareformada.com/canones_de_dort.html.) Es evidente que los remonstrantes expresamente negaron toda acción humana en iniciar la salvación, y afirmaron que la salvación es iniciada por la gracia de Dios antes que alguna clase de respuesta humana. El Sínodo de Dort tergiversó la posición remonstrante de forma totalmente imprecisa con esta caricaratura de *reductio ad Pelagian*.

Mientras los remonstrantes y los que sustentaban los Cánones de Dort acordaron que todos los humanos son depravados y totalmente incapaces de salvarse a sí mismos aparte de la gracia de Dios, ¿por qué los líderes del Sínodo de Dort se opusieron a los remonstrantes de forma tan implacable y violenta, al grado de perseguirlos, obligarlos a salir de sus iglesias, arrestarlos y encarcelarlos, e incluso decapitarlos? ¿En qué sentido difieren los remonstrantes y los calvinistas de Dort? El famoso acrónimo TULIP (por sus siglas en inglés) ha constituido la síntesis de las diferencias doctrinales entre las dos posiciones teológicas: depravación total, elección incondicional, expiación limitada, gracia irresistible, y perseverancia de los santos. Desde el inicio de la vida bautista, dos trayectorias teológicas en alguna medida reflejaron las dos posiciones en el Sínodo de Dort. Los «bautistas generales» se inclinan hacia la posición remonstrante, y los «bautistas particulares» en general respaldan la posición del Sínodo de Dort.

¿Cuál calvinismo?

La dificultad al abordar las doctrinas del calvinismo correctamente procede, en parte, de tener muchos calvinismos y no un «calvinismo» monolítico. Varios tipos de calvinismo varían de manera significativa en un número de temas. Por ejemplo, decir que *todo* bautista respalda por completo la teología calvinista o reformada es impreciso. Puede trazarse una distinción entre uno que es *calvinista/reformado* (es decir, alguien que abraza todas o la mayoría de las doctrinas del calvinismo) y uno que es *calvinista* (es decir, alguien que abraza algunas doctrinas del calvinismo). Algunos bautistas son calvinistas en su soteriología, pero no son calvinistas en el sentido del término *reformado*. Richard A. Muller, como un antiguo miembro del cuerpo docente del Calvin Theological Seminary [Seminario Teológico Calvino], posee las indiscutibles credenciales calvinistas. Él ha rebatido en el *Calvin Theological Journal* [Revista Teológica Calvino] la noción que tanto los evangélicos como los bautistas que piensan de sí mismos como calvinistas pueden de manera apropiada afirmar que son calvinistas solo porque creen en los cinco puntos de la soteriología calvinista:

Una vez conocí a un ministro que se me presentó como un «calvinista de cinco puntos». Después supe que, además de ser un confeso calvinista de cinco puntos, era también uno que estaba en contra del bautismo de infantes, que asumía que la iglesia era una asociación voluntaria de creyentes adultos, que los sacramentos no eran medios de gracia sino solo «ordenanzas» de la iglesia, que hay más de un pacto que ofrece salvación en el tiempo entre la Caída y el *Escathon* (el fin), y que la iglesia podría esperar un reinado de mil años sobre la tierra, después de la segunda venida de Cristo, pero antes del fin del mundo. Él no reconocía los credos o confesiones de la iglesia vinculantes de modo alguno. También me enteré que regularmente predicaba sobre los «cinco puntos» con el fin de indicar la dificultad en encontrar seguridad de salvación: A menudo enseñaba a su congregación que tenían que examinar su arrepentimiento de manera continua para determinar si se habían esforzado lo suficiente en renunciar al mundo y «aceptar» a Cristo. Esta perspectiva de la vida cristiana respondía a su concepción de la iglesia como una asociación visible y voluntaria de adultos «nacidos de nuevo» que tenían «una relación personal con Jesús».

En retrospectiva, reconozco que no debería estar terriblemente sorprendido por el contexto doctrinal o la aplicación práctica de los famosos cinco puntos por este ministro, aunque entonces me asombró. Al fin y al cabo, aquí está una persona, orgullosa de ser un calvinista de cinco puntos, cuyas doctrinas habrían sido repudiadas por Calvino. En efecto, sus doctrinas habrían conseguido que lo echaran de Ginebra si hubiera llegado allí con su etiqueta de «calvinista» en cualquier momento durante el final del siglo XVI y el siglo XVII. Quizás, mejor dicho, sus creencias quedarían fuera de los límites teológicos presentados por las grandes confesiones de las iglesias reformadas (ya sea la Segunda Confesión Helvética de la iglesia reformada suiza o la Confesión Belga y el Catecismo de Heidelberg de las iglesias reformadas holandesas o los estándares de Westminster de las iglesias presbiterianas). Él era, en pocas palabras, un evangélico estadounidense.[7]

---

[7] R. A. Muller, «How many points?», *Calvin Theological Journal* 28, no 2 (noviembre de 1993): 425-26.

Muller desprecia a los «bautistas particulares» como John Gill, porque Gill no adopta el resto de las doctrinas calvinistas.[8] Ser un calvinista completo (reformado) requiere mucho más que los cinco puntos a menudo asociados con el Sínodo de Dort. Para Muller, ser realmente un calvinista requiere la ratificación de otras creencias como el bautismo de infantes, la identificación de los sacramentos como medios de gracia y una escatología amilenial.[9] Cuando estas doctrinas calvinistas adicionales «son removidas u olvidadas», lamenta Muller, «los famosos cinco puntos restantes tienen poco sentido».[10] Desde la perspectiva de un verdadero calvinista, los bautistas son calvinistas modificados en el mejor de los casos. Nadie en la SBC está a la altura de este estándar de calvinismo. La SBC tiene bautistas del sur que son calvinistas en algunos aspectos de su soteriología, pero los calvinistas bautistas del sur no respaldan todas las doctrinas de la teología reformada.

Por eso, como estos artículos citan y responden a tantas variedades del calvinismo, otros calvinistas podrían objetar que estos argumentos no abordan las creencias de su tipo particular de calvinismo. Aunque todos los colaboradores en este libro son bautistas del sur, el contenido de este libro es más amplio que solo los escritos de los bautistas calvinistas. Como los artículos tratan el calvinismo de manera amplia, a diferencia de un determinado pensador calvinista, esta limitación de citar a calvinistas con quienes otros calvinistas difieren es inevitable. En particular, los bautistas calvinistas podrán convenir con críticas de declaraciones hechas por calvinistas más profundos. Los autores aceptan su afirmación y acuerdo contra formas de calvinismo más inflexibles.

Como bautistas del sur, todos los ponentes en la Conferencia Juan 3:16, además de los otros colaboradores para este libro, afirman las doctrinas de la gracia discutidas en el artículo IV sobre la «salvación» y el artículo V sobre el «propósito de la gracia de Dios», ambos se encuentran en *La fe y el men-*

---

[8] Ibíd., 428.
[9] Por supuesto, muchos no calvinistas también aceptan el amilenialismo.
[10] Muller, «How many points?», 428.

saje bautista 2000,[11] la única confesión doctrinal aprobada de los bautistas del sur. Puesto que alcanzar a los perdidos está en el corazón de Dios (Mat. 18:14; 1 Tim. 2:3-4; 2 Ped. 3:9), la evangelización y las misiones están en el corazón de las preocupaciones de los autores de estos artículos, quienes con alegría se suman a todos los cristianos para descubrir lo que significa llevar a cabo la Gran Comisión en este nuevo milenio. El enfoque primario de los cristianos debería cumplir la Gran Comisión bajo el liderazgo de Jesucristo, conforme a las directrices que se encuentran en la infalible Palabra de Dios.

Diferentes perspectivas, un espíritu unificado

Abordar un asunto como el calvinismo sin inflamar emociones es difícil. Por eso, los autores entran en esta discusión con algunas reservas, pero también con determinación. Nuestras reservas al abordar estos temas proceden de nuestro deseo por la unidad entre los cristianos y, particularmente, dentro de la Convención Bautista del Sur. El objetivo de la unidad complace a Dios y presenta el testimonio más positivo a aquellos que no conocen a Jesucristo como su Salvador.

De manera que ¿por qué este libro se ocupa de este tema tan controversial? El libro lo hace así porque abarca las profundas convicciones de los autores respecto a lo que creen que la Biblia enseña sobre quién es Dios y cómo opera en el mundo. Sin duda, otros tienen diferentes convicciones que fluyen de sus interpretaciones bíblicas y perspectivas de quién es Dios y cómo opera en el mundo. Estas creencias importan, pues las convicciones de la abrumadora mayoría de los bautistas del sur y otros cristianos evangélicos merecen ser escuchadas, y son parte fundamental de la cristiandad y de lo que proclama el evangelio. Los colaboradores no son «anticalvinistas» y por eso están interesados en el diálogo, no en la diatriba. No tenemos el deseo

---

[11] *The Baptist Faith and Message 2000* está disponible en el sitio web del Centro bautista para la teología y el ministerio en http://baptistcenter.com/bfm2000.html. El comentario sobre la confesión se encuentra en C. S. Kelley Jr., R. Land, y R. A. Mohler Jr., *The Baptist Faith and Message 2000* (Nashville, TN: LifeWay, 2007); y D. Blount y J. Wooddell, *The Baptist Faith and Message 2000: Critical Issues in America's Largest Protestant Denomination* (Nueva York: Rowman y Littlefield, 2007).

de erradicar el calvinismo de la SBC. Como nunca ha sido, y nunca debe ser un crimen ser calvinista en la SBC, toda y cada intención de remover el calvinismo de la SBC debe rechazarse. Por otro lado, el calvinismo tampoco debería ser un elemento central en la SBC. Como lo expresa Nathan Finn en la Conferencia «Estableciendo vínculos: los bautistas del sur y el calvinismo»:

> Los bautistas del sur en ambos lados de la discusión del calvinismo deben tener la libertad de sostener sus convicciones y buscar persuadir a otros bautistas del sur de adoptar estas convicciones… si vamos a movernos hacia un futuro más cooperativo, todos debemos comprometernos a defender y encomiar nuestras particulares convicciones, pero no a costa de nuestra cooperación mutua ni de nuestra santificación personal.[12]

Con ese espíritu y hacia ese fin, se ofrece este libro.

Los bautistas siempre han incluido a aquellos que son calvinistas, y deben continuar haciéndolo. Los bautistas consideran a los creyentes calvinistas como compañeros y trabajan juntos en el servicio al Señor. Sin embargo, muchos bautistas, honestamente, no están de acuerdo con su teología. Nuestra esperanza es que el desacuerdo pueda darse en un espíritu conciliador cristiano, sin desagrado o dureza. Nosotros con humildad pedimos perdón cuando dejamos de hacerlo o cuando malinterpretamos lo que otros han intentado. Nosotros nos posicionamos sobre la Palabra de Dios y desafiamos a nuestros lectores a revisar la Escritura para descubrir lo que dice la Biblia sobre estos temas críticos.

---

[12] Nathan Finn. «Southern Baptist Calvinism: Setting the Record Straight», en *Calvinism: A Southern Baptist Dialogue* (ed. E. Ray Clendenen y Brad J. Waggoner; Nashville, TN: B&H, 2008), 192.

{ Parte uno }

{ Capítulo 1 }

Sermón de Juan 3:16[1]

JERRY VINES

Introducción

En la década de 1870 un grupo de arqueólogos descubrió un obelisco gigante de granito rojo en las arenas de Egipto. Los egipcios lo nombraron «La aguja de Cleopatra», y se la dieron a Gran Bretaña, la cual la erigió a orillas del río Támesis. En el interior del pedestal que sostiene el obelisco, se guardaron, en una urna, varios objetos de la época: monedas, vestidos, juguetes de niños, diarios y fotografías. Se nombró un comité para que incluyera el versículo más grande de la Biblia. Y, de manera unánime escogió colocar en la urna Juan 3:16, el cual había sido traducido en los 215 idiomas conocidos en ese entonces.

Juan 3:16, quizás el versículo más conocido de la Biblia, es también quizá el primer versículo que aprendemos y el último que olvidamos. Este único versículo ha traído multitudes a Cristo. Herschel Hobbs lo llamó «el evangelio

---

[1] Este capítulo es un sermón transcrito, que fue predicado el 6 de noviembre de 2008, por Jerry Vines en la Conferencia Juan 3:16 llevada a cabo por Jerry Vines Ministries en la First Baptist Church en Woodstock, GA.

en términos superlativos». Martín Lutero lo llamó «la Biblia en miniatura». A. T. Robertson se refirió a él como «el pequeño evangelio». Otros lo han nombrado «el Monte Everest de la Sagrada Escritura». Incluso otros han aludido a él como «la flor más exquisita en el jardín de la Sagrada Escritura». A mí me gusta llamarlo «el evangelio en pocas palabras». Si todos los versículos de la Biblia se perdieran, salvo este, aun así los tendríamos, porque todo el resto de los versículos de la Biblia están contenidos en Juan 3:16.

Juan 3:16 aborda varios «ismos», y cada una de las siguientes frases que forman el versículo responden a diferentes sistemas o doctrinas: «Porque de tal manera amó Dios» responde al ateísmo, que afirma que no hay Dios; «amó Dios al mundo» responde al fatalismo, que sostiene que Dios es una fuerza impersonal; «al mundo» responde al nacionalismo, que sustenta que Dios solo ama a un grupo de personas; «que dio» responde al materialismo, que asegura que es más gratificante recibir que dar; «su Hijo Unigénito» responde al mahometismo, que cree que Dios no tiene Hijo; «para que todo aquel que cree» responde a los cinco puntos del calvinismo, que sostiene que Cristo murió solo por los elegidos; «en Él» responde al pluralismo, que afirma que todas las religiones son iguales; «no se pierda» responde al aniquilacionismo, que cree que no hay infierno; «mas tenga vida eterna» responde al arminianismo, que asevera que Dios solo da vida de manera condicional. Juan 3:16 es una simple interpretación literal de la Biblia, la cual revela la mente, el corazón y la voluntad de Dios.

F. W. Boreham lo llamó «el texto de todos». Este es un versículo tan simple que un pequeño niño puede entenderlo y, aún así, tan profundo que todos los eruditos de todas las épocas no pueden comprender sus profundidades. Así mismo, Juan 3:16 puede recibir la designación como el texto inagotable, como lo ilustra la siguiente historia. D. L. Moody conoció a un joven predicador en Inglaterra llamado Henry Moorhead y lo invitó a predicar en su iglesia de Chicago, si alguna vez venía a los Estados Unidos. Para su gran sorpresa, Moody recibió un telegrama del joven que decía, «He aterrizado en Nueva York. Llegaré a Chicago a predicar para usted». Moody estaría fuera de la ciudad y dio instrucciones para que se le permitiera a Moorhead predicar una noche. Cuando él regresó, descubrió que el joven Moorhead había predicado varias noches a grupos cada vez más grandes y muchos habían venido a Cristo. Incluso más sorprendente, Moorhead había usado Juan 3:16 como su texto cada noche. Incluso más interesante, Henry Moorhead comenzó a predicar a los 16 años y continuó hasta su muerte a la edad de 33. Su texto para cada sermón que predicaba era Juan 3:16. Los sermones eran diferentes, pero el texto era el mismo.

Juan 3:16 es, sin duda, inagotable porque es sobre el amor de Dios. ¿Quién puede explicar a cabalidad el amor de Dios? La tarea de explicar el amor de Dios puede compararse a la del conocido pintor inglés William Morris, quien recibió la comisión de pintar el retrato de la hermosa Jane Burden. Después de un buen rato, Morris escribió sobre el lienzo, volteándolo hacia ella, «No puedo pintarla, pero la amo». Este es el sentimiento cuando los cristianos contemplan el amor de Dios.

F. M. Lehman también expresa este sentimiento en el himno de su autoría, «El amor de Dios»: «Si fuera tinta todo el mar / Y todo el cielo un gran papel / Y cada hombre un escritor / Y cada hoja un pincel. / Nunca podrían describir el gran amor de Dios / Que al hombre pudo redimir de su pecado atroz».[2] Esta estrofa se nos puede escapar por el uso frecuente de manera que cuando la leemos no la asimilamos. En vez de acercarnos a ella con un sentido de competencia, A. W. Tozer ofrece la vía más adecuada:

> Pienso que mi indecisión para predicar sobre Juan 3:16 se resume a esto, lo aprecio de manera tan profunda que me atemoriza, me abruma al punto de sentirme inadecuado, casi desolado. Además de esto, es mi conocimiento que si un ministro trata de predicar Juan 3:16, debe estar dotado de gran compasión y amor genuino para Dios y el hombre… de manera que lo abordo lleno de gran temor, no obstante con gran fascinación. Me quito mis zapatos, los zapatos de mi corazón, al menos, cuando me acerco a esta declaración que Dios amó tanto al mundo.[3]

---

[2] Las palabras de este himno fueron originalmente escritas en inglés (con variaciones sustanciales) en 1917 por F. M. Lehman, «The Love of God», en *Baptist Hymnal* (ed. M. Harland; Nashville, TN: LifeWay Worship, 2008), 111.

[3] A. W. Tozer, *Christ the Eternal Son* (Camp Hill, PA: Wingspread Publishers, 1991), 85-86.

En este espíritu, analizaremos el versículo en detalle —con la esperanza de no destruir su belleza, lo cual puede darse cuando se analizan demasiado las partes de una flor— proseguiré a explicar cada una de sus cuatro partes.

I. *El amor de Dios es global*

«Porque de tal manera amó Dios al mundo…» El verbo principal, aquí, es «amó». La palabra «amor» puede usarse para expresar diferentes sentimientos: «Amo la mantequilla de maní. Amo a mi esposa. Amo el futbol». El idioma griego tiene varias palabras para «amor»: *eros*, *philos*, y *agapē*. *Eros*, del cual viene la palabra «erótico», sugiere un amor que solo desea tomar. Es un amor sensual. Tan odiosa es esta palabra que no aparece en el Nuevo Testamento. Luego, está *philos*, la cual forma parte de la palabra «Filadelfia», la ciudad del amor fraternal. Expresa una clase de amor de dar y tomar, un amor social de amistad y de mutuo afecto. La palabra aquí en Juan 3:16 es *agapē*, amor espiritual. Este amor es un amor que desea dar. Es un amor que no está basado en el valor o dignidad del objeto sino en el carácter del que ama. Es un amor en grado sumo. Juan usa *agapē* 36 veces en su evangelio.

El origen de este amor espiritual es «Dios». El amor se rastrea hasta su origen. Un Dios que ama de esta manera era desconocido en las culturas paganas. Ellas tenían toda clase de dioses: dioses pacíficos, dioses guerreros, dioses perezosos, dioses lascivos. Había dioses en abundancia. Era «aquí un dios, allí un dios, en todas partes un dios». Nunca se les hubiera ocurrido a ellos decir que alguno de estos dioses «amaba» de esa manera. El uso del artículo definido en el texto griego determina el término, «El Dios». ¿Cuál Dios? ¡El único Dios que hay! La afirmación fundamental sobre Dios en la Biblia es «Dios es amor» (1 Juan 4:8). Dios es omnipresente, Él está en todas partes. Dios es omnipotente, Él es todopoderoso. Dios es omnisciente, Él conoce todas las cosas. Pero, por encima de todo, Dios es amor. El apóstol en 1 Juan 3:1 dice: «Mirad cuán gran amor nos ha otorgado el Padre». La palabra griega para «cuán» también significa «de qué país». Nosotros diríamos aun más, ¡el amor de Dios es «fuera de este mundo»!

La abundancia de este amor se expresa en la frase «de tal manera amó» (*houtōs ēgapēsen*). El verbo es aoristo primero, activo, indicativo. De manera más precisa, el verbo no es un aoristo ingresivo, el cual sugeriría un tiempo cuando Dios comenzó a amar. Tampoco el verbo es un aoristo acumulativo, el cual indicaría un tiempo cuando Dios decidirá amar. El verbo es, en cambio, un aoristo constativo, el cual enfatiza el amor de Dios total, eterno y constante. Significa el amor de Dios en su totalidad.

Una joven pareja dejó a su pequeña hija de seis años con una niñera. Cuando regresaron a casa encontraron a la niña llorando en su cama. «¿Por qué estás llorando, tesoro?». «Porque la niñera me dijo que si no era buena, ustedes no me amarían». Ellos rápidamente le aseguraron que su amor hacia ella era incondicional. El amor de Dios lo es también, tal como el himno «Cristo me ama» lo expresa: «Cristo me ama cuando bueno soy, cuando hago las cosas que debería. Cristo me ama cuando me porto mal, aunque lo entristece».[4]

En Jeremías 31:3 Dios dice: «Con amor eterno te he amado…». La palabra hebrea para «eterno» significa «más allá del punto donde la vista se pierde en el horizonte». La gente joven podría definirlo como «el amor de Dios es invisible». Mi esposa Janet solía decir a nuestros nietos, «Yo les amé antes de que nacieran». Una noche ella le dijo esto a Ashlyn, todavía una niña pequeña. Ashlyn puso sus manos bajo la barbilla de Janet y le dijo, «Abuelita, ¡yo te amé antes de que tú nacieras!». Hubo un tiempo cuando comenzaste a amar a tu pareja o a tus hijos, pero nunca hubo un tiempo cuando Dios comenzara a amarte. El amor de Dios alcanza hasta la eternidad pasada, antes de que tú nacieras. Antes de que la tierra fuera creada y antes de que el sol, la luna, y las estrellas existieran, Dios te amó. El amor de Dios alcanza hasta la eternidad; nunca habrá un tiempo cuando Dios deje de amarte. Cuando los cielos se enrollen como un pergamino y las estrellas caigan de sus órbitas como pedazos de carbón, Dios todavía te amará.

No pases por alto esa pequeña expresión «de tal manera» (*houtōs*). El léxico griego Bauer Arndt Gingrich Danker señala que este es un adverbio

---

[4] Una estrofa de una versión desconocida del canto escrito originalmente en inglés por A. B. Warner y W. B. Bradbury, «Jesus Loves Me» (dominio público).

demostrativo.⁵ Thayer lo llama un adverbio de grado. Si lo anterior es correcto, podría traducirse, «a tal grado infinito». Según la Biblia de estudio MacArthur, «de tal manera» enfatiza la intensidad o la grandeza de Su amor. Quizás podemos combinar ambas ideas al traducir el versículo como «Dios amó al mundo en tal intensa manera». Se han escrito libros completos sobre esa pequeña palabra. El amor de Dios no es como un riachuelo que gotea, sino que es como un río que se desborda. No es como un grifo que gotea, sino que es como un océano sin fondo. No es como una luciérnaga que centella, sino que es como un sol enceguecedor. A diferencia de los lagos Lanier y Allatoona (situados en Georgia, Estados Unidos), que estuvieron peligrosamente bajos hace unos años cuando nuestra área pasó por una severa sequía, ¡el amor de Dios es una represa que nunca se agota!

El objeto del amor de Dios es «el mundo». En griego la palabra es *kosmos* y es un acusativo, masculino, objeto directo singular. La palabra ocurre 78 veces en el Evangelio de Juan y 24 veces en 1, 2, y 3 Juan, más de la mitad de las 185 instancias en el Nuevo Testamento. Algunas veces se refiere a un sistema mundial organizado que es hostil a Dios, pero, casi siempre, la palabra se refiere al ámbito donde viven los seres humanos. Algunas veces, el énfasis está en el ámbito humano mismo; con mayor frecuencia se refiere a las personas que viven en ese ámbito. A. T. Robertson dice que esto significa «toda la raza humana».⁶ Esto se refiere a la suma total de todas las personas. El versículo no da algún indicio que «mundo» se refiere exclusivamente al mundo de los electos. Dios no ama solo a los electos; Él ama a toda persona. Dios no ama solo a los cristianos; Él ama a toda la gente. Asimismo, Él no ama solo a los estadounidenses; Dios ama a todas las naciones. Él no ama solo a las personas blancas; ama a todas las razas. Tal como lo dice este canto de la escuela dominical, el amor de Dios abarca a todos: «Cristo ama a los niños / A los niños por doquier / No le importa su color / A Jesús el Salvador / Cristo

---

⁵ Véase «*houtōs*» en *Greek-English Lexicon of the New Testament and Other Early Christian Literature* (ed. W. Bauer, F. W. Danker, W. F. Arndt y F. W. Gingrich; 3ra ed.; Chicago, IL: University of Chicago Press, 1999).

⁶ A. T. Robertson, *Word Pictures in the New Testament, vol V: The Fourth Gospel and the Epistle to the Hebrews* (Nashville, TN: Broadman Press, 1932), 50.

ama a los niños por doquier».[7] ¿Hay algún niño en el mundo, que asista a la iglesia, que no pueda entonar este canto? Esta es la pregunta para nosotros: Si Dios no ama a todos los pueblos del mundo, ¿por qué los creo? En abril de 2008 la población del mundo llegó a 6.600 millones. Coloca a todas estas personas en una fila y que caminen frente a Dios. Juan 3:16 enseña que Dios diría «te amo» a cada una de ellas.

¿Qué clase de mundo ama Dios? En 1 Juan 5:19 leemos: «todo el mundo yace bajo el poder del maligno». Este mundo es como una embarcación preciosa hundida en un río putrefacto. Romanos 3:19 enseña que todo el mundo es culpable ante Dios. El aprender sobre este mundo viene de la simple observación, al leer el periódico, y al ver el telediario: un padre ebrio le quema los dedos a su pequeño hijo, un individuo viola a un bebé de seis meses y le trasmite el sida. Conocer este mundo también viene del corazón humano, pues «más engañoso que todo, es el corazón, y sin remedio; ¿quién lo comprenderá?» (Jer. 17:9). El gran evangelista Jesse Hendley dice: «Solo Dios puede amar a un ser humano». Solo Dios podía amar un mundo de tal fealdad, perversidad y deshonra. ¿Cómo puede Dios amar un mundo pecador como el nuestro? El amor de Dios no se basa en el valor del objeto de Su amor.

Piensa en esto por un momento. Quizás el pensamiento que Dios ama al mundo no te conmueve. Muévelo un poco más cerca al recordar que «Cristo amó a la iglesia y se dio a sí mismo por ella» (Ef. 5:25). Muévelo todavía un poco más cerca al recordar que «[Él]me amó y se entregó a sí mismo por mí» (Gál. 2:20). Recuerdo cuando cantaba este antiguo himno en la iglesia de mi juventud: «¡Cuánto me alegra que nuestro Señor / diera su vida por el pecador! / Hizo sin par maravillas aquí, / y la más grande es que me ama a mí».[8] Mi joven corazón rebosaba cuando cantábamos el estribillo, ¡Qué

---

[7]   Las palabras son de una versión en español del canto escrito originalmente en inglés por C. H. Woolston, «Jesus Loves the Little Children", en *Baptist Hymnal* (ed. M. Harland; Nashville, TN: LifeWay Worship, 2008), 651.

[8]   Las palabras son de una versión en español del himno escrito originalmente en inglés por P. P. Blisss, «I Am So Glad that Our Father (Jesus Loves Even Me)». en *Baptist Hymnal* (ed. W. H. Sims; Nashville, TN: Convention Press, 1956), 509.

maravilla! Me ama Jesús, me ama Jesús, me ama Jesús. ¡Qué maravilla! Me ama Jesús; sí, me ama aun a mí». Él te ama, Guillermo, Emilia, Juan, María. Él ama a cada uno individual y personalmente. Él te ama como si no hubiera nadie más en el mundo. Agustín decía, «Dios nos ama a cada uno de nosotros como si existiera solo uno de nosotros para amar». Tengo un amigo a cuya iglesia asistía una señora que tenía diez hijos. Él le preguntó: «Usted tiene muchos hijos. ¿Alguna vez ha descuidado a alguno? La madre le respondió, «Oh no, nunca me olvido de ninguno, porque todos son preciosos para mí». Mi amigo, ese día, aprendió algo sobre el corazón de una madre. El corazón de una madre no opera de acuerdo a las leyes de la división, pues no se divide entre diez. El corazón de una madre opera según las leyes de la multiplicación, pues se multiplica por diez. Calcula eso para el corazón de Dios. Dios no opera según las leyes de la división, con un corazón dividido muchas veces, sino según las leyes de la multiplicación, con un corazón multiplicado por 6.600 millones.

Un mundo fuera de nuestras iglesias necesita conocer sobre este increíble amor global. Una joven universitaria se me aproximó durante la invitación después de un mensaje respecto al amor de Dios. Con lágrimas brillando en sus ojos, me preguntó, «¿Me estás diciendo que Dios en verdad me ama?» Le respondí, «Dios en verdad te ama». ¿Por qué existe la iglesia? ¿Por qué plantar iglesias? ¿Por qué las denominaciones? ¿Por qué la evangelización? ¿Por qué las misiones? «Porque de tal manera amó Dios al mundo». Quienquiera que veas o encuentres adondequiera que vayas, recuerda que esta es una persona amada por Dios.

II. El amor de Dios es sacrificial

«Que dio a su Hijo unigénito». La palabra «que» es *hōste*, una conjunción consecutiva que introduce una cláusula de resultado. Dios amó tan intensamente al mundo que, como resultado, dio a Su Hijo. El amor siempre da. Es la naturaleza del fuego quemar y de la luz brillar. Es la naturaleza del amor dar. Una persona puede dar y no amar, una persona no puede amar y no dar.

El amor es una decisión. Por supuesto, hay un elemento emocional. Solía decirles este pequeño poema a nuestros jóvenes en Jacksonville, «El amor es una cosa curiosa. Tiene la forma de una musaraña. Enrolla su cola alrededor de tu cuello y va directo hasta tus entrañas». Pero, ante todo, el amor es una decisión. Cuando te casas, decides amar a alguien cuyo pelo puede caerse, que puede roncar por las noches, cuyos dientes deben reemplazarse, con posibles malos hábitos, que trae cargas emocionales y rasgos irritantes a la relación. El amor es una decisión.

Dios amó al mundo de forma definitiva (con resolución). «Él dio». El verbo es *edōken*, un aoristo activo, indicativo. De nuevo, es un aoristo constativo, que enfatiza la totalidad y resolución del dar. Incluye la encarnación, crucifixión, resurrección y exaltación de Cristo. En 1 Juan 4:10 leemos que Dios «envió a su Hijo», otro aoristo que indica una decisión definitiva. La palabra allí, *apostellō*, significa «enviar en una misión». Dios envió a Su Hijo de manera compasiva, portentosa y amorosa en una misión. A veces me imagino que Dios, sabiendo que la humanidad pecaría y necesitaría un Salvador, sondeó los confines más lejanos del cielo. Vio a los querubines y serafines. Ninguno de ellos lo haría. Vio a los ángeles y a los arcángeles. Ninguno era lo suficientemente bueno. Su santa mirada cayó sobre el Hijo. En el consejo de la divinidad, se acordó que el Hijo sería el Salvador del mundo. Trata de imaginarte cómo sería cuando Jesús dejó el cielo. Los ángeles deben haber clamado, «No vayas allá, Jesús, ellos no te entenderán y maltratarán». Pero, Él vino. Al pasar por Júpiter, este clamó, «No vayas allá, Jesús, ellos te abofetearán y golpearán». Pero, Él vino. Al pasar por el Sol, este clamó, «No vayas allá, Jesús, ellos traspasarán tu costado con una lanza, pondrán una corona de espinas sobre tu cabeza, y martillarán clavos en tus manos». Pero, Él vino, desde su lugar de gloria al lugar ensangrentado. «Desde su gloria, mi Salvador / Vino a morir por mí / Solo su amor, su eterno amor / Pudo traerle aquí».[9] Él bajó a este globo terrestre impío, para nacer en un pesebre maloliente, vivir en un pueblito, trabajar como un carpintero, ser

---

[9] Las palabras son de una versión en español del canto escrito originalmente en inglés en 1915 por H. Barraclough, «Ivory Palaces» (dominio público).

rechazado por el mundo y ser clavado sobre un madero. Dios dio a Su Hijo de forma definitiva.

Dios también dio a Su Hijo de forma única. La expresión «unigénito» (*monogenēs*) es interesante y está construida por dos palabras: monos, el cual forma parte de nuestras palabras «monopolio» y «monorriel», y *genos*, del cual tenemos las palabras «genética» y «genes». Es mejor traducirla «único» o «único en su clase». Juan lo usa cinco veces en sus escritos (Juan 1:14, 18; 3:16, 18; 1 Juan 4:9). Se usa en otros lugares para referirse al hijo de la viuda de Naín (Luc. 7:12); la única hija de Jairo (Luc. 8:42); el hijo endemoniado (Luc. 7:38); e Isaac (Heb. 11:17). Isaac es llamado el «unigénito» de Abraham, no su único hijo biológico, sino su hijo nacido de forma única y milagrosa. Jesús es el Hijo de Dios en un sentido en que nadie más nunca será. Él es el Hijo único de Dios.

Un misterio rodea el nacimiento de Jesús. Cuando era pastor en Mobile, Alabama, el Dr. Mitchell, un ginecólogo, era uno de los miembros de la iglesia. En ese entonces había recibido más de 16 000 bebés. Lo invité a comer y le pedí que me explicara sobre el nacimiento biológico. Cuando terminó, estuve más consciente que el nacimiento biológico es un milagro, pero nadie ha nacido como Jesús. 1 Timoteo 3:16 establece: «E indiscutiblemente, grande es el misterio de la piedad: Él fue manifestado en la carne…». Cuando Jesús nació, Dios se hizo carne. El Infinito se hizo un infante, el Creador se sujetó a la creación, y Dios estaba en una cuna. ¿Quién puede entender eso? El Dios eterno se limitó a Sí mismo a las dimensiones reducidas del vientre de una mujer y a una simple célula. R. G. Lee solía decir, «Jesús fue el Único alguna vez nacido que tuviera un Padre celestial, pero no una madre celestial; una madre terrenal, pero no un padre terrenal. ¡El Único que haya nacido de más edad que Su madre y tan viejo como Su Padre!».

Hay un aspecto imprescindible respecto al nacimiento de Jesús. ¿El nacimiento virginal no importa? Por supuesto que sí. Es absolutamente esencial. Si Jesús no hubiera nacido de una virgen, habría tenido una naturaleza pecaminosa. Por ello, Él no podría haber vivido una vida sin pecado. Si Jesús no hubiera vivido una vida sin pecado, Su muerte no habría sido un perfecto sacrificio por el pecado. A través del nacimiento virginal Dios produjo un corto circuito en el ciclo del pecado para que Jesús nunca fuera contaminado por el pecado original. El mismo Espíritu Santo, quien fecundó la tierra y dio a luz a la belleza, también fecundó el vientre de María y dio a luz a la deidad.

También hay un aspecto de magnificencia respecto al nacimiento de Jesús. Si los expertos en mercadotecnia en Nueva York lo hubieran planeado, ¡hubiera sido diferente! Ellos lo hubieran colocado con una pareja famosa en un condominio en el Edificio Trump, pero Dios lo colocó con un carpintero y una humilde muchacha judía. Ellos lo hubieran colocado sobre suaves cojines de satín en el palacio de un rey, pero Dios lo colocó sobre la burda paja de un establo de animales. Ellos lo habrían anunciado a reyes y eruditos, pero Dios lo anunció a los ordinarios pastores. Con todo, ¡los magos acudieron para adorarlo, un rey lo temía, los ángeles lo alababan, y el Padre estaba complacido con Él!

Dios dio a Su Hijo de forma increíble. La palabra orden y el artículo definido son importantes: «El Hijo unigénito que Él dio». ¡Piénsalo! Él dio a Su Hijo, Su único Hijo. ¡Qué sacrificio tan increíble! Romanos 8:32 afirma que Dios «no eximió ni a su propio Hijo, sino que lo entregó por todos nosotros». Dios no solo dio a Su Hijo al mundo, Él lo dio por el mundo. ¡Oh, y a qué mundo lo entregó!

El Padre lo entregó para ser flagelado. La miniserie de televisión Roots [Raíces] me ayudó a entender la severidad de la flagelación. En fecha más reciente, al ver La Pasión del Cristo lo comprendí de forma más vívida. Jesús no fue azotado con los 39 azotes según la costumbre judía: trece en cada hombro y 13 en la espalda. Él fue azotado según la costumbre romana (llevar al azotado al borde de la muerte). Era tan severa que los hombres se volvían locos, y algunos morían. Todo fue profetizado: «Di mis espaldas a los que me herían…» (Isa. 50:6); «Sobre mis espaldas araron los aradores; alargaron sus surcos» (Sal. 129:3). Fue administrado por un lictor romano, un soldado entrenado. El soldado usó un flagelo, un látigo hecho de madera con tiras de cuero. Piezas pulidas de hueso y metal se sujetaban a estas tiras. En las manos del lictor, se convertía en un monstruo que silbaba. Piensa en la carne que se rasgaba, en la sangre que salpicaba, en las venas expuestas que se agitaban.

Dios lo entregó a la crucifixión. La muerte por crucifixión era el castigo más cruel alguna vez concebido por la depravada mente de los hombres. Algunos dicen que a los fenicios se les ocurrió la idea al ver a las ratas clavadas en una pared. Ellos llevaron a Jesús al Calvario. Sobre el Gólgota, en medio de los gritos y escupitajos, la suciedad y la sangre, tendieron el cuerpo herido y azotado del Señor. Clavándolo en el madero, lo levantaron entre el cielo y la tierra como si no fuera digno de nada. Mientras dejaban bajar la cruz en el agujero que prepararon, la carne se desgarraba y los pulmones se convulsionaban. Los músculos estaban halados, los huesos se desarticulaban, los tendones se despedazaban y el corazón latía con desesperación. Cada momento enviaba mensajes de dolor, como llamas de fuego a través de todo el sistema nervioso de nuestro Señor. Los insectos orientales dándose un festín con Su cuerpo. El sol oriental oprimiéndolo. El sufrimiento físico no es suficiente para explicar Su sacrificio, puesto que hay un aspecto espiritual también. Se asegura que Martín Lutero pasó muchas horas contemplando la declaración: «Dios mío, Dios mío, ¿por qué me has abandonado?». Se le escuchó decir a Lutero, «Dios abandonado por Dios. ¿Quién lo puede entender?». «Ninguno de los redimidos nunca sabrá cuán profundas fueron las aguas que se cruzaron ni cuán oscura la noche que el Señor pasó antes de hallar a Sus ovejas perdidas».

¿Por qué tal miseria física y espiritual? ¿Por qué Jesús estaba muriendo? ¿Para qué estaba muriendo? El Evangelio es claro. «…Cristo murió por nuestros pecados, conforme a las Escrituras» (1 Cor. 15:3). ¿Por los pecados de quién murió Jesús? Otra vez, la Escritura es clara. «El mismo es la propiciación por nuestros pecados, y no sólo por los nuestros, sino también por los del mundo entero» (1 Juan 2:2).

En vista del sacrificio que Jesús hizo en la cruz, el amor de Dios por el mundo entero y el sacrificio hecho por Él son más que evidentes. Nuestros corazones solo pueden cantar, «Qué maravilloso es este amor, Oh alma mía… que hizo que el Señor de gloria llevara sobre Sí la maldición atroz por mi alma».[10] Dios no nos ama porque Cristo murió; Cristo murió porque Dios

---

[10] Palabras del himno popular estadounidense (autor desconocido), «What Wondrous Love Is This», en *Baptist Hymnal* (ed. M. Harland; Nashville, TN: LifeWay Worship, 2008), 169.

nos ama. Romanos 5:8 afirma: «Pero Dios demuestra su amor para con nosotros, en que siendo aún pecadores, Cristo murió por nosotros». La palabra «demuestra» (*sunistēsin*) significa «exhibir, probar» y literalmente significa «juntar, reunir». En la cruz, Dios reúne todas las piezas, lo pone todo junto. Él prueba Su amor mediante el sacrificio de Su Hijo.

¿Recuerdas cuando te gustaba un chico o una chica en la escuela primaria y deseabas tanto que él o ella te correspondiera? Yo buscaba una margarita, comenzaba a arrancarle los pétalos y decía, «Me ama. No me ama». Si el último pétalo era «Me ama», entonces… ¡ella me amaba! Y el resultado siempre era el mismo. ¿Por qué? ¡Porque hacía trampa! En la cruz Dios no tuvo que hacer nada con engaño o artificio. Cada gota de la sangre de nuestro Salvador declaraba, «Te amo. Te amo. Te amo».

Un mundo fuera de nuestras iglesias necesita conocer sobre el amor sacrificial de Dios. Romanos 3:25 expresa: «a quien Dios exhibió públicamente [Su Hijo] como propiciación…». La expresión «exhibió públicamente» se traduce de *protithēmi*, que también significa «exponer para ver» y se vincula al propiciatorio en el Antiguo Testamento, que estaba en un cuarto con forma cúbica. Dios muestra su amor en la cruz para que el mundo entero lo vea. Tú no puedes mantener el amor de Dios confinado en una iglesia o en la vida del cristiano. Tarde o temprano explotará.

III. El amor de Dios es personal

«…para que todo aquel que en él cree…» (RVR1960). Hasta ahora en el versículo, el sujeto de los verbos cambia. Dios es el sujeto de los verbos «amó» y «dio». Ahora el versículo se vuelve personal: ¡Tú y yo somos el sujeto! Observemos el hermoso balance en este versículo que encontramos en toda la Biblia. La Escritura describe el lado divino y el lado humano de la salvación. Enfatizar uno a expensas del otro es pasar por alto el mensaje completo de la Biblia. Gerald Borchert señala:

> Dios es el iniciador y el principal actor en la salvación, y nunca deberíamos pensar que la salvación se origina con nosotros. Dios, sin embargo,

ha dado a la humanidad un sentido de libertad y nos impone tomar una decisión. En consecuencia, las personas son responsables de creer. Por tanto, minimizar tanto el papel de Dios o la humanidad en el proceso de la salvación es una especulación teológica infructuosa. La Biblia y Juan 3:36 reconocen ambos papeles.[11]

La cláusula final comienza con otra conjunción, *hina*, la cual es una conjunción subordinada que introduce una cláusula de propósito. ¿Cuál es el propósito de Dios al dar a Su único Hijo?

Mira ahora la expresión «todo aquel que». La transliteración de la palabra griega es *pas*. Se usa 1228 veces en el Nuevo Testamento. Se traduce como «todo aquel que», «todo» y «cada». Es un adjetivo sustantival pronominal. Como adjetivo, modifica el participio *pisteuōn* (se traduce «cree»). Como sustantivo, toma el lugar del nombre. Como pronominal, funciona como un pronombre. Se presenta con un artículo y participio ocho veces en el evangelio de Juan (3:8, 15, 16, 20; 4:13; 6:40; 8:34, 18:37). *Pas* con el participio *pisteuōn* aparece cuatro veces en Juan (3:15, 16; 6:40; 12:46). Aquí tiene la idea de totalidad. Kittel indica que esto significa una totalidad y una inclusión de todas las partes individuales.[12] The Dictionary of New Testament Theology [El diccionario de teología del Nuevo Testamento] explica: «el énfasis puede colocarse en cada uno de los muchos individuos o partes que constituyen la totalidad».[13] Herschel Hobbs del Comité de Paz de los bautistas del sur, a menudo al recordarnos el uso de *pas* en la frase «toda la Escritura» en 2 Timoteo 3:16, nos indicaba que se refería al conjunto y cada parte de la Escritura sale de la boca de Dios. Asimismo, aquí significa que Dios ama a todo el mundo de manera colectiva, y ama y salvará a «todo aquel que» de manera individual.

La palabra da la bienvenida e invita al mundo a que venga a Dios. El Espíritu Santo podría haber guiado a Juan a escribir solo, «aquel que cree».

---

[11] G. L. Borchert, *John 1-11*, New American Commentary (Nashville, TN: B&H, 2002), 25b:184.

[12] B. Reicke, «*pas*», en *The Theological Dictionary of the New Testament* (ed. G. Kittel y G. Friedrich; Grand Rapids, MI: Eerdmans, 1969), 5:887.

[13] F. Graber, «All, Many», en *The Dictionary of New Testament Theology* (ed. C. Brown; Grand Rapids, MI: Zondervan, 1967), 1:94.

¿Significa esto que todos los que creen serán salvos? Si es así, el añadir la palabra sería innecesario. Debe decirse «todo aquel que cree» a la persona en la jungla más remota de África, o en el nevado Polo Norte, o en la mansión más lujosa en tu ciudad, o en la casucha más pobre porque este adjetivo que abarca todo se añade para enfatizar que no hay límites respecto a quién puede creer. David Allen declara, «Añadir *pas* antes del participio lo generaliza a cada persona. La mejor traducción es: 'cualquiera que cree'. La idea es no limitar o restringir. La idea es cualquiera… en cualquier lugar… en cualquier tiempo».[14] Indicar lo contrario es hacer una burla de este versículo. Es el diseño del Dios soberano hacer posible la salvación de todas las personas y asegurar la salvación de todos aquellos que creen. ¿Qué clase de Dios no haría posible la salvación para todos?

Cuánto me alegra que este versículo afirma: «todo aquel que», en vez de mi nombre. Recibí una carta de la compañía de agua de Rome, Georgia, hace algunos años, en la cual me informaban que iban a suspender el servicio por una cuenta sin pagar, aunque yo no estaba usando el agua de la ciudad, ya que tenía mi propio pozo. Había otro hombre llamado Jerry Vines que no estaba pagando su cuenta del agua. Fue un caso de confusión de identidad. Esta palabra *pas* remueve toda pregunta de confusión de identidad.

A John «Bull» Bramlett se le conocía como el peor hombre en la NFL [Liga Nacional de Futbol Americano]. Él era un bebedor y parrandero. Su esposa vino a Cristo en Memphis, Tennessee. Ella inmediatamente comenzó a orar por John. Dos hombres de la Iglesia Bautista Bellevue visitaron a John y le compartieron el evangelio. Al día siguiente, Bramlett le pidió a su asistente que no le pasara las llamadas. Comenzó a leer el Nuevo Testamento y varios días más tarde llegó a Juan 3:16. Cuando leyó «todo aquel», dijo: «¿Todo aquel? ¡Ese podría ser yo!». Se arrodilló y recibió a Cristo como su Salvador personal. Si «todo aquel» no se refiere a cada persona, entonces ninguna persona podría saber que está incluida.

---

[14]   D. Allen, mensaje electrónico al autor.

Es fascinante notar cuán a menudo *pas* aparece en pasajes sobre la salvación. «… Jesús… debía probar la muerte por todo (*pas*) hombre» (Heb. 2:9). «El Señor… es paciente para con vosotros, no queriendo que nadie perezca, sino que todos (*pas*) vengan al arrepentimiento» (2 Ped. 3:9). Dios «… quiere que todos (pas) los hombres sean salvos y vengan al pleno conocimiento de la verdad» (1 Tim. 2:4). «…Dios… es el Salvador de todos (*pas*), especialmente de los que creen» (1 Tim. 4:10, NVI).

La siguiente palabra es el participio presente activo *pisteuōn* («cree»). Juan usa el verbo *pisteuō* 96 veces, ocho veces en Juan 3. Él usa el participio con *pas* seis veces (1:7, 3:15, 16; 6:40; 11:48; 12:46). La mejor traducción del verbo es «confiar». Es la manera de Juan en expresar la fe salvífica. Tres aspectos básicos están implicados. El primero es el aspecto mental; la confianza en el Señor Jesucristo. Esa es la idea que se comunica en Juan 20:30-31. El uso de *pisteuōn* en 3:15 parece enfatizar el aspecto mental de la fe salvífica. El segundo es el aspecto volitivo; el compromiso con el Señor Jesucristo. La preposición *eis* se usa en Juan 3:16 y tiene la idea de moverse hacia delante. El tercero es el aspecto emocional; la comunión con el Señor Jesucristo. El uso del participio activo y *auton* aquí sugiere una relación continua con una Persona viviente.

¿Cómo ocurre esta fe salvífica? Un Dios soberano le ha dado a toda persona la facultad de la fe y una voluntad para ejercerla (ver Rom. 12:3). Esto no le priva a Dios de Su soberanía. Los humanos ejercen la facultad de la fe todos los días. Confían que sus esposas no los están envenenando, por eso comen sus desayunos. Confían que sus banqueros mantienen a salvo su dinero, por eso hacen sus depósitos. Confían que los pilotos son capaces, por eso abordan el avión. Norman Geisler sostiene sobre la capacidad humana para elegir, que esta ha sido «oscurecida, no eliminada; limitada, no perdida; dañada, no destruida». Dios nos manda que creamos. En Hechos 16:30-31, el carcelero de Filipos le preguntó a Pablo y a Silas, «¿qué debo hacer para ser salvo?». No había nada que pudiera hacer para salvarse a sí mismo, Cristo ya lo había hecho mediante Su muerte en la cruz. En Juan 19:30, cuando Jesús afirmo, «Consumado es», la obra estaba terminada. El himno «Día feliz» comunica esta misma afirmación: «¡Hecho está, la gran obra acabada está!».[15] Pero Pablo le respondió, «…Cree en el Señor Jesús, y serás salvo…» (Hechos 16:30-31). Sería absurdo ordenar a alguien que haga algo que no puede hacer. Sería como ordenarle a una persona sin brazos que te abrazara.

Cuando se trata de la fe salvífica, la facultad de la fe es elevada a un nuevo nivel por la convicción del Espíritu Santo. ¿Cómo ocurre? Yo solía llevar conmigo a un recién convertido (llamémosle Carlos) a las reuniones anuales de la Convención Bautista del Sur. Los liberales nunca podrían verlo. ¡Solo los conservadores podrían! ¿Cómo se salvó Carlos? Él vino a la iglesia, escuchó la Palabra predicada («Así que la fe viene del oír, y el oír, por la palabra de Cristo», Rom. 10:17), fue convencido por el Espíritu Santo («Y cuando El venga, convencerá al mundo de pecado, de justicia y de juicio», Juan 16:8), y creyó la verdad («…porque Dios os ha escogido desde el principio para salvación mediante la santificación por el Espíritu y la fe en la verdad», 2 Tes. 2:13). ¡Y él fue salvo! Muchas personas alrededor nuestro necesitan escuchar que si ellos creen en el Señor Jesucristo, serán salvos.

El resultado de la fe salvífica es la vida eterna. La atención al contexto lo deja claro. Juan 3:16 comienza con la conjunción explicativa *gar*, la cual conecta a los versículos anteriores. Al principio del capítulo, tenemos la conversación de Nicodemo con Jesús, durante la cual el Señor le indica que debe nacer de nuevo. Surge la pregunta de cómo puede ocurrir el segundo nacimiento y Jesús lo ilustra desde el Antiguo Testamento. Números 21 incluye el registro de los israelitas que eran mordidos por las serpientes ardientes y que podían recibir nueva vida al mirar a la serpiente ardiente puesta sobre un asta. En la LXX (Septuaginta), la palabra *pas* se usa a menudo en el pasaje. ¿Qué precede a la nueva vida? ¡La mirada de fe! Ahora Juan 3:16 lo amarra todo. ¿Cuándo viene la vida eterna? La vida eterna viene sobre la fe salvífica. Juan 1:12 lo expresa de esta manera: «Pero a todos los que le recibieron, les dio el derecho de llegar a ser hijos de Dios, es decir, a los que creen en su nombre». ¿Cuándo viene la regeneración? La regeneración viene después de la fe salvífica.

---

[15] Palabras del himno escrito originalmente en inglés por P. Doddridge, «Oh Happy Day That Fixed My Choice», en *Baptist Hymnal* (ed. M. Harland; Nashville, TN: LifeWay Worship, 2008), 574.

IV. El amor de Dios es eterno

¿Has notado que Juan 3:16 comienza y termina en la eternidad? Comienza con un Dios que no tiene principio y termina con una vida que no tiene fin. ¡Eternidad! Hubo un tiempo cuando no existías; pero, nunca habrá un tiempo cuando dejes de existir. La cuestión en la frase «no se pierda, mas tenga vida eterna» es ¿dónde estarán los humanos en la eternidad? ¡Perdidos! Maleza nociva está creciendo en este jardín. Presta atención: Tú puedes oler el fuego, ver los gusanos arrastrándose, escuchar el llanto, y ver el crujir de dientes. La palabra «perderse» encapsula toda la realidad del infierno.

Jesús tenía el corazón más tierno que jamás haya latido en el pecho de un hombre. No obstante, Él dijo más cosas sobre el infierno que ninguna otra persona en la Biblia. El trece por ciento de toda su enseñanza fue sobre juicio o infierno.

La palabra griega *apolētai*, se traduce «perderse», es un aoristo medio subjuntivo. Los verbos están ahora en el modo subjuntivo, el modo de posibilidad. Esta palabra se usa de dos maneras: una destrucción física (ver «¡Señor, sálvanos, que perecemos!», Mateo 8:25) o una condición espiritual. A. Oepke señala que se refiere a «una eterna caída en picada al infierno y un irremediable destino de muerte… un estado eterno de tormento y muerte».[16]

La noción del infierno es perfectamente lógica. El infierno puede llamarse el vertedero de basura del universo o el asilo de los espiritualmente dementes. El uso del tiempo aoristo indica la tragedia final de un alma. Si uno está perdido, esa persona está pereciendo en este momento. La carta de 1 Corintios 1:18 usa el tiempo presente («los que se pierden») para comunicar una condición que comienza aquí y ahora, pero alcanza su culminación completa y terrible en la condenación final. William Hull lo parafrasea así: «no debe llegar a un callejón sin salida con todo completamente perdido»[17] R. A. Yeager afirma, «los efectos (ingreso y acumulación) de perderse (o perecer) son eternos. El

---

[16] A. Oepke, *«apollymi»*, en *The Theological Dictionary of the New Testament* (ed. G. Kittel y G. Friedrich; Grand Rapids, MI: Eedrmans, 1969), 1:394.

[17] W. E. Hull, ed., *Love in Four Dimensions* (Nashville, TN: Broadman, 1982), 86.

inicio del estado de perdición (ingreso) resulta en la culminación de un estado total de separación de Dios (acumulación)».[18] Es la tragedia final del alma.

La misma palabra que se usa para describir la vida eterna se usa también para describir el infierno eterno. Mateo 25:46 expresa: «Y éstos irán al castigo eterno...». Piensa en esto. Una vez que estén en el infierno, siempre estarán en el infierno. Ir al infierno y saber que nunca regresarás es la tragedia de todas las tragedias. «Deja entrar un poco de aire». No hay aire en el infierno. «Tengo sed». No hay agua en el infierno. «Enciende las luces». Ninguna luz hay en el infierno. «Déjame morir». No hay muerte en el infierno.

Luego el texto dice, «mas». Esta pequeña palabra introduce un asombroso giro potencial. Es la conjunción adversativa *alla*, que denota contraste. Esta pequeña palabra abre un elemento de esperanza. ¡Cuántos cambios ocurren aquí, de la agonía al éxtasis, de la miseria a la gloria, del infierno al cielo!

Acércate un poco más. Detente, mira y escucha. Detente y considera lo que es posible. Mira y ve las puertas de perlas y calles de oro. ¡Escucha y oye los himnos de los ángeles y el clamor de los santos! Observa el cambio en el tiempo del verbo en la frase «tenga vida eterna». El verbo está en el tiempo presente activo subjuntivo. Quiere decir «tener ahora y para siempre». La frase «vida eterna» aparece 17 veces en el Evangelio de Juan. Conlleva la idea de una vida cuantitativa y cualitativa. La idea es de una vida inagotable y sin fin, y de mejor calidad. Esta vida eterna puede ser una posesión en el presente (ver 1 Juan 5:12) y una esperanza (ver Tito 3:7). Entonces, ¡la vida eterna implica una persona y un lugar! ¡Cree en Él y tendrás a Jesús ahora y al cielo un día de estos!

Conclusión

Bennett Cert narró la historia sobre un niño en un orfanato. Dado que el niño era un tanto conflictivo y difícil, los trabajadores en el orfanato buscaban una excusa para mover al niño indeseable a otro hogar para huérfanos. Un día vieron que el niño cruzó el patio, se subió a una de las ramas de un árbol y depositó una nota. Después de que el niño se había ido, los trabajadores

---

[18] R. O. Yeager, *The Renaissance New Testament*, vol. 4 (Woodridge, VA: Renaissance Press, 1979), 415.

corrieron para recuperar la nota. Luego la abrieron y la leyeron: «Si encuentras esto, te amo».[19] Para un mundo que trata a Dios como un niño indeseable en un orfanato, para un mundo que no ama a Dios, en Juan 3:16 Dios está diciendo: «Si encuentras esto, te amo».

---

[19] B. Cert citado en Hull, *Love in Four Dimensions*, 10.

{ Capítulo 2 }

La depravación total

PAIGE PATTERSON

La doctrina de la elección generalmente se considera como la más odiada en la iglesia. Según algunos, la falta de acuerdo sobre lo que exactamente significa, la convierte en una doctrina menospreciada, enfatizada por algunos, ignorada por otros. En realidad, la doctrina más odiada es la doctrina de la exclusividad de Cristo en la salvación, y la segunda doctrina más odiada, especialmente en la era posmoderna, es la doctrina de la depravación humana. El columnista Mike Adams, que comentaba desde un punto de vista político, sugirió que este único hecho es la diferencia entre las perspectivas liberal y conservadora: «Si hay una cosa que separa al liberal del conservador es su opinión sobre la naturaleza humana. El conservador ve al hombre como alguien que nace en un estado caído. Esta visión trágica de la naturaleza humana ve al hombre como alguien egoísta y hedonista por diseño».[1] Adams continúa:

---

[1] Mike Adams, «The Nature of Conservatism», *Salem Web Network*, el 18 de mayo de 2009, consultada el 1 de diciembre de 2009. http://townhall.com/columnists/MikeAdams/2009/05/18/the_nature_of_conservatism.

Esta visión trágica de la naturaleza humana también explica la razón por la cual los conservadores hablan a menudo sobre los valores de la religión y la familia. Dada su naturaleza egoísta, el hombre debe interiorizar alguna razón para comportarse en maneras que beneficien a otros. El no cumplir con dichos valores no significa que es un hipócrita. Aquel que no cree lo que sostiene es un hipócrita. Aquel que cree lo que sostiene y no cumple es solo humano.[2]

Hay dos razones por las cuales Jerry Vines me pidió que escribiera sobre la doctrina de la depravación total. La primera razón es que él quería que abordara la doctrina más objetable. La segunda fue más puntual. Cuando me llamó y me pidió que escribiera este artículo, afirmó: «¡No puedo pensar en nadie más que modele la depravación total tan bien como tú lo haces!».

Para abordar el tema de la depravación total, debemos ir a la Escritura. Puesto que es comúnmente conocido que no soy un calvinista ni un reformado, tal vez se me permita hacer esta observación. Una tragedia existe en los púlpitos de la mayoría de los no calvinistas. Aparentemente, demasiados predicadores no sienten el mandato de predicar sermones que expongan el texto bíblico. Menos mal, muchos de nuestros hermanos calvinistas están proclamando la Palabra de Dios en vez de psicología popular. Si un predicador no es calvinista y no expone de manera sistemática la Palabra de Dios, ese predicador no está complaciendo al Dios que es el autor del Libro. ¡No es de extrañar que tanta depravación se exhiba en las iglesias, si consideramos que los predicadores a menudo no le dan a conocer a su gente lo que la Palabra de Dios expresa! Los predicadores están demasiado ocupados entreteniendo a los miembros de la congregación. Yo elogio a mis amigos calvinistas por enseñar consistentemente la Biblia.

El *locus classicus* (pasaje o ejemplo clásico) sobre el tema de la depravación se encuentra en Romanos 1-3.

Porque la ira de Dios se revela desde el cielo contra toda impiedad e injusticia de los hombres, que con injusticia restringen la verdad; porque

---

[2] Ibíd.

lo que se conoce acerca de Dios es evidente dentro de ellos, pues Dios se
lo hizo evidente. Porque desde la creación del mundo, sus atributos invi-
sibles, su eterno poder y divinidad, se han visto con toda claridad, siendo
entendidos por medio de lo creado, de manera que no tienen excusa. Pues
aunque conocían a Dios, no le honraron como a Dios ni le dieron gracias,
sino que se hicieron vanos en sus razonamientos y su necio corazón fue
entenebrecido. Profesando ser sabios, se volvieron necios, y cambiaron
la gloria del Dios incorruptible por una imagen en forma de hombre
corruptible, de aves, de cuadrúpedos y de reptiles. Por consiguiente, Dios
los entregó a la impureza en la lujuria de sus corazones, de modo que
deshonraron entre sí sus propios cuerpos; porque cambiaron la verdad
de Dios por la mentira, y adoraron y sirvieron a la criatura en lugar del
Creador, quien es bendito por los siglos. Amén. Por esta razón Dios los
entregó a pasiones degradantes; porque sus mujeres cambiaron la función
natural por la que es contra la naturaleza; y de la misma manera también
los hombres, abandonando el uso natural de la mujer, se encendieron
en su lujuria unos con otros, cometiendo hechos vergonzosos hombres
con hombres, y recibiendo en sí mismos el castigo correspondiente a su
extravío (Rom. 1:18-28).

Luego sigue una lista de obras, las cuales son características del género humano:

Estando llenos de toda injusticia, maldad, avaricia y malicia; colmados de
envidia, homicidios, pleitos, engaños y malignidad; son chismosos, detractores, aborrecedores de Dios, insolentes, soberbios, jactanciosos, inventores
de lo malo, desobedientes a los padres, sin entendimiento, indignos de
confianza, sin amor, despiadados; los cuales, aunque conocen el decreto
de Dios que los que practican tales cosas son dignos de muerte, no sólo
las hacen, sino que también dan su aprobación a los que las practican
(Rom. 1:29-32).

Pablo continúa su descripción de la condición humana:

¿Entonces qué? ¿Somos nosotros mejores que ellos? De ninguna manera; porque ya hemos denunciado que tanto judíos como griegos están todos bajo pecado; como está escrito:

No hay justo, ni aun uno;
No hay quien entienda;
No hay quien busque a Dios;
Todos se han desviado, a una se hicieron inútiles;
No hay quien haga lo bueno;
No hay ni siquiera uno».
Sepulcro abierto es su garganta,
Engañan de continuo con su lengua,
Veneno de serpientes hay bajo sus labios;
Llena está su boca de maldición y amargura;
Sus pies son veloces para derramar sangre;
Destrucción y miseria hay en sus caminos,
Y la senda de paz no han conocido.
No hay temor de Dios delante de sus ojos.

Ahora bien, sabemos que cuanto dice la ley, lo dice a los que están bajo la ley, para que toda boca se calle y todo el mundo sea hecho responsable ante Dios; porque por las obras de la ley ningún ser humano será justificado delante de Él; pues por medio de la ley viene el conocimiento del pecado. Pero ahora, aparte de la ley, la justicia de Dios ha sido manifestada, atestiguada por la ley y los profetas; es decir, la justicia de Dios por medio de la fe en Jesucristo, para todos los que creen; porque no hay distinción; por cuanto todos pecaron y no alcanzan la gloria de Dios, siendo justificados gratuitamente por su gracia por medio de la redención que es en Cristo Jesús, a quien Dios exhibió públicamente como propiciación por su sangre a través de la fe, como demostración de su justicia, porque en su tolerancia, Dios pasó por alto los pecados cometidos anteriormente, para demostrar en este tiempo su justicia, a fin de que Él sea justo y sea el que justifica al que tiene fe en Jesús (Rom. 3:9-26).

Estos pasajes rara vez se leen en las iglesias contemporáneas, y mucho menos se explican. Ni la mente moderna, ni la mente posmoderna quieren escuchar el veredicto de Dios respecto al género humano. Habiendo leído los textos, ¿qué deben los cristianos entender con exactitud sobre la depravación? Primero, la pregunta, ¿qué es la depravación? debe discutirse. Segundo, una breve discusión sobre el origen de la depravación al explorar la pregunta, ¿cómo ocurre? requiere atención. Por último, una respuesta a la pregunta, ¿qué puede hacer un hombre muerto? debe considerarse.

El significado de la depravación

Estos versículos muestran varias observaciones en cuanto al significado de la depravación.

1. «No hay justo, ni aun uno» (Rom. 3:10). *Depravación significa que no hay un solo ser humano sobre la faz de la tierra que esté bien con Dios.* Previo a que se lleve a cabo la regeneración y la justificación, con lo cual él es reconciliado con Dios mediante la sangre de Cristo, no hay una sola persona, sin importar su religiosidad o ética, que sea justa delante de Dios.

2. «No hay quien entienda» (Rom. 3:11). Lo que sea que ocurra con la depravación, sabemos que *las capacidades intelectuales han sido afectadas de manera adversa.* Antes de ser capaces de ver con claridad lo que los humanos necesitan ver, en el mejor de los casos, ellos ven la verdad en una forma distorsionada. Y esto es verdad incluso para aquellos que han conocido a Cristo. Como lo expresa el apóstol Pablo, «Porque ahora vemos por un espejo, veladamente...» (1 Cor. 13:12). Los cristianos esperan que venga un tiempo cuando verán con gran claridad. Si aun los redimidos no ven con perfecta claridad, ¿qué se dirá de aquellos que todavía están en un estado no redimido? Por una parte, «...lo que se conoce acerca de Dios es evidente dentro de ellos, pues Dios se lo hizo evidente» (Rom. 1:19); pero, por otra parte, «...el hombre natural no acepta las cosas del Espíritu de Dios, porque para

él son necedad; y no las puede entender, porque se disciernen espiritualmente» (1 Cor. 2:14). En su estado de depravación, un hombre
puede conocer que Dios existe y que es poderoso de forma abrumadora; pero no logra entender la naturaleza y verdad de Dios.

3. El mismo versículo provee una tercera observación. «No hay quien
entienda, no hay quien busque a Dios» (Rom. 3:11). *La dirección a
la que apunta el hombre depravado está lejos de Dios*. Mientras él se
aleja de Dios, puede ser que vaya a la iglesia debido a un sentido de
obligación; pero él todavía está apartándose de Dios. En su camino
alejado de Dios, él puede tomar su abrigo y, en un acto de caballerosidad, extenderlo sobre un charco de agua para que una mujer lo
cruce. Es una buena obra, pero no cambia la dirección en la cual va.
Él se aleja de Dios porque es depravado.

4. «Todos se han desviado, a una se hicieron inútiles» (Rom. 3:12). Isaías
repite esto: «Todos nosotros nos descarriamos como ovejas, nos apartamos cada cual por su camino...» (Isa. 53:6). Esta acción ha hecho
necesario que el Señor ponga sobre Cristo la iniquidad de todos los
humanos. *Los humanos se han hecho inútiles*. Ellos se han apartado
por su propio camino, y al ir por ese camino, no hay manera por
la cual puedan beneficiarse espiritualmente, ellos son depravados
por completo. «No hay quien haga lo bueno, no hay ni siquiera uno»
(Rom. 3:12). Alguien podría protestar y decir que este versículo no
reconoce los actos de nobleza como asistir a la iglesia con frecuencia,
hacer actos de caballerosidad, dar dinero a las víctimas del tsunami,
o un sinfín de buenas cosas. El versículo no significa que una persona
nunca hace algo bueno. Más bien, significa que uno nunca puede hacer algo que cuente como bueno para tener una relación correcta con
Dios. «No hay quien haga lo bueno; no hay ni siquiera uno» (Rom.
3:12). Además, toda buena obra, aunque sea loable, está siempre con-
taminada con el agente contagioso de la pecaminosidad humana.

5. «Llena está su boca de maldición y amargura; sus pies son veloces para derramar sangre; destrucción y miseria hay en sus caminos, y la senda de paz no han conocido» (Rom. 3:14-17). La depravación total significa que no hay paz definitiva en el corazón. Puede que haya negación. Alguien puede insistir que está viviendo una vida maravillosa y pasándola bien, pero esta afirmación es superficial. En el fondo yace un corazón perturbado. La presencia de la guerra en el mundo es un constante recordatorio de la depravación total, y esa guerra, que recorre el globo, dondequiera que se encuentre, es la misma guerra que se libra en el corazón humano. No hay paz en el corazón. Si en ningún otro punto, el corazón no está en paz porque hay enemistad hacia Dios y Sus propósitos, los humanos son depravados en absoluto (Col. 1:21). Por último, «No hay temor de Dios delante de sus ojos» (Rom. 3:18). Habrá momentos cuando un hombre se sienta acorralado, o que las cosas no salen como esperaba, entonces un cierto temor se producirá. En ese momento él puede incluso clamar a Dios. Pero, en el curso de su vida, él vive de modo que demuestra que no entiende el poder de Dios, mucho menos la justicia y la santidad de Dios.

Para ilustrar la perspectiva de Dios respecto al pecado, supongamos que una persona va a la escuela para ser un cirujano cardiovascular. Él, una mañana, va al hospital preparado para realizar una cirugía, y se guía por los registros médicos de la sala y lee la ficha de su paciente para conocer con exactitud lo que debe hacerse. Dejando eso de lado, este médico camina hacia el área de preparación o la zona de lavado y se limpia a sí mismo. Le dan una bata verde y las demás piezas para cubrir la cabeza y los zapatos. Luego le ponen los guantes quirúrgicos. Y, entonces, camina hacia el quirófano.

El paciente está sobre la mesa de operaciones y el equipo médico se ha reunido. El cirujano le pide a la enfermera que retire la sábana que cubre el pecho del paciente. La enfermera se estira y jala la sábana para exponer el pecho del paciente; y, mientras lo hace, tres cucarachas corren debajo de la sábana, pasan por el pecho y siguen hacia el piso. ¿Qué diría el cirujano?

«¿Quién es responsable de estas condiciones en el quirófano? Mi paciente no morirá de problemas cardíacos, ni morirá por un error mío. ¡Morirá debido a la suciedad en el quirófano!».

La repulsión que sentiría como cirujano bajo estas circunstancias, comparado con la repulsión que siente Dios por el pecado, sería tan distante como comparar uno con ocho elevado a la sexcentésima potencia. Uno podría empezar a entender como un Dios santo siente respecto a un solitario pensamiento pecaminoso. «No hay temor de Dios delante de sus ojos» (Rom. 3:18).

La depravación total, como la *Trinidad*, no es un término bíblico. De la misma manera que con la *Trinidad*, el término *depravación total* provee una forma útil y corta para afirmar las verdades anteriores. El propósito es demostrar que el hombre está contaminado en cada aspecto de su ser y que, sin la regeneración y la imputación de la justicia de Cristo sobre él, jamás podrá complacer o satisfacer a Dios. Algunos calvinistas (no todos) interpretan que el término significa que, para que un ser humano depravado responda al acto redentor de Dios, esa persona debe ser primero regenerada. En otras palabras, Dios regenera al individuo, permitiendo así que él ejercite el arrepentimiento y la fe. Excepto por citar Juan 6:44, el argumento tiene poco apoyo bíblico, pero responde a las lógicas demandas del sistema calvinista.

Mientras que nadie viene a Cristo por su propia voluntad («…si no lo trae el Padre», Juan 6:44), la Biblia también afirma que, «Y yo, si soy levantado de la tierra, atraeré a todos a mí mismo» (Juan 12:32). El plan del Padre para el Siervo sufriente es una manera por la cual se hace el llamamiento a cada corazón humano. El calvinista C. H. Spurgeon afirmó que la idea de que la regeneración precede a la fe no es bíblica.

> Si he de predicar la fe en Cristo a un hombre que es regenerado, entonces ese hombre, siendo regenerado, ya es salvo, y es algo innecesario y ridículo que yo le predique a Cristo y que le pida que crea para ser salvo, cuando ya ha sido salvado, ya que ha sido regenerado. Pero ustedes me dirán que yo debo predicarles únicamente a los que se arrepienten de sus pecados. Muy bien; pero como el verdadero arrepentimiento del pecado es la obra

del Espíritu, cualquier persona que se arrepiente, sin duda alguna, es salva, porque el arrepentimiento evangélico no puede existir nunca en un alma no regenerada. Donde hay arrepentimiento ya hay fe, pues nunca pueden estar separados. Entonces, solo he de predicar la fe a los que la tienen. ¡Eso es absurdo, ciertamente! ¿No equivale esto a esperar hasta que el enfermo sea curado para llevarle la medicina? Esto es predicar a Cristo a los justos y no a los pecadores.[3]

Por consiguiente, todas las personas, aunque totalmente depravadas e incapaces de hacer algo para salvarse a sí mismas, reciben el testimonio del Cristo enaltecido en Su obra expiatoria para acercarlos al Salvador. Esta provisión, junto con el testimonio de la Palabra de Dios y la obra de convicción del Espíritu Santo es adecuada para que se produzca la fe, pero puede, en última instancia, ser resistida por causa de la depravación del pecador. Como lo declara Norman Geisler:

Los calvinistas extremos creen que una persona totalmente depravada está espiritualmente muerta. Ellos interpretan 'muerte espiritual' como la eliminación de toda capacidad humana para entender o responder a Dios, no solo una separación de Dios. Además, las consecuencias del pecado son profundas (que destruyen la capacidad para recibir la salvación).[4]

Pero, esta perspectiva niega el orden de los eventos salvíficos que se encuentran a lo largo del Nuevo Testamento.

El origen de la depravación

La depravación de todos los miembros de la raza humana debe entenderse en torno a la rebelión de Adán en el Edén. El mensaje soteriológico de la

---

[3] C. H. Spurgeon, *C. H. Spurgeon's Sermons: Metropolitan Tabernacle Pulpit* (Pasadena, TX: Pilgrim Publications, 1970), 532.

[4] N. Geisler, *Chosen but Free* (Minneapolis, MN: Bethany House, 1999), 56.

Biblia está de modo íntimo relacionado a la historicidad del registro de Génesis sobre la tentación y la caída de Adán. Romanos 5:15, 18 así lo reflejan.

> Pero no sucede con la dádiva como con la transgresión. Porque si por la transgresión de uno murieron los muchos, mucho más, la gracia de Dios y el don por la gracia de un hombre, Jesucristo, abundaron para los muchos (v. 15).

> Así pues, tal como por una transgresión resultó la condenación de todos los hombres, así también por un acto de justicia resultó la justificación de vida para todos los hombres (v. 18).

El asunto que debe abordarse es el significado de la palabra «muchos» en el versículo 15. Si «muchos» significa que solo algunos de la raza son perjudicados por el pecado de Adán, entonces un argumento para la expiación limitada sería posible, ya que el don de la gracia de Dios en Cristo abundaría solo para algunos. Pero el versículo 18 hace imposible esa interpretación. A través de la transgresión (pecado) de un hombre, la condenación vino a «todos los hombres». Así, a través del acto de justicia de Cristo, el don de Dios está disponible para todos. Pero, la causa de la depravación universal es clara. Esto se confirma otra vez en 1 Corintios 15:22 cuando Pablo declara: «… en Adán todos mueren…».

¿En qué sentido muere toda la raza humana en Adán? Augustus Hopkins Strong delinea varias teorías históricas, pero para la mayoría de los evangélicos la opción está entre la teoría federal de la imputación del pecado de Adán (llamada también pacto de obras—la teoría de que Adán es cabeza universal de la humanidad por representación vicaria) y la teoría del representante natural (llamada también teoría realista—la teoría de la jefatura natural). Strong define la teoría federal como sigue:

> Según esta teoría, Adán fue constituido como el representante de toda la raza humana por designación soberana de Dios. Con Adán como su representante, Dios hace un pacto. Así, a condición de su obediencia, ellos

tendrían la vida eterna, y a condición de su desobediencia, Adán y toda la raza humana estarían sujetos a la corrupción y a la muerte. Según los términos de este pacto, puesto que Adán pecó, Dios cuenta a todos sus descendientes como pecadores y los condena a causa de la transgresión de Adán.[5]

Las objeciones de Strong a esta teoría son válidas. La teoría es extrabíblica, contradice la Escritura, y atenta (incluso si no es el propósito) contra la justicia de Dios. Además, la teoría federal deja de explicar de manera adecuada la transmisión de una naturaleza pecaminosa y no explica la necesidad de la concepción virginal de Cristo.

Strong define la teoría del representante natural que muchos reformadores promovieron:

> Sostiene que Dios imputa el pecado de Adán (la cabeza) de manera inmediata a todos sus descendientes, en virtud de esa unidad orgánica de la humanidad por la cual toda la raza humana al momento de la transgresión de Adán existía, no individualmente, sino seminalmente. En el acto libre de Adán, la voluntad de la raza humana se rebeló contra Dios y la naturaleza de la raza humana se corrompió. La naturaleza que ahora poseemos es la misma naturaleza que se corrompió a sí misma en Adán, «no solo la misma clase en naturaleza, sino que la misma naturaleza de Adán fluye continuamente en nosotros».[6]

Esta explicación suena a verdad, y ofrece una explicación viable para la consecuencia del pecado de Adán sobre todos los miembros de la raza humana. Además, tiene la ventaja de transferir la inclinación inherente hacia el mal desde Adán a todos los descendientes, pero establece la culpa ante Dios como el acto o la rebelión contra Dios de cada individuo. Por la misma razón, la concepción virginal de Jesús, el segundo Adán, era necesaria,

---

[5] A. H. Strong, *Systematic Theology* (Filadelfia, PA: Judson Press, 1907), 612.
[6] Ibíd., 619.

porque si Jesús hubiera nacido con una naturaleza pecaminosa, entonces Él también, habría sido susceptible al pecado. Como el segundo Adán, con una naturaleza sin pecado, Él fue capaz de enfrentar la tentación, triunfar sobre las propuestas de Satanás y permanecer como un sacrificio sin mancha y sin contaminación a favor de la raza de Adán.

Cuando nuestros primeros padres habían comido del fruto del árbol del conocimiento del bien y del mal, ellos, de manera inmediata, comenzaron a mostrar cómo el pecado afecta a la raza humana. Primero, descubrieron su desnudez y se hicieron delantales con hojas de higuera (Gén. 3:7). Una vez arrancadas del árbol, las hojas de higuera comienzan a marchitarse y mueren (no fue una solución provechosa a largo plazo). Las soluciones humanas para los problemas espirituales siempre fallan. Nuestros primeros padres sabían que su plan no había funcionado porque cuando se escuchó la voz de Jehová Dios que se paseaba al aire del día, ellos se escondieron de un Dios omnisciente y omnipresente (Gén. 3:8). El pecado nunca hace a las personas inteligentes. Ellos se escondieron, lo que indica que sabían que la solución de las hojas de higuera era inadecuada.

¿Por qué Adán y Eva cubrieron sus órganos reproductivos? Ellos comprendieron que estos eran los órganos de sus cuerpos que debían haber sido lo más preciado porque con ellos podían hacer algo que no podían hacer de otra manera. Dios diseñó al hombre y a la mujer de tal manera que haría posible para ellos unirse con Él al hacer un nuevo ser humano que tenía el potencial, si se relacionaba correctamente con Dios, de vivir para siempre. ¡Qué gran tesoro ha dado Dios a la humanidad! Pero, Adán y Eva se sintieron avergonzados por la exposición de dichos órganos porque mediante estos órganos ellos iban a perpetuar la memoria de su rebelión contra Dios. Cada hijo, cada nieto, cada bisnieto, uno detrás de otro hasta ahora, todos han sido afectados por el pecado de Adán. Todas las soluciones, como las de las hojas de higuera, las soluciones humanas del mundo, nunca serán suficientes. Más tarde, cuando descubrieron el cuerpo ensangrentado y golpeado de su hijo, ellos pudieron solo decir, «Mira lo que hemos hecho».

¿Puede responder el que está muerto?

¿Nacen culpables los seres humanos delante de Dios? Esto no puede demostrarse desde la Escritura. Lo que sí se puede demostrar es que las personas nacen con la enfermedad del pecado, una dolencia que se asegura que pecarán y se rebelarán contra Dios. Los seres humanos, por lo tanto, son condenados por sus propios pecados. La Biblia afirma esto de manera repetida (comparar Ezeq. 18:19-20; Rom. 1:32; 3:23). ¿Qué hay con Efesios 2:5, que señala que las personas están muertas en sus pecados? Si están muertas, entonces no pueden hacer nada para responder a Dios. Las personas muertas no pueden hacer nada. Cuando las personas están muertas, ¡están muertas!

Como un muchacho del sureste de Texas, a menudo cazaba en los bosques. Las serpientes de cascabel eran una presa favorita, y yo solo tenía un arma. Visité la tienda de excedentes militares y compré una vieja bayoneta, la cual aprendí a usar como un machete. A los 9 años yo estaba armado hasta los dientes con una bayoneta. Mis amigos y yo encontraríamos una serpiente de cascabel y yo le cortaría la cabeza. Un día no fui preciso, y corté al reptil alrededor de 18 cms. (siete pulgadas) detrás de su cabeza. Estaba muerta, y la dejé por un rato antes de tocarla para asegurarme que sí lo estaba. Era una cascabel tan grande que quería llevarla a casa y mostrársela a mi padre. En un descuido, extendí la mano para tomarla, y en ese momento me atacó y casi lo consigue. En realidad, sí alcanzó la parte inferior de mis pantalones vaqueros. Me sentí tan contento de no haberme puesto pantalones cortos ese día. Sus dientes se quedaron atascados en mis pantalones. ¡Era una serpiente muerta!

En verdad, estar muerto no asegura que no se puede hacer nada. Efesios 2:1-3 demuestra esta situación:

> Y Él os dio vida a vosotros, que estabais muertos en vuestros delitos y pecados, en los cuales anduvisteis en otro tiempo según la corriente de este mundo, conforme al príncipe de la potestad del aire, el espíritu que ahora opera en los hijos de desobediencia, entre los cuales también todos nosotros en otro tiempo vivíamos en las pasiones de nuestra

carne, satisfaciendo los deseos de la carne y de la mente, y éramos por
naturaleza hijos de ira, lo mismo que los demás.

Nota que aquellos que estaban muertos en sus delitos y pecados *anduvieron*
en lujuria y satisficieron los deseos de la carne y la mente. Cuando Adán y
Eva tomaron del fruto del árbol, ellos murieron—«el día que de él comas,
ciertamente morirás» (Gén. 2:17). ¡Ellos murieron en ese momento! No
obstante, en otro sentido, ellos siguieron viviendo. Aunque estaban muertos
espiritualmente, ellos pudieron y respondieron a Dios, cuando se prepararon
para Su visita, al esconderse, al hablar con Él y, al final, cuando aceptaron la
solución que Él les dio para su desnudez.
Considera Romanos 4:16-22 respecto a lo que expresa sobre Abraham.

> Por eso es por fe, para que esté de acuerdo con la gracia, a fin de que la
> promesa sea firme para toda la posteridad, no sólo a los que son de la ley,
> sino también a los que son de la fe de Abraham, el cual es padre de todos
> nosotros (como está escrito: Te he hecho padre de muchas naciones) de-
> lante de aquel en quien creyó, es decir Dios, que da vida a los muertos y
> llama a las cosas que no existen, como si existieran. El creyó en esperanza
> contra esperanza, a fin de llegar a ser padre de muchas naciones, conforme
> a lo que se le había dicho: Así será tu descendencia. Y sin debilitarse en la fe
> contempló su propio cuerpo, que ya estaba como muerto puesto que tenía
> como cien años, y la esterilidad de la matriz de Sara; sin embargo, respecto
> a la promesa de Dios, Abraham no titubeó con incredulidad, sino que se
> fortaleció en fe, dando gloria a Dios, y estando plenamente convencido de
> que lo que Dios había prometido, poderoso era también para cumplirlo.
> Por lo cual también su fe le fue contada por justicia.

Sin apartarnos mucho del texto, uno puede imaginar lo que es posible que
haya pasado: Tres hombres—dos de ellos eran ángeles y uno era el Ángel
de Yahweh—vinieron a visitar a Abraham y Sara un día bajo el encinar de
Mamre. Le dijeron a Abraham, entre otras cosas, «he aquí, Sara tu mujer ten-

drá un hijo» (comparar Gén. 18:10). Sara estaba detrás de la tienda y se rio porque sabía que no era posible. Entonces los hombres preguntaron: «¿Por qué se rio Sara?». «No me reí» dijo Sara (comparar Gén. 18:15). Su depravación era aparente. Entonces, ella mintió sobre esto, los visitantes descendieron a Sodoma, y los días pasaron.

Una noche alrededor de las ocho, el sol hacía rato que se había ocultado en el oeste. Ellos tenían sus brochetas de cordero y sus panes de cebada para la cena y quizás unas hierbas amargas que se las bajarían con leche de cabra. Habían traído las sillas de montar los camellos a la tienda y colocado una manta sobre ellas. Abraham estaba apoyado en una de ellas, y trabajaba con un cuero. Uno de los camellos había muerto unos pocos meses antes, habían curtido su piel, y ahora Abraham elaboraba nuevas sandalias para sus pies. Sara estaba apoyada en la otra silla y se hacía un nuevo vestido con la hermosa tela roja que era característica de esa parte del mundo.

Mientras Abraham trabajaba en las sandalias, miró a Sara, y una sonrisa se dibujó en su rostro. Quizás pensaba, «ella ha perdido algo de la belleza que alguna vez tuvo, pero la recuerdo perfectamente. ¿Acaso no fue cautivado faraón por su belleza? ¡No se pudo resistir! Abimelec casi se mete en problemas. Ella era muy grapa, no hay duda de eso». Él no le quitaba los ojos de encima. No podía dejar de mirarla. Ella lo miró y dijo: «¡¿Qué?! Abraham respondió: «¡Yo no dije nada!». Luego dijo Sara: «Sí, ¡pero me estás mirando!». Entonces, Abraham le contestó: «Bueno, ¿es eso un delito?». «No, pero es la manera particular en que me estás mirando. No la había visto en un largo tiempo». «No te preocupes por esto, cariño». Él volvió a trabajar en la sandalia de cuero, pero pronto la miraba de nuevo. Ella lo sorprendió otra vez y le dijo: «¿En qué estás pensando?». Abraham le respondió: «En nada». Ella le replicó: «Eso no es verdad. Tienes una sonrisa pícara. No la había visto en años. ¡Ya sé qué estás pensando!». Él le respondió: «Sí cariño, nos vamos a acostar un poco más temprano esta noche». Sara le advirtió: «¡Te has vuelto loco!». «Sí», le replicó el anciano patriarca.

¡Todo hombre mayor debería amar este pasaje! El texto declara que él no se detuvo a considerar como si ya estuviera muerto, puesto que él tenía, después de todo, 100 años, ni consideró la esterilidad del vientre de Sara. Todo lo que Abraham hizo fue considerar su propia fe en la promesa de Dios respecto al nacimiento de Isaac; y, como era de esperarse, lo imposible sucedió, porque con el hombre puede ser imposible, pero con Dios todas las cosas son posibles. Su fe lo llevó a una noche interesante. Esa noche interesante lo llevó a que las promesas de Dios se hicieran realidad.

El plan de Sara de tener un heredero varón a través de su sierva Agar no solo fracasó, sino que, con el nacimiento de Ismael, inició un sinnúmero de dolores de cabeza de los cuales el mundo todavía sufre. Sin el plan y el milagro de Dios, los esfuerzos humanos para satisfacer una necesidad fracasan de manera inevitable (Gén. 16:1-16). El nacimiento de Isaac fue un milagro de la mano de Dios, pero Abraham y Sara cooperaron.

Era el 25 de octubre de 1944. El *U.S.S. St Lo*, junto con otros portaaviones que operaban en las aguas filipinas, fue atacado por primera vez por pilotos *kamikaze*.[7] Una vez escuché a un marinero dar un reporte de un incidente que sucedió ese día. Incluso si fuera apócrifo, aborda la cuestión sobre la depravación y la incapacidad. Según este veterano, uno de los marineros en el *St. Lo* abrió la puerta y salió al puente justo a tiempo para quedar petrificado allí mismo. Él no podía creerlo. A menos de 30 metros, un bombardero japonés suicida venía directo hacia él. Él sabía que haría impacto con él. Él sabía que iba a morir. Al último momento, de algún modo, el avión cayó justo un poco abajo del puente y se estrelló contra el *St. Lo* con una carga completa de bombas. La explosión lo derribó, lo dejó casi sordo, y de modo inmediato se sintió envuelto en una bola de fuego. Sabía que estaba en llamas, y el fuego era tan intenso que cegaba sus ojos. Él podía sentir el fuego e hizo lo único que un hombre haría en esa clase de circunstancias. En su desesperación, pensó, «debo apagar el fuego aunque sé que estoy muerto», y se lanzó por la borda hacia el océano.

Cuando el marinero se sumergió en el agua, las llamas, sin duda, se extinguieron. Volvió a la superficie y no podía ver nada en absoluto. Comenzó a

---

7   Véase «USS ST LO (CVE 63)», consultada el 1 de diciembre de 2009. http://www.bosamar.com/pages/cve63.

nadar, pero después de algún tiempo, se dio cuenta que era inútil; estaba muy lejos de la costa. En ese momento el *St. Lo* acabó por hundirse bajo las olas; y cuando alcanzó casi los quince metros (50 pies) de profundidad, las cargas explosivas que llevaba a bordo se activaron, lo que causó un despliegue de destrucción increíble. El agua voló por el aire, y el marinero sintió la fuerza de la explosión. Esta lo sacudió de nuevo, pero no vio nada porque estaba ciego. Flotó y luchó mientras pudo. Más tarde, expresó que sintió temor ante la idea de haber causado la muerte de otros marineros, debido a que, al encontrar objetos en el agua, sin saber que eran, trataba de agarrarse de ellos, pero la marea se los llevaba. Se limitó a orar que no fueran otros marineros. Hizo lo que pudo para poder salvarse. Pero, finalmente, perdió toda esperanza.

En ese momento, aunque estaba herido y con los oídos casi destrozados, el marinero vagamente escuchó el zumbido de las aspas del helicóptero. Cuando escuchaba el sonido del helicóptero sobrevolando, comenzó a gritar: «¡Aquí estoy! ¡Aquí estoy! ¡Sálvenme! ¡Aquí estoy! ¡Sálvenme!». El helicóptero bajó una cuerda, pero, debido a su falta de visión y el aumento del oleaje, no podía encontrarla y asirse de ella. Cada vez se sentía más débil y, en ese punto, el rescatista en el helicóptero le dijo al piloto: «Voy por él». El rescatista saltó al agua y emergió junto al marinero. Se acercó a él y le extendió la mano para ayudarlo, pero el marinero entró en pánico y trató de resistirse como si el rescatista estuviera tratando de golpearlo. Pienso que pudo haber imaginado que se trataba de otro de los marineros del St. Lo, y así, en realidad trató de quitarse de encima al que sería su salvador. Por fin, el rescatista lo sujetó hasta que pudo poner la cuerda alrededor del marinero, y entonces le dio la señal al helicóptero. El cabrestante comenzó a hacer su trabajo y levantó al marinero hasta el helicóptero. Por último fue entregado al hospital.

Las semanas pasaron, y fue sometido a varias cirugías. Por fin, el doctor le manifestó al marinero: «Hijo, no sé si he sido capaz de salvar tus ojos. Hemos hecho todo lo posible y hemos llegado a este momento de la verdad. Removeremos las vendas para ver si tu visión se ha salvado». El marinero le respondió: «Bueno, estoy listo para vivir como sea, pero quiero saber si puedo ver». Entonces, en un cuarto en penumbras, el doctor primero removió las vendas exteriores y luego, de forma gradual, las vendas más cercanas a los ojos. Lo primero que vio el marinero fue la cara del rescatista que había saltado al agua, había atado la cuerda a su cuerpo, y lo había salvado.

El Padre celestial es el Almirante que vio nuestra condición sin esperanza y envió ese helicóptero. Las aspas zumbantes del helicóptero son como la Palabra de Dios. El Señor Jesús es como el rescatista; Él vino a la tierra y saltó al agua para salvarnos aun cuando nos resistimos a él. Los tres años más tristes de mi vida fueron de los seis a los nueve. Yo pensaba que la invitación del himno «Tal como soy» tenía 336 estrofas, y parecía que lo cantábamos todo al final de cada servicio. Mi padre se paraba al frente y suplicaba a las personas que vinieran a Cristo. Yo me resistía a Cristo y luchaba contra el Espíritu Santo, por mi propia depravación, me rehusaba a venir a Cristo. Al fin, el Señor Jesús se reveló a mí a través de la Palabra de Dios, mediante el testimonio del Espíritu Santo. Un día maravilloso voy a presentarme en el cielo. Las vendas de mi depravación restante serán quitadas, dejarán mi cuerpo glorificado y la primera cara que veré será la de Aquel que me amó tanto que se dio a Sí mismo para salvarme de mis pecados. Nosotros nos presentaremos delante del Señor Jesucristo.

Si las analogías se fuerzan demasiado, se echan a perder. Las analogías funcionan como ilustraciones para ayudarnos a entender de qué se trata la depravación. Los seres humanos son como el marinero. También están ciegos y no pueden escuchar espiritualmente como deberían. Ellos no pueden salvarse a sí mismos. Los tiburones los acorralan, su fuerza se debilita, y van a ahogarse. Los seres humanos son totalmente depravados. No pueden ayudarse a sí mismos. Esto es lo que significa la depravación. Todos los seres humanos llevan dentro de sí el pecado de su padre Adán, y ahora es evidente en sus vidas. Están indefensos y sin esperanza en ese pecado, pero pueden aun clamar a Dios. Todas las personas sobre la faz de la tierra pueden clamar a Dios. Abraham no tomó en cuenta su cuerpo o la esterilidad del vientre de Sara, aunque tenía 100 años, sino que le creyó a Dios.

Robert Piricilli habla de la gracia pre-regeneradora. Al respecto él señala: «Por definición, la gracia pre-regeneradora es la obra del Espíritu Santo que 'abre el corazón' del no regenerado (para usar las palabras de Hechos 16:14) a la verdad del evangelio y le capacita para responder de manera positiva en fe»[8] Además, él afirma:

> Teológicamente, este concepto llena la necesidad del pecador totalmente depravado. Como ya se ha dicho, la persona no regenerada es en absoluto incapaz de responder de manera positiva, por su voluntad natural, a la oferta de salvación contenida en el evangelio. La gracia pre-regeneradora solo significa que el Espíritu de Dios vence la incapacidad por una obra directa en el corazón, una obra que es adecuada para permitirle a la persona, aún no regenerada, entender la verdad del evangelio, desear a Dios, y ejercer la fe salvífica.[9]

En síntesis, el sabio Blaise Pascal señaló:

> Es peligroso demostrarle a un hombre que casi está al nivel con los brutos, sin mostrarle su grandeza; es también peligroso mostrarle su grandeza al margen de su vileza. Es todavía más peligroso mantenerlo ignorante de ambas. Pero, es una gran ventaja mostrarle ambas.[10]

Señor lleno de gracia, nosotros sentimos pena por nuestro pecado. No conocemos por qué ordenaste las cosas como lo hiciste y por qué heredamos una naturaleza pecaminosa, pero, Señor, ciertamente hemos demostrado que la tenemos. Lo admitimos abiertamente ante Ti. La depravación ha tocado cada parte de nuestro ser. No somos lo que deberíamos ser físicamente; no somos lo que deberíamos ser mentalmente; no somos lo que deberíamos ser espiritualmente. En todos los sentidos somos totalmente depravados, pero, Señor, te agradezco que el testimonio de la Biblia, en todas sus páginas, es

---

[8] R. Picirilli, *Grace, Faith, Free Will: Contrasting Views of Salvation, Calvinism and Arminianism* (Nashville, TN: Randall House, 2002), 154.

[9] Ibíd.

[10] M.A. Molinier, *The Thoughts of Blaise Pascal* (trad. en inglés por C. K. Paul; Londres: Kegan Paul, Trench & Co., 1885), 45.

que «todo aquel que invoque el nombre del Señor será salvo» (Rom. 10:13). Yo creo que Tú nos has dado el testimonio del Espíritu Santo, el testimonio de la Santa Escritura, y el testimonio de incontables miles de misioneros y predicadores de Tu palabra que han anunciado el evangelio de Cristo a todo hombre. Toda persona que lo escucha y te clama con toda seguridad será salva. Dios, concédenos serte fieles. En el nombre de Jesús, oramos. Amén.

Capítulo 3

La elección congruente: comprendiendo la salvación desde una perspectiva eterna y presente

RICHARD LAND

Al predicar la Palabra de Dios, el predicador debería tener altas expectativas. Este ensayo sugiere un modelo conceptual que creo provee una mejor manera de entender la doctrina bíblica de la elección que la que ofrecen otros modelos teológicos tradicionales.

La Palabra sagrada e inerrante de Dios nunca cambia, y esta Palabra inerrante e infalible de Dios nunca se contradice a sí misma. Sin embargo, la comprensión humana de la Palabra de Dios no es infalible, y, como lo creyeron nuestros precursores bautistas, Dios tiene siempre aún más verdad que manifestar de Su Santa Palabra a aquellos que son receptivos a la dirección del Espíritu Santo.

La Palabra de Dios está grabada en piedra, pero ninguna formulación humana, confesión o doctrina debería estarlo. Los cristianos siempre deben

inquirir tan profunda y humildemente como puedan, y deben pedir conocimiento, discernimiento y comprensión, según el Señor les conceda, en su
celo de resolver cualquier dificultad aparente. Los cristianos deben siempre
buscar una cada vez mayor y más profunda comprensión de una totalidad
de doctrina, que sea tan congruente con la revelación de la Escritura tanto
como sea posible. ¿Qué comprensión de una doctrina de la elección concuerda con toda la Escritura revelada, y no solo con ciertos textos que se
utilizan para probarla?

Orígenes de los bautistas del sur: El nacimiento de una tradición teológica

Mi comprensión de la doctrina de la elección como ahora la conceptualizo
viene de mi inmersión desde la infancia en el legado de Sandy Creek; legado
que permea la tradición de los bautistas del sur. En décadas recientes, algunos
han intentado huir secretamente con nuestro legado e historia de los bautistas del sur. Por consiguiente, revisar la historia del movimiento bautista
en el Sur de los Estados Unidos es aconsejable para comprender como, en la
Providencia de Dios, hemos arribado a la situación presente.

John Leland, tanto un producto como un líder prominente del movimiento de bautistas separados que arrasó en la época colonial de los Estados
Unidos a mediados del siglo XVIII, era un predicador itinerante asignado
a un área geográfica específica para ministrar a las congregaciones, quien
de forma personal bautizó a más de 20 000 personas durante sus más de
20 años de ministerio en Virginia y Carolina del Norte, antes de volver a
su natal Massachusetts en 1791.[1] Leland, un amigo de Thomas Jefferson y
James Madison, tuvo un papel determinante en la inclusión de la Primera
Enmienda (libertad de religión y libertad de expresión) en la Constitución
de los Estados Unidos.

---

[1] J. Leland, «A Letter of Valediction on Leaving Virginia, 1791», en *The Writings of the Late Elder John Leland* (ed. L. F. Green; Nueva York: G. W. Wood, 1845), 172, citado en S. E. Ahlstrom, *A Religious History of the American People* (New Haven, CT: Yale University Press, 1992), 322.

¿Por qué es Leland tan importante? Porque como el más importante de los líderes bautistas separados en el sur, él tenía una enorme influencia, debido a que los bautistas separados sobrepasaron a los otros grupos bautistas en el sur, a tan solo pocos años de los avivamientos de Sandy Creek en Carolina del Norte, en la década de 1750.

En 1791, Leland expresó:

> Yo concluyo que los propósitos eternos de Dios y *la libertad de la voluntad humana* son ambas verdad, y es una realidad que la predicación que ha sido más bendecida por Dios y más provechosa para los hombres es *la doctrina de la gracia soberana en la salvación de las almas, mezclada con un poco de lo que llaman arminianismo.*[2]

La declaración de Leland es la mejor síntesis que encontrarás de la soteriología de *La fe y el mensaje bautista*. Leland añadió:

> Estas dos proposiciones pueden convivir juntas bastante bien, pero la desgracia moderna es [¡algunas cosas nunca cambian!] que los hombres a menudo emplean demasiado tiempo en explicar una o la otra, o en componer el vínculo que las une; y en tal caso tienen poco tiempo de insistir en un sermón sobre estas dos grandes cosas con las cuales Dios bendice.[3]

Sidney Ahlstrom, el renombrado y premiado historiador de Yale, quien, como luterano, no tiene nada que ver en esta discusión, revisó la historia del desarrollo bautista en el siglo XVIII en Estados Unidos, en especial en el sur, y concluyó que, «La posición doctrinal general de la tradición bautista resultante fue claramente reformada, una versión modificada de Westminster».[4] El resultado final «fue una mezcla de los avivamientos y las tendencias

---

[2] Leland, «A Letter of Valediction...», 172.
[3] Ibíd.
[4] Ahlstrom, *A Religious History*, 322.

'ortodoxas', según lo aceptado por John Leland».[5] Con el paso del tiempo, la Confesión de New Hampshire (1833) «vino a expresar este punto de vista de la mayoría».[6] La Confesión de New Hampshire es la progenitora de *La fe y el mensaje bautista*, su descendiente más famoso e influyente.

Previo al *Primer Gran Despertar*, los bautistas eran una secta pequeña y perseguida por todos los Estados Unidos coloniales, y en el sur, quizás con una menor presencia bautista. Entonces, vino el poderoso viento espiritual del Gran Despertar y el milagro de Sandy Creek en Carolina del Norte. El crecimiento exponencial de los bautistas en el sur que resultó del Gran Despertar, así como el surgimiento consecuente del movimiento de los bautistas separados sobrepasaron en número a las otras tradiciones bautistas. En 1790, cuando comenzaba la nueva nación, los bautistas se habían convertido en la denominación más grande en el sur, y a nivel nacional se habían colocado, junto con los metodistas, como las denominaciones más grandes. Ellas permanecieron así hasta que masivas oleadas de inmigración católica, desde Europa, en las décadas de mediados del siglo XIX, impulsaron el catolicismo al primer lugar.

El destacado historiador bautista William Lumpkin explicó como el movimiento de los bautistas separados, enorme tanto en tamaño como en energía, «dio gran impulso a la causa de la religión en Estados Unidos y le dio forma al carácter del protestantismo en el sur».[7] Los bautistas separados:

> Proveyeron los antecedentes para la Convención Bautista del Sur en cosas como su agresividad y mentalidad evangélica, su eclesiología centralizada que influyó en 1845, cuando los bautistas del sur escogieron su tipo de estructura organizacional, y muchos otros aspectos, como sus actitudes de cohibición, su himnodia, su liderazgo laico, muchas prácticas eclesiásticas y su fuerte interpretación literal de la Biblia.[8]

---

[5] Ibíd.

[6] Ibíd.

[7] W. L. Lumpkin, *Baptist Foundations in the South: Tracing Through the Separates the Influence of the Great Awakening, 1754-1787* (Nashville, TN: Broadman Press, 1961), 154.

[8] R. A. Baker resume la declaración de Lumpkin en *The Southern Baptist Convention and Its People 1607-1972* (Nashville, TN: Broadman Press, 1974), 56-57.

Robert Baker, el decano de los historiadores bautistas del sur, revisó el registro histórico del período y concluyó que:

> Parece haber un elemento providencial en la mezcla de los distintivos de los bautistas separados con aquellos de los más antiguos bautistas generales y particulares en el sur. Tomado por separado, cada uno de estos tres grandes movimientos bautistas posee muchas debilidades. Pero, en la unión de los tres movimientos, los bautistas del sur estuvieron básicamente preparados para el notable desarrollo que experimentaron en los próximos dos siglos.[9]

Los «bautistas generales», explicaba Baker, «hicieron hincapié en la necesidad de la acción humana para alcanzar a las personas con el evangelio».[10] Ellos dieron a los bautistas en el sur una determinación profunda y firme en cuanto al trabajo de la Gran Comisión de llevar a todos el testimonio del evangelio. Los bautistas regulares (calvinistas) contribuyeron con «la estabilidad doctrinal y una conciencia de la iniciativa divina».[11] Ellos fueron un constante recordatorio que los hombres pueden predicar todo lo que quieran, pero si el Santo Espíritu de Dios no les da convicción de su pecado y los llama, los hombres no responderán. Los bautistas separados adoptaron «lo mejor de las características de ambos» y enfatizaron «la responsabilidad estructural» y «la necesidad de la presencia y el poder del Espíritu Santo».[12]

Ahlstrom, Lumpkin y Baker identificaron en el registro histórico de la mitad del siglo XVIII el surgimiento de una clara y discernible tradición teológica bautista del sur, al menos medio siglo antes de que la Convención Bautista del Sur fuera fundada en 1845. Esta tradición se caracterizaba por una soteriología que John Leland describe como la predicación de «la gracia soberana en la salvación de las almas, mezclada con un poco de lo que

---

[9] Ibíd., 57.
[10] Ibíd.
[11] Ibíd.
[12] Ibíd.

llaman arminianismo, pues estas dos proposiciones pueden convivir juntas bastante bien».[13]

Esta distintiva soteriología bautista no era del todo calvinista ni remotamente arminiana. Era, y es, diferente y distinta de ambas, que encontró su expresión confesional en la Confesión de New Hampshire, la cual primero declaró bajo «el propósito de la gracia de Dios» que «la elección es el propósito de la gracia de Dios, según el cual Él regenera, justifica, santifica y glorifica a los pecadores; lo cual es totalmente consistente con el libre albedrío del hombre».[14]

Esta distintiva soteriología bautista responde a la declaración de la Confesión de New Hampshire que:

> Nosotros creemos que las bendiciones de la salvación se ofrecen libremente a todos sin distinción por el evangelio; que es el deber inmediato de todos aceptar por una fe cordial, penitente, y obediente; y que nada impide la salvación del más grande pecador sobre la tierra, sino su propia depravación inherente y el rechazo voluntario a someterse al Señor Jesucristo, lo cual conduce a una condenación agravada.[15]

La Confesión de New Hampshire, adoptada por los bautistas de ese estado en 1833, pronto se hizo ampliamente popular entre los bautistas, del norte y del sur, lo cual se reflejó en un importante abandono de la Confesión de Fe de Filadelfia, del siglo XVIII, la cual era más calvinista. Con revisiones menores, J. Newton Brown, secretario de redacción de la *American Baptist Publication Society* (Sociedad americana de publicaciones bautistas) la publicó en *The Baptist Church Manual* (El manual de la iglesia bautista) en 1853.[16]

---

[13]   J. Leland, «A Letter of Valediction...», 172. El registro histórico indica que los bautistas separados hacían el llamado al altar para que las personas respondieran a la predicación del evangelio desde alrededor de la década de 1750 en adelante.

[14]   W. L. Lumpkin, «The New Hampshire Confession», en *Baptist Confessions of Faith* (Valley Forge, PA: Judson Press, 1959), 363.

[15]   Ibíd., 364.

[16]   Ibíd., 360-61.

Esta publicación aseguró incluso una distribución y popularidad más amplias para la Confesión de New Hampshire, progenitora directa de todas las tres versiones de *La fe y el mensaje bautista* (1925, 1963 y 2000).

La realidad es que la Confesión de New Hampshire, con la distintiva soteriología de los bautistas separados, se convirtió en «la confesión» entre los bautistas del sur del siglo XIX y principios del siglo XX, lo cual se ilustra de modo vívido en el *Southern Baptist Convention's Sunday School Board* (Junta de escuelas dominicales de la Convención Bautista del Sur) que reproduce la confesión en varios libros.[17] Entre estos libros, los más notables son *What Baptists Believe* (*Lo que creen los bautistas*) de O. C. S. Wallace, publicado por primera vez en 1913. Wallace, pastor de la *Baltimore's First Baptist Church* [Primera Iglesia Bautista de Baltimore], escribió una explicación, artículo por artículo, de la Confesión de New Hampshire, que circuló de manera extensa en miles de iglesias como un libro de estudio. Vendió 191 118 copias (en una Convención mucho más pequeña en términos numéricos) antes de que saliera de circulación cuando *La fe y el mensaje bautista* (1925) se convirtiera en la confesión de la Convención.[18]

¿Por qué Wallace escogió la Confesión de New Hampshire de 1913? Él afirma que «se escogió… porque es la fórmula de la verdad cristiana más utilizada como un estándar en las iglesias bautistas por todo el país, para expresar lo que estas creen según las Escrituras».[19] Él también señalaba que el recién fundado Seminario Teológico Bautista del Suroeste había adoptado la Confesión de New Hampshire «como una expresión adecuada de su carácter doctrinal y vida».[20] Wallace facilitó el «Compendio de principios» del Seminario del Sur como un anexo para la «comparación y estudio provechosos».[21] Él además dedicó *Lo que creen los bautistas* a James P. Boyce, «primer presidente del

---

[17] J. E. Carter, «American Baptist Confessions of Faith: A Review of Confessions of Faith Adopted by Major Baptist Bodies in the United States», en *The Lord's Free People in a Free Land: Essays in Baptist History in Honor of Robert A. Baker* (ed. W. R. Estep; Fort Worth, TX: Evans Press, 1976), 59-74.

[18] Ibíd., 62.

[19] O. C. S. Wallace, *What Baptists Believe* (Nashville, TN: Sunday School Board, Southern Baptist Convention, 1913), 4.

[20] Ibíd.

[21] Ibíd., 4, 204-8.

Seminario Teológico Bautista del Sur», y a B. H. Carroll, «primer presidente del Seminario Teológico Bautista del Suroeste», ambos «HOMBRES PODEROSOS en el reino de la enseñanza cristiana».[22] Wallace, al seleccionar la Confesión de New Hampshire para la Confesión de *Lo que creen los bautistas*, la reconoció como la declaración confesional mayoritaria de la época, con el «Compendio de principios» como una declaración minoritaria.

¿Por qué hurgar con tanto detalle dentro de la historia de los bautistas del sur? Ante todo, las cosas deben aclararse. Desde el Primer Gran Despertar, la tradición de Sandy Creek de los bautistas separados ha sido la melodía para los bautistas del sur, con las tradiciones de Charleston y otras proveyendo la armonía. Los bautistas del sur están inmersos en Sandy Creek. Si se «pincha» al bautista del sur promedio, este sangrará Sandy Creek. Los bautistas separados son el caldo, y las otras tradiciones, el condimento en el guiso de los bautistas del sur.

El modelo teológico de la elección que apoyo hoy, de manera parcial lo adquirí por ósmosis cuando crecía en las iglesias bautistas del sur. Lo aprendí al hacer mis lecturas bíblicas diarias, al estudiar en mi escuela dominical, además de estudiar los materiales trimestrales de la *Baptist Training Union* (Union bautista de capacitación), y los cursos de la iglesia, también al participar en el programa *Royal Ambassador* (el cual ayuda a los chicos a estar conscientes de lo que significan las misiones) y en las competencias sobre el conocimiento de la Escritura y al ir a los campamentos de la iglesia. Yo fui guiado al Señor, nutrido en la fe y llamado a predicar en el contexto de la iglesia bautista del sur y de la vida de una particular denominación. Esta teología, ni calvinista, ni arminiana, era parte del aire que respiraba, el agua que bebía, y el pan que comía mientras mi alma y mi espíritu eran alimentados y nutridos en nuestra Sión bautista del sur. Tuve que dejar mi hogar para asistir a la universidad en Nueva Jersey, fue entonces cuando supe que algunos bautistas del sur, que todavía viven, creían que algunas personas no podían ser salvas, también descubrí que otros bautistas del sur creían que la Biblia tenía errores.

---

[22] Ibíd., 3.

Entonces ¿qué creen estos bautistas del sur de Sandy Creek sobre la elección y el libre albedrío? Yo creo en la elección. Yo no creo que te puedes colocar bajo la autoridad de la Escritura y no creer en la elección. Creo además que la elección «es consistente con la acción humana del hombre».[23] También creo que el Nuevo Testamento revela que Dios trata con los «electos» y «no electos» de modo diferente.[24]

Un modelo conceptual sugerido: la elección congruente

Entonces ¿qué es la elección congruente, y cómo difiere de la elección incondicional? ¿Por qué la elección congruente es un mejor modelo?

Si nuestra meta es predicar «todo el propósito de Dios» para que podamos ser «inocentes de la sangre de todos» como lo declara el apóstol Pablo a los ancianos de Éfeso (Hech. 20:26-27), entonces deberíamos buscar una teología bíblica que esté en armonía con la revelación de toda la Escritura.

Debemos procurar una comprensión conceptual de cada doctrina de la fe, incluyendo la elección, que nos permita predicar todo pasaje de la Escritura sin contradicción, confusión o indecisión, y sin ignorar algunos pasajes «inconvenientes» en favor de otros que armonizan con mayor facilidad con nuestro particular modelo doctrinal. La meta debería siempre ser «ambos/y» no «uno u otro» cuando se refiere a armonizar la Escritura.

Si voy a tratar de emular el ejemplo del apóstol Pablo de predicar «todo el propósito de Dios» y si literalmente cada versículo individual de la Escritura es *theopneustos* («soplado por Dios» o «espirado por Dios», 2 Tim. 3:16), entonces mi enunciado doctrinal no debe ignorar ninguna Escritura y debe buscar armonizar toda la revelación.

Mi teología debería darme la libertad de predicar desde la epístola de Pablo a los Romanos que los que Dios «de antemano conoció, también los predestinó

---

[23] H. Hobbs, «God's Purpose of Grace», en *The Baptist Faith and Message* (Nashville, TN: Convention Press, 1971), 64; compárese con C. S. Kelley Jr., R. Land y R. A. Mohler Jr., *The Baptist Faith and Message 2000* (Nashville, TN: LifeWay, 2007), 77.
[24] Romanos 8:29-30; Efesios 1:3-6; 1 Pedro 1:2.

a ser hechos conforme a la imagen de su Hijo… y a los que predestinó, a esos también llamó; y a los que llamó, a esos también justificó; y a los que justificó, a esos también glorificó» (Rom. 8:29-30). Aquí los objetos de Su gracia están tan firmes y seguros de su destino que Él puede hablar de su definitiva glorificación celestial como un evento pasado, terminado.

Además, mi teología debería permitirme predicar con igual convicción que «de tal manera amó Dios al mundo, que dio a su Hijo unigénito, para que todo aquel que en él cree, no se pierda, mas tenga vida eterna» (Juan 3:16, RVR1960) y «… el Espíritu y la esposa dicen: Ven. Y el que oye, diga: Ven. Y el que tiene sed, venga; y el que desea, que tome gratuitamente del agua de la vida» (Apoc. 22:17).

Mi teología debería hacerme sentir igualmente cómodo al predicar Efesios 1:3-5 y 1 Timoteo 2:3-6. Efesios declara: «Bendito sea el Dios y Padre de nuestro Señor Jesucristo… según nos escogió en Él antes de la fundación del mundo, para que fuéramos santos y sin mancha delante de Él. En amor nos predestinó para adopción como hijos para sí mediante Jesucristo, conforme al beneplácito de su voluntad» (Ef. 1:1-3). Sin embargo, en su primera epístola a Timoteo, el apóstol Pablo declara que «… Dios nuestro Salvador… quiere que todos los hombres sean salvos y vengan al pleno conocimiento de la verdad» (1 Tim. 2:3-4). En estos versículos el «deseo» de Dios de que todos sean salvos es *thelō*, «habla de un deseo o un anhelo que surge de las emociones de uno».[25] Wuest explica que el «griego literal es, 'quien quiere que todos los hombres'» e «indica un propósito determinado».[26] Dios, revela Pablo, anhela con fuerza que todos los hombres sean salvos y vengan a un *epignōsis* o «avanzado o pleno conocimiento» de la verdad.[27] El pasaje de Timoteo además declara que Jesús se dio a Sí mismo como una expiación sustitutoria, «en rescate por todos» (1 Tim. 2:6).

¿Cómo hacer para que estos pasajes armonicen? Hace muchos años, cuando enseñaba teología a tiempo completo, encontré que uno de los mejores

---

[25] K. S. Wuest, *The Exegesis of 1 Timothy*, en *Wuest's Word Studies from the Greek New Testament* (Grand Rapids, MI: Eerdmans, 1973), 2:40.

[26] Ibíd., 40-41.

[27] Ibíd.

argumentos para la existencia de Dios era el «argumento de la congruencia», ¿qué teoría, modelo, o respuesta armoniza los hechos mejor conocidos? El *movimiento del diseño inteligente* ilustra este argumento. Cuando uno examina la complejidad irreductible y el intrincado balance y diseño de incluso los primitivos organismos unicelulares, un diseñador inteligente es la respuesta mucho más «congruente» con los hechos conocidos que la teoría darwiniana de los orígenes evolutivos.

¿Hay un modelo conceptual para la elección que se ajuste a toda la revelación bíblica mejor que el modelo calvinista de la elección incondicional? Pienso que sí, es la «elección congruente».

El modelo de la elección congruente

Comprender la elección congruente requiere primero reconocer que la Escritura revela dos tipos diferentes de elección: la elección abrahámica y la elección para salvación. La elección abrahámica explica cómo Dios escogió a los judíos para que fueran Su pueblo escogido (Gén. 12:1-3). La elección para salvación se refiere al propósito electivo de Dios en cómo Él propicia la salvación eterna de los seres humanos individuales, tanto judíos como gentiles, en el Antiguo y el Nuevo Testamentos.

La elección abrahámica se refiere a la condición de los judíos como un pueblo especial, escogido, no para su salvación. No todas las personas del pacto abrahámico fueron salvas, solo aquellas dentro del pueblo del pacto que fueron además los objetos de la elección para la salvación y que entendieron y se apropiaron de las verdades salvíficas enseñadas en el sistema sacrificial del Antiguo Testamento. Estos objetos de la elección para salvación de manera genuina esperaban la expiación sustitutoria de Cristo en la cruz, en la misma manera que los cristianos recuerdan el sacrificio propiciatorio hecho una vez por Cristo el Gran Sumo Sacerdote.

Siempre hubo un remanente salvo dentro de la nación del pacto; el pueblo escogido (Rom. 11:1-10). Estos individuos, ejemplificados por Abraham en el Antiguo Testamento y el apóstol Pablo en el Nuevo

Testamento, fueron los objetos tanto de la elección abrahámica como de la elección para salvación.

La primera diferencia significativa entre los dos tipos de elección es que la elección abrahámica se refiere a la condición especial como un pueblo de Dios, mientras que la elección para salvación se refiere a la salvación eterna. La segunda diferencia significativa entre las dos, pero que se relaciona con la primera, es que la elección abrahámica es una acción colectiva, que trata con un pueblo definido étnica y genéticamente («la semilla de Abraham»), mientras que los objetos de la elección para salvación son individuos de «toda tribu, lengua, y nación».

En la providencia de Dios, Él ha escogido explicar y revelar Su trato con Su pueblo con mayor detalle en el Nuevo Testamento. Al hacerlo así, una tercera diferencia resalta entre la elección (colectiva) abrahámica y la elección (individual) para salvación. Como Dios ha escogido tratar con los individuos respecto a la salvación eterna en Cristo, en comparación con la elección colectiva respecto a la condición como un pueblo especial del pacto, algo llamado «precognición» se convierte en un factor prominente. Dios ha revelado en el Nuevo Testamento que la elección para salvación está, de algún modo, entrelazada con la precognición, y conectada a la misma de manera significativa (Rom. 8:29-30; 1 Ped. 1:2).

Sin duda, Pablo anticipó las objeciones de los judíos a la predicación del evangelio a los gentiles (Rom. 9-11), por lo cual explicó que Dios siempre tuvo «un remanente conforme a la elección de la gracia de Dios… Su pueblo, al cual conoció con anterioridad» (Rom. 11:1, 5), aquellos como Abraham en el Antiguo Testamento y el apóstol Pablo en el Nuevo Testamento, ambos experimentaron la elección para salvación, así como la elección abrahámica.

Quiero sugerir de la forma más amable posible (porque históricamente es más lo que han entendido correctamente, que lo que han entendido de manera incorrecta) que la razón por la cual los calvinistas formularon su doctrina de la elección de manera incorrecta es porque definieron su eclesiología de manera incorrecta. Al no discernir la distinción entre Israel y la iglesia (la percepción de Israel como el pueblo de Dios en el Antiguo Testamento y la iglesia como la que sustituye a Israel en el Nuevo Testamento), ellos no estuvieron en sintonía con las diferencias importantes entre la elección de Israel (colectiva) y la elección para salvación (individual) tanto en el Antiguo como en el Nuevo Testamentos— Cuando las diferencias entre la elección abrahámica (colectiva) y la elección para salvación (individual) son tan importantes como las que se han descrito, el mezclar los dos diferentes tipos de elección o asumir que son lo mismo—y no lo son—es desacertado y erróneo.

Nada ilustra mejor la confusión teológica y el alboroto causado al confundir la elección abrahámica y la elección para salvación que las interpretaciones de Romanos 9-11. Siempre que se plantean objeciones a la comprensión calvinista de la elección, inmediatamente se alzan las voces apremiantes, «¿qué pasa con Jacob y Esaú?» (compara con Rom. 9:11-13). H. A. Ironside, en sus *Conferencias sobre la epístola a los Romanos*, explica la diferencia entre la elección abrahámica y la elección para salvación y como deben diferenciarse, y no mezclarse:

> No hay duda aquí de la predestinación para el cielo o la reprobación para el infierno; de hecho, los asuntos eternos no se tratan a lo largo de este capítulo, aunque, desde luego, son la consecuencia natural del uso o abuso de los privilegios dados por Dios. Pero, no se nos dice aquí, ni en otra parte, que antes que los niños nazcan es el propósito de Dios enviar a uno al cielo y al otro al infierno… El pasaje exclusivamente tiene que ver con el privilegio aquí en la tierra.[28]

Yo desafío a todas las partes interesadas a leer Romanos 9-11 a conciencia y pensar sobre los dos tipos de elección, la abrahámica (colectiva) y la de salvación (individual), al recordar que «… no todos los descendientes de Israel son Israel; ni son todos hijos por ser descendientes de Abraham…» (Rom. 9:6-7). Cuando vemos estos capítulos desde esta perspectiva, las previas formas de entender la elección se ven cuestionadas y son modificadas.

---

[28] H. A. Ironside, *Lectures on the Epistle to the Romans* (Neptune, NJ: Loizeaux Brothers, 1928), 116.

Dios y el «tiempo»

La respuesta para una nueva y más amplia comprensión sobre la elección para salvación se encuentra en una mayor y más amplia comprensión de la relación de Dios con el «tiempo» y la experiencia de Dios en el mismo. Mientras Dios experimenta el «tiempo» en una línea continua de espacio-tiempo o sentido cronológico como una función de Su omnisciencia y omnipresencia, Él por sí mismo no está sujeto a Sus restricciones o parámetros. A diferencia del hombre, Dios siempre ha existido en lo que C. S. Lewis denominó el «eterno presente».[29]

Dios siempre ha experimentado la totalidad del tiempo y todas las cosas antes del tiempo (eternidad pasada) y después del tiempo (eternidad futura) como el presente. El erudito del Nuevo Testamento Geoffrey Bromiley basa la precognición (o conocimiento previo) de Dios en Su omnisciencia: «Pasado, presente, y futuro son todos presente para Dios».[30] Herschel Hobbs lo explica de esta manera: «La precognición de Dios se basa en su omnisciencia, o todo conocimiento. Ya que la Biblia considera que Dios está presente en todo momento y en todo lugar simultáneamente en su universo, Él conoce todas las cosas a la vez.[31]

Por consiguiente, se describe a Dios como quien vive en el «eterno presente», el «ahora», y conoce «todas las cosas a la vez». ¿Qué si la Biblia nos está indicando en el concepto de «precognición» que Dios no solo conoce todas las cosas que han ocurrido o que ocurrirán como si fuera el momento presente para Él, sino que Él tiene, y siempre ha tenido, la «experiencia» de todas las cosas, eventos y personas como un punto determinado en el momento presente? Esto, yo creo, es precisamente lo que sugiere el concepto bíblico de precognición. Desde la perspectiva de Dios

---

[29] C. S. Lewis, *Miracles* (Nueva York: Macmillan, 1947), en *The Best of C. S. Lewis* (ed. H. Lindsell; Washington, DC: Canon, 1974), 375. J. Cottrell aborda los conceptos eternos del tiempo en relación a Dios en su artículo «The Classical Arminian View of Election», en *Perspectives on Election: Five Views* (ed. C. Brand; Nashville, TN: B&H, 2006), 112-15, pero saca conclusiones bastante diferentes que las propuestas en este artículo.

[30] G. W. Bromiley, «Foreknowledge», en *The Evangelical Dictionary of Theology* (ed. W. A. Elwell; Grand Rapids, MI: Baker Books, 1984), 320.

[31] H. Hobbs, *What Baptists Believe* (Nashville, TN: Broadman, 1964), 24.

nunca ha habido un solo momento cuando Él no ha tenido la totalidad de Su experiencia (la aceptación o el rechazo de una persona, así como el después) con cada uno y todo ser humano como parte de Su conocimiento y experiencia presente (es decir, Su conocimiento y experiencia eternamente presente).

Cuando Romanos 8:29-30 declara que Dios «de antemano conoció» a los seres humanos individuales, y a estos mismos Él «predestinó» y «llamó» y «justificó» y «glorificó», habla del resultado final (lejos en el futuro para, al menos, los primeros recipientes oficiales de la carta) como un evento resuelto en el pasado, lo cual ha sido siempre para Dios.

La «precognición» (*prognosis*, sustantivo; *proginoskō*, forma verbal) por su uso en el Nuevo Testamento «con relación a Dios» ha «adquirido un contenido y significado adicionales».[32] Según su uso en Romanos 8:29, Wuest concluye que «significa más aquí que un mero conocimiento previo, aunque ese conocimiento sea parte de la omnisciencia de Dios».[33]

Si ese uso adicional en el Nuevo Testamento se percibe como «preexperiencia con», en el sentido que no hay momento en la eternidad cuando la suma total de la experiencia de Dios con cada persona no era el presente de Dios, entonces las piezas de la elección para salvación y los pasajes de la Escritura en los que ese concepto se encuentra encajarían en una manera más convincente y congruente.

En el viejo modelo tradicional de la elección incondicional (gráfica 1), los «electos» deben ser salvos porque son los objetos de la gracia irresistible de Dios, y los «no electos» no pueden ser salvos porque solo son los recipientes de un «llamamiento general» (en el cual puede o no puede participar el Espíritu Santo, pero que nunca es suficiente para salvación). Según el punto de vista reformado, desde la eternidad pasada ha sido decretado que los electos deben ser salvos y los no electos no pueden ser salvos, y así sucederá en la historia humana, tal cual Dios lo ha decretado.

---

[32] K. S. Wuest, *Studies in the Vocabulary of the Greek New Testament* en *Wuest's Word Studies*, 3:35.

[33] K. S. Wuest, *Romans in the Greek New Testament*, en *Wuest's Word Studies*, 2:144. Véase también *First Peter in the Greek New Testament*, en *Wuest's Word Studies*, 2:16.

Modelo tradicional de la elección incondicional   Gráfica 1
                    (VISTA LINEAL)

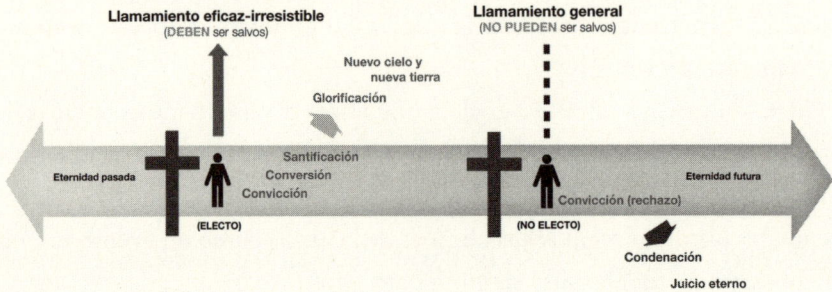

Este punto de vista ha presentado problemas a muchos que han intentado interpretar pasajes como 1 Timoteo 2:1-6, Apocalipsis 22:17 y Juan 3:16. La Escritura afirma que «Dios, en su bondad, quiso que Jesús experimentara la muerte para el bien de todos» (Heb. 2:9, RVC). Los gigantes de la fe han debatido sobre cómo la elección incondicional de la gráfica 1 es «consistente con el libre albedrío del hombre».[34] El gran predicador bautista del siglo XIX, Charles Haddon Spurgeon, mucho menos optimista que John Leland, cuestionaba si la enseñanza bíblica sobre estos asuntos podría alguna vez conciliarse: «No estoy seguro que en el cielo será posible que conozcamos donde el libre albedrío del hombre y la soberanía de Dios se encuentran, pero ambas son grandes verdades».[35]

Sin embargo, si uno afirma que la precognición significa «experiencia eternamente con, desde antes de la eternidad pasada y hacia la eternidad futura», entonces emerge la congruencia de los pasajes bíblicos. En la elección congruente para salvación (gráfica 2), tenemos un énfasis vertical, a diferencia del horizontal en la gráfica 1. Esto es para enfatizar el aspecto puntual

---

[34] «The New Hampshire Confession», en *Baptist Confessions of Faith* 363; «God's Purpose of Grace», artículo 5 en *Baptist Faith and Message 2000*, citado en Kelley, Land y Mohler, *The Baptist Faith and Message*, 77.

[35] C. H. Spurgeon, *The Metropolitan Tabernacle Pulpit* (Pasadena, TX: Pilgrim Publications, 1978), 51:50. Citado en Kelley, Land y Mohler, *The Baptist Faith and Message*, 77.

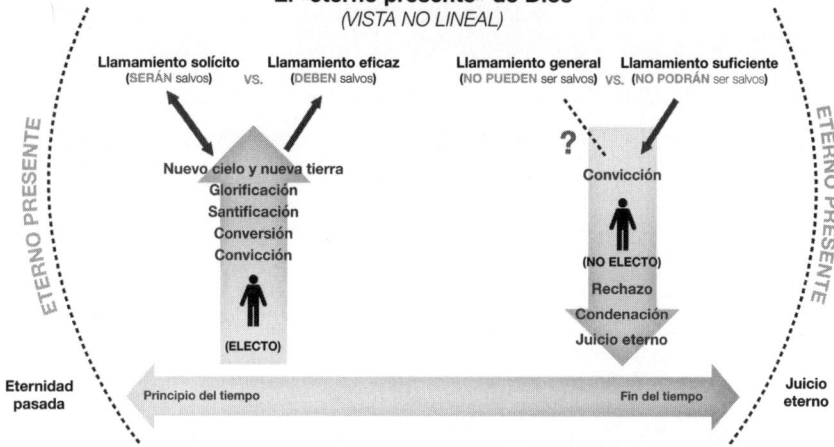

Elección congruente
El «eterno presente» de Dios
(VISTA NO LINEAL)

Gráfica 2

(la acción ocurre en un punto determinado en el tiempo), el «eterno presente», de la elección dentro del concepto más amplio del «Eterno Presente». Si Dios vive en el «Eterno Presente», entonces Él siempre ha tenido no solo el conocimiento de cada individuo, sino también la experiencia con cada individuo. Por eso nunca ha habido un momento en la eternidad cuando Dios no haya tenido la experiencia en la que cada persona electa se haya convencido de su pecado, haya aceptado la obra completa de Dios en su fe, haya experimentado la conversión, la santificación, la glorificación, y haya dado su alabanza y adoración eternas en el nuevo cielo y la nueva tierra.

A su vez, Dios siempre ha tenido la experiencia con los «no electos», su rechazo a la convicción de pecado que da el Espíritu, su rechazo a Él mismo, su cada vez más endurecido corazón, y su final condenación y juicio eterno. En el modelo congruente de elección, mientras el modelo vertical simboliza la naturaleza simultánea de la totalidad de la experiencia de Dios con la persona, electa o no electa, el tiempo lineal representado en la parte inferior de la gráfica 2 da cabida a nuestra necesidad de entender que los eventos que abarcan la experiencia de Dios con nosotros ocurren para nosotros a través del tiempo lineal.

Tuve mi experiencia de conversión cuando tenía seis años. Fui bautizado un domingo de resurrección, en 1953. Desde entonces, he crecido en gracia, he respondido al llamado al ministerio a tiempo completo; y en algún momento en el futuro, seré llamado para ir a casa y estar con mi Padre celestial para adorarlo y alabarlo para siempre. Toda esa experiencia siempre ha sido parte de la experiencia de Dios conmigo, mientras todavía sucede en el tiempo y en el espacio.

¡Vaya experiencia! Apocalipsis 21:7 revela que Dios declara, en el nuevo cielo y en la nueva tierra, con respecto a aquellos que le pertenecen, «yo seré su Dios y él será mi hijo». Esta no es mera comunión colectiva. Esta es una relación individual, personal e íntima con cada uno de nosotros. Como Sus hijos, nosotros lo tendremos a Él para disfrutar y adorar de manera personal para siempre. Es lo que nos aguarda en el futuro. Ha sido siempre, eternamente parte de la experiencia de Dios respecto a nosotros. La experiencia de mi respuesta a Él, mi relación con Él, siempre lo ha llevado a tratarme de manera diferente a como lo hace con una persona con la cual Su experiencia eterna (presente) ha sido de rebelión y rechazo.

Por eso, yo propondría una distinción entre el «llamamiento eficaz» (uno debe ser salvo) de la elección incondicional y el «llamamiento solícito» (uno será salvo) que propone la elección congruente. Hay una similar distinción que debe hacerse para las personas no salvas entre la elección (uno no puede ser salvo) incondicional y la elección congruente (uno no será salvo). Yo, por mi parte, veo una gran diferencia entre «debe» y «será», e incluso una mayor diferencia entre «no será» y «no puede».

Si Dios ha escogido hacerlo de la manera en que los calvinistas lo plantean, Él aún sería un Dios misericordioso y lleno de gracia. Si Dios fuera solamente justo, todos los hombres merecerían la condenación. Sin embargo, el modelo congruente de elección armoniza el mayor número de pasajes de la Escritura. La elección congruente hace posible que sus adherentes prediquen toda la Escritura sobre los temas de precognición, llamamiento, elección, y sobre *todo aquel que cree*.

La elección congruente sostiene la diferencia importante y eterna entre la manera como Dios trata con los electos y los no electos. Rechaza la lamentable subestimación hecha por algunos arminiamos de las devastadoras consecuencias de la naturaleza pecaminosa sobre la capacidad humana de responder a Dios aparte de la gracia preveniente y capacitante. Sin embargo, al argumentar que el llamamiento solícito a los electos y el llamamiento suficiente a los no electos, aunque son distintos, ambos son suficientes y están basados sobre la experiencia eterna de Dios *con* seres individuales, no solo conocimiento previo *de* estos (y no únicamente sobre el decreto de Dios en la eternidad pasada), la elección congruente da un significado más profundo y más completo de Dios como «paternal en Su actitud hacia todos los hombre» como declara La fe y mensaje bautista.[36]

Esto, entonces, es el modelo conceptual congruente de elección. La elección abrahámica (colectiva) y la elección para salvación (individual) difieren una de la otra en maneras definitivas e importantes. Además, la elección para salvación, aunque cercana a la elección incondicional de Calvino, sin duda es distinta, puesto que está basada en la experiencia eterna (presente) de Dios con cada ser humano. Yo creo que Dios me llevó a esta comprensión de la elección, y para un bautista de Sandy Creek fue un recorrido de poca distancia para llegar hasta este destino doctrinal. Algunos dirían que no recorrí ninguna distancia.

---

[36] Esta cita se ha tomado del artículo 2a de *Baptist Faith and Message 2000*, «Dios el Padre», cuyo texto es el siguiente: «Dios como Padre reina con cuidado providencial sobre Su universo, Sus criaturas, y el fluir del curso de la historia humana según los propósitos de Su gracia. Él es topoderoso, amoroso, y sabio. Dios es Padre en verdad para aquellos que se convierten en Sus hijos mediante la fe en Jesucristo. Él es paternal en Su actitud hacia todos los hombres»; citado en Kelley, Land y Mohler, *The Baptist Faith and Message*, 31.

{ Capítulo 4 }

La expiación:
¿limitada o universal?

DAVID L. ALLEN

Introducción

El tema sobre la extensión de la expiación ha estado presente en la historia bautista. En la cuna de los orígenes bautistas a principios del siglo XVII, este fue la línea de división. Los «bautistas generales», los primeros bautistas, creían que la naturaleza de la propiciación[1] de Cristo por el pecado alcanzaba a todo ser humano. Por eso, la expiación era universal en términos de alcance. Los «bautistas particulares», en su mayoría, creían que Cristo solamente sufrió por los pecados de los electos. El término popular y teológico usado para describir esta última posición es «expiación limitada».

Este capítulo examinará varias preguntas. La pregunta fundamental es si la Escritura enseña la expiación limitada. Luego, varias preguntas que

---

[1] Se refiere a la satisfacción de una deuda que logra el favor del adeudado.

guardan relación se desprenden. ¿Ha habido y hay calvinistas que rechazan la expiación limitada? ¿Debe uno abrazar la expiación limitada para ser un buen calvinista? ¿Cuáles son las implicaciones de la expiación limitada para la evangelización, las misiones y la predicación?

La meta de este ensayo es ser firme pero imparcial, simple pero sustancial, bíblico pero no grandilocuente, y evitar un inapropiado orgullo de ignorancia así como un arrogante elitismo. *Todas* las opciones deben estar sobre la mesa, y *todas ellas deben estar representadas de una manera adecuada* antes de comenzar a discernir cuál punto de vista es verdaderamente bíblico. A menudo en las discusiones sobre el calvinismo, las personas usan el mismo vocabulario pero definen los términos de manera diferente. La confusión reina con frecuencia sobre la misma terminología. Por eso, definir los términos que se usan en este capítulo es necesario. A continuación se dan breves definiciones de los términos:

Expiación, en el uso moderno, se refiere al acto expiatorio y propiciatorio de Cristo en la cruz mediante el cual se llevó a cabo la propiciación por el pecado. Uno debe ser cuidadoso de distinguir entre la *intención*, *la extensión* y la *aplicación* de la expiación.

Extensión de la expiación responde a la pregunta «¿Por quién murió Cristo?» o «¿por los pecados de quién fue Cristo castigado?». Hay solo dos opciones: por los electos únicamente (expiación limitada) o por toda la humanidad (expiación universal). La segunda opción puede a su vez dividirse en (a) dualistas (Cristo tiene una *voluntad distinta* [en intención, diseño, o propósito] para salvar a todos mediante Su muerte) y (b) arminianos y no calvinistas (Cristo tiene una *misma voluntad* [en intención, diseño, o propósito] para salvar a todos mediante Su muerte).

Según la *expiación limitada*, Cristo únicamente llevó el castigo merecido por los pecados *solo* de los electos.[2] Por eso, nadie más puede o recibirá los bene-

---

[2] Mientras todos los calvinistas que creen en la «expiación definida» consideran una clase de imputación limitada del pecado en Cristo, la mayoría de ellos rechazan el «equivalentismo», es decir, ellos no

ficios salvíficos de Su muerte. Este término se usará como un sinónimo para «expiación definida», «redención particular»[3] y «particularismo estricto».

Según la *expiación universal*, Cristo llevó el castigo merecido por los pecados de toda la humanidad.

Dualismo se refiere al punto de vista que Cristo llevó el castigo merecido por los pecados de toda la humanidad, pero no por todos *de la misma manera*; es decir, Él no lo hizo con la misma *intención, diseño* o *propósito*. La mayoría de los calvinistas que rechazan (o no apoyan) la expiación limitada en el sentido que lo plantea John Owen son dualistas.[4]

Particularismo, cuando se usa en un sentido estricto (el cual es el que usaré en este capítulo), es un sinónimo para expiación limitada o redención particular.

---

sostienen una teoría de la expiación *quid pro quo* (ojo por ojo), como si hubiera un monto de sufrimiento en Cristo que correspondiera exactamente al número de pecados de aquellos que Él representa. Yo no estoy comparando el «particularismo estricto» con el «equivalentismo». T. Nettles es un ejemplo de alguien que sostiene el punto de vista de la equivalencia (véase *By His Grace and for His Glory* [Grand Rapids, MI: Baker Books, 1986], 305-16).

[3] Hay una variedad dentro del grupo de personas que se describen a sí mismas con este término. Dagg escribió: «Otras personas que sostienen la doctrina de la redención particular, distinguen entre redención y expiación, y debido a la adaptación a que se hace referencia, consideran la muerte de Cristo una expiación por los pecados de todos los hombres; o como una expiación por el pecado en abstracto». J. L. Dagg, *Manual of Theology* (Harrisonburg, VA: Gano Books, 1990), 326. Nota que Dagg afirma que hay dos posiciones sobre la redención particular dentro del calvinismo, algo que rara vez se reconoce. Nota, además, que una de estas posiciones dentro del calvinismo asevera que Cristo murió por los pecados de todos los hombres. Es extraordinario que cuando Andrew Fuller modificó sus puntos de vista, como resultado de su interacción con el bautista general, Dan Taylor, él de manera explícita dice que estuvo de acuerdo con él sobre «la extensión universal de la muerte de Cristo» (A. G. Fuller, ed., *The Complete Works of the Rev. Andrew Fuller, with a Memoir of His Life by the Rev. Andrew Gunton Fuller* [1845]. Edición revisada por J. Belcher [Harrisonburg, VA: Sprinkle Publications, 1988], 2:550). Además, el enfoque de Fuller sobre la sustitución en su *Six Letters to Dr. Ryland*, busca responder a la pregunta «si las personas por quienes Cristo fue un sustituto se refiere *solo a los electos* o la humanidad en general». Él argumenta que Cristo sustituyó a la humanidad en general, pero sostuvo al mismo tiempo su creencia que Cristo hizo esto con el propósito eficaz de salvar únicamente a los electos (*Works*, 2:706-09). En sus últimas obras, Fuller parece encajar con el segundo tipo de redención particular planteado por Dagg.

[4] John Owen trata la posición clásica sobre la expiación limitada en *The Death of Death in the Death of Christ* (Cornwall, Inglaterra: Diggory Press, 2007).

Un *particularista* es alguien que sostiene el particularismo, es decir, la posición de la expiación limitada.

En la *imputación limitada*, los pecados de los electos únicamente fueron sustituidos por, expiados por, o imputados a Cristo en la cruz.

En la *imputación ilimitada*, los pecados de toda la humanidad fueron sustituidos por, expiados por, o imputados a Cristo en la cruz.

Suficiencia infinita o universal, cuando los particularistas estrictos usan el término, significa que la muerte de Cristo *podría haber sido* suficiente o capaz de expiar por todos los pecados del mundo *si Dios hubiera tenido la intención de hacerlo así*. Sin embargo, dado que piensan que Dios no tenía la intención de que la muerte de Cristo satisficiera por todos, sino solo por los electos, no es *efectivamente* suficiente o capaz de salvar a ningún otro. Cuando lo usan los dualistas y no calvinistas, el término significa que la muerte de Cristo es de tal naturaleza que puede *efectivamente* salvar a todos los hombres. Es, *en verdad* (no de manera hipotética), una propiciación por los pecados de toda la humanidad.[5] Por eso, si alguna persona perece, no es por falta de una expiación por sus pecados. La culpa recae *totalmente* en ellos.

Según la *suficiencia limitada*, la muerte de Cristo solo satisfizo por los pecados de los electos únicamente. Por eso es *limitada en su capacidad de salvar* solo a aquellos por quienes Él sufrió.

Suficiencia intrínseca habla de la capacidad interior o abstracta infinita de la expiación para salvar a todos los hombres (si Dios tenía esa intención), en tal forma que no tiene referencia directa a la extensión real de la expiación.

---

[5] C. Hodge (coincidiendo con el Sínodo de Dort) aclara este punto en su *Systematic Theology* (Grand Rapids, MI: Eerdmans, 1993), 2:556-57. El puritano S. Charnock de manera poderosa argumenta sobre este punto en «The Acceptableness of Christ's Death», en *The Works of Stephen Charnock* (Carlisle, PA: Banner of Truth, 1985), 4:563-64.

Suficiencia extrínseca habla de la capacidad real infinita de la expiación para salvar a todos y cada ser humano, y esto porque Dios, ciertamente, lo desea así, de tal manera que Cristo, en verdad, trajo propiciación por toda la raza humana. Es decir, la suficiencia permite que la propiciación ilimitada realmente sea adaptable a toda la humanidad. Todas las personas que viven están en un estado en el que pueden salvarse porque hay suficiente sangre vertida por ellas (Heb. 9:22).

Tres áreas mayores comprenden el tema de la expiación: intención, extensión, y aplicación. La *intención* de la expiación, puesto que se relaciona con las distintas perspectivas sobre la elección, responde a las preguntas: ¿Cuál fue el *propósito* salvífico de Cristo al proveer una expiación? ¿Él desea de la misma manera o no la salvación de todo ser humano? Entonces, consecuentemente ¿Su intención necesariamente guarda relación con la extensión de Su propiciación? Un pasaje crítico a este respecto se encuentra en 2 Corintios 5:19: «Dios estaba en Cristo reconciliando al mundo consigo mismo». El plan de Dios en la expiación era proveer un castigo y una propiciación por el pecado para la salvación de toda la humanidad y asegurar la salvación de todos los que creen en Cristo.[6] Los «alto calvinistas»[7] creen en la expiación limitada y así interpretan que la palabra *mundo* aquí se refiere a los electos[8] y no a toda la humanidad. Ellos argumentan que la intención salvífica limitada de Dios necesariamente requiere que Cristo proveyera una propiciación solo por los electos[9] y así asegurar la salvación

---

[6] Véase el enfoque de G. Shultz respecto a 2 Cor. 5:18-21 en «A Biblical and Theological Defense of a Multi-Intentioned View of the Extent of the Atonement» (disertación de doctorado, Southern Baptist Theological Seminary, 2008), 125-31. Schultz, un calvinista moderado, tiene un excelente artículo reciente sobre la extensión de la expiación, el cual es un resumen de su disertación. (G. Schultz, «God's Purposes in the Atonement for the Nonelect», *Bibliotheca Sacra* 165, n.º 658 [abril-junio de 2008]: 145-63). Su artículo identifica los múltiples propósitos bíblicos para la expiación por los no electos, e incluye «el pago de la pena por todos los pecados de toda persona que haya vivido» (147).

[7] El término «alto calvinista» es equivalente a «calvinista de cinco puntos».

[8] Aquí los electos por lo general se refiere a los electos que *creen*.

[9] No todos los calvinistas afirman que la muerte de Cristo solo proveyó para la salvación de los electos ya que entre ellos mismos discrepan sobre el significado de la suficiencia de la muerte de Cristo.

solo para los electos. Los calvinistas moderados,[10] es decir, aquellos que rechazan una expiación estrictamente limitada, creen que el *diseño* salvífico de Dios en la expiación fue dualista: (1) Él envió a Cristo para la salvación de toda la humanidad de modo que Su muerte pagara la pena por los pecados de esta, y (2) Cristo murió con el propósito especial de asegurar en definitiva la salvación de los electos. La visión clásica arminiana y de los no calvinistas respecto a la intención de la expiación es que Cristo murió igualmente por todos los hombres para que la salvación fuera posible para todos aquellos que creen, así como garantizar la salvación de aquellos que creen (los electos).[11]

La *extensión* de la expiación responde a la pregunta: ¿por los pecados de quién fue castigado Cristo? Hay dos posibles respuestas. La primera, Cristo murió por los pecados de toda la humanidad, ya fuere con la misma intención (Él murió por los pecados de todos como tiene igualmente la intención de salvarlos), o con una intención distinta (Él murió por los pecados de todos, pero especialmente tiene la intención de salvar a los electos). La segunda, Cristo murió por los pecados de los electos únicamente (particularismo estricto) y solo tiene la intención de la salvación de estos.[12] Todos los arminianos, los calvinistas moderados, y los no calvinistas creen que Jesús murió por los pecados de toda la humanidad.

La *aplicación* de la expiación responde a la pregunta: ¿cuándo se aplica la expiación al pecador? Esta pregunta tiene tres posibles respuestas: (1) Se aplica en el decreto eterno de Dios. Muchos hipercalvinistas sostienen este punto de vista. (2) Se aplica en la cruz a todos los electos a la hora de la muerte de Cristo. Algunos hipercalvinistas y «alto calvinistas» apoyan esta posición, la cual se llama «justificación en la cruz». (3) Se aplica en el momento que el pecador ejerce fe en Cristo. La mayoría de los «alto

---

[10]   Algunas veces se les llama «calvinistas de los cuatro puntos», pero la denominación es imprecisa.
[11]   Me refiero a la posición clásica arminiana que no necesariamente niega la seguridad del creyente. Los arminianos modernos niegan la seguridad del creyente.
[12]   La mayoría de este grupo admite, sin embargo, que la muerte de Cristo resulta en la gracia común que se muestra a todos los hombres. El punto importante aquí es la carga del pecado. Ellos *no* admiten una imputación ilimitada del pecado a Cristo.

calvinistas», todos los calvinistas moderados, todos los arminianos, y todos los no calvinistas sostienen este punto de vista, el cual es un punto de vista bíblico. La causa final de la aplicación está además en disputa, ya que los calvinistas quieren argumentar que aquellos que creen en el libre albedrío libertario fundamentan la causa decisiva de la salvación en la voluntad del hombre más que en la voluntad de Dios.

Estos tres temas respecto a la expiación (intención, extensión, y aplicación) no pueden y no deben divorciarse uno del otro. El enfoque de este capítulo está, en buena parte, en la cuestión de la extensión de la expiación.

Ante todo, es vital decir una palabra sobre la fórmula popular que Pedro Lombardo de manera explícita articuló en sus *Sentences* [Sentencias]:[13] La muerte de Jesús es suficiente para todos, pero eficaz solo para los electos. El debate sobre la naturaleza de esta suficiencia es el *debate crucial* en la cuestión de la extensión. Los calvinistas con frecuencia afirman que «el debate *no* es sobre la suficiencia de la expiación; pues todos están de acuerdo que la expiación fue suficiente para expiar por los pecados del mundo entero». El debate es, en gran medida, sobre la naturaleza de esta suficiencia. La posición «alto calvinista» sobre la expiación implica que la muerte de Cristo es solo suficiente para salvar a los electos. Los no electos no pueden ser salvos porque Jesús no murió por sus pecados. La suficiencia de Cristo según la posición de la expiación estrictamente limitada se llama suficiencia intrínseca (o suficiencia *escasa*).[14] La idea es que si Dios tenía la intención

---

[13] La sección de los enunciados se ha traducido de manera reciente como sigue: «Él se ofreció a Sí mismo sobre el altar de la cruz no al diablo, sino al trino Dios, y lo hizo así por todos con respecto a la suficiencia del precio, pero solo por los electos con respecto a su eficacia, porque él propició la salvación solo para los predestinados». P. Lombardo, *The Sentences-Book 3: On the Incarnation of the Word* (traducido a inglés por G. Silano; Mediaeval Sources in Translation 45; Canadá: Pontifical Institute of Medieval Studies, 2008), 86. El *concepto*, no obstante, es *al menos* tan antiguo como Ambrosio (338-397 d.C). Véase su *Exposition of the Holy Gospel According to Saint Luke* (trad. en inglés T. Tomkinson; Etna, CA: Center for Traditionalist Orthodox Studies, 1998), 201-2. Él escribió: «Aunque Cristo sufrió por todos, sufrió por nosotros particularmente, porque Él sufrió por la Iglesia».

[14] La posición de la «insuficiencia intrínseca» o «escasa» se discute y refuta en los escritos de varios calvinistas, entre ellos J. Davenant, *An Exposition of the Epistle of St. Paul to the Colossians: With a Dissertation on the Death of Christ* (2 vols.; Londres: Hamilton, Adams, and Co., 1831), 401-04; J. Ussher, «An Answer to Some Exceptions», en *The Whole Works of the Most Rev. James Ussher* (Dublín, Irlanda: Hodges, Smith y Co., 1864) 12:561-71; E. Polhill, «The Divine Will Considered in Its Eternal Decrees», en *The Works*

de que todo el mundo fuera salvo, entonces la muerte de Jesús podría haber sido[15] suficiente para todos (puesto que tiene suficiente mérito intrínseco), pero esa no era la intención de Dios. Los calvinistas moderados y los no calvinistas interpretan que el término «suficiente» significa que Cristo en verdad trajo propiciación por los pecados de toda la humanidad. Por eso, la muerte de Jesús es «extrínseca» y «universalmente» suficiente en capacidad para salvar a todas las personas. La fórmula de Lombardo está plagada de confusión hoy, puesto que en ambos lados del debate de la posreforma la han usado para articular y defender su posición, a menudo sin que el ponente especifique en qué sentido está usando el término. Siempre que se usa la fórmula, debe hacerse la pregunta: ¿qué se quiere decir con el término «suficiente»?

Este ensayo defiende la causa de la expiación ilimitada (una imputación ilimitada del pecado a Cristo) y rebate la expiación limitada (una imputación limitada del pecado a Cristo) sin citar alguna vez a un arminiano o no calvinista. Los mejores argumentos contra la expiación limitada vienen de los propios escritores calvinistas.[16] Cinco áreas serán evaluadas al responder la pregunta si la expiación de Cristo es limitada o ilimitada: histórica, bíblica, lógica, teológica y práctica.

---

of *Edward Polhill* (Morgan, PA: Soli Deo Gloria Publications, 1998), 164; y N. Hardy, *The First General Epistle of St. John the Apostle* (Edinburgh, Escocia: James Nichol, 1865), 140-41.

[15] John Owen expresó que comprendía que él y otros estaban revisando la fórmula de los escolásticos y prefirieron ponerla en términos hipotéticos: «la sangre de Cristo fue suficiente que *ha sido hecha* un precio por todos» [énfasis mío]. Véase *The Works of John Owen* (ed. W. H. Goold; Nueva York: Robert Carter and Brothers, 1852), 10:296. Richard Baxter llama la revisión de la fórmula de Lombardo una «evasión inútil» y refuta su posición en *Universal Redemption of Mankind by the Lord Jesus Christ* (Londres: Impreso por John Salusbury en el Rising Sun in Cornhill, 1694), 343-45. Esta revisión se discute con brevedad en W. Cunningham, *Historical Theology* (Carlisle, PA: Banner of Truth, 1994), 2:332.

[16] Me gustaría agradecer a Tony Byrne por su investigación y por su ayuda en la redacción. Parte del material que se usa en este capítulo fue originalmente publicado en su blog TheologicalMeditations. blogspot.com. Tony es un calvinista moderado y ex alumno mío en The Criswell College. Él ha dejado atrás a su profesor sobre el tema de la extensión de la expiación. Su sitio web tiene un gran número de citas, en su debido contexto, de calvinistas en un sinnúmero de temas que van desde el amor de Dios, la voluntad salvífica universal de Dios, la gracia común, la oferta bienintencionada del evangelio, hasta la extensión de la expiación. Tony ha sido de gran ayuda para afinar mi propia comprensión sobre este tema.

Consideraciones históricas

¿Qué dos cosas tienen en común estos hombres: Juan Calvino, Heinrich Bullinger, Thomas Cranmer, Richard Baxter, John Preston, John Bunyan, John Howe, Zacharias Ursinus, David Paraeus, Stephen Charnock, Edward Polhill, Isaac Watts, Jonathan Edwards, David Brainard, Thomas Chalmers, Philip Doddridge, Ralph Wardlaw, Charles Hodge, Robert Dabney, W. G. T. Shedd, J. C. Ryle y A. H. Strong? Todos eran calvinistas y ninguno de ellos sostenía la expiación limitada.[17] Tal afirmación a menudo sorprende a calvinistas y no calvinistas.

¿Qué dos cosas tienen en común estos nombres: John Davenant, Matthias Martinius, Samuel Ward, Thomas Goad, Joseph Hall, Ludwig Crocius y Johann Heinrich Alsted? Todos eran calvinistas y todos eran delegados en Dort que rechazaron la expiación limitada. ¿Qué dos cosas tienen en común estos nombres: Edmund Calamy, Henry Scudder, John Arrowsmith, Lazarus Seaman, Richard Vines, Stephen Marshall y Robert Harris? Todos eran calvinistas que rechazaron la expiación limitada y todos fueron participantes en la Asamblea de Westminster. Todos estos hombres mencionados también afirmaron una forma de expiación universal.

El tema de la extensión de la expiación reviste gran importancia en la historia de la Reforma. Fue el tema más debatido en Dort. El comité de revisión final modificó el lenguaje de Dort y, de manera deliberada, lo dejaron ambiguo para acomodar a los «alto calvinistas» que creían en la expiación limitada (particularismo estricto) y aquellos como John Davenant y otros de las delegaciones de Inglaterra y Bremen que rechazaban el particularismo estricto y creían que la muerte de Jesús pagó el castigo por los pecados de toda la humanidad.[18]

---

[17] El punto aquí es que ellos no enseñaban la «expiación limitada» en el sentido de una imputación limitada del pecado a Cristo, como Owen enseñaba, y como piensan la mayoría de los calvinistas de los «cinco puntos». Más bien, ellos sostenían una forma de expiación universal.

[18] Véase W. Godfrey, «Tensions Within International Calvinism: The Debate on the Atonement at the Synod of Dort, 1618-1619» (disertación de doctorado, Stanford University, 1974), 252-69; y R. Muller, *Post-Reformation Reformed Dogmatics* (Grand Rapids, MI: Baker Books, 2003), 1:76-77. Muller afirma incluso que los mismos acuerdos confesionales sobre el lenguaje de la extensión de la expiación ocurrieron en Westminster con el objeto de permitir ambos puntos de vista.

Al considerar los datos históricos sobre este asunto, uno debería tener presente tres elementos. Primero, ha habido y hay un debate importante sobre las creencias respecto a la extensión de la expiación en la historia del calvinismo. La misma honestidad que se usa en interpretar los datos bíblicos y sistemáticos debe usarse al leer los datos históricos. Los bautistas deben conocer de los muchos partidarios fieles y leales del calvinismo dentro de la denominación bautista, entre ellos los bautistas del sur, quienes abrazaban una forma de expiación universal y rechazaban la expiación limitada.

Segundo, los bautistas, sean calvinistas o no, deben conocer mejor su propia historia respecto al alcance de la diversidad sobre este asunto. Se deben consultar las fuentes primarias. Hay mucha ignorancia en esta área. Muchos autores contemporáneos, desde una perspectiva calvinista, escriben como si los calvinistas históricamente desarrollaron solo un punto de vista sobre este tema. Ya que es poco probable que estos autores estén al tanto de la diversidad dentro de su propia tradición sobre el tema de la extensión de la expiación, uno se pregunta por qué solo la posición estrictamente limitada se presenta y se discute. Un rápido vistazo a muchos blogs de calvinistas revela el mismo vacío y la necesidad de escuchar de manera honesta la teología histórica. La única manera de hacer esto es leer las fuentes *primarias* con atención.

Tercero, uno debe conocer la novedad del punto de vista planteado por John Owen sobre la expiación limitada en la historia de la iglesia. Siempre ha sido el punto de vista de la minoría entre los cristianos,[19] incluso después de la Reforma. Esta condición poco popular no la hace en sí misma o por sí misma incorrecta, pero demasiados calvinistas operan bajo el supuesto que una expiación estrictamente limitada es y ha sido la única posición dentro del calvinismo.[20] No lo es, ni lo ha sido jamás.

---

[19] Pero no necesariamente entre los cristianos *reformados* después del período de la Reforma.

[20] Richard Muller ha comenzado a informar a la iglesia sobre la diversidad histórica dentro del ala reformada. Consultar sus conferencias en Mid-America Reformed Seminary en noviembre de 2008, bajo el título «Revising the Predestination Paradigm: An Alternative to Supralapsarianism, Infralapsarianism and Hypothetical Universalism». Él considera que los siguientes son «universalistas hipotéticos» de la variedad no amyraldiana: Musculus, Zanchi, Ursinus, Kimedoncius, Bullinger, Twise, Ussher, Davenant

La primera persona en la historia de la iglesia que de manera explícita sostuvo la creencia en la expiación limitada fue Godescalco (Gottschalk) de Orbais (804-869 d. C).[21] Contrario a lo que piensan algunos calvinistas, Agustín no apoyó el punto de vista de la expiación limitada.[22] En cambio, Godescalco declaró que «Cristo no fue crucificado y condenado a muerte para la redención del mundo entero, es decir, no para la salvación y redención de toda la humanidad, sino solo por aquellos que se salvan».[23] Tres concilios franceses condenaron tanto a Godescalco como sus ideas.

En cuanto al período de la Reforma, Martín Lutero evidentemente sostuvo una forma de expiación ilimitada: «Cristo no solo ha quitado los pecados de algunos hombres, sino tus pecados y los del mundo entero. La ofrenda fue por los pecados del mundo entero, aunque el mundo entero no cree».[24] En otro lugar, Lutero argumenta de modo conmovedor sobre Juan 1:29:

> Tú puedes decir: «¿Quién sabe si Cristo llevó mi pecado? No tengo duda que Él llevó el pecado de san Pedro, san Pablo, y otros santos; los tales fueron personas piadosas»… ¿No escuchas lo que san Juan expresa en nuestro texto: ¿«Este es el Cordero de Dios, que quita el pecado del mundo»? Y no puedes negar que tú eres parte de este mundo, porque naciste de hombre y mujer. Tú no eres una vaca o un cerdo. De ello se desprende

---

(y otros en la delegación inglesa en Dort), Calamy, Seaman, Vines, Harris, Marshall, Arrowsmith (los últimos seis fueron teólogos participantes en Westminster), Preston y Bunyan.

[21] G. M. Thomas, *The Extent of the Atonement: A Dilemma for Reformed Theology from Calvin to the Consensus (1536-1675)* (Carlisle, Inglaterra: Paternoster, 1997), 5.

[22] C. Daniel, «Hyper-Calvinism and John Gill» (disertación de doctorado, Universidad of Edinburgh, 1983), 497-500. Es claro que Agustín pensaba que Jesús redimió a Judas. Véase Agustín, *Exposition of Psalm LXIX*, Sección 27 (*Nicene and Post-Nicene Fathers*, Serie 1, 8:309). Por otra parte, Próspero de Aquitania se considera históricamente como el intérprete normativo de Agustín (no Gottschalk), y él con *total claridad* sostenía la redención universal. Véase su *Defense of St. Augustine* (trad. en inglés P. De Letter; Nueva York: Newman Press, 1963), 149-51, 159-60, 164.

[23] Citado en J. Davenant, *An Exposition of the Epistle of St. Paul to the Colossians: With a Dissertation on the Death of Christ* (2 vols.; Londres: Hamilton, Adams, and Co., 1831), 334. (La reimpresión 2005 de Banner of Truth del comentario de Davenant omite la disertación sobre la muerte de Cristo). Davenant contrasta «novedad de doctrinas» de Gottschalk con muchas citas de los padres de la iglesia primitiva, incluyendo Agustín y Próspero. Véase también Daniel, «Hyper-Calvinism and John Gill», 503.

[24] M. Luther, *Lectures on Galatians—1535 Chapters 1-4*, en *Luther's Works* (trad. en inglés y ed. J. Pelikan; Saint Louis, MO: Concordia, 1963), 26:38.

que tus pecados deben incluirse, al igual que los pecados de san Pedro o san Pablo… ¿No lo escuchas? No hay nada que le falte al Cordero. Él lleva todos los pecados del mundo desde su inicio; esto implica que Él también lleva tu pecado, y te ofrece gracia.[25]

Asimismo, Juan Calvino sostenía una forma de expiación universal. Considera lo siguiente:

> *Llevar los pecados* significa liberar a aquellos que han pecado de su culpa mediante su propiciación. Él dice *muchos* queriendo decir *todos*, como lo expresa Romanos 5:15. No cabe duda que no todos gozan los frutos de la muerte de Cristo, pero esto sucede porque su incredulidad se los impide. Esa cuestión no se aborda aquí porque el apóstol no está discutiendo cuántos, muchos o pocos, se benefician de la muerte de Cristo, sino quiere decir que Él murió por otros, no por Él mismo. Él por lo tanto contrasta los muchos con uno.[26]

> Pablo hace la gracia común a todos los hombres, no porque en realidad se extiende a todos, sino porque se ofrece a todos. A pesar de que Cristo sufrió por los pecados del mundo, y es ofrecido por la bondad de Dios sin distinción a todos los hombres, aún así no todos lo reciben.[27]

> Este es el significado del término «mundo», el cual había usado anteriormente. Porque aunque no hay nada en el mundo que sea digno del favor de Dios, no obstante, Él es favorable al mundo entero cuando llama a todos sin excepción a la fe en Cristo, lo cual es ciertamente una entrada a la vida.[28]

---

[25] M. Luther, *Sermons on the Gospel of St. John Chapters 1-4*, en *Luther's Works* (trad. en inglés y ed. J. Pelikan; Saint Louis, MO: Concordia, 1957), 22:169.

[26] J. Calvin, The *Epistle of Paul the Apostle to the Hebrews and the First and Second Epistles of St. Peter* (eds. D. W. Torrance y T. F. Torrance; trad. en inglés W. B. Johnston; Grand Rapids, MI: Eerdmans, 1963), 131.

[27] J. Calvin, *The Epistle of Paul the Apostle to the Romans and to the Thessalonians* (eds. D. W. Torrance y T. F. Torrance; trad. en inglés R. Mackenzie; Grand Rapids, MI: Eerdmans, 1960), 117-18.

[28] J. Calvin, *The Gospel According to St. John 1-10* (eds. D. W. Torrance y T. F. Torrance; trad. en inglés T. H. L. Parker; Grand Rapids, MI: Eerdmans, 1961), 74.

Debemos hacer todo esfuerzo para que todos conozcan el evangelio. Porque cuando veamos a las personas yendo hacia el infierno quienes han sido creadas a la imagen de Dios y redimidas por la sangre de nuestro Señor Jesucristo, esto debe movernos a llevar a cabo nuestro deber e instruirlos y tratarlos con toda gentileza y bondad cuando tratamos de llevar fruto en esta manera.[29]

Es, como ya lo he dicho, que, al ver que todos los hombres son creados a la imagen de Dios y que sus almas han sido redimidas por la sangre de Jesucristo, debemos tratar en todas las formas posibles a nuestra disposición que conozcan el evangelio.[30]

En la última voluntad y testamento de Calvino, él de manera clara, afirmó una forma universal de expiación:

Yo testifico y declaro que, como un suplicante, con humildad le imploro me conceda ser lavado y purificado por la sangre del Redentor soberano, derramada por los pecados de la raza humana, que pueda permitírseme estar delante de Su tribunal a imagen del Redentor mismo.[31]

En la discusión de Calvino, tanto en su comentario como en su sermón, sobre el uso de «todos» en Isaías 53:6 («Todos nosotros nos descarriamos como ovejas... pero el Señor hizo que cayera sobre Él la iniquidad de todos nosotros») es evidente que no hace distinción en el empleo del mismo. «Todos» como ovejas descarriadas, y sobre el Siervo fue puesto el pecado de «todos» nosotros. Todos sin excepción habían pecado, y el pecado de todos sin excepción había sido puesto en el Siervo sufriente. Calvino añade: «Al

---

[29] Para el enfoque de Calvino en Hechos 7:51, véase su «Sermon 41», en *Sermons on Acts 1-7* (Edinburgh, Escocia: Banner of Truth, 2008), 587-88.

[30] Calvin, *Sermons on Acts 1-7*, 593.

[31] J. Calvin, *Letters of John Calvin* (ed. y trad. en inglés J. Bonnet; Nueva York, 1858, repr. [Edinburgh, Escocia: Banner of Truth, 1972]), 4:365-69; véase también *Life of Calvin* de Beza en *Tracts and Treatises* por J. Calvin (ed. T. F. Torrance; trad. en inglés H. Beveridge; Grand Rapids, MI: Eerdmans, 1958), 1:cxiii-cxxvii.

agregar el término 'cada cual', él [el autor de Isaías] desciende de una declaración universal, en la cual incluye a todos, a una particular, que cada persona
considere en su propia mente si así es... él añade esta palabra «todos» para
excluir todas las excepciones... hasta el último individuo...todos los hombres
se incluyen, sin excepción».[32] Calvino incluso afirma que «muchos» significa
«todos» en Isaías 53:12.

Con respecto al punto de vista de Calvino sobre la extensión de la expiación, la conclusión de Rouwendal en un artículo reciente es impactante:

> Si Calvino enseñaba la expiación particular, él no habría usado el lenguaje
> [para la expiación universal] que Clifford ha reunido en gran número. Por eso,
> las proposiciones universales en las obras de Calvino demuestran de manera
> negativa que él no suscribió la expiación particular, pero no demuestran de
> manera positiva que él suscribió la expiación universal. Estas proposiciones
> pueden usarse para falsear la conclusión de que Calvino era un particularista,
> pero no son suficientes para demostrar que era un universalista.[33]

Observa con atención que Rouwendal mismo ha concluido que la evidencia muestra que Calvino no suscribió la expiación limitada. También presta
atención que él *no afirma* que Calvino no suscribió la expiación universal; más
bien, él afirma que las «proposiciones universales» de Calvino en sus escritos
«no demuestran de manera positiva que él suscribió la expiación universal».
Con sinceridad, dada la clara evidencia de que Calvino ciertamente estuvo
de acuerdo a una forma de expiación universal, la objeción de Rouwendal
es innecesaria.

Dos años después de su muerte, el universalismo bíblico de Calvino se
reflejó en la Segunda Confesión Helvética (1566).[34] La última de las grandes

---

[32] J. Calvin, *Sermons on Isaiah*, 66, 70, 78-79. Véase el capítulo en este volumen por K. Kennedy sobre
el punto de vista de Calvino respecto a la extensión de la expiación.

[33] P. L. Rouwendal, «Calvin's Forgotten Classical Position on the Extent of the Atonement: About
Sufficiency, Efficiency, and Anachronism», *Westminster Theological Journal* 70 (2008): 328.

[34] Véase A. Cochrane, ed., *Reformed Confessions of the Sixteenth Century* (Londres: SCM Press, 1966),
220-22, 242, 246.

confesiones de la Reforma fue elaborada por el amigo de Calvino, Heinrich Bullinger /1507-1575),[35] sucesor de Zwinglio en Zúrich.

Otro documento importante de la Reforma que afirma la expiación universal es el Catecismo de Heidelberg (1593). La pregunta 37 reza:

> ¿Qué es lo que confiesas cuando dices que Él [Cristo] padeció? Respuesta: Que durante todo el tiempo que Él vivió en este mundo, y especialmente al fin de su vida, Cristo cargó en su cuerpo y alma la ira de Dios contra el pecado de toda la raza humana. Así que, por Su sufrimiento, como el único sacrificio expiatorio, Él ha redimido nuestro cuerpo y alma de la condenación eterna, y alcanzó para nosotros la gracia de Dios, la justicia y la vida eterna.

Zacarías Ursinus (1534-1583), en su comentario sobre el Catecismo de Heidelberg, declara:

> Pregunta: Si Cristo hizo propiciación por todos, entonces todos debemos ser salvos. Pero, no todos somos salvos. Por consiguiente, Él no hizo una propiciación perfecta.

> Respuesta: Cristo hizo propiciación por todos, respecto a la suficiencia de la propiciación que Él ha hecho, pero no con respecto a la aplicación de la misma.[36]

---

[35] R. Muller admite que Bullinger (como Musculus, Zanchi y Ursinus) enseñó una forma de «universalismo hipotético no especulativo». Véase el estudio de Muller de *English Hypothetical Universalism: John Preston and the Softening of Reformed Theology* por J. Moore en *Calvin Theological Journal* 43 (2008): 149-50. Uno además puede encontrar una forma calvinista de redención universal en los escritos de Rudolf Gwalther, estudiante y sucesor de Bullinger. Véase *A Hundred Threescore and Fifteen Homilies or Sermons upon the Acts of the Apostles* (trad. en inglés J. Bridges; impreso en Henrie Denham, ubicado en Paster noster rowe, at the signe of the Starre, 1572), 108; 751-52.

[36] Z. Ursinus, *The Commentary of Dr. Zacharias Ursinus on the Heidelberg Catechism* (trad. en inglés G. W. Willard; Phillipsburg, NJ: P&R, 1994), 215. De nuevo, véase el artículo de Muller en *Calvin Theological Journal* en la nota precedente. Él está de acuerdo con la historiografía de J. Davenant sobre Ursinus.

Según Rowendal, la crítica de Beza respecto a la fórmula de Lombardo puso en marcha una nueva etapa en el desarrollo de la doctrina sobre la expiación limitada. Hasta hoy, Calvino y todos los reformadores habían aceptado la fórmula de Lombardo. Después de Beza, otros reformadores comenzaron a aceptar el planteamiento crítico de Beza. Bucanus, quien era profesor en Lausanne de 1591 a 1603, escribió que la muerte de Cristo

> «podría haber sido» (en lugar de «fue») un rescate por los pecados de todas las personas. Piscator fue aun más lejos y llamó a la clásica fórmula de la distinción, «contradictoria». Otros, como Ames y Abbot, fueron también cruciales. La tendencia de restringir la expiación a los electos en todos los aspectos comenzó con Beza. Es de suma importancia reconocer que esta tendencia no comenzó hasta 1588, veinte y cuatro años después de que Calvino había muerto.[37]

Todos los primeros reformadores ingleses abrazaron la expiación universal. Por ejemplo, Thomas Cranmer con claridad afirmó la expiación universal en la siguiente cita:

> Este es el honor y la gloria de nuestro sumo sacerdote, en que él no admitió socio ni sucesor. Porque por su propia ofrenda él satisfizo a Su Padre por los pecados de todos los *hombres* y reconcilió a la humanidad con su gracia y favor. Y todos aquellos que le privan de su honor, y proceden a tomarlo para sí mismos, son los anticristos, y blasfemos arrogantes contra Dios y contra su Hijo Jesucristo, a quien Él ha enviado.[38]

En 1571, la iglesia anglicana adoptó la declaración doctrinal conocida como Los Treinta y Nueve Artículos. El artículo 31 de Los Treinta y Nueve Artículos declara: «El ofrecimiento hecho por Cristo es esa redención, propiciación

---

[37] Rouwendal, «Calvin's Forgotten Classical Position...», 320.
[38] T. Cranmer, *The Works of Thomas Cranmer* (Cambridge, Inglaterra: University Press, 1844), 1:346 [énfasis mío].

y propiciación perfectas a cambio de todos los pecados del mundo entero, tanto originales como reales, y no existe ninguna otra propiciación para el pecado, salvo esa sola».[39]

La Asamblea de Westminster se celebró de 1643 a 1649 en Londres. En ocasiones se cree que aquellos que fueron miembros de la Asamblea sostenían la expiación limitada (particularismo estricto). Sin embargo, no fue así. Por ejemplo, presta atención a Henry Scudder (1585-1652):

> Debe admitirse que Cristo se dio a Sí mismo como rescate por todos. Este rescate puede ser considerado un rescate general y por todos, en cierto sentido: pero, ¿cómo? o sea, respecto de la naturaleza común del hombre, la cual él tomó, y de la causa común de la humanidad, la cual él asumió; y el rescate en sí mismo fue el pago suficiente para redimir a todos los hombres; y por lo tanto aplicable a todos, sin excepción, mediante la predicación y ministerio del evangelio. Fue previsto por Cristo, que la venda sea tan grande como la llaga, y que no haya defecto en el remedio, es decir, en el precio, o el sacrificio de Sí mismo ofrecido sobre la cruz, por el cual la humanidad debería ser salva, todos los hombres, y cada uno en particular, en el sentido de que puedan llegar a ser salvos por Cristo.[40]

En el contexto más amplio de esta cita, Scudder explica que la muerte de Cristo fue por todos los hombres. Él niega el argumento que todas las personas serán salvas porque Cristo rescató a toda la raza humana. No niega esto al rechazar la premisa que Cristo rescató a toda la raza humana;[41] más bien, él argumenta que el nuevo pacto de gracia es condicional: solo aquellos que crean obtendrán la salvación.[42] Asimismo, al conceder que Cristo murió

---

[39] P. Schaff, *The Evangelical Protestant Creeds, with Translations*, vol. 3 en *Creeds of Christendom* (Grand Rapids, MI: Baker Books, 1966), 507.

[40] H. Scudder, *The Christian's Daily Walk in Security and Peace* (Glasgow, Escocia: William Collins, 1826), 279-82.

[41] Como los que aceptan el argumento del «doble pago». Ver discusión más adelante.

[42] Ursinus abordó el tema de la misma manera. Véase *The Commentary of Dr. Zacharias Ursinus on the Heidelberg Catechism*, 215.

por los pecados de cada persona individual, él fundamenta esa verdad en la humanidad común de Cristo. Este punto de vista es cristología clásica en consonancia con Heb. 2:5-14. La suficiencia de la que habla Scudder es una suficiencia extrínseca por la cual Cristo llevó el pecado de toda la raza humana. Y fundamenta la oferta universal de Dios en la suficiencia extrínseca. Él, además, asocia este «amor común y general hacia la humanidad» por parte de Dios con la muerte de Cristo a favor de toda la humanidad.[43] Todos los hombres son «salvables» por causa de lo que Cristo hizo en la cruz. Ninguno ha sido dejado sin un remedio por su pecado. Por tanto, aquellos que escuchan el evangelio y perecen solo se pueden culpar a sí mismos.[44] Uno también notará que Scudder no usa «mundo» para implicar a los electos en sus referencias y alusiones de la Biblia.

Otro importante teólogo en Westminster fue Edmund Calamy (1600-1666). Él declaró:

> Estoy lejos de la redención universal en el sentido arminiano; pero lo que sostengo es en el sentido de nuestros teólogos en el Sínodo de Dort, que Cristo pagó un precio por todos, con el propósito absoluto por los electos, y con el propósito condicional por los reprobados por si acaso creen, que todos los hombres *pueden ser salvados, a pesar del lapsu Adami (la caída del primer hombre)*... que Jesucristo no solo murió suficientemente por todos, sino que Dios, al dar a Cristo, y Cristo, en darse a Sí mismo, tenían la intención de poner a todos los hombres en un estado de salvación en el caso que creyeran.[45]

---

[43] Lo mismo puede decirse de Charnock. Véase S. Charnock, «A Discourse of the Subjects of the Lord's Supper», en *The Complete Works of Stephen Charnock* (Edinburgh, Escocia: James Nichol, 1865), 4:464. Amyraut muchas veces hizo esta conexión. Véase L. Proctor, «The Theology of Moise Amyraut Considered as a Reaction Against Seventeenth-Century Calvinism» (disertación de doctorado, University of Leeds, 1952), 200-259.

[44] C. Hodge explica todas estas consideraciones. Véase su *Systematic Theology* (Grand Rapids, MI: Eerdmans, 1993), 2:556-57.

[45] A. F. Mitchell y J. P. Struthers, eds. *Minutes of the Sessions of the Westminster Assembly of Divines* (Edinburgh, Escocia: W. Blackwood and Sons, 1874), 152.

Sostengo de Juan 3:16, en cuyas palabras se fundamenta el propósito de Dios al dar a Cristo, el amor de Dios por el mundo, una filantropía para con el mundo de los electos y de los reprobados, y no de los electos solamente; lo cual no puede referirse solo a los electos, debido a «todo aquel que cree»... Si el pacto de la gracia ha de ser predicado a todos, entonces Cristo redimió, en cierto sentido, a todos, electos y reprobados.[46]

Uno debería observar varios puntos sobresalientes en estas citas. Primero, Calamy afirma que él abraza una forma de redención universal que es distinta a la visión arminiana. Segundo, él ve su punto de vista expresado por algunos en el Sínodo de Dort. Tercero, él habla de una suficiencia intencional, (condicional para los no electos; pero absoluta para los electos), de manera que Cristo pagó un precio por todos. Este precio objetivo pagado por todos hace a todos los hombres salvables, pero ellos deben creer para obtener el beneficio. Nota que Calamy usa Juan 3:16 como una prueba de su punto de vista y sostiene que «mundo» no puede querer decir «los electos solamente» en ese pasaje. Él también sostiene que una proclamación universal exige una forma de expiación universal.

En su *Cadena de Principios*, Arrowsmith interpretó que Juan 3:16 se refiere «al indigno mundo de la raza humana», no al «mundo de los electos», igual que lo hizo Calamy.[47] Muchos en Westminster no apoyaron la expiación limitada.[48]

Igualmente, varios de los puritanos abrazaron una forma de expiación universal. Por ejemplo, la posición de Richard Baxter puede resumirse, según

---

[46] Ibíd., 154. Esto es similar al lenguaje de Edwards, el cual se verá más adelante.

[47] J. Arrowsmith, *Armilla Catechetica: A Chain of Principles; or an Orderly Concatenation of Theological Aphorism and Exercitations; Wherein, the Chief Heads of Christian Religion Are Asserted and Improved* (Cambridge, Inglaterra: Impreso por John Field, impresor para la universidad, 1659), 182. Mitchell y Struthers indican que Gataker, Caryl, Burroughs y Strong coinciden con esta interpretación de Juan 3:16. Véase *Minutes*, lvii.

[48] Mitchell y Struthers, *Minutes*, liv-lxi. P. Schaff también menciona el nombre de Thomas Gataker en su análisis de la Confesión de Westminster. Véase *The Creeds of Christendom* (Grand Rapids, MI: Baker Books, 1993), 1:770.

Curt Daniel, en la siguiente oración: «Cristo por lo tanto murió por todos, pero no por todos por igual, o con la misma intención, diseño o propósito».[49] John Bunyan declaró que:

> Cristo murió por todos... porque aquellos que perezcan en los días del evangelio, tendrán, cuando menos su condenación aumentada, debido a que han ignorado y rechazado recibir el evangelio, el cual era necesario que con toda fidelidad les fuera presentado; lo que no podría haber sido, a menos que la muerte de Cristo se extendiera a ellos; Juan 3:16, Heb. 2:3. Porque la oferta del evangelio no puede, con la concesión de Dios, ofrecerse más allá de donde llega la muerte de Jesucristo, porque si esto se quitara, ciertamente no habría evangelio, ni gracia que ofrecer.[50]

Al dirigir nuestra mirada hacia los Estados Unidos, ninguno objetaría ante la afirmación que Jonathan Edwards fue el teólogo más grande del siglo XVIII. Él raras veces discutió el tema de la extensión de la expiación en sus voluminosos escritos. Cuando lo hizo, es evidente que abrazaba una forma de universalismo: «De estas cosas se concluye, que podría decirse que Cristo, en cierto sentido, *murió por todos* y redimió[51] a todos los cristianos visibles, sí, a todo el mundo, por su muerte, pero debe haber algo *particular* en el diseño de su muerte, con respecto a cómo se proponía que así habían de ser

---

[49] Daniel, «Hyper-Calvinism and John Gill», 531; véase también R. Baxter, *Catholicke Theologie* (Londres, impreso por Robert White, para Nevill Simmons en el Princes Arms en St. Paul's Church-yard, 1675), II:53. Baxter recurre a la interpretación universal de Twisse de Juan 3:16 en *Universal Redemption*, 287-88. Uno puede consultar la disertación hace poco impresa de J. I. Packer en Oxford sobre Baxter para una reseña de su teología de la redención. Véase *The Redemption and Restoration of Man in the Thought of Richard Baxter* (Vancouver, Canada: Regent College Publishing, 2003), 183-208.

[50] J. Bunyan, *Reprobation Asserted* en *Works of John Bunyan* (Grand Rapids, MI: Baker Books, 1977), 2:348. Véase también «The Jerusalem Sinner Saved, or, Good News for the Vilest of Men», en *The Whole Works of John Bunyan* (Londres: Blackie and Son, 1862), 1:90. Aquí Bunyan hace la «proclamación audaz» a los no creyentes, y afirma que el Hijo «murió por ti».

[51] Es crucial prestar atención al uso universal de Edwards del término «redimido» aquí, el cual es parecido al de Calamy anteriormente. Mientras algunos altocalvinistas dicen que «Cristo murió por todos» en el sentido de comprar la gracia común incluso para los no electos, son cuidadosos de *no* decir que Cristo «redimió» a alguno de los no electos, ya que esto implica pagar su precio de rescate.

salvos».[52] Uno puede ver que Edwards defiende una forma de dualismo sobre la extensión de la expiación. Podría decirse que Cristo murió por todos, en esto él *redimió* a todos, pero hay algo particular en Su obra en el caso de los electos, tal que él propone que solo ellos obtendrían el beneficio mediante la fe. La redención *aplicada* es limitada, pero no la redención *consumada*. La redención consumada es ilimitada.

Bajo el título «Redención universal», Edwards escribió:

REDENCIÓN UNIVERSAL. En cierto sentido, la redención es universal a toda la humanidad; toda la humanidad tiene ahora una oportunidad de salvarse, de no ser así, ellos no la tendrían si Cristo no hubiera muerto. Una puerta de misericordia está de alguna forma abierta para ellos. Este es un beneficio subsecuente a la muerte de Cristo; pero los beneficios que son en verdad subsecuentes a la muerte de Cristo y se obtienen por la muerte de Cristo, sin duda Cristo tenía la intención de lograrlo a través de ella. Esta fue una cosa que buscó lograr con su muerte; o lo que es lo mismo, él murió para conseguirla, ya que fue uno de los propósitos de su muerte.[53]

Asimismo Edwards escribió,

La encarnación de Cristo, sus trabajos y padecimientos, su resurrección, etc., fueron para la salvación de los que no son elegidos, en el lenguaje de la Escritura, en el mismo sentido en que los medios de gracia son para su salvación; en el mismo sentido en que la instrucción, los consejos, las advertencias y las invitaciones que se les dan a ellos son para su salvación.[54]

---

[52] J. Edwards, «On the Freedom of the Will» en *The Works of Jonathan Edwards* (Edinburgh, Escocia: Banner of Truth, 1979), 1:88. Esto no significa que Edwards no vio el sentido de particularidad en el diseño o intención de la muerte de Cristo, sino solo que él no vio alguna limitación en la *extensión* del sufrimiento de Cristo a favor del mundo entero.

[53] J. Edwards [1743], «Book of Minutes of the Arminian Controversy» Gazeteer Notebook, en *Works of Jonathan Edwards Online*, vol. 37, *Documents on the Trinity, Grace and Faith* (Jonathan Edwards Center de Yale University, 2008), 10-11.

[54] J. Edwards [1743], *Works of Jonathan Edwards Online*, vol. 27, «Controversies» Notebook (Jonathan Edwards Center de Yale University, 2008), parte III.

De estas citas de Baxter, Bunyan y Edwards, es evidente que ellos no abrazaron la expiación limitada en el sentido del término que lo tenía para Owen.

La evidencia histórica sobre la extensión de la expiación puede resumirse en cuatro declaraciones. Primera, casi todos[55] los primeros reformadores, incluyendo a Calvino,[56] sostuvieron una forma de expiación universal. Segunda, la expiación limitada como una posición doctrinal de los calvinistas se desarrolló en la segunda y tercera generaciones de reformadores, que inició principalmente con Beza. Tercera, el Sínodo de Dort de forma deliberada usó un lenguaje ambiguo sobre el tema a fin de permitir que suscribieran el documento final aquellos entre los delegados que rechazaban el particularismo estricto y sostenían una forma de expiación universal. Cuarta, la Asamblea de Westminster consistió de una minoría de delegados que rechazaban la expiación limitada (particularismo estricto) y afirmaban una forma de universalismo, así como lo hicieron varios de los puritanos en los siglos XVII y XVIII, incluyendo a Jonathan Edwards.

La controversia que tuvo lugar dentro de la segunda y tercera generaciones de teólogos reformados no incluyó el *rechazo* de la expiación limitada, sino que *introdujeron* la expiación limitada. Es más, cronológicamente, después de la *introducción* de la expiación limitada, el calvinismo de forma lenta comenzó a abrir la puerta para el rechazo de la libre oferta del evangelio.[57] Cuando la libre oferta fue final y explícitamente rechazada, nació el hipercalvinismo.[58]

---

[55] Véase J. C. Ryle, *Expository Thoughts on the Gospels* (Grand Rapids, MI: Baker Books, 1979), 3:158.

[56] D. Ponter tiene el sitio en la red www.CalvinandCalvinism.com (ver la página de índice), el cual contiene la más grande colección de citas en forma impresa de las obras de Juan Calvino sobre el tema de la extensión de la expiación. Al publicarlas en contexto, Ponter ha demostrado más allá de toda duda razonable que el mismo Juan Calvino no abrazó la expiación limitada (particularismo estricto).

[57] En realidad, ya hubo algunos delegados con posiciones extremas en el Sínodo de Dort procedentes de Gelderland y Friesland que rechazaban ofertas indiscriminadas del evangelio. Véase Godfrey, *Tensions*, 210; y Thomas, *Extent of the Atonement*, 149.

[58] Véase Daniel, «Hyper-Calvinism and John Gill», 514. No es que los hipercalvinistas estuvieran contra la predicación a todos (contrario a la opinión popular). Más bien, ellos estaban contra la idea que Dios está «ofreciendo» a Cristo a todos y que los predicadores indiscriminadamente hicieran lo mismo (Daniel, «Hyper-Calvinism and John Gill», 448-49; e I. Murray, *Spurgeon v. Hyper-Calvinism: The Battle for Gospel Preaching* [Carlisle, PA: Banner of Trust, 2000], 89).

¿Por qué hablar de historia y citar a tantos hombres? La verdad no puede determinarse por cuántas personas la conocen. Estoy sustancialmente en desacuerdo con estos hombres en otras áreas de su calvinismo, sin mencionar sus opiniones sobre el bautismo y la eclesiología; pero estos desacuerdos no niegan la verdad e importancia de lo que ellos, como calvinistas históricos influyentes, admitieron y afirmaron sobre el asunto de la *extensión*[59] de la expiación. Se ha escrito mucho sobre la extensión de la expiación en años recientes, y mucho de esto depende de fuentes secundarias modernas. Hay mucha ignorancia sobre la posición de la iglesia primitiva, las perspectivas de los primeros reformadores y las diversas opiniones sobre el tema dentro del movimiento puritano.[60] En general, los calvinistas modernos tienen solo tres categorías: la posición calvinista (o cinco puntos del calvinismo), que lo equiparan con el particularismo estricto; amyraldismo, que a menudo se filtra a través de fuentes secundarias poco fiables; y arminianismo. Esta clasificación es demasiado simple.[61]

Ahora se prestará atención al registro bíblico. En última instancia, la cuestión de la extensión de la expiación debe resolverse por la vía de la Escritura. La exégesis debe preceder a la teología sistemática, al igual que la teología histórica.

Consideraciones exegéticas

Tres grupos claves de textos en el Nuevo Testamento afirman la expiación ilimitada: los textos donde aparece «todos», los textos donde aparece «mundo»

---

[59] Notar que la extensión de la expiación aquí se distingue de lo que afirman los calvinistas sobre la intención de Cristo en la expiación y la naturaleza de su aplicación.

[60] En cuanto al punto de vista moderado de Howe, véase David P. Field, *Rigide Calvinisme in a Softer Dresse: The Moderate Presbyterianism of John Howe (1630-1705)* (Edinburgh, Escocia: Rutherford House, 2004).

[61] Respecto a la primera y segunda categorías, Muller ha observado que las trayectorias de Ursinus, Bullinger, Musculus, Davenant, Ussher y Preston son distintas al modelo Saumur, aunque todos sostienen una forma de «universalismo hipotético» (véase el estudio de R. Muller de *English Hypothetical Universalism: John Preston and the Softening of Reformed Theology*, por J. Moore en *Calvin Theological Journal* 43 [2008], 149-50). Además, en su *Post-Reformation Reformed Dogmatics*, 1:76-80, Muller señala que el punto de vista amyraldiano es compatible con Dort y la Confesión de Westminster. Según Muller, entonces, hay *por lo menos tres* ramas *dentro* de la posición calvinista, y las discusiones presentes entorno a la extensión de la expiación en raras ocasiones reconocen este hecho.

y los textos donde aparece «muchos». Otros textos indican que Jesús murió por Su «iglesia», Sus «ovejas», y Sus «amigos». ¿Cómo reconciliamos estas dos series de textos? Los «alto calvinistas» interpretan los textos universales a la luz de los textos limitados. Los no calvinistas y los calvinistas moderados interpretan los textos limitados como un subgrupo de los textos universales.

Algunos calvinistas sostienen que los autores bíblicos como Juan o Pablo creían en la expiación limitada porque hicieron declaraciones que afirmaban que Cristo murió por la Iglesia, aunque los escritores bíblicos no señalan que Cristo murió *solo* por la Iglesia o que Él no murió por los no electos. Los calvinistas suelen interpretar las porciones relevantes de la Escritura de esa manera. Por ejemplo, John Owen negaba que la muerte de Jesús tuviera alguna relación con los no electos. Según Owen, la muerte de Cristo no tiene ningún sentido para ellos y en ningún modo es una expresión del amor de Dios hacia ellos.[62] Cuando Owen indicaba que el uso de la palabra *kosmos* en Juan 3:16-17 debía designar a «aquellos que él tenía la intención de salvar, y a ningún otro, o Él fracasó en su propósito»,[63] es claro que su teología precede y determina su exégesis. Su argumento precede en esta forma: puesto que «mundo» se usa en otras partes en sentidos distintos que «toda la humanidad», no puede usarse en ese sentido en Juan 3:16. Él también afirma lo mismo para el uso de la palabra «todos». Ya que «todos» algunas veces significa «todo de algunos tipos» o «alguno de todos los tipos», nunca puede significar, según Owen, que toda la humanidad incluye a todos y cada persona. La falacia lógica de este planteamiento es evidente.

Owen sostenía que, «nosotros negamos que al añadir la palabra *electo* en el texto, cualquier cosa absurda o falsa justificadamente podría seguir… Así que el sentido es, 'De tal manera amó Dios a Sus escogidos en todo el mundo, que dio a Su Hijo con esta intención, que mediante él los creyentes fuesen salvos'».[64] Yo, por el contrario, propongo que esto, ciertamente, ¡inyecta tanto

---

[62] J. Owen, *The Death of Death in the Death of Christ*, en *The Works of John Owen* (ed. W. H. Goold; Edinburgh, Escocia: Banner of Truth, 1993), 10:219. «La fuente y la causa de Dios al enviar a Cristo, es Su amor eterno hacia sus elegidos, y sólo a ellos». (Owen, *The Death of Death* , 231. Véase también 324).

[63] Ibíd., 306.

[64] Ibíd., 326.

un absurdo como una falsedad! Para Owen, «mundo» en Juan 3:16 no significa todos y cada persona porque según su teología preconcebida solo los electos son «amados» de esta forma (presta atención al argumento circular aquí). Owen inventa sus razones para la conclusión y se anticipa a cualquier alternativa, como lo ha señalado Neil Chambers en su tesis sobre Owen.[65] Owen continúa su argumento al señalar que el uso de «mundo» en Juan 3:17 es una declaración de la intención de Dios y, por tanto se refiere solo a los electos. Lo mismo es verdad del 3:16. De nuevo, Owen inventa sus razones para demostrar su conclusión. Si Owen tiene razón que «mundo» significa «electo», cuando Juan 3:16 dice «todo aquel que en él cree, no se pierda» (RVR1960), entonces, la posibilidad está abierta a que algunos de los electos pueden perecer. Para Owen, la expiación es solo suficiente para aquellos que es eficaz. Los argumentos de Owen no son lingüísticos o exegéticos, sino argumentos teológicos *a priori*. Él ha caído en la falacia de evadir el asunto.

Con respecto al uso de *kosmos* en el evangelio de Juan, Carson señala que la palabra de forma característica significa seres humanos en rebelión contra Dios.[66] En el prólogo de Juan, *kosmos* significa humanidad apóstata en rebelión contra Dios. En Juan 1:29, los pecados del «mundo» son los que deben ser expiados.[67] En 3:16, se habla del mundo como amado y condenado, y luego algunos son salvos del mundo. Los últimos dos resultados ocurren como consecuencia de creer o no creer según 3:18. Juan 3:19 es consistente con 3:18.

No hay fundamento lingüístico, exegético o teológico para reducir el significado de «mundo» a «los electos». Es más, en Juan 17:6 se define a los electos en contraste con el mundo. Owen hizo que Juan 3:16 se lea, «De tal manera amó Dios a aquellos que escogió de este mundo», lo que cambia el sentido del versículo en lo opuesto a su significado exacto. Tomar

---

[65] N. Chambers, «A Critical Examination of John Owen's Argument for Limited Atonement en 'The Death of Death in the Death of Christ'» (tesis de maestría, Reformed Theological Seminary, 1998), 122. Esta tesis se puede obtener en www.Tren.com.

[66] D. A. Carson, *The Gospel According to John* (Leicester, Inglaterra: InterVarsity/Grand Rapids: Eerdmans, 1991), 123.

[67] En una ocasión donde Charnock cita este texto, él menciona la interpretación de Amyraut de este (S. Charnock, «A Discourse of Christ Our Passover», en *The Works of Stephen Charnock* [Carlisle, PA: Banner of Truth, 1985], 4:507).

el significado de «mundo» como «los electos» es cometer un error lógico y lingüístico al confundir las categorías.[68]

Los calvinistas que siguen a Owen respecto a Juan 3:16 distorsionan el propósito de Juan y así amputan la «propia participación de uno en continuar la tarea de Jesús de salvar al mundo en la misión de los apóstoles desde una convicción de amor por los perdidos *per se*, una convicción basada en el amor de Dios por ellos».[69] ¡Esta distorsión tiene inmensas repercusiones en la evangelización y la predicación! Cuando Letham declara, respecto a la intención de Dios en la expiación en Juan 3:16: «ni el término 'mundo'ni el pasaje como un todo se refleja en la cuestión que nos ocupa», él está totalmente equivocado.[70] Dabney, un calvinista moderado, presenta al punto de vista correcto cuando dice: «No hay, quizás, texto bíblico que provea una explicación amplia y completa del diseño y resultados del sacrificio de Cristo, como Juan 3:16-19».[71]

En sus comentarios sobre Juan 3:16 en *Indiscriminate Proposals of Mercy* [Propuestas indiscriminadas de misericordia], Dabney indica que, según los alto calvinistas, cuando «… de tal manera amó Dios al mundo, que dio a su Hijo unigénito», «el mundo» significa solo «los electos». Dabney encuentra varios problemas con esta inferencia. Si «el mundo» en el v. 16 se refiere a «los electos», entonces la clara implicación es que algunos de los electos pueden no creer y entonces perecer.[72] Para ser consistentes, la palabra «mundo» debe tener el mismo sentido a través del pasaje. En el v. 19, «el mundo», al cual

[68] Véase la excelente discusión en «Critical Examination» de Chambers, 116-25. Véase también E. Hulse, «John 3:16 and Hyper-Calvinism», *Reformation Today* 135 (septiembre/octubre de 1993): 30: «Nosotros notamos que Juan 3:16 no dice, porque de tal manera Dios amó a *los escogidos*. El Espíritu Santo no escribió el texto de esa manera. ¿Debemos entender que 'el mundo' aquí significa tanto judíos como gentiles? La palabra 'mundo' debe interpretarse de la manera en que se usa a través del evangelio, es decir, todas las personas sin excepción no todas las personas sin distinción».

[69] Chambers, «Critical Examination», 153-54. Véase también el intento abortivo de Turretin de darle a «mundo» en Juan 3:16 el significado de «los elegidos» (F. Turretin, *Institutes of Elenctic Theology* [Phillipsburg, NJ: P&R, 1992], 1:405-8).

[70] R. Letham, *The Work of Christ: Contours of Christian Theology* (Downer's Grove, IL: InterVarsity, 1993), 241.

[71] R. Dabney, *Lectures in Systematic Theology* (Carlisle, PA: Banner of Truth, 2002), 535.

[72] R. Dabney también ofrece este argumento en sus *Lectures in Systematic Theology*, 525.

vino la luz, recibe condenación, y por eso no puede ser una referencia a los electos sino que debe tomarse en el sentido más amplio de humanidad. La conexión lógica entre el v. 17 y el v. 18 muestra que «el mundo» del v. 17 es inclusivo de «el que cree» en algún momento y «el que no cree» del v. 18. Si la oferta del sacrificio de Cristo no es en modo alguno una oferta genuina de salvación para esa parte del mundo «que no cree», es difícil ver cómo su elección de rechazar la oferta puede convertirse en el fundamento de su condenación, como se indica de manera expresa en el v. 19. Dabney plantea esta cuestión: «¿Los que rechazan el evangelio son finalmente condenados por esto, que fueron tan lamentablemente astutos como para no ser afectados por una manifestación ficticia e irreal [¿algo que para empezar nunca se les ofreció]? Es evidente que Calvino es demasiado sagaz como expositor para comprometerse con esta clase de exégesis extrema».[73]

Dabney pregunta, «¿cómo eludimos este *dilema?*». Al examinar la interpretación «alto calvinista», «si fuera una cuestión del decreto de salvación por los electos exclusivamente, de la cual toda mente lógica se vería obligada a hallar la doctrina de la redención particular, el argumento sería invulnerable». Sin embargo como Dabney indica, este planteamiento haría que Jesús contradijera Su propia exposición de lo que está declarando. La solución, entonces, debe estar en una dirección diferente. La frase «de tal manera amó al mundo» no fue diseñada para referirse al decreto de la elección, sino a una oferta basada en el amor que no tiene que ver con el propósito o el decreto de Dios para salvar. La muerte de Cristo en la cruz, como se proclama en el evangelio, es una oferta sincera de salvación para todos los pecadores. Dabney con acierto observó que aquellos que no creerán (los no electos) perecerán pese a la oferta de salvación para ellos. Cuando la muerte de Cristo se convierte en la ocasión (no la causa) de una condenación más profunda para aquellos que rechazan creer, es solo porque estos de manera voluntaria rechazan la oferta de salvación de Dios en Cristo.[74]

---

[73] R. Dabney, *God's Indiscriminate Proposals of Mercy, as Related to His Power, Wisdom and Sincerity*, en *Discussions of Robert Louis Dabney* (Edinburgh, Escocia: Banner of Truth, 1967 [1982]), 1:312-13.

[74] Ibíd.

J. C. Ryle coincidió y afirmó con respecto a Juan 3:16:

> Estoy bastante familiarizado con las objeciones comúnmente interpues-
> tas contra la teoría que acabo de proponer. Encuentro que carecen de
> fuerza, y no estoy seguro de contestarlas. Aquellos que confinan el amor
> de Dios de manera exclusiva para los electos me parece que tienen una
> visión estrecha y contraída del carácter y los atributos de Dios. Ellos le
> niegan a Dios el atributo de la compasión con la cual incluso un padre
> terrenal puede considerar a un hijo libertino y ofrecerle perdón, aunque
> su compasión sea menospreciada y sus ofertas rechazadas. Hace mucho
> llegué a la conclusión que los hombres pueden ser más sistemáticos en sus
> afirmaciones que la Biblia, y pueden verse inducidos hacia el grave error
> por la veneración idólatra de un sistema.[75]

Asimismo, Ryle comentó en relación al tema de la elección: «Nosotros no
sabemos quiénes son los escogidos de Dios, y a quiénes es Su intención llamar
y convertir. Nuestro deber es invitar a todos. A toda alma no convertida sin
excepción, debemos decir, 'Dios te ama, y Cristo ha muerto por ti'».[76]

En su comentario sobre Juan 3:16, Calvino dijo:

> Y Él ha usado un término general, tanto para invitar de manera indiscri-
> minada a todos para compartir en la vida como para parar toda excusa de
> los no creyentes. Este es el significado del término «mundo», el cual había
> usado anteriormente...

> no obstante Él es favorable al mundo entero cuando llama a todos *sin
> excepción* a la fe en Cristo, lo cual es ciertamente una entrada a la vida.[77]

---

[75] Ryle, *Expository Thoughts on the Gospels*, 3:157.

[76] J. C. Ryle, *Old Paths* (Edinburgh, Escocia: Banner of Truth, 1999), 479.

[77] J. Calvin, *The Gospel According to St. John 1-10* (eds. D. W. Torrance y T. F. Torrance; trad. en inglés
por T. H. L. Parker, nueva edición, en Calvin's New Testament Commentaries; Grand Rapids, MI: Eerd-
mans/Carlisle, Inglaterra: Paternoster, 1995), 74. Énfasis añadido.

Cristo se ofreció a Sí mismo como un sacrificio para la salvación del «mundo entero» y por eso invita a todos «de manera indiscriminada» para compartir el favor de Dios. Al comentar sobre Juan 3:16, Calvino equipara «mundo» con los términos «de manera indiscriminada a todos» y «todos sin excepción». Presta atención a la manera como Calvino contrasta a los pocos que creen con el resto del mundo; él no dice «todos los que creen, como es común entre los escritores calvinistas respecto a este versículo, sino «todos sin excepción». Algunos pueden pensar que Calvino y otros pensaban que Cristo solo sufrió por los pecados de los electos, porque ellos interpretan que el «mundo» en Juan 2:2 está limitado a la iglesia, siguiendo las enseñanzas de Agustín. Sin embargo, Jerome Zanchi y Jacob Kimedoncius interpretan el pasaje de la misma manera, y aun Richard Muller admite que estos dos hombres abrazaron una forma de redención universal, al igual que Heinrich Bullinger (quien tomó la postura de expiación ilimitada en su lectura de 1 Juan 2:2). Si bien puede haber consenso *en teoría* entre los calvinistas clásicos sobre la redención universal, puede haber diferencias *prácticas* en cuanto a la exégesis de ciertos pasajes específicos.

La fortaleza de toda posición teológica depende de la base exegética sobre la cual se construye. La expiación limitada (particularismo estricto) está construida sobre un fundamento exegético defectuoso. Aquellos que afirman la expiación limitada por lo general afirman el amor de Dios por toda la humanidad y el deseo de Dios de salvar a toda la humanidad (en Su voluntad revelada, aunque no en Su voluntad oculta). No obstante, ellos niegan que Jesús murió por los pecados de toda la humanidad. Toda enseñanza que declara que Dios no ama a toda la humanidad,[78] que Dios no tiene la intención o el deseo de salvar a toda la humanidad o que Jesús no murió por los pecados de toda la humanidad, es contraria a la Escritura y debe rechazarse.[79]

---

[78] Para un excelente artículo sobre Juan 3:16 y el hipercalvinismo, véase E. Hulse, «John 3:16 and Hyper-Calvinism», 27-30. Las primeras líneas de Hulse son esclarecedoras: «Mediante el uso selectivo de las Confesiones reformadas es posible afirmar ser reformado, pero al mismo tiempo esconder el hecho que eres un hipercalvinista. El hipercalvinista niega que Dios ama a toda la raza humana y que el evangelio son buenas noticias para ser declaradas a todos sin excepción»(27).

[79] El espacio no permite un análisis de los muchos textos que afirman la expiación universal. Un texto clave es 1 Juan 2:2. En este versículo, basado en los 23 usos de la palabra en 1 Juan, «mundo» no puede referirse a «los electos» o «creyentes no judíos», como suelen considerarlo los calvinistas. Dabney declaró:

Consideraciones teológicas

Quizás el argumento teológico clave para respaldar la expiación limitada es el argumento del doble pago, propuesto por Owen,[80] el cual básicamente afirma que la justicia no permite que el mismo pecado sea castigado dos veces. Este argumento encara varios problemas. Primero, no se encuentra en la Escritura. Segundo, confunde una deuda pecuniaria (comercial) y la propiciación penal por el pecado. Tercero, los electos están todavía bajo la ira de Dios hasta que creen (Ef. 2:4). Cuarto, niega el principio de la gracia en la aplicación de la expiación, a nadie *se le debe* la aplicación.

Varios calvinistas prominentes no emplearon el argumento del doble pago. Zacharius Ursinus, en su comentario sobre el Catecismo de Heidelberg, expresó:

> Objeción 2. Todos aquellos por cuyas ofensas se ha ofrecido una propiciación suficiente deben ser recibidos a misericordia. Cristo ha ofrecido una propiciación suficiente por las ofensas de todos los hombres. Por tanto, todos deben ser recibidos a misericordia; y si esto no es hecho, Dios es injusto con los hombres.

> Respuesta. Lo principal es verdad, a menos que se añada alguna condición a la propiciación; como, que solo son salvos a través de ella, quienes la aplican para sí mismos por la fe. Pero esta condición se añade de manera expresa, donde dice, «Porque de tal manera amó Dios al mundo, que ha dado a su Hijo unigénito, para que todo aquel que en él cree, no se pierda, mas tenga vida eterna». (Juan 3:16, RVR1960).[81]

«Es indiscutible, que el Apóstol extiende la propiciación de Cristo más allá de aquellos a quienes él habla como 'nosotros', en el primer versículo... parecería entonces, que el alcance del Apóstol es, consolar y animar a los creyentes pecadores con el pensamiento, que puesto que Cristo hizo expiación por cada hombre, no hay peligro que Él no sea hallado como una propiciación por ellos quienes, habiendo ya creído, ahora con toda sinceridad se vuelvan a Él de sus pecados recientes» (Dabney, *Lectures in Systematic Theology*, 535). Aquellos que sostienen la expiación limitada erran porque intentan que los términos indefinidos y universales se refieran a términos definidos y a un grupo específico. Para un enfoque balanceado de 1 Juan 2:2 que se pone de parte de la expiación universal, véase D. Akin, *1, 2, 3 John* (NAC; ed. R. Clendenen; Nashville, TN: B&H, 2001), 84-86.

[80] Véase *The Death of the Death in the Death of Christ*, 173-74.

[81] Z. Ursinus, *The Commentary of Dr. Zacharias Ursinus on the Heidelberg Catechism*, 107.

John Davenant, signatario de los Cánones de Dort, también escribió y criticó el argumento del doble pago:

Yo respondo que sería ciertamente injusto, si nosotros mismos hubiéramos pagado este precio a Dios, o si nuestro Garante, Jesucristo, hubiera así ofrecido Su sangre a Dios como un precio satisfactorio, que sin otra condición, todos los hombres deben ser de manera inmediata absueltos a través del sacrificio hecho por Él; o, en definitiva, si Dios mismo hubiera hecho pacto con Cristo cuando Él murió, que Él le daría fe a cada individuo, y todas aquellas cosas en relación a la aplicación infalible de este sacrificio ofrecido a favor de la raza humana. Pero, puesto que Dios por Su propia voluntad dispuso que este precio debía ser pagado a Sí mismo, estuvo en Su poder anexar condiciones, las cuales siendo cumplidas, esta muerte debería resultar ventajosa para cualquier hombre, y si no hubiera ocurrido, entonces, no aprovecharía a ningún hombre. Por lo tanto, ninguna injusticia es hecha a aquellas personas que son castigadas por Dios después de que el rescate fue aceptado por los pecados de la raza humana, porque ellas no ofrecieron nada a Dios como una propiciación por sus pecados, ni cumplieron las condiciones, sin el cumplimiento de las cuales Dios no ha querido que este precio satisfactorio beneficie a cualquier persona. Ni, por otra parte, esto debería considerarse una injusticia para Cristo el Mediador. Pues Él estaba dispuesto a morir por todos y pagar al Padre el precio de la redención por todos, y al mismo tiempo no ha querido que cada individuo en modo alguno, sino que todos, tan pronto crean en Él, sean absueltos de la culpa de sus pecados.

Ilustremos todas estas cosas con una parábola; imaginemos que un número de hombres fueron arrojados en prisión por cierto Rey debido a una gran deuda, o que fueron condenados a sufrir la muerte por alta traición; pero el Rey mismo procuró que su propio Hijo pagara esta deuda hasta la última moneda; o se declarara él mismo culpable en lugar de estos traidores y sufriera el castigo que les correspondía a todos ellos, esta condición es

promulgada al mismo tiempo por el Rey y su Hijo, que ninguno debería
ser liberado o absuelto excepto solo aquellos que reconocieran al Hijo
del Rey como su Señor y le sirvieran: Estas cosas así determinadas, me
pregunto, si aquellos que persistieran en la desobediencia y la rebelión
contra el Hijo del Rey no deberían ser liberados, ¿se incurriría en algún
cargo de injusticia, porque después de que este rescate se había pagado,
sus propias deudas deberían exigírseles a muchos, o después del castigo
sufrido por el Hijo, estos rebeldes no deberían pese a todo ser castigados?
De ningún modo; porque el pago del precio justo y el sufrimiento del
castigo fue ordenado para lograr la remisión de cada uno bajo la condición
de la obediencia, y no otra cosa.[82]

Otros calvinistas han criticado el argumento del doble pago, incluyendo a
Edward Polhill, R. L. Dabney, A. A. Hodge, Charles Hodge, W. G. T. Shedd y
Curt Daniel.[83] Aunque Cristo murió suficientemente por todas las personas,
la promesa de la liberación es condicional. Uno debe arrepentirse y creer para
beneficiarse de la salvación. El evangelio no solo *sinceramente promete* vida
a los electos incrédulos y a los no electos incrédulos bajo la condición de la
fe, sino además *sinceramente amenaza* a ambos con el infierno si no creen,
pese a que Cristo sufrió suficientemente por sus pecados.[84] El argumento del
doble pago implica que los no electos no pueden, con cierta consistencia,
recibir ofertas genuinas de salvación por Dios mediante la predicación del
evangelio. Además, implica que los electos incrédulos (aquellos que serán
salvos pero todavía no lo son) no están recibiendo amenazas sinceras de Dios

---

[82] J. Davenant puede haber sido el primero en usar esta ilustración (*A Dissertation on the Death of Christ*, 376-77).

[83] E. Polhill, «The Divine Will: Considered in Its Eternal Decrees», *Works*, 7.4.3, Objeción 4, 168-69; R. L. Dabney, *Lectures in Systematic Theology*, 521; A. A. Hodge, *The Atonement* (Filadelfia, PA: Presbyterian Board of Publication, 1867), 35-37; C. Hodge, *Systematic Theology*, 2:557-58; W. G. T. Shedd, *Dogmatic Theology* (Nashville, TN: Thomas Nelson, 1980), 2:443; y C. Daniel, *The History and Theology of Calvinism* (Springfield, MA: Good Books, 2003), 371.

[84] Como lo expresó Lazarus Seaman: «Todos en el primer Adán fueron sujetos a la condenación, así que todos son sujetos a la salvación en el segundo Adán... La conclusión es esta: parece que cada hombre era *damnabilis* (condenable)... así todo hombre es *salvabilis* (salvable)». Mitchell y Struthers, *Minutes*, 154.

por medio de la predicación del evangelio. Dios estaría haciendo ofertas falsas a los no electos (ellos no pueden de ninguna forma salvarse según el calvinismo estricto), y Dios estaría haciendo amenazas falsas de perecer a los electos incrédulos puesto que ya no hay base legal para que permanezcan bajo condenación. Su «deuda» está literalmente pagada,[85] incluyendo su incredulidad. Ellos tienen ahora *derecho* a ser salvados.

Otro argumento en favor de la expiación limitada es el argumento de la triple elección de John Owen. Este argumento se edificó sobre el argumento del doble pago. El famoso argumento de Owen, «triple elección», afirma que Cristo murió por todos los pecados de todos los hombres, o todos los pecados de algunos hombres, o algunos de los pecados de todos los hombres. Luego, sostiene que si la muerte de Cristo por los pecados de todos los hombres fuera perfecta, entonces ¿por qué no todos los hombres son salvados? Además, si la muerte de Cristo por algunos de los pecados de todos los hombres fuera perfecta, entonces ningún hombre sería salvo, pues permanecerían algunos pecados sin pagar. Por tanto, que Cristo solo murió por todos los pecados de solo los electos puede ser verdad.[86] Este argumento parece tener una lógica impecable, pero es defectuoso en varios niveles. Primero, la Escritura nunca expresa que un hombre se va al infierno porque no se proveyó expiación por él. Más bien, algunos hombres perecen, y su castigo se agrava porque rechazaron la expiación hecha por ellos. Segundo, se afirma que algunos hombres perecen porque no creyeron cuando escucharon el evangelio. Tercero, Cristo murió por todos los hombres, pero Él no aplica la salvación a todos los hombres. La limitación no está en la provisión de Su muerte, sino en la

---

[85] Para una crítica de la noción literal de la deuda respecto a la expiación, véase R. Wardlaw's *Discourses on the Nature and Extent of the Atonement of Christ* (Glasgow, Escocia: James Maclehose, 1844), 58-59. Andrew Fuller expresó: «Si la expiación de Cristo fuera considerada como el pago literal de una deuda—si la medida de su sufrimiento estuviera de acuerdo al número de aquellos por los que murió, y al grado de su culpa, de tal forma como que si más hubieran sido salvos, o si aquellos quienes son salvos hubieran sido más culpables, sus dolores debían haber sido proporcionalmente incrementados—podría, hasta donde yo sé, ser inconsistente con las invitaciones imprecisas. Pero, sería igualmente inconsistente con el libre *perdón* del pecado, y con dirigir a los pecadores a pedir por misericordia como *suplicantes*, y no como demandantes» (*The Gospel Worthy of All Acceptation*, en *Works*, 2:373).

[86] J. Owen, *The Death of Death*, 173-74.

aplicación.[87] Cuarto, el argumento cuantifica la imputación del pecado a Cristo, como si hubiera una relación comercial entre todos los pecados de aquellos que Él representa y el único sacrificio divino indivisible y de infinito valor.

Alan Clifford asumió la tarea de estudiar a Owen en relación al argumento de la triple elección con algunas objeciones adicionales. El citaba el argumento de Owen que si uno sigue la idea de la expiación universal, entonces ¿qué hace uno con la incredulidad? Según Owen, si la incredulidad no es un pecado, ¿cómo pueden las personas ser castigadas por esto? Si es un pecado, entonces Cristo o bien experimentó el castigo por esto, o no. Si Él experimentó el castigo, entonces ¿cómo puede la incredulidad impedirles más que sus otros pecados por los cuales Cristo murió? Si Cristo no murió por el pecado de la incredulidad, entonces Él no murió por todos los pecados. Clifford responde: «Por toda su aparente contundencia, este argumento persuasivo presenta algunos problemas importantes. Es evidente que los no creyentes no son culpables de rechazar algo si Cristo no fue ofrecido por ellos; la incredulidad implica el rechazo de una provisión precisa de gracia. Además, hace que los medios de gracia carezcan de sentido, y despoja de todo significado a las exhortaciones generales a creer».[88]

Clifford continúa su ataque coherente sobre la posición de Owen al observar que, en la visión de Owen, la cruz no solo se ocupa de la culpa por la incredulidad previa a la conversión del creyente, existe además una relación de causalidad con la *remoción* de la incredulidad. Pero, ¿qué del problema de los cristianos que continúan estando plagados de incredulidad en su vida cristiana? Para Clifford, el argumento de Owen se aplica lo mismo a supuestos creyentes como a no creyentes. Las consecuencias son problemáticas:

> [P]ues si la incredulidad parcial en un cristiano le impide gozar de la plenitud
> de estas bendiciones por las cuales Cristo ha muerto para comprarlas para él,

---

[87] Los calvinistas también ven alguna limitación en el *propósito* de Cristo en morir que corresponde a su visión de la elección.

[88] A. Clifford, *Atonement and Justification: English Evangelical Theology 1640-1790: An Evaluation* (Oxford, Inglaterra: Clarendon Press, 1990), 111-12.

esto no es diferente en principio al decir que la incredulidad total de un no cristiano le impide «participar del fruto» que la muerte de Cristo lo hace disponible también para él... A diferencia de Owen, los reformadores tuvieron poca dificultad en establecer las bases de la culpa humana. Aunque la culpa se define sin ninguna duda en términos de transgredir la ley, un elemento importante de ello surge del descuido ingrato del remedio del evangelio. Pero, en la explicación de Owen, si la expiación se relaciona solo con los pecados de los electos, entonces es justicia dudosa condenar a alguien por rechazar lo que nunca se le aplicó.[89]

Clifford también señaló:

La aceptación [de Owen] de la «libre oferta» es incómoda por su posición estrictamente comercialista. Él incluso afirma que el evangelio debe predicarse a «toda criatura» porque «el camino de salvación que declara es lo bastante ancho para que todos caminen sobre él». Pero ¿cómo puede ser esto si la expiación es solo suficiente para los electos? Calvino y sus colegas no tuvieron dificultad en hablar así, pero Owen, de manera consecuente, no puede hacerlo. No es de extrañar que, Gill y sus compañeros hipercalvinistas utilizaron la misma clase de comercialismo defendido por Owen, pero lo hicieron para negar la validez de las ofertas universales de gracia.[90]

Por último, Chambers ofreció esta crítica relevante a la posición de Owen:

Lo que debe verse es que el argumento de Owen se anula a sí mismo al demostrar demasiado. Si, en los términos de Owen, Cristo murió por todos los pecados de algunas personas, los electos, entonces Él debe además haber muerto por su incredulidad, donde «murió por»

---

[89] Ibíd.

[90] Ibíd., 112-13. Edmund Calamy también percibió la conexión necesaria entre la *oferta* y la *salvación*. Él dijo, «No se le puede ofrecer a Judas, excepto que pueda salvarse». Véase Mitchell y Struthers, *Minutes*, 154.

se entiende como haber pagado el castigo por todos sus pecados en el
Calvario. Si este es el caso, entonces ¿por qué los electos no son salvos
en el Calvario? Si Owen responde que es porque los beneficios de la
muerte de Cristo todavía no se les aplican, entonces yo preguntaría ¿qué
significa que estos beneficios no les son aplicados? Con certeza significa
que ellos son incrédulos y, por tanto, no puede decirse que son salvos.
Pero, ellos no pueden ser castigados por esa incredulidad, pues su castigo
ha sido pagado, y Dios, como nos asegura Owen, no exigirá un segundo
castigo por la única ofensa. Si, entonces, incluso en su incredulidad
no hay deuda contra ellos, ningún castigo que pagar, sin duda pueden
describirse como salvos, y salvos en el Calvario. Siendo este el caso, el
evangelio se reduce a nada más que un asunto de informar a los salvos
de su condición de salvos.

Estas últimas dos conclusiones son dos posiciones que Owen negaría,
pues él estaba comprometido con la necesidad y la integridad del llamado
universal del evangelio y el vínculo indisoluble entre la fe y la salvación.
Así que hay una tensión real en la posición de Owen por un número de
factores. El primero es lo que podríamos llamar un reduccionismo polémico en su consideración de la «incredulidad» aquí, pues la incredulidad
no es una ofensa como cualquier otra, es también un estado, el cual debe
ser tratado no solo con perdón, sino con regeneración. Owen reconoce
esto al relacionar la cruz con la remoción causal de la incredulidad como
un estado, pero considerar la incredulidad como un pecado y considerar la
incredulidad como un estado conlleva una relación diferente con la cruz.
El pecado tiene una relación directa con la cruz, la cual es el sufrimiento
de la pena por el pecado; el cambio de estado es una relación indirecta,
que depende de la predicación y regeneración por el Espíritu. Para reconocer esa realidad, Owen tendría que decir que Cristo murió por todo el
pecado, incluyendo la incredulidad, de aquellos que crean, y por ninguno
de los pecados de aquellos que no creerán.[91]

---

[91] Chambers, «Critical Examination of John Owen's Argument for Limited Atonement», 235-36.
La tesis de Chambers es una crítica devastadora a Owen sobre la noción del argumento del doble pago.

John Owen falsamente entendió que la redención supone el pago literal a Dios, de manera que la expiación misma asegura su propia aplicación. Este modelo es decisivo en su libro *La muerte de la muerte en la muerte de Cristo.* Él ha distorsionado y, por tanto, contradicho la Escritura en su esfuerzo por defender una expiación estrictamente limitada.

A punto de concluir esta sección de consideraciones teológicas, pongamos los comentarios de D. A. Carson junto a los de Juan Calvino. Carson escribió:

> Yo sostengo, entonces, que tanto arminianos y calvinistas deberían con razón afirmar que Cristo murió por todos, *en* el sentido que la muerte de Cristo fue suficiente para todos y que la Escritura presenta a Dios como el que invita, manda y desea la salvación de todos como resultado de Su amor... Además, todos los cristianos deberían también confesar que, en un sentido un poco distinto, Jesucristo, en la intención de Dios, murió eficazmente tan solo por los electos, *en consonancia con la manera en que la Biblia habla del amor especial selectivo de Dios por los electos*... Este planteamiento, sostengo, sin duda alguna viene como un alivio a los jóvenes predicadores en la tradición reformada que tienen el anhelo de predicar el evangelio eficazmente pero que no saben cuán lejos pueden llegar al decir cosas como «Dios te ama» a los no creyentes. Cuando he predicado o dictado conferencias en los círculos reformados, me han preguntado a menudo, ¿Te sientes en libertad de decirle a los no creyentes que Dios los ama?... De lo que ya he dicho, es evidente que no dudo en contestar de manera afirmativa a esta pregunta de los jóvenes predicadores reformados: Por supuesto, yo le digo a los no convertidos que Dios los ama.[92]

Esta cita de Carson es reveladora por muchas razones. Nota que él señala que la muerte de Cristo «por todos» es «en el sentido que la muerte de Cristo fue suficiente para todos». Aquí el sentido de Carson depende de su uso de la

---

Véase especialmente 241-93. Prestar atención que la tesis fue hecha en el Reformed Theological Seminary. El mismo Chambers es un calvinista, y uno de sus lectores de tesis que la aprobó fue Ligon Duncan.

[92] D. A. Carson, *The Difficult Doctrine of the Love of God* (Wheaton, IL: Crossway Books, 2000), 77-78.

palabra «suficiente». A primera vista, uno podría asumir que Carson cree que la muerte de Cristo satisfizo los pecados de todo ser humano. En este caso, él estaría usando la palabra «suficiente» con el sentido de «suficiencia extrínseca», o en el sentido clásico. Que Carson además declare que los «arminianos» deberían con razón afirmar este hecho refuerza esta posible lectura. Los arminianos, incluso, lo afirmarían en el sentido de una imputación ilimitada del pecado a Cristo. Pero, observa que Carson señala que «tanto arminianos y calvinistas deberían con razón afirmarlo». Ningún «alto calvinista» ratificaría la «suficiencia extrínseca» porque ellos creen que la muerte de Cristo solo satisfizo los pecados de los electos. Por eso, al usar el término «suficiente», Carson puede implicar «suficiencia intrínseca». Todos los calvinistas y no calvinistas pueden afirmar la declaración «la muerte de Cristo fue suficiente para todos», donde «suficiente» se entiende como la dignidad infinita de Cristo y donde el valor de Su muerte es capaz de satisfacer a Dios por los pecados de todos los incrédulos. El problema es que los calvinistas moderados y los no calvinistas entienden que el término *suficiente* significa no solo que la muerte de Cristo *pudo haber* satisfecho a Dios por los pecados de todos los incrédulos si esa hubiera sido la intención de Dios, sino que Su muerte de verdad *satisfizo* a Dios por los pecados de toda la humanidad. Carson quizás rechaza, junto con todos los «alto calvinistas», este significado de suficiencia. Para ellos, la muerte de Cristo *estaba prevista* solo para los electos, y esa intención limita además la imputación del pecado a Cristo (o la *extensión* de Sus sufrimientos también). El significado que pretende Carson aquí es ambiguo, ya que su declaración puede tener una cantidad de diferentes interpretaciones,[93] y su ambigüedad puede ser deliberada.

Asimismo, ¿las palabras «eficazmente» y «solo» de Carson significan que «la muerte de Cristo solo resulta en la salvación de los electos»? Si fuera así, entonces ningún calvinista moderado o no calvinista estaría en desacuerdo con tal declaración. Todos concuerdan en que la expiación se aplica solo a

---

[93]   Carson ha leído el trabajo de G. Michael Thomas sobre *The Extent of the Atonement*, entonces él debería conocer estas diferencias históricas. Carson, *The Difficult Doctrine*, 88n4. O véase D. A. Carson, «God's Love and God's Wrath», *Bibliotheca Sacra* 156 (octubre-diciembre de 1999): 394.

los electos. Esta lectura está potencialmente reforzada por el argumento de Carson que «todos los cristianos» (que incluye a los no calvinistas) deberían poder afirmar esta declaración. Sin embargo, si esta interpretación es lo que él quiere decir, parece una tautología. Las palabras de Carson podrían leerse que Jesús murió especialmente solo por los electos, donde «solo» se explica en la cláusula inmediata: «*en consonancia con la manera en que la Biblia habla del amor especial selectivo de Dios por los electos*». En esta interpretación, la muerte de Jesús tenía un diseño dual: Cristo murió en un sentido general por los pecados de todas las personas, pero en un sentido especial solo por los electos. De nuevo, Carson tiene razón respecto a que todos los cristianos pueden afirmar esto cuando se dan a conocer las siguientes suposiciones implícitas en sus declaraciones. La primera, mediante su declaración que Jesús «murió tan solo por los electos» en consonancia con «el amor especial selectivo de Dios por los electos», Carson quiere decir que la naturaleza del amor de Dios por los electos difiere del que tiene por los no electos. Esta diferencia se muestra en la «selección» de Dios de los electos para que sean los recipientes de la muerte expiatoria de Cristo *de una manera que no es verdadera para los no electos*. Es decir, el amor de Dios por Sus hijos debe de alguna manera diferir de Su amor por aquellos que no son Sus hijos. La segunda, la muerte de Cristo por los no electos los trae a la gracia común. Al asumir que uno deja ambiguo el significado de «seleccionar», todos los no calvinistas pueden afirmar estas declaraciones dentro de sus límites. Para los calvinistas moderados y no calvinistas, sin embargo, sus declaraciones no van tan lejos, ya que Carson no específica por los pecados de quiénes sufrió Cristo.

La siguiente interpretación de las palabras de Carson es también posible. Si él quiere decir que Cristo realmente murió solamente por los pecados de los electos y no por los pecados de los no electos, entonces es lógico que la muerte de Cristo no puede ser «suficiente» para los no electos de manera que sea aplicable a ellos. Es la posición de todos los «alto calvinistas» que Cristo llevó el pecado de algunos, y es el punto crucial de la expiación limitada (particularismo estricto).[94] Observa que él anima a los jóvenes predicadores reformados a decir a los «incrédulos» que Dios les ama, pero él guarda silencio sobre el tema de decir a los *incrédulos* que Cristo *murió por ellos* en el sentido que Su muerte satisfizo a Dios por el castigo por sus pecados. Su teología puede prohibirlo. Si esta interpretación es el significado que pretende Carson, entonces su declaración que «todos los cristianos» deberían afirmar esta interpretación es errónea. Ningún calvinista moderado o no calvinista cree que la muerte de Cristo proveyó *solo* los beneficios de la gracia común para los no electos.

La segunda interpretación puede ser el significado que pretende Carson. Pero si es así, deja mucho para leerse entre líneas. ¿La muerte de Cristo en la cruz satisfizo por los pecados de toda la humanidad? El párrafo de Carson a fin de cuentas no responde a la pregunta de manera explícita, pero si él realmente está del lado del «alto calvinismo», Carson debe contestar «no». Con respecto a la intención y extensión de la expiación, los «alto calvinistas» creen lo siguiente: Dios ama a todas las personas, pero Jesús solo satisfizo los pecados de los electos y ningún otro. Los calvinistas moderados y todos los no calvinistas creen lo siguiente: Dios ama a todas las personas, Dios desea la salvación de todas las personas, y Cristo murió por todas las personas en el sentido que Su muerte satisfizo por los pecados de todas las personas.[95]

Ahora escuchemos a Calvino respecto a Juan 3:16:

> Y ciertamente nuestro Señor Jesucristo se *ofreció a todo el mundo*. Porque no está hablando de tres o cuatro cuando afirma: «Porque de tal manera amó Dios al mundo, que dio a su Hijo unigénito». Sin embargo, debemos observar lo que el evangelista añade en este pasaje: «para que todo aquel que en él cree, no se pierda, mas tenga vida eterna». Nuestro Señor Jesu-

---

[94] En las entrevistas de audio de Dever con Carson, publicadas en el sitio en internet Dever´s Nine Marks, es evidente que Dever (un alto calvinista) piensa que Carson está de acuerdo con sus puntos de vista sobre la imputación limitada. Dever trata de enfrentar a Carson con Bruce Ware, profesor en Southern Baptist Theological Seminary en Louisville y un calvinista moderado. Véase http://media.9marks. org/2009/02/25/on-books-with-d-a-carson.

[95] Los calvinistas moderados, no obstante, sostienen que el amor de Dios por todos es desigual, Su deseo de salvar es desigual, y, por consiguiente, la *intención* de Cristo en morir por los pecados de todos también fue desigual.

cristo *sufrió por todos*,[96] y no hay ni pequeño ni grande que tengan excusa hoy, pues nosotros podemos obtener la salvación en Él.[97] Los incrédulos que se apartan de Él y que se privan a sí mismos de Él debido a su malicia son hoy *doblemente culpables*, pues cómo justificarán su ingratitud al no recibir la bendición en la cual ellos podrían compartir por la fe.[98]

Primero, Calvino sostiene que Jesús se «ofreció» a todo el mundo. Los no calvinistas, los calvinistas moderados, y los «alto calvinistas» concuerdan en que Dios tiene una «voluntad salvífica universal»[99], es decir Él desea la salvación de todas las personas según Su voluntad revelada. Pero, esta salvación de todas las personas no es todo lo que Calvino afirma. Presta atención que él además indicó que Jesús «sufrió por todos». La palabra «todos» aquí no puede referirse a los electos solamente, ya que la cita de Juan 3:16 está al lado del término «todo aquel que» y la afirmación que ninguno tiene excusa («pues nosotros podemos obtener la salvación en Él»), y seguida por la afirmación que «los incrédulos que se apartan de Él... son doblemente culpables» y no reciben «la bendición, de la cual ellos podrían participar, por la fe». Aquí, Calvino, sin duda, equipara a «todos» con «todos los incrédulos» y dice de manera explícita, «Jesucristo sufrió por todos». Debido a estas claras afirmaciones, aquellos que rechazan a Cristo son «doblemente culpables». ¿Por qué? Porque están rechazando la muerte de Cristo por ellos, lo cual podría proveerles la salvación si creyeran. A diferencia de Carson, Calvino no tiene reparos para afirmar *de manera explícita* que «Jesucristo sufrió por todos». Calvino no utiliza el famoso argumento del doble pago como lo hacen los «alto calvinistas» desde Owen, sino que sostiene que los incrédulos

---

[96] «Sufrió por todos» significa que Cristo llevó el pecado de todos.

[97] Su muerte es realmente *aplicable* a todos los hombres puesto que Él «sufrió por todos» los hombres.

[98] J. Calvin, *Sermons on Isaiah's Prophecy of the Death and Passion of Christ* (Londres: James Clark, [1559] 1956), 141 (énfasis añadido).

[99] Esta expresión se encuentra tres veces en «Are There Two Wills in God?» de J. Piper, en *Still Sovereign* (eds. T. R. Schreiner y B. Ware; Grand Rapids, MI: Baker Books, 2000), 107, 108, 122; y además en *The History and Theology of Calvinism* de Daniel, 208. B. Ware también lo usa de forma afirmativa en «Divine Election to Salvation: Unconditional, Individual, and Infralapsarian» en *Perspectives on Election: Five Views* (ed. C. Brand; Nashville, TN: B&H, 2006), 32.

son «doblemente culpables» por su rechazo a esta «bendición», disponible en Cristo, «en la cual ellos podrían participar, por la fe». Calvino nunca usó el argumento del doble pago porque no creía que la Escritura enseñara una limitación en la carga de los pecados o la extensión de la muerte de Cristo.

Consideraciones lógicas

De manera lógica, un argumento para una expiación estrictamente limitada dice así: Cristo murió «por Sus ovejas», por «Su Iglesia» y por «Sus amigos». Estas categorías son limitadas; así que, este argumento es una prueba de la expiación limitada. ¡No tan deprisa! Dabney de manera correcta observó que las declaraciones tales como Cristo murió por «la Iglesia» o «Sus ovejas» no demuestran una expiación estrictamente limitada porque sostener esto aduce una falacia de inferencia negativa: «la prueba de una proposición no desaprueba su opuesto».[100] Uno no puede hacer una inferencia de un negativo (Cristo no murió por el grupo A) por una elemental afirmación positiva (Cristo murió por el grupo B), como tampoco puede inferir que Cristo murió *solo* por Pablo porque Gálatas 2:20 indica que Cristo murió por Pablo. Asimismo, si con frecuencia repito que amo a mi esposa, puede ser, hipotéticamente hablando, que yo amo *solo* a mi esposa, pero esto no se puede deducir con certeza. Esta es la misma clase de error lógico que Owen comete muchas veces en su libro *La muerte de la muerte en la muerte de Cristo*, y es una falacia lógica hecha de modo constante por los «alto calvinistas» en relación a la extensión de la expiación.[101] Así pues, el señalar que muchos versículos hablen de Cristo que muere por Sus «ovejas», Su «iglesia» o «Sus amigos» no prueba que Él no murió por otros que no se incluyen en estas categorías.

---

[100] Dabney, *Lectures in Systematic Theology*, 521.

[101] Incluso R. Reymond, un hipercalvinista supralapsario, observó: «Esto es verdad, por supuesto, que lógicamente una declaración de particularidad en sí misma no necesariamente excluye el universalismo. Esto puede demostrarse por el principio de subalternación en la lógica aristotélica, la cual establece que si todo S es P, entonces puede deducirse que algo de S es P; pero, en forma inversa, no puede deducirse que si algo de S es P, entonces el resto de S no es P. Un ejemplo de ello es el 'mi' de Gálatas 2:20: la realidad de que Cristo murió por Pablo no significa que Cristo murió solo por Pablo y por nadie más» (R. Reymond, *A New Systematic Theology* [2da. ed.; Nashville, TN: Thomas Nelson, 1998], 673-74).

No hay declaración en la Escritura que afirme que Jesús murió *solo* por los pecados de los electos. Aquellos que sostienen la expiación limitada cometen la falacia de inferencia negativa cuando deducen de ciertas declaraciones restringidas en la Escritura en relación a la muerte de Cristo que Él murió solo por los pecados de aquellos mencionados. Los «alto calvinistas» no abordan de manera adecuada los muchos versículos en el Nuevo Testamento que afirman la expiación universal.

Consideraciones prácticas

Ahora estamos preparados para pasar a los asuntos de naturaleza práctica. La adherencia a la expiación limitada impacta de manera negativa siete áreas de la teología práctica.

1. El problema de la disminución de la voluntad salvífica universal de Dios

Los «alto calvinistas» tienen problema para defender la voluntad salvífica universal de Dios desde la plataforma de la expiación limitada. La cuestión de fondo implica la pregunta que si Cristo no murió por los no electos, ¿cómo puede esta circunstancia reconciliarse con pasajes de la Escritura como Juan 17:21, 23; 1 Timoteo 2:4 y 2 Pedro 3:9,[102] que afirman que Dios desea la salvación de toda la gente? Los calvinistas moderados y los no calvinistas no tienen problema aquí, puesto que ellos afirman que Cristo, verdaderamente, murió por los pecados de toda la gente y, por lo tanto, Dios puede hacer «la bienintencionada oferta» a todos. Observa con atención que el punto aquí no es solo que *nosotros hagamos* la oferta de salvación a todos mediante nuestra predicación, sino que *Dios mismo* hace la oferta a todos por medio de nosotros (2 Cor. 5:20). ¿Cómo podría Él hacerlo con integridad si Cristo no murió por los pecados de toda la gente? Polhill escribió acerca de esta pregunta:

---

[102] E. Hulse y R. Letham han abordado los errores de la interpretación de Owen de 2 Pedro 3:9 en «John Owen y 2 Pedro 3:9», *Reformation Today* 38 (julio-agosto de 1977): 37-38.

1. Yo argumento desde la voluntad de Dios. La voluntad salvífica de Dios como la misma causa principal, y la muerte de Cristo como la misma causa meritoria, son igualmente paralelas. La voluntad salvífica de Dios no se extiende más allá de la muerte de Cristo, pues entonces Él intentaría salvar algunos aparte de Cristo. Ni la muerte de Cristo se extiende más allá de la voluntad salvífica de Dios, pues entonces Él moriría por algunos a quienes Dios no salvaría bajo ningún término; pero estos dos son equiparables de manera precisa. Por lo tanto, puede verse que cuando el apóstol habla del amor de Cristo por la Iglesia, él indica además que Cristo se dio a Sí mismo por ella (Ef. 5:25), y cuando él declara que Dios quiere que todos los hombres sean salvos (1 Tim. 2:4) manifiesta que Cristo, con todo, se dio a Sí mismo en rescate por todos (2:6). Por eso, no puede haber una medida más cierta de la extensión de la muerte de Cristo, que la voluntad salvífica de Dios, de la cual procede; por lo que la voluntad salvífica se extiende a todos los hombres, y por lo que la muerte de Cristo se extiende a todos los hombres. Ahora, entonces, ¿hasta dónde Dios desea la salvación de todos? Ciertamente la desea hasta el punto en que si ellos creen serán salvos. Nadie puede negarlo, en especial si vemos a Cristo mismo que lo expresó tan positivamente, «Porque esta es la voluntad de mi Padre: que todo aquel que ve al Hijo y cree en Él, tenga vida eterna, y yo mismo lo resucitaré en el día final» (Juan 6:40). Por lo tanto, si Dios desea la salvación de todos los hombres hasta el punto que, si ellos creen, serán salvos; entonces Cristo murió por todos los hombres hasta el punto que, si ellos creen serán salvos.[103]

Si no se cree en la voluntad salvífica universal de Dios y la extensión universal sobre la carga del pecado (que Cristo llevó el pecado de todos), no puede haber una oferta bienintencionada de la salvación de Dios para los no electos que escuchan el llamado del evangelio. Un aspecto central en el hipercalvinismo es su rechazo a la doctrina de que Dios desea la salvación

---

[103]   E. Polhill, «The Divine Will Considered in Its Eternal Decrees», en *The Works of Edward Polhill*, 163-64.

de todos los hombres[104] y han acusado a sus hermanos «alto calvinistas» de inconsistencia e/o irracionalidad.[105] El surgimiento del calvinismo en el

---

[104] Tanto Curt Daniel e Iain Murray asocian la negación del deseo salvífico universal de Dios con el hipercalvinismo, puesto que es *el* punto clave en la disputa respecto a la libre oferta. C. Daniel, *The History and Theology of Calvinism*, 90; I. Murray, *Spurgeon v. Hyper-Calvinism: The Battle for Gospel Preaching* (Carlisle, PA: Banner of Truth, 2000), 89. Murray resume su libro de la manera siguiente: «El libro tiene la intención de mostrar la diferencia trascendental entre la creencia calvinista de la evangelización y la forma de calvinismo que niega todo deseo por parte de Dios para la salvación de todos los hombres» (I. Murray, «John Gill and C. H. Spurgeon», *Banner of Truth* 386 [noviembre de 1995], 16). En la correspondencia de Murray con David Engelsma sobre el tema de la libre oferta, escribió: «El asunto crítico aquí, por supuesto, no es el mero uso del término 'oferta', sino, si la oferta del evangelio es una expresión del deseo de Dios para que sea recibida por los pecadores». Véase *Banner of Truth* 307 (diciembre de 1995): 24-25. En una reseña al libro de David Silversides que defiende la libre oferta, Murray señala: «Poner a un lado la cuestión del deseo, nosotros pensamos, que no desafiará la afirmación de los hipercalvinistas que una libre oferta, expresión de amor para todos, atribuye dos voluntades a Dios, cumplidas en el caso de los electos y no cumplida en el caso de los demás…nosotros pensamos que la Escritura no nos permite hacer algo secundario la cuestión del deseo de Dios» («Reseñas de libros», *Banner of Truth* 507 [diciembre de 2005], 22).

[105] El 7 de diciembre de 2001, en la Theology List (sitio en internet para el debate sobre todas las áreas de la teología cristiana evangélica), Phil Johnson dijo lo siguiente a un hipercalvinista: «La raíz de tu problema es que tú, al parecer, imaginas que existiría un conflicto en la voluntad de Dios si Él, quien no ha ordenado a algunos hombres para salvación, no obstante desee que todos los hombres se arrepientan y busquen Su misericordia. Que es, en efecto, precisamente el falso dilema que virtualmente todos los hipercalvinistas formulan para sí mismos. Ellos no pueden reconciliar la voluntad preceptiva con Su voluntad decretiva, entonces (casi siempre) terminan negando la sinceridad de la voluntad preceptiva, o negando que la súplica y el llamado para la salvación se aplica a todo el que escucha el evangelio». http:// groups.yahoo.com/group/Theology_list. Además, en un libro que aborda varios asuntos que se relacionan con el teísmo abierto, Johnson trató con el asunto de si Dios en algún sentido «desea» lo que Él no lleva a cabo. Él indica que la Escritura «a menudo le atribuye deseos no cumplidos a Dios» y cita varios textos importantes. Él, luego, de manera correcta, previene contra tomar «expresiones de deseo y anhelo del corazón de Dios» en «sentido literal de manera simplista» pues eso resultaría en comprometer la soberanía de Dios. Por eso, «el anhelo que Dios expresa en estos versículos debe ser, en algún grado, una atribución de emociones humanas a Dios». Johnson dice que, no obstante, nosotros «debemos también ver que estas expresiones significan *algo*». Ellas revelan un aspecto de la mente divina que es totalmente imposible de reconciliar con el punto de vista de aquellos que insisten que los decretos soberanos de Dios son comparables con Sus 'deseos' *en todo sentido significativo*. ¿No tiene sentido que Dios desee o prefiera algo distinto de lo que realmente ocurre (lo que incluye la caída de Adán, la perdición del malvado y todo mal entre ambos)? Mi propia opinión, y pienso que Dabney estaría de acuerdo, es que aquellos que rechazan ver una verdadera expresión del corazón de Dios en Sus exclamaciones que expresan preferencia han adoptado el espíritu del error hipercalvinista». (P. Johnson, «God Without Mood Swings» en *Bound Only Once: The Failure of Open Theism* [ed. D. Wilson; Moscú, ID: Canon Press, 2001], 118). Se puede acceder a este artículo en: http://www.spurgeon.org/ 'phil/articles/impassib.htm. Ambas citas de Johnson (junto con sus referencias sobre la voluntad de Dios en su *Primer on Hyper-Calvinism*) parecerían implicar a James White (Alpha & Omega Ministries) como un hipercalvinista puesto que White coincide con la opinión de Reymond que Dios *no* desea la salvación de los no electos *en ningún sentido*. Tanto White como Reymond piensan que afirmar lo contrario le atribuye irracionalidad a Dios, y Reymond de manera explícita apela a la enseñanza de John Gill a este respecto. Véase R. L. Reymond, *A New Systematic Theology*, 692-93. White

mundo evangélico ha llevado consigo un surgimiento del hipercalvinismo también.[106] Es crucial observar que ningún calvinista se mueve directamente de un calvinismo moderado a un hipercalvinismo. Uno debe primero estar comprometido con la expiación limitada, y de allí el salto lógico es rechazar las ofertas bienintencionadas del evangelio. El hipercalvinismo no puede existir si no se cree en la expiación limitada.

2. Problemas para la evangelización

Algunos calvinistas hoy están comprometidos con la evangelización por la simple razón que *ellos no saben quiénes son los electos*, además del mandato de Cristo respecto a las misiones.[107] Pese a que no sabemos quienes son los electos incrédulos, este motivo para la evangelización es insuficiente. La evangelización debe ocurrir porque *Dios quiere que todos los hombres sean salvos*, según Su voluntad revelada. Además, debemos expresar y mostrar el

---

no solo está objetando las expresiones de preferencia o deseo, como Johnson cree. Tanto Reymond como White rechazan el *concepto* que Dios desea la salvación de todos los hombres. Sea como fuere, es evidente que White, un bautista reformado, está *por completo* fuera de sintonía con las fuertes declaraciones de Sam Waldron sobre la voluntad de Dios y Juan 5:34 como él lo expone en la enseñanza de la «libre oferta» en la Confesión Bautista de Londres de 1689. Véase *Modern Exposition of the 1689 Baptist Confession of Faith* de Waldron (Darlington, Reino Unido: Evangelical Press, 1989), 121-22. En contraste con White, y como lo hice notar en la Conferencia Juan 3:16, Tom Ascol está de acuerdo con la perspectiva ortodoxa calvinista de Johnson que «Dios desea que todas las personas sean salvas» en Su voluntad revelada. Es, por lo tanto, inquietante pensar que Ascol (o alguno en el movimiento Founders de los bautistas del sur) se aliaría con White, un calvinista que no es un bautista del sur, que rechaza la bienintencionada oferta del evangelio, para debatir con otros bautistas del sur sobre el calvinismo. Ese fue mi punto en la Conferencia Juan 3:16.

[106] Johnson escribió en un artículo en internet en 1998: «Escribí y publiqué este artículo porque estoy preocupado por algunas tendencias sutiles que parecen indicar una creciente oleada de hipercalvinismo, en especial dentro de las filas de jóvenes calvinistas y los nuevos reformados. He visto estas tendencias en numerosos foros sobre teología reformada en internet... la historia nos enseña que el hipercalvinismo es tanto una amenaza al verdadero calvinismo como lo es el arminianismo. Casi todo avivamiento de verdadero calvinismo desde la era puritana ha sido saboteado, mutilado y, al final, asesinado por las influencias hipercalvinistas. Los calvinistas modernos harían bien en estar alertas contra la influencia de estas tendencias mortales» (P. Johnson, «A Primer on Hyper-Calvinism», consultado el 9 de mayo de 2016. http://www.romans45.org/articles/hypercal.htm).

[107] Este es el sentido de los puntos de J. I. Packer en *Evangelism and the Sovereignty of God* (Downer's Grove, IL: InterVarsity, 1991).

amor salvífico de Dios[108] para la humanidad de la manera en que mandamos a todos los hombres que se arrepientan, en nuestra predicación del evangelio, en nuestras compasivas invitaciones y en nuestras ofertas indiscriminadas de Cristo para todos. El propio corazón de Cristo y ministerio, a este respecto, deben ser nuestro modelo. Debemos señalar a los que están perdidos la suficiencia de Cristo para salvarlos.[109] Junto con el mandato expreso de Cristo para evangelizar y la voluntad de Dios de que todos sean salvos, la suficiencia real de Cristo para salvar a todos los hombres debería también ser un fundamento para nuestra evangelización. El conocimiento de la voluntad revelada de Dios debería impulsar nuestra evangelización, no nuestra ignorancia de Su voluntad oculta. Nuestra actividad misionera debería ser una forma de conformarnos a los propios intereses misioneros del corazón de Dios.

En su libro *The Gospel and Personal Evangelism* [El evangelio y la evangelización personal], Mark Dever sugiere tres razones para la evangelización: obediencia a la Escritura, amor por los perdidos y amor por Dios.[110] Yo estoy de acuerdo por completo, pero Dever no menciona otras dos razones importantes: la muerte de Cristo por todos los hombres y la voluntad salvífica universal de Dios. A menos que lo haya pasado por alto, su libro nunca menciona estas dos razones para la evangelización. Por supuesto, Dever no puede afirmar la muerte de Cristo por los pecados de todos los hombres porque él sostiene la expiación limitada. Su teología lo prohíbe. Yo asumo que él estaría de acuerdo con la voluntad salvífica universal de Dios, aunque en ninguna parte de su libro lo establece de manera explícita, hasta donde yo sé.

---

[108] Algunos calvinistas distinguen entre el amor *salvífico* universal de Dios y el amor *redentor* de Dios puesto que ellos piensan que el último se refiere a los electos solamente, porque Cristo solo murió por los pecados de los electos. Aunque algunos calvinistas en la historia han pensado que Cristo redimió solo a los electos [es decir el amor *redentor*] en Su muerte, todavía admiten que Dios quiere salvar a toda la humanidad por Su amor de *benevolencia* [a diferencia del amor de *complacencia*]. Estos términos, *benevolencia* y *complacencia*, son comunes en la discusión calvinista sobre el amor de Dios, en especial entre los escritores de antaño.

[109] Esta fue la práctica frecuente de D. Brainard. Véase «Life and Diary of the Rev. D. Brainard» en *The Works of Jonathan Edwards*, 2:432.

[110] M. Dever, *The Gospel and Personal Evangelism* (Wheaton, IL: Crossway, 2007), 96.

Los calvinistas que sostienen los postulados de John Owen, de modo inadvertido socavan la bienintencionada oferta del evangelio. Los cristianos deben evangelizar porque Dios quiere que todos los hombres sean salvos y ha hecho expiación por todos los hombres, así que removió las barreras legales que hacían necesaria su condenación. Sin duda, un «alto calvinista» no puede ver a una congregación a los ojos o incluso a un solo pecador incrédulo y declarar, «Cristo murió por sus pecados». Asimismo, cuando un alto calvinista afirma, «Cristo murió por los pecadores», el término «pecadores» se convierte en una palabra secreta para «los electos solamente».[111] Para ser consistentes con su propia teología, tienen que hacer la intencionalmente vaga declaración «Cristo murió por los pecadores». Puesto que Cristo no murió por los pecados de los no electos y puesto que no saben quiénes son los electos, es simplemente imposible en una predicación o testimonio declarar a todos de forma directa «Cristo murió por ustedes».[112] No veo cómo esta posición insostenible puede hacer algo, sino socavar el celo evangelizador de

---

[111] Véase la declaración doctrinal de «Juntos por el evangelio». Observe el uso cuidadoso de frases como «Cristo murió por los pecadores» en varios lugares, en vez de algo en consonancia con «Cristo murió por el mundo» o «por todos los hombres», etc. Los líderes de «Juntos por el evangelio» de forma deliberada parecen evitar el uso del lenguaje bíblico más general e integral para describir la extensión de la expiación, tales como 2 Cor. 5:14 («que uno [Jesús] murió por *todos*»), 2 Cor. 5:19 («que Dios estaba en Cristo reconciliando al *mundo* consigo mismo») y Heb. 2:9 («[Jesús] probara la muerte por *todos*»). Aunque su lenguaje es bíblico en el sentido connotativo que aquellos por quienes Cristo murió son «pecadores» (como lo expresa Pablo en Rom. 5:8: «...en que siendo aún pecadores, Cristo murió por nosotros», y de nuevo en 1 Tim. 1:15: «...Cristo Jesús vino al mundo para salvar a los pecadores...»), su lenguaje *no* es bíblico en el sentido denotativo que ninguna forma *explícita* de las palabras «murió por los pecadores» aparece en el Nuevo Testamento. El lenguaje confesional de «Juntos por el evangelio» con respecto a la extensión de la expiación parece ser evadir de manera estudiada los términos bíblicos más frecuentes y explícitos como «todos» y «mundo». Esta ambigüedad parece deliberada y puede obedecer a su compromiso con la doctrina de la expiación limitada. En «Juntos por el evangelio», lo que une a estos bautistas y presbiterianos en su confesión es el «alto calvinismo», o en particular su creencia en la expiación limitada.

[112] Lo he escuchado en ocasiones en sermones predicados por alto calvinistas, pero cuando esto sucede, es una inconsistencia que está en directa contradicción con su teología. La mayor parte de los alto calvinistas no usarán la terminología «Cristo murió por ustedes» en sus sermones. Algunas veces, la teoría no concuerda con la práctica en el caso de la predicación. Considera esta cita de Spurgeon, un alto calvinista, al dirigirse a no creyentes: «Ven, te lo suplico, al monte del Calvario, y mira la Cruz. Contempla al Hijo de Dios, quien hizo los cielos y la tierra, *que muere por tus pecados*. Míralo a Él, ¿no hay poder en Él para salvar? Mira Su rostro tan lleno de piedad. ¿Acaso no hay amor en Su corazón que demuestra que está deseando salvarnos? Con toda certeza, pecador, mirar a Cristo te ayudará a creer» (Charles Spurgeon, «Fuérzalos a entrar», El púlpito de la Capilla New Park Street, vol. 5; sermón 227).

uno, puesto que la real «posibilidad de salvarse» que tiene los oyentes puede ser secretamente dudosa.

Nathan Finn criticó a Jerry Vines al afirmar, «Cuando un calvinista es uno que gana almas, lo es a pesar de su teología».[113] Es interesante que, Curt Daniel, un calvinista moderado, señaló que John Bunyan, un calvinista que sostenía la expiación universal, afirmó que pocos serían salvos a través del evangelio particularista y que aquellos que lo serían, lo eran salvos a pesar del elemento distintivo, no a causa de este.[114]

3. Problemas para la predicación

Todo lo que opera para socavar la centralidad, universalidad y necesidad de la predicación está equivocado. Todo lo que haga dudar a los predicadores de hacer una valiente proclamación[115] del evangelio a todos las personas está equivocado. Pensar que Cristo solo sufrió por algunos afectará de modo profundo la predicación. Los predicadores no saben quiénes son los electos, así que deben predicar a todos como si la muerte de Cristo fuera aplicable para todos, aunque ellos saben y creen que no todos pueden salvarse. Este planteamiento parece que hace que los predicadores operen sobre la base de algo que saben que es falso y crea un contexto problemático para la predicación desde el púlpito.

Más bien, debido a que Cristo murió por los pecados de todos, Dios mismo está ofreciendo la salvación a todos, y el predicador puede predicar la valiente proclamación de salvación para todos y ofrecer los beneficios de Cristo a todas las personas (2 Cor. 5:18-21). John Bunyan mantuvo que el evangelio debe predicarse a todos porque la muerte de Cristo se extendió a todos.[116] Curt Daniel señaló como Calvino advirtió «que si uno limita el 'todos' de la expiación, entonces uno limita la voluntad salvífica revelada

---

[113] N. A. Finn. «Southern Baptist Calvinism: Setting the Record Straight», 176.

[114] C. Daniel, «Hyper-Calvinism and John Gill», 590.

[115] La «valiente proclamación» manifiesta a todo hombre que Cristo murió por sus pecados según las Escrituras.

[116] J. Bunyan, *Reprobation Asserted*, en *The Works of John Bunyan* (ed. G. Offor; Avon, Inglaterra: The Bath Press/Banner of Truth, 1991), 2:348.

de Dios, lo cual inevitablemente atenta contra la predicación del evangelio y disminuye la 'esperanza de salvación' de aquellos a quienes se predica el evangelio».[117]

Al escribir sobre la expiación limitada, Waldron hace este comentario: «La libre oferta del evangelio no requiere que nosotros digamos a los hombres que Cristo murió por ellos». Él además explica que «esta forma de predicar carece totalmente de precedente bíblico», que «si la libre oferta del evangelio significa decir a los pecadores no convertidos, 'Cristo murió por ti', entonces la redención particular sería inconsistente con la libre oferta», y que «en ninguna parte de la Biblia se proclama el evangelio por decir a los pecadores no convertidos que Cristo murió por ellos».[118] Esta última declaración es extraordinaria. Tales osadas afirmaciones son desmentidas claramente en numerosos lugares en el Nuevo Testamento. Por ejemplo, considera la declaración que hace Pablo sobre el evangelio que predicaba en 1 Corintios 15:3 (NVI): «Porque yo os entregué en primer lugar lo mismo que recibí: que Cristo murió por nuestros pecados, conforme a las Escrituras». Observa que Pablo manifiesta que él predicaba a los corintios ¡*antes de que fueran salvos*! Él les predicaba que «Cristo murió por sus pecados». La declaración de Waldron es también desmentida por Hechos 3:26: «Para vosotros en primer lugar, Dios, habiendo resucitado a su Siervo, le ha enviado para que os bendiga, a fin de apartar a cada uno de vosotros de vuestras iniquidades». Pedro le expresa a su audiencia incrédula que Dios envió a Jesús para bendecir *a cada uno* de ellos, y apartar *a cada uno* de ellos de sus iniquidades. *Este mensaje es equivalente al dicho de Pedro que Cristo murió por ustedes*. ¿Cómo podría Jesús salvar a cada uno de ellos (que es lo que implica bendecir y apartar de la iniquidad) si Él *realmente* no murió por los pecados de todos? ¡Ciertamente «cada uno» de los judíos a quienes Pedro se dirigía debe haber incluido algunos que eran de los no electos! Como si estos versículos no fueran suficientes, ¿qué haría Waldron con Lucas 22:20-21? «De la misma manera tomó la copa después de haber cenado, diciendo: Esta copa es el nuevo

---

[117] C. Daniel, «Hyper-Calvinism and John Gill», 603.
[118] S. Waldron, «The Biblical Confirmation of Particular Redemption» en *Calvinism: A Southern Baptist Dialogue*, 149.

pacto en mi sangre, que es derramada por vosotros. Mas he aquí, la mano del que me entrega está conmigo en la mesa». Aquí Jesús con claridad afirma que Su sangre fue derramada por Judas.[119] Sostener que Judas no estaba a la mesa en ese momento no ofrece una solución puesto que el texto lo establece con claridad. El mismo Calvino de manera explícita, en numerosos lugares en sus propios escritos, dice que Judas estaba a la mesa.[120] Si Jesús derramó Su sangre por Judas, entonces Su muerte no estaba restringida solo a los electos, pues Judas no estaba entre los electos. La libre y bienintencionada oferta del evangelio para todas las personas forzosamente implica que Cristo murió por los pecados de todos los hombres en algún sentido.[121]

J. C. Ryle lo expresa bien:

> No hago concesiones a nadie en afirmar que Jesús ama a toda la humanidad, que vino al mundo por todos, que murió por todos, que proveyó redención suficiente por todos, que llama a todos, que invita a todos, que manda a todos al arrepentimiento y la fe; y que debería ofrecerse a todos, libre, completa, incondicional y directamente, y sin reservas, sin dinero y sin precio. Si yo no sostengo esto, no me atrevo a subir a un púlpito, y no entendería cómo predicar el evangelio.

> Pero mientras sostengo esto, mantengo firmemente que Jesús hace una obra especial por aquellos que creen, que no hace por otros. Él los aviva por Su

---

[119] Él no puede bíblicamente sostener que «vosotros» no incluye a Judas, según lo que expresa Marcos 14:18.

[120] Véase J. Calvin, *Tracts and Treatises on the Doctrine and Worship of the Church*, vol. 2 (trad. en inglés por H. Beveridge; Grand Rapids, MI: Eerdmans, 1958), 93, 234, 297, 370-71, 378 y además en su comentario sobre Mateo 26:21 y Juan 6:56.

[121] De Jong, H. Hoeksema y otros en la iglesia reformada protestante ven «cuatro elementos indispensables» en la idea de la oferta: (1) un deseo honesto y sincero de dar algo, por parte del que ofrece, (2) que el que ofrece posea ese algo que le extiende a alguna(s) persona(s), (3) un deseo de ser aceptado, y (4) que el recipiente de la oferta sea capaz de cumplir la condición de la oferta. En relación al segundo elemento, la posesión por parte de Dios debe ser un remedio extrínsecamente suficiente para los pecados de todos los que escuchan el llamado del evangelio, y esta es una de las razones claves por la cual el hipercalvinista Hoeksema rechaza la idea que Dios da ofertas bienintencionadas a todos por medio de la proclamación del evangelio. Véase A. De Jong, *The Well-Meant Gospel Offer: The Views of H. Hoeksema and K. Schilder* (Franeker, Los Países Bajos: T. Wever, 1954), 43.

Espíritu, los llama por Su gracia, los lava con Su sangre, los justifica, los santifica, los guarda, los guía y continuamente intercede por ellos, de modo que
no caigan. Si yo no creyera todo esto, sería un cristiano infeliz y miserable.[122]

Estas palabras reflejan exactamente mis sentimientos. Las personas no
se condenan por la falta de un sacrificio sustitutorio suficiente, sino por sus
pecados y la falta de fe. Un hombre no puede ser castigado por rechazar lo
que nunca fue para él. La expiación limitada afecta de forma negativa la
predicación porque prohíbe al predicador que exponga que «¡Cristo murió
por sus pecados!» de modo que a los oyentes sin esperanza se les pueda garantizar que Dios no solo está dispuesto, sino además preparado para salvarlos.

4. Problemas en relación a los llamados al altar

En una conferencia de pastores en Michigan (Estados Unidos), en noviembre
de 2008, un profesor de seminario de la Convención Bautista del Sur habló
sobre el tema «La cruz y la confianza en la evangelización». El punto de su
mensaje enfatizaba que un pastor no tiene y no debería extender un llamado
al altar. Él afirmaba que el llamado al altar no es bíblico y, además, sostenía
que extender un llamado al altar equivaldría a intentar manipular la soberanía
de Dios. Alan Streett ha hecho añicos estas afirmaciones en una monografía.[123]
Streett, encargado de la cátedra W. A. Criswell, profesor de predicación en
The Criswell College [la universidad Criswell] en Dallas, Texas (Estados
Unidos), y un bautista del sur, escribió su tesis doctoral sobre este tema. Él
demostró de manera conclusiva que un llamado al altar está documentado
históricamente, ratificado bíblicamente y validado teológicamente. De manera incidental, Streett es un calvinista moderado. La obra de Streett tiene
un suplemento donde directamente apela a sus hermanos reformados a no
rechazar el uso del llamado al altar.[124] Yo también podría añadir que en una

---

[122] J. C. Ryle, *Expository Thoughts on the Gospel*, 3:186.
[123] R. A. Streett, *The Effective Invitation* (Grand Rapids, MI: Kregel Books, 2004).
[124] Ibíd., 238-45. Véase también el capítulo de Streett sobre este tema en este volumen.

conversación personal con el Dr. Louis Drummond antes de morir, Drummond me dijo que durante su investigación en Inglaterra para su biografía definitiva sobre Charles Spurgeon, encontró testimonios presenciales del uso ocasional de Spurgeon del llamado al altar después de su predicación, en la recién bóveda abierta que contenía los archivos de la *Controversia de la degradación*. Estos testimonios, por supuesto, refutan un mito común entre los calvinistas que Spurgeon nunca hizo un llamado al altar.

Muchos calvinistas rechazan el llamado al altar porque están comprometidos con la expiación limitada. Aunque de carácter anecdótico, las observaciones confirman que casi todos los calvinistas que hablan o escriben en contra de los llamados al altar resultan ser «alto calvinistas».

5. Problemas cuando el calvinismo se equipara con el evangelio

A pesar de la famosa cita de Spurgeon,[125] el calvinismo no es el evangelio. Como Greg Welty expresó al dirigirse «sin rodeos» (palabras de Welty) a sus compañeros calvinistas, esta declaración es «engañosa y estéril», y si se toma al pie de la letra, «dibujaría el círculo de comunión más reducido de lo que el mismo Cristo lo hubiera dibujado».[126] El calvinismo no es el *sine qua non* (sin la cual no) del evangelio. Algunos calvinistas modernos proponen un vínculo necesario entre la sustitución penal y la expiación definida (particular o específica), de modo que tienden a equiparar el calvinismo con el mensaje del evangelio. Para ellos, la sustitución penal es igual a la expiación limitada,

---

[125] C. H. Spurgeon, *The Autobiography of Charles H. Spurgeon* (Cincinnati, OH: Curts & Jennings, 1898), 1:172.

[126] G. Welty, «Election and Calling: A Biblical Theological Study», en *Calvinism: A Southern Baptist Dialogue*, 243. Cuando John MacArthur se pone de pie en el púlpito de First Baptist Church, Woodstock, GA (Estados Unidos), durante una conferencia en 2007 y dice, «Jesús era un calvinista», tal desafortunada declaración exacerba la situación entre calvinistas y no calvinistas. Aprecio a John MacArthur. He leído casi todo lo que ha escrito, y lo he escuchado predicar por la radio por 30 años, pero tal declaración es absurda en varios niveles. Para comenzar, es un anacronismo porque la vida de Jesús sobre esta tierra antecede a la de Calvino por unos 1500 años. Segundo, MacArthur, como un «alto calvinista», implica que Jesús sostenía la expiación limitada, una posición que el mismo Calvino no sostenía. Tercero, imagínate la indignación de los calvinistas si un prominente no calvinista dijera, «Jesús no era calvinista» o «Jesús era un arminiano».

y, por eso, la expiación limitada se convierte en un componente necesario del evangelio. Es interesante que los reformadores que retomaron el aspecto penal sustitutivo de la muerte de Cristo no abrazaron la expiación limitada. El argumento que el rechazo a la expiación limitada conlleva el negar la sustitución penal, al fin y al cabo se apoya en una confusión entre la deuda *comercial* y la deuda *penal*, como ya se ha señalado. Esta forma de pensar puede reducir el mensaje del evangelio a un mensaje sobre cómo Dios quiere reunir a los electos, en vez del sincero deseo de Dios por salvar a todos los que escuchan el mensaje. Cuando el calvinismo se equipara con el evangelio, algunos calvinistas llegan a ser militantes, de modo que cualquier ataque a su sistema equivale a un ataque al evangelio.

6. *Problemas cuando las iglesias no calvinistas entrevistan a un calvinista para la posición de pastor o miembro del personal*

Uno de los problemas cada vez más graves en la Convención Bautista del Sur, que parece guardar relación con un aumento en el número de jóvenes seminaristas graduados que son calvinistas en su soteriología, se refiere al proceso de entrevistas entre las iglesias y los candidatos para la posición de pastor o miembro del personal. La vasta mayoría de las iglesias bautistas del sur no son calvinistas. Cuando estas iglesias entrevistan a potenciales candidatos que son calvinistas, los problemas surgen a menos que ambas partes sean muy claras sobre sus creencias, y a menos que ambas partes pregunten y contesten de manera explícita y sin vaguedad. La mayor parte de evidencia para este problema es de índole anecdótica, pero estoy consciente de varios ejemplos. No pocas iglesias en la Convención Bautista del Sur se han dividido por este asunto.

A menudo, un comité que busca un pastor no es, teológicamente hablando, lo bastante perspicaz para hacer la clase de preguntas para determinar lo que cree un potencial pastor sobre el calvinismo y, en particular, sobre la extensión de la expiación. Permíteme ilustrarlo con un caso hipotético. Imagínate que se le pregunta al candidato: «¿Crees que Cristo murió por el mundo?». El que hizo la pregunta entiende que la palabra «mundo» se refiere a todas las personas sin excepción. Además, tenía la intención que «murió por» quisiera decir «murió por los pecados de» el mundo. Los «alto calvinistas» creen que Cristo murió por la humanidad en *el sentido que Su muerte los hace partícipes de la gracia común*, pero no que Cristo murió por *los pecados* del mundo. Ningún «alto calvinista» puede decir, «Cristo murió por *los pecados del* mundo» *a menos que entienda que la palabra «mundo» significa los electos*. Pero, este punto de vista es justo como la mayoría de los «alto calvinistas» entienden la palabra «mundo» en pasajes como Juan 3:16; ellos lo interpretan en el sentido del mundo de los electos solamente y no cada persona. Entonces, en nuestro caso hipotético, cuando al candidato se le pregunta, «¿Crees que Cristo murió por el mundo?», él puede contestar «sí» a esa pregunta *por su definición de «mundo» y «murió por»*. El problema aquí tiene dos aspectos. Primero, la pregunta la hace el comité sin estar al tanto de los matices teológicos implicados en el significado de «mundo» y «murió por». Aunque esto es lamentable, es comprensible. Segundo, si el candidato responde «sí» a la pregunta, entonces él está contestando *según sus definiciones de las palabras «mundo» y «murió por», no según el significado que pretendía darle el comité a la pregunta*. Si el candidato responde la pregunta afirmativamente y él sabe que el comité tenía la intención de inquirir por su pregunta si Jesús realmente murió por los pecados de todos los hombres, entonces ha ocurrido una falta de integridad. El candidato ha tomado la decisión de aprovechar la ambigüedad de la pregunta. Le corresponde al candidato calvinista contestar *según lo que quiere decir el que pregunta* y no según lo que *él mismo pueda matizar sobre el significado de las palabras como si estuviera en una discusión teológica con compañeros calvinistas*. Si el candidato es llamado a la iglesia como pastor o miembro del personal y luego comienza a predicar o enseñar la expiación limitada, surgirán los problemas. Incluso cuando los comités no hacen las preguntas en relación a los puntos de vista del candidato sobre el calvinismo, la sabiduría parecería dictar que el candidato debería ser abierto con el comité sobre estos temas. Le corresponde a los comités y candidatos ser francos uno con el otro sobre qué es exactamente lo que cree cada uno. El amor por la iglesia y el deseo de no dividir una iglesia debería motivar a los comités y a los candidatos, ya sean calvinistas o no.

7. *Problemas cuando ser realmente un bautista del sur es equiparado con ser un calvinista*

Mientras este problema no se refiere a la expiación *per se*, es sobre el calvinismo en general e ilustra un problema cada vez más grave en la Convención Bautista del Sur. Cuando Tom Ascol publica el artículo de Tom Nettles en la *Founders Journal*, [Diario de fundadores] titulado «Por qué tu próximo pastor debería ser un calvinista», la publicación de este artículo, junto con la declaración del propósito del sitio en la red del *Founders Ministries*, [Ministeros de fundadores] pone de manifiesto que la intención del movimiento de *Founders* en la Convención Bautista del Sur es mover a la SBC hacia el alto calvinismo.[127] Lee con atención los propios comentarios de Ascol sobre el artículo de Nettles:

> El tema de la última publicación de *Founders Journal* (invierno de 2008) es «el otro resurgimiento». Contiene artículos por Tom Nettles y Christian George, que representan la «vieja guardia» de los esfuerzos reformadores dentro de la SBC y la nueva generación que está de manera similar comprometida con estos esfuerzos. El Dr. Nettles no necesita presentación para la mayoría de los lectores de este blog. Sus ministerios de enseñanza y escritura han sido bendecidos por Dios para llamar a muchos de regreso a nuestras raíces bíblicas e históricas como bautistas del sur. Su libro, *Por Su Gracia y para Su gloria* (recientemente revisado, actualizado y vuelto a publicar por *Founders Press*) no ha sido considerado con seriedad, mucho menos refutado por aquellos que lamentan el resurgimiento de las doctrinas de la gracia entre los bautistas en los últimos 25 años. Es una obra clásica. El artículo de Tom en esta edición de *Founders Journal* se titula, «Por qué tu próximo pastor debería ser un calvinista». Lo recomiendo.[128]

Primero, nota la frase «el otro resurgimiento». Esta frase es, por supuesto, una referencia al resurgimiento del calvinismo en la Convención Bautista

---

127   T. Nettles, «Why Your Next Pastor Should Be a Calvinist», *Founders Journal* 71 (invierno de 2008): 5:15.

128   T. Ascol, «The Other Resurgence—FJ 71», *Founders Weblog*, miércoles, 2 de abril de 2008, consultada el 9 de mayo de 2016. http://www.founders.org/fj71/the-other-resurgence/.

del Sur. Segundo, Ascol habla de «los ministerios de enseñanza y escritura» de Nettles que han sido «bendecidos por Dios *para llamar a muchos de regreso a nuestras raíces bíblicas e históricas como bautistas del sur*» [énfasis añadido]. La referencia de Ascol a nuestras raíces «bíblicas» implica que aquellos que no ratifican el calvinismo «no son bíblicos». Cuando él habla de nuestras raíces «históricas», Ascol está distorsionando el registro histórico de los bautistas del sur con respecto al calvinismo. Él está predisponiendo la corriente de Charleston contra la corriente de Sandy Creek. Richard Land, de modo conmovedor, indicó en relación a la historia bautista del sur y el calvinismo: Desde el Primer Gran Despertar, la tradición de Sandy Creek de los bautistas separados ha sido la *melodía* para los bautistas del sur, con las tradiciones de Charleston y otras proveyendo la *armonía*.[129] *Founders Ministries* ha errado esencialmente en asignar la *melodía* a la tradición de Charleston en la vida bautista del sur. Tercero, no puedo imaginar usar un título como «Por qué tu próximo pastor debería ser un calvinista», mucho menos discutir el asunto por escrito. El próximo pastor de la iglesia debería ser el hombre que Dios guía a la iglesia a llamarlo, calvinista o no. Imagínate la protesta si algún grupo de no calvinistas publicara un artículo titulado, «Por qué tu próximo pastor no debería ser un calvinista». Desde luego, Ascol está dentro de sus derechos de dirigir *Founders Ministries* y publicar este artículo en su revista. Estos derechos no se cuestionan. Lo que se cuestiona es si este artículo constituye evidencia que él tiene un plan para insistir a favor de un resurgimiento del calvinismo en la Convención Bautista del Sur y si este plan es un problema para la Convención Bautista del Sur. A mi juicio, la evidencia indica con claridad que ambas cosas son verdaderas.

Considera los comentarios de Nettles en su capítulo «Una perspectiva histórica de la importancia doctrinal del calvinismo entre los bautistas» en el libro *Calvinismo: Un diálogo de los bautistas del sur*. Él afirma en su conclusión que cualquier esfuerzo por reprimir o eliminar el calvinismo dentro de

---

[129] Véase capítulo 3 de este volumen.

la SBC sería «una tragedia teológica y un suicidio histórico».[130] Desde luego, estoy de acuerdo. En la siguiente oración Nettles introduce una larga cita de P. H. Mell con la siguiente observación: «En realidad, uno podría argumentar junto con P. H. Mell que exactamente lo opuesto debería ser el caso».[131] ¿Qué exactamente dice Mell para provocar ese comentario de Nettles? La primera porción de la cita de Mell que hace Nettles dice así:

> En conclusión, se vuelve una pregunta grave y práctica, si no deberíamos hacer estas doctrinas [las doctrinas de la gracia] el fundamento de nuestros ministerios desde el púlpito. Si así es, sin duda, el sistema del evangelio, sostenido por tales argumentos, avalado por tales efectos, todo ministro debería estar imbuido con su espíritu, provisto con su arsenal; desde luego, no es necesario que presentemos su verdad, siempre en la forma de teología dogmática o polémica, aunque estas no deben ser ignoradas por completo, si nuestra gente no está, todavía, totalmente adoctrinada.[132]

Nettles continúa la cita de Mell que resume «las verdades fundamentales» de las «doctrinas de la gracia». Resulta curioso que Mell menciona la depravación total y la perseverancia de los santos, pero no expresa nada específico en relación a la elección incondicional, la expiación limitada y la gracia irresistible. Mell con claridad aboga por que estas doctrinas del calvinismo sean «el fundamento de nuestros ministerios desde el púlpito». Él llama a las doctrinas de la gracia «el sistema del evangelio» e indica que «nuestra gente» debería ser «totalmente adoctrinada» en ellas. Uno podría, sin duda, argumentar, como Nettles dijo, por el punto de Mell, pero el punto es que *uno no debería argumentar este punto*. Hay enormes brechas entre «podría» y «debería» y «haría». Tengo la impresión que a Nettles sin duda le gustaría argumentar esto y que lo ha hecho semánticamente por medio de la cita de Mell.

---

[130] T. Nettles, «A Historical View of the Doctrinal Importance of Calvinism Among Baptists», en *Calvinism*, 68.

[131] Ibíd.

[132] Ibíd., P. H. Mell, *Calvinism: An Essay Read Before the Georgia Baptist Ministers' Institute* (Atlanta, GA: G. C. Conner, 1868; reimpresado Cape Coral, FL: Christian Foundation, 1988), 19-20.

Jeff Noblit concluye «El ascenso del calvinismo en la Convención Bautista del Sur: Una razón para regocijarse» con estas palabras: «Estoy convencido que el auge del calvinismo evangélico, lleno del espíritu, es un agente esencial para la reforma y el avivamiento necesarios para edificar verdaderas iglesias fuertes y traer la gloria a Dios que Él merece».[133] Mira la oración con atención. Noblit está *convencido* que el calvinismo es un agente *esencial* necesario para el avivamiento y la reforma de la iglesia para edificar *verdaderas* iglesias. ¿Es el calvinismo *esencial* para el avivamiento que necesitamos? ¿Nuestras iglesias solo serán *verdaderas* iglesias cuando sean permeadas con la teología calvinista? Tales declaraciones y sus implicaciones son problemáticas.

Para terminar, respecto al calvinismo y la SBC, intentar sacar a todos los calvinistas de entre nosotros, no nos uniría en la Convención. Intentar volvernos como una convención a la llamada teología *«de los fundadores»* (doctrinas de la gracia) del calvinismo tampoco nos uniría. Si vamos a unirnos, debemos hacerlo como *bautistas*, no como calvinistas y no calvinistas. Debemos unirnos alrededor de los *distintivos bautistas*, que son el único pegamento que nos puede mantener juntos: una teología bíblica bautista desposada a un resurgimiento de la Gran Comisión en la evangelización y las misiones. Es el derecho de todos y cada bautista a ser persuadido que el calvinismo refleja la enseñanza de la Escritura. Ser un calvinista no debería ser un crimen en la convención. Los calvinistas tienen y siempre deben tener la libertad de tener un lugar a la mesa de la SBC. Cualquier iglesia que sienta la dirección de Dios para llamar a un pastor calvinista debería hacerlo sin dudar. Por otro lado, el calvinismo no debería ser una causa de la convención tampoco. Cuando los calvinistas, de forma individual o como grupo organizado, proponen una causa con la intención de mover a la SBC hacia el calvinismo, entonces tenemos y seguiremos teniendo un problema. Debatamos la teología del calvinismo y que pase lo que vaya a pasar, pero abstengámonos de «calvinizar» o «descalvinizar» la SBC. La mayoría de los bautistas han sido siempre, para usar el término del Dr. Leo Garrett, «calminianos».

---

[133]   J. Noblit, «The Rise of Calvinism in the Southern Baptist Convention: Reason for Rejoicing», *Calvinism: A Southern Baptist Dialogue*, 112.

Conclusión

He intentado demostrar lo siguiente: (1) Históricamente, ni el calvinismo ni la primera generación de reformadores sostenían la doctrina de la expiación limitada. Desde el inicio de la Reforma hasta el presente, numerosos calvinistas la han rechazado y, asimismo, representa una desviación del consenso histórico cristiano que Jesús sufrió por los pecados de toda la humanidad. (2) Bíblicamente, la doctrina de la expiación limitada simplemente no refleja la enseñanza de la Escritura. (3) Teológica y lógicamente, la expiación limitada tiene fallos y es indefendible. (4) En la práctica, la expiación limitada crea graves problemas para la voluntad salvífica universal de Dios; provee insuficiente fundamento para la evangelización al socavar la bienintencionada oferta del evangelio; debilita la valiente proclamación del evangelio en la predicación; y contribuye al rechazo de métodos válidos para la evangelización, tales como el uso de los llamados al altar.

No puedo evitar recordar las palabras del venerable profesor retirado de Nuevo Testamento del Seminario Teológico Bautista del Suroeste, el Dr. Jach McGorman, en su inimitable estilo y acento: «La doctrina de la expiación limitada trunca el evangelio al aserrar los brazos de la cruz demasiado cerca al poste».[134] En mi opinión, la expiación limitada es una distorsión del evangelio. Si la Convención Bautista del Sur se moviera hacia los «cinco puntos» del calvinismo, este movimiento significaría un alejamiento y no un acercamiento al evangelio.[135]

---

[134] En una conversación personal con el autor.

[135] Deberíamos prestar atención a las palabras de Thomas Lamb, un calvinista y bautista del siglo XVII, quien dijo: «...no lo niego, pero lo admito con él [John Goodwin], que negar la muerte de Cristo por los pecados de todos le resta valor a la *filantropía* de Dios, y niega que ama a los hombres y destruye el mismo fundamento y la razón de ser de la fe cristiana» (T. Lamb, *Absolute Freedom from Sin by Christs Death for the World* [Londres: impreso por H. H. por el autor, y serán vendidos por él, 1656], 248).

{ Capítulo 5 }

Una crítica bíblica y teológica a la gracia irresistible

Steve W. Lemke

Los antecedentes del asunto

La doctrina de la gracia irresistible se abordó en el Sínodo de Dort, lo que ofreció una respuesta a las preocupaciones expresadas por los remonstrantes, quienes eran calvinistas reformados holandeses. Esta diferencia de opinión se repite en la historia de los bautistas en la distinción entre los «bautistas generales» (quienes, en general, convinieron con los remonstrantes en estos puntos) y los «bautistas particulares» (quienes, en general, convinieron con el Sínodo de Dort en estos puntos). Aunque tanto los remonstrantes como los de Dort estuvieron de acuerdo que los seres humanos son depravados e incapaces de salvarse a sí mismos aparte de la gracia de Dios, ellos, ante todo, discutieron si la gracia de Dios es resistible. En los artículos III y IV de su «remonstrancia» (o expresión de oposición), los remonstrantes expresaron su convicción que algunos de sus compañeros calvinistas se habían vuelto tan extremos en sus creencias que se habían apartado de las enseñanzas bíblicas. En particular, mientras afirmaban que la salvación viene solo por la gracia de Dios, los remonstrantes estaban preocupados sobre la enseñanza que Dios fuerza Su gracia en los pecadores de manera irresistible. Los remonstrantes sostenían:

> La gracia de Dios es el principio, la continuación y el cumplimiento de todo lo bueno, hasta tal punto, que el hombre regenerado, por sí mismo, sin la prevención o la asistencia, el despertar, seguimiento y la gracia cooperativa, no puede pensar, desear, ni hacer el bien, ni resistir cualquier tentación al mal; de modo que todas las buenas acciones o movimientos que pueden ser concebidos, sean atribuidos a la gracia de Dios en Cristo. Pero, respecto al modo de operación de esta gracia, no es irresistible, puesto que está escrito acerca de muchos, que ellos resistieron al Espíritu Santo. Hechos 7 y en otros muchos sitios.[1]

En otras palabras, los remonstrantes enseñaban que la única forma de salvarse es por la gracia de Dios que viene antes, durante y después de la justificación porque incluso el ser humano mejor intencionado no puede «pensar, desear ni hacer el bien» aparte de la gracia de Dios.[2] Ellos incluso fueron más allá cuando sostenían que todo lo bueno «[es atribuido] a la gracia de Dios en Cristo».[3] Pero la pregunta es, «¿por qué no todas las personas se apropian o experimentan la gracia salvífica de Dios? ¿Dios ha fracasado en alguna forma? ¿Dios no ama de verdad a todas las personas? ¿Dios no desea la salvación de todas las personas? No. Los remonstrantes rehusaron culpar de este fracaso a Dios, sino que de manera correcta le asignaron este fracaso a la rebelión y resistencia de los seres humanos caídos. Dios creó a los seres humanos con el libre albedrío, ya sea para cooperar con Dios y recibir Su gracia o para rechazar en definitiva el precioso don de Dios. De nuevo, los

---

[1] «The Five Arminian Articles», artículos III y IV, en *The Creeds of Christendom* (ed. P. Schaff; 6ta. ed.; Grand Rapids, MI: Baker Books, 1983), 3:547, consultado el 1 de noviembre de 2008. http://www.apuritansmind.com/Creeds/ArminianArticles.htm.

[2] Ibíd.

[3] Ibíd.

seres humanos no tendrían ninguna salvación en absoluto aparte de la gracia de Dios; pero Dios se niega a hacer realidad esa salvación en la vida de alguien que continuamente se resiste a la gracia de Dios, se niega a recibirla con humildad y, finalmente, la rechaza.

El Sínodo de Dort, sin embargo, con denuedo objetó la negación de la gracia irresistible de los remonstrantes:

> Que enseñan: que la gracia, por la que somos convertidos a Dios, no es otra cosa que una suave moción o consejo; o bien (como otros lo explican), que la forma más noble de actuación en la conversión del hombre y la que mejor concuerda con la naturaleza del mismo, es la que se hace aconsejando, y que no cabe el por qué sólo esta gracia estimulante no sería suficiente para hacer espiritual al hombre natural; es más, que Dios de ninguna manera produce el consentimiento de la voluntad sino por esta forma de moción o consejo, y que el poder de la acción divina, por el que ella supera la acción de Satanás, consiste en que Dios promete bienes eternos, en tanto que Satanás solo temporales.

> Que enseñan: que Dios no usa en la regeneración o nuevo nacimiento del hombre tales poderes de Su omnipotencia que dobleguen eficaz y poderosamente la voluntad de aquél a la fe y a la conversión; si no que, aun cumplidas todas las operaciones de la gracia que Dios usa para convertirle, el hombre, sin embargo, de tal manera puede resistir a Dios y al Espíritu Santo y, de hecho, también resiste con frecuencia cuando Él se propone su regeneración y le quiere hacer renacer, que impide el renacimiento de sí mismo; y que sobre este asunto queda en su propio poder el ser renacido o no.[4]

El problema de definir la gracia irresistible

El término «gracia irresistible», entonces, se usó de manera inicial como un punto de vista que negaban los remonstrantes y defendían los calvinistas

---

[4] «Los Cánones de Dort», Reprobación de los errores para los capítulos 3 y 4, artículo VII, consultada el 12 de mayo de 2016. http://www.iglesiareformada.com/canones_de_dort.html.

de Dort. El Sínodo de Dort rechazó la noción que la gracia de Dios estaba limitada a ejercer Su poderosa persuasión moral en los pecadores por el Espíritu Santo para guiarlos a la salvación. Ellos además rechazaron la noción que una persona puede «resistir a Dios y al Espíritu Santo... cuando Él se propone su regeneración».[5] En cambio, la declaración de Dort afirmaba que Dios usa «tales poderes de Su omnipotencia para que doblequen eficaz y poderosamente la voluntad del hombre a la fe y a la conversión».[6]

Para entender cómo los calvinistas expresaron que Dios lleva a cabo la gracia irresistible, uno debe entender la importante distinción que ellos deducen entre lo que indistintamente es conocido como el llamamiento «general» o «externo» del llamamiento «especial», «interno», «eficaz» o «serio». Steele, Thomas y Quinn prácticamente equiparan el «llamamiento eficaz» con la gracia irresistible, basados en la distinción entre estos dos propuestos diferentes llamamientos de Dios:

> La invitación del evangelio extiende un llamamiento para la salvación para todo el que escucha su mensaje... Pero este llamamiento general externo, extendido tanto a electos como a no electos, no traerá los pecadores a Cristo... Por lo tanto, el Espíritu Santo, para traer los electos de Dios a la salvación, les extiende un llamamiento especial interno, además del llamamiento externo contenido en el mensaje del evangelio. A través de este llamamiento especial, el Espíritu Santo opera una obra de gracia dentro del pecador que, de manera inevitable, lo trae a la fe en Cristo...
>
> Aunque el llamamiento general externo del evangelio puede ser, y con frecuencia es, rechazado, el llamamiento especial del Espíritu nunca deja de resultar en la conversión de aquellos a quienes se les hace. Este llamamiento especial no se da a todos los pecadores, sino ¡solo a los electos! El Espíritu no depende, de ninguna manera, de su ayuda o cooperación para que Su obra de traerlos a Cristo sea exitosa. Por eso, los calvinistas consideran el llamamiento del Espíritu y la gracia de Dios en salvar a los

---

[5] Ibíd.
[6] Ibíd.

pecadores como «eficaz», «invencible» o «irresistible». ¡Pues la gracia que el Espíritu Santo extiende a los electos no puede ser frustrada o negada, nunca deja de traerlos a la verdadera fe en Cristo![7]

Como lo indica esta declaración, algunos calvinistas contemporáneos parecen estar un poco avergonzados con el término «gracia irresistible» y han buscado suavizarlo o sustituirlo con un término como «llamamiento eficaz». Ellos además objetan cuando otros critican que «gracia irresistible» sugiere que Dios obliga a las personas a hacer cosas contra su voluntad. Más bien, ellos insisten, que Dios solo atrae y persuade. Así, los calvinistas, algunas veces, suenan falaces en afirmar un punto de vista fuerte sobre la gracia irresistible mientras, al mismo tiempo, suavizan el lenguaje sobre esta para hacerla más digerible. Por ejemplo, John Piper y el personal de la *Bethlehem Baptist Church* afirman que gracia irresistible «significa que el Espíritu Santo puede vencer toda resistencia y hacer su influencia irresistible... La doctrina de la gracia irresistible significa que Dios es soberano y puede vencer toda resistencia cuando quiere».[8] No obstante, unos pocos párrafos más adelante, ellos sostienen que «gracia irresistible nunca implica que Dios nos obliga a creer contra nuestra voluntad... Por el contrario, la gracia irresistible es compatible con la predicación y el dar testimonio que tratan de persuadir a las personas a hacer lo que es razonable y concuerde con lo que más les convenga».[9] Ningún intento es hecho en el artículo para reconciliar estas dos declaraciones al parecer contradictorias.

De la misma manera, R. C. Sproul argumenta largo y tendido que Juan 6:44 («Nadie puede venir a mí si no lo trae el Padre que me envió...») no se refiere solo a la necesidad de que Dios «atraiga o induzca a los hombres a Cristo», y que los seres humanos puedan «resistir esta atracción» y «rechazar

---

[7] D. N. Steele, C. C. Thomas y S. L. Quinn, *The Five Points of Calvinism: Defined, Defended, Documented* (ed. amp.; Filadelfia, PA: Presbyterian and Reformed, 2004), 52-54.

[8] J. Piper y el personal de la Bethlehem Baptist Church, «What We Believe About the Five Points of Calvinism», consultada el 1 de noviembre de 2008. http://www.desiringgod.org/articles/what-we-believe-about-the-five-points-of-calvinism.

[9] J. Piper, et. al., «What We Believe About the Five Points of Calvinism», 12.

la incitación».[10] En lenguaje filosófico, Sproul expresa que, esta atracción es una condición necesaria pero no suficiente para la salvación «porque la atracción no garantiza, en realidad, que nosotros vendremos a Cristo».[11] Sproul establece que esta interpretación es «incorrecta» y que «atenta contra el texto de la Escritura».[12] Más bien, Sproul insiste, que el término «traer» es «un concepto mucho más contundente que atraer» y significa «obligar por superioridad irresistible».[13]

Sin embargo, al discutir la gracia irresistible, Sproul cuenta de un estudiante que, al escuchar una conferencia por John Gerstner, sobre la predestinación, la rechazó. Cuando Gerstner le preguntó al estudiante cómo definía él el calvinismo, el estudiante lo describió como la perspectiva que «Dios obliga a algunas personas a elegir a Cristo e impide que otras elijan a Cristo». Gerstner entonces le manifestó, «Si eso es un calvinista, entonces puedes estar seguro que yo tampoco soy un calvinista».[14] Sproul, asimismo, reconvino al presidente de un seminario presbiteriano por rechazar la doctrina calvinista que «Dios trae a algunas personas al reino, pataleando y gritando contra sus voluntades». Sproul describe la opinión de este teólogo presbiteriano como «una temeraria idea equivocada de la teología de su propia iglesia», como una «caricatura» y «tan lejos del calvinismo como uno podría estar».[15] Entonces ¿qué dirección tomar? Si Dios obliga a las personas con «superioridad irresistible», ¿de qué manera es impreciso afirmar que Dios está obligando a las personas a elegir a Cristo?

El Sínodo de Dort insistió que los intentos de persuasión moral en las personas no salvas era malgastar el tiempo. Que la gracia de Dios era resistible y no solo el uso de la poderosa persuasión moral era precisamente lo que el Sínodo de Dort rechazó y lo que los remonstrantes afirmaron. Los remonstrantes insistieron que la convincente gracia de Dios persuadía a los

---

[10] R. C. Sproul, *Chosen by God* (Carol Stream, IL: Tyndale House, 1994), 69-70.
[11] Ibíd.
[12] Ibíd.
[13] Ibíd.
[14] Ibíd., 122.
[15] Ibíd.

perdidos a recibir a Cristo como Señor y Salvador. El Sínodo de Dort insistió que esto era insuficiente. Nota su negación explícita que una persona puede «resistir» a Dios. También presta atención al uso del lenguaje en el Sínodo de Dort sobre la divina omnipotencia, la cual puede «[doblegar] eficaz y poderosamente la voluntad de una persona a la fe y a la conversión».[16] Doblegar la voluntad de un ser falible por un Ser omnipotente infalible y poderoso no se trata de una dulce persuasión. Es obligar a una persona a cambiar de parecer en contra de su voluntad.

A menudo, los calvinistas describen su posición como *monergismo*, opuesto al *sinergismo*. En el monergismo, Dios opera completamente solo, sin la ayuda de ningún rol humano. En el sinergismo, por otro lado, los seres humanos cooperan con Dios en alguna forma para llevar a cabo su propia conversión. Ninguno de nosotros que no somos pelagianos afirmaría que podemos lograr nuestra salvación aparte de Dios. La cuestión es si los seres humanos tienen algún rol en aceptar o recibir su propia salvación. Por un lado, el calvinista manifiesta, «¡No! Tu salvación es monergista, provista solo por la gracia de Dios». Cuando un crítico se expresa así, significa que Dios impone gracia irresistible contra la voluntad de una persona o que los seres humanos no tienen una elección en el asunto, entonces el calvinista protesta que se les ha malentendido y caricaturizado.

Cuando se cuestiona que la gracia irresistible va contra la voluntad de una persona, la mayoría de los calvinistas responden que no está en contra de la voluntad de una persona en absoluto. Dios cambia su voluntad a través de la regeneración invencible, de tal manera que la persona es traída a Cristo de manera irresistible. Los calvinistas lo llaman voluntad, la cual es impulsada externamente, *voluntad compatibilista*, opuesto al punto de vista más común, *libertad libertaria*. En la libertad libertaria, una persona no tiene absoluta libertad (un estereotipo calvinista frecuente), sino que la persona escoge entre al menos dos alternativas. En cada caso una persona pudo haber, por lo menos hipotéticamente, escogido otra cosa. Pero en el compatibilismo, las personas

---

[16] «Los Cánones de Dort», Reprobación de los errores para los capítulos 3 y 4, artículos VII y VIII, consultada el 12 de mayo de 2016. http://www.iglesiareformada.com/canones_de_dort.html

siempre escogen su más grande deseo. Ellas no tienen opción alternativa, sino para hacer lo que quieren hacer. Entonces, cuando Dios cambia su voluntad a través de la gracia irresistible o gracia capacitante, ellas en realidad no tienen elección. Harán lo que Dios les ha programado que harán. Así el sistema calvinista aboga por el monergismo (Dios es el único actor) y el compatibilismo (las personas hacen lo que Dios quiere que hagan, después que Él cambia su voluntad, a través de la regeneración previa a la conversión).

El problema es que los calvinistas no siempre pueden tenerlo todo. Ellos no pueden insistir que un Dios omnipotente abruma y doblega infalible y poderosamente la voluntad del ser humano, y luego transformar esta doctrina en otra cosa al atenuarla con lenguaje más digerible como «llamamiento eficaz» y «compatibilismo». El llamamiento eficaz se refiere con precisión a la misma cosa que gracia irresistible. Llamamiento eficaz suena mucho más agradable. Al fin y al cabo, las personas no tienen elección, sino hacer lo que Dios las ha programado hacer. Sin embargo, los calvinistas a menudo intentan evadir el criticismo al indicar que la doctrina ha sido malinterpretada, incluso cuando los no calvinistas han citado o parafraseado lo que los mismos calvinistas han expresado al describir su propia doctrina.

Por ejemplo, en la conferencia «Estableciendo vínculos», Nathan Finn reprendió a Roy Fish, profesor del Seminario Teológico Bautista del Suroeste, por la siguiente descripción de la gracia irresistible, la cual Finn describió como un «estereotipo» y un «malentendido» de la doctrina:

> La «I» en TULIP (acróstico en inglés)[17] se refiere a la gracia irresistible. Esto significa que las personas que van a ser salvas no tienen otra opción. Ellas en realidad no tienen otra opción. La gracia de Dios no puede resistirse. Ellas no pueden resistir esta gracia salvífica especial.[18]

---

[17] *TULIP* es un acróstico en inglés que describe los cinco puntos del calvinismo (T: Total Depravation [depravación total], U: Unconditional Election [elección incondicional], L: Limited Atonement [expiación limitada], I: Irresistible Grace [gracia irresistible] y P: Perseverance of the Saints [perseverancia de los santos]).
[18] N. A. Finn, «The C-Word», sermón predicado en la Cottage Hill Baptist Church en Mobile, AL. Citado en «Southern Baptist Calvinism: Setting the Record Straight», en *Calvinism: A Southern Baptist Dialogue* (eds. E. Ray Clendenen y Brad J. Waggoner; Nashville, TN: B&H Academic, 2008), 171-92, esp. 184.

Un estudio detallado, línea por línea, de la descripción de Fish revela que los calvinistas definen la gracia irresistible casi con las mismas palabras:

Roy Fish: (gracia irresistible) «significa que las personas que van a ser salvas no tienen otra opción. Ellas en realidad no tienen otra opción».

El Sínodo de Dort: «Y este es aquel nuevo nacimiento, aquella renovación, nueva creación, resurrección de muertos y vivificación, de que tan excelentemente se habla en las Sagradas Escrituras, y que Dios obra en nosotros sin nosotros. Este nuevo nacimiento no es obrado en nosotros por medio de la predicación externa solamente, ni por indicación, o por alguna forma tal de acción por la que, una vez Dios hubiese terminado Su obra, entonces estaría en el poder del hombre el nacer de nuevo o no, el convertirse o no. Sino que es una operación totalmente sobrenatural... de modo que todos aquellos en cuyo corazón obra Dios de esta milagrosa manera, renacen cierta, infalible y eficazmente, y de hecho creen...».[19]

James White: «La doctrina de la 'gracia irresistible' es simplemente la creencia que cuando Dios escoge moverse en las vidas de Sus electos y traerlos de la muerte espiritual a la vida espiritual, no hay poder en el cielo o en la tierra que pueda detenerlo de hacerlo así... Es simplemente la confesión que cuando Dios escoge levantar a Su pueblo a vida espiritual, Él lo hace sin el cumplimiento de ninguna condición por parte del pecador. Así como Cristo tuvo el poder y la autoridad de levantar a Lázaro a vida sin obtener su permiso, Él es capaz de levantar a Sus electos a vida espiritual con un resultado igualmente seguro».[20]

---

[19] «Los Cánones de Dort», Capítulos 3 y 4, artículos X y XII, consultada el 12 de mayo de 2016. http://www.iglesiareformada.com/canones_de_dort.html.

[20] J. White, «Irresistible Grace: God Saves Without Fail» en *Debating Calvinism: Five Points, Two Views*, por Dave Hunt y James White (Colorado Springs CO: Multnomah, 2004), 197 (letra cursiva es mía).

David Steel, Curtis Thomas y S. Lance Quinn: «El Espíritu Santo extiende un llamamiento especial interno que, de manera inevitable, los trae a la salvación… El llamamiento interno (el cual se hace solo a los electos) no puede rechazarse. Siempre resulta en la conversión. Mediante este llamamiento especial, el Espíritu, de manera irresistible, trae los pecadores a Cristo. Él no está limitado por la voluntad del hombre en Su obra de aplicar la salvación, ni depende de la cooperación del hombre para que Su obra sea exitosa… La gracia de Dios, por eso, es invencible; nunca deja de resultar en la salvación de aquellos a quienes se les extiende».[21]

Roy Fish: «La gracia de Dios no puede resistirse. Ellas [las personas] no pueden resistir esta gracia salvífica especial».

El Sínodo de Dort: El Sínodo rechaza que… «Dios no usa en la regeneración o nuevo nacimiento del hombre tales poderes de Su omnipotencia que dobleguen eficaz y poderosamente la voluntad de aquél a la fe y a la conversión…». (El Sínodo rechaza que alguien) *«puede resistir a* Dios y al Espíritu Santo, y *de hecho también resiste con frecuencia* cuando Él se propone su regeneración».[22]

John Piper: Gracia irresistible «significa que el Espíritu Santo *puede vencer toda resistencia* y hacer su influencia *irresistible*… La doctrina de la gracia irresistible significa que Dios es soberano y puede *vencer toda resistencia* cuando quiere… Cuando Dios se ocupa en llevar a cabo su propósito soberano, *ninguno puede lograr resistírsele*… Cuando una persona escucha a un predicador hacer un llamamiento al arrepentimiento, ella puede resistir ese llamamiento. Pero si Dios le da arrepentimiento no puede resistirse, porque el don es la *remoción de la resistencia*… Entonces, si Dios da arrepentimiento, esto equivale a *quitar la resistencia. Por eso nosotros llamamos a esta obra de Dios 'gracia irresistible'»*.[23]

---

[21]   Steele, Thomas y Quinn, *Five Points of Calvinism*, 7 (letra cursiva es mía).

[22]   «Los Cánones de Dort», Reprobación de los errores para los capítulos 3 y 4, artículos VII y VIII, consultada el 16 de noviembre de 2015. http://www.iglesiareformada.com/canones_de_dort.html.

[23]   J. Piper y el personal de la Bethlehem Baptist Church, «What We Believe About the Five Points of Calvinism», 10, 12 (letra cursiva es mía).

¿Reflejaba Fish en su definición las declaraciones de algunos calvinistas? Distinguir la definición de Fish de la de Finn es tan difícil que uno debe preguntar: ¿Qué es lo que Finn objeta con tanto vigor en la descripción de Fish? Fish ha repetido las descripciones calvinistas de la gracia irresistible, sin embargo, Finn lo reprende por hacerlo. No importa lo que los calvinistas contemporáneos intenten para encubrir la dureza de la gracia irresistible y proyectarla bajo una luz más suave o moderada, la doctrina sigue siendo lo que es. Cuando se presiona a los calvinistas con sus propias palabras, algunas veces parecen jugar con las palabras o hablar con evasivas para hacer sus creencias más digeribles. Sin embargo, este estudio examina la gracia irresistible como se describe y se define en las enseñanzas doctrinales calvinistas estándares.

La Biblia y la gracia irresistible

¿Qué declara la Biblia sobre la gracia irresistible? La respuesta sencilla es que la Biblia no aborda de manera específica la gracia irresistible. La frase «gracia irresistible» no aparece en ninguna parte en la Escritura. Por supuesto, esta sola ausencia no significa que la gracia irresistible no pueda ser una realidad. Otras doctrinas como la Trinidad se describen en la Escritura, pero no con el nombre teológico que ahora le damos. Entonces ¿qué declara la Biblia en cuanto a que la gracia sea irresistible?

Textos fundamentales que afirman la gracia resistible

Algunos textos de la Escritura parecen negar la gracia irresistible o afirmar la gracia resistible de manera explícita. Proverbios 1 desafía la noción de la gracia irresistible. La sabiduría de Dios personificada habla a aquellos quienes «...he llamado...» (Prov. 1:24), a aquellos quienes «...derramaré mi espíritu...» (Prov. 1:23), y a aquellos quienes «...haré conocer mis palabras» (Prov. 1:23). No obstante, ninguno consideró la verdad de Dios, pues los oyentes rechazaron el mensaje de Dios y despreciaron el consejo de la Sabiduría (Prov. 1:22-26).

Algunos podrían afirmar que este mensaje solo ejemplifica el llamamiento externo resistible. El problema se vuelve complicado porque ellos constituyen el pueblo elegido de Dios, los judíos, con quienes Dios había entrado en un pacto: «...He llamado y habéis rehusado oír...» (Prov. 1:24). Dios les hace una oferta: «...derramaré mi espíritu sobre vosotros» (Prov. 1:23), pero ellos no se «volverían», y más bien «rehusarían» aceptar el mensaje (Prov. 1:24). La gracia que fue ofrecida de manera tan generosa fue rechazada de manera tan desconsiderada. La gracia ofrecida estaba condicionada por su respuesta. La aceptación de la Palabra de Dios habría traído bendición, pero su rechazo ahora traería calamidad sobre ellos.

En los profetas y los Salmos, Dios responde a la negativa de arrepentirse y al rechazo de la Palabra de Dios por parte de los israelitas:

> Cuando Israel era niño, yo lo amé, y de Egipto llamé a mi hijo. Cuanto más los llamaban los profetas, tanto más se alejaban de ellos; seguían sacrificando a los Baales y quemando incienso a los ídolos. Sin embargo yo enseñé a andar a Efraín, yo lo llevé en mis brazos; pero ellos no comprendieron que yo los sanaba. Con cuerdas humanas los conduje, con lazos de amor, y fui para ellos como quien alza el yugo de sobre sus quijadas; me incliné y les di de comer. No volverán a la tierra de Egipto, sino que Asiria será su rey, porque rehusaron volver a mí. La espada girará contra sus ciudades, destruirá sus cerrojos y los consumirá por causa de sus intrigas. Pues mi pueblo se mantiene infiel contra mí; aunque ellos lo llaman para que se vuelva al Altísimo, ninguno le exalta. ¿Cómo podré abandonarte, Efraín? ¿Cómo podré entregarte, Israel? ¿Cómo podré yo hacerte como a Adma? ¿Cómo podré tratarte como a Zeboim? Mi corazón se conmueve dentro de mí, se enciende toda mi compasión. No ejecutaré el furor de mi ira; no volveré a destruir a Efraín. Porque yo soy Dios y no hombre, el Santo en medio de ti, y no vendré con furor (Os. 11:1-9).

No guardaron el pacto de Dios, y rehusaron andar en su ley (Sal. 78:10).

Pero mi pueblo no escuchó mi voz; Israel no me obedeció. Por eso los entregué a la dureza de su corazón, para que anduvieran en sus propias intrigas. ¡Oh, si mi pueblo me oyera, si Israel anduviera en mis caminos! (Sal. 81:11-13).

Ellos me dieron la espalda, y no el rostro; aunque les enseñaba, enseñándoles una y otra vez, no escucharon ni aceptaron corrección (Jer. 32:33).

En el Nuevo Testamento, la referencia más directa a la resistencia a la gracia está en el sermón de Esteban en Hechos 7:2-53, justo antes de su martirio en Hechos 7:54-60. Al confrontar a los judíos que habían rechazado a Jesús como el Mesías, Esteban afirmó: «Vosotros, que sois duros de cerviz e incircuncisos de corazón y de oídos, resistís siempre al Espíritu Santo; como hicieron vuestros padres, así también hacéis vosotros» (Hech. 7:51). Los remonstrantes citaron este texto específico, y la mayoría de eruditos que rechazan la noción de la gracia irresistible también la citan. Esteban no está hablando a creyentes, sino a los judíos que habían rechazado a Cristo. Él no solo los acusó a ellos de «resistir al Espíritu Santo», sino también a sus antepasados judíos por resistir a Dios. La palabra que se traduce como «resistir» (*antipiptō* en griego) no significa caer y adorar, sino «oponerse», «esforzarse en contra» o «resistir».[24] Con claridad, este texto enseña que la influencia del Espíritu Santo es resistible. Un registro similar en Lucas 7:30 describe la respuesta de los fariseos a la predicación de Juan el Bautista: «Mas los Fariseos y los sabios de la ley, desecharon el consejo de Dios contra sí mismos, no siendo bautizados de él» (Luc. 7:30, RVA).

Otro ejemplo de resistencia ocurre en la experiencia de la salvación de Pablo, registrado en Hechos 26. Mientras Saulo se dirigía hacia Damasco en su persecución de los cristianos, una luz cegadora lo golpea, y una voz del

---

[24] W. E. Vine, *An Expository Dictionary of New Testament Words* (Old Tappan, NJ: Revell, 1966), 286; J. H. Thayer, *A Greek-English Lexicon of the New Testament* (Nashville, TN: Broadman, 1977), 51; F. W. Danker, ed., *A Greek-English Lexicon of the New Testament and other Early Christian Literature* (Chicago, IL: University of Chicago Press, 2000), 90.

cielo le dice: «Saulo, Saulo, ¿por qué me persigues? Dura cosa te es dar coces contra el aguijón» (Hech. 26:14). Es evidente que Saulo se había resistido a la convicción del Espíritu Santo en eventos como la lapidación de Esteban, pero ahora Dios irrumpió a través de la resistencia de Saulo de forma dramática. Aun así, algún tiempo pasó antes de que Ananías llegara y Pablo recibiera el Espíritu Santo (Hech. 9:17).

¿Qué opinan los calvinistas sobre estos textos? Para empezar, los calvinistas no niegan que las personas pueden resistir al Espíritu Santo en algunas situaciones. Los no creyentes pueden resistir el mero llamamiento «externo» del evangelio, y los creyentes pueden resistir al Espíritu Santo también. Como lo ha declarado John Piper: «Lo que es irresistible es el llamamiento eficaz que hace el Espíritu».[25] Sin embargo, estas explicaciones no ayudan en este caso. Los judíos, en definitiva, eran el pueblo escogido de Dios, y todo el pueblo judío estaba bajo el pacto, no solo los individuos. La teología calvinista del pacto ve a la nación entera de Israel como el pueblo escogido de Dios. Los electos, al fin y al cabo, han de recibir el llamamiento eficaz. Los calvinistas a menudo citan: «…A Jacob amé, pero a Esaú aborrecí» (Rom. 9:13), como su evidencia más sólida para la elección.[26] Pero, este pueblo de forma divina escogido no solo ha rechazado a Jesús como el Mesías, sino que ha resistido al Espíritu Santo a través de muchas generaciones en la historia. Por eso, parecería que la gracia de Dios es resistible, incluso entre los electos que tienen derecho a recibir el llamamiento eficaz.

La gracia resistible en el ministerio y enseñanzas de Jesús

A lo largo de Su ministerio de enseñanza, Jesús enseñó y sirvió en maneras que parecen ser inconsistentes con la noción de la gracia irresistible. En cada una de estas ocasiones, Jesús parece defender la idea que la gracia de

---

[25] J. Piper, et. al., «What We Believe About the Five Points of Calvinism».

[26] La elección de Israel para servir como un pueblo escogido y la elección individual de los cristianos para salvación está entretejida en Romanos 9-11. Muchas veces, los calvinistas no dan la debida atención a la primera.

Dios es resistible. Por ejemplo, escucha el lamento de Jesús sobre Jerusalén: «¡Jerusalén, Jerusalén, la que mata a los profetas y apedrea a los que son enviados a ella! ¡Cuántas veces quise juntar a tus hijos, como la gallina junta sus pollitos debajo de sus alas, *y no quisiste*!» (Mat. 23:37 comparar con Luc. 13:34). ¿Qué lamentaba Jesús? Él lamentaba que a pesar del amor generoso de Dios por Jerusalén y el deseo de reunirlos en una seguridad eterna bajo Su protección y los muchos profetas y mensajeros que Él les envió con Su mensaje, ellos rechazaron el mensaje que se les envió y *«no quisieron»* responder a Dios. En griego, como sucede en esta versión en español, se establece un contraste, porque las formas del verbo *thelō* (querer) se usan dos veces en este versículo: «... quise... y no quisiste».[27] Schrenk describe esta declaración como una expresión de «la frustración de Su misericordioso propósito para salvar, debido al rechazo de los hombres».[28] Observa que Su lamento concierne a toda la ciudad de Jerusalén, no solo un pequeño número de los electos dentro de Jerusalén. Ciertamente, Jesús expresa su preocupación no solo por las personas que viven en Jerusalén en ese tiempo en particular, sino por las muchas generaciones de jerosolimitanos.

De nuevo, uno podría sugerir que los profetas eran solo el vehículo para proclamar el llamamiento general, y entonces estos jerosolimitanos nunca recibieron el llamamiento eficaz, pero este argumento no puede ser. Ante todo, este es el pueblo escogido de Dios. Como tal, debió haber recibido el llamamiento eficaz, pero, en realidad, no quiso responder. Algunos calvinistas podrían formular este argumento: la elección de Israel incluía individuos dentro de Israel, no todo Israel como un pueblo. Que solo un remanente del Israel físico, no todo, será salvo tiene el más firme respaldo, pero la propuesta que Dios hizo el llamamiento eficaz a solo una porción de Israel de todos modos no concuerda bien con este texto o varios otros textos. Incluso así, el mayor problema es que si Jesús creía en la gracia irresistible, tanto el llamamiento externo como interno, Su aparente lamento sobre Jerusalén habría sido un

[27] G. Schrenk, debajo de la palabra «*thelō, thelēma, thelēsis*», en *Theological Dictionary of the New Testament* (ed. G. Kittel; Grand Rapids, MI: Eerdmans, 1965), 3:48-49.
[28] Ibíd.

acto hipócrita, una expresión de cinismo porque Él sabía que Dios no había dado y no daría a estas personas las condiciones necesarias para su salvación. Su lamento habría sido sobre la dureza del corazón de Dios, pero no es esto lo que registra la Escritura. La Escritura le atribuye a la falta de voluntad de las personas el no venir a Dios, es decir, la dureza de sus propios corazones.

Lo que está generalizado en el lamento de Jesús sobre Jerusalén se personaliza en el incidente con el joven rico (Luc. 18:18-23). El hombre prominente le preguntó, «…¿qué haré para heredar la vida eterna?» (Luc. 18:18). Si Jesús fuera un calvinista, uno podría esperar que le hubiera respondido, «¡nada!» y hubiera reprendido al hombre por la impertinencia de su pregunta, en particular la idea que él podía hacer algo para heredar la vida eterna. Más bien, Jesús le indica lo que él podía hacer: vender todo lo que tenía y repartirlo entre los pobres. Por supuesto, esta instrucción no solo era sobre el dinero del hombre; era sobre su corazón. Él amaba el dinero y los privilegios que este le daban, y él no podía vivir sin él. En otras palabras, Jesús no le concedería la vida eterna a menos que él quisiera entregarle su vida totalmente a Dios, pero el hombre no quería. Jesús lo dejó ir y que enfrentara las consecuencias solemnes de su decisión. Observa que Jesús comenta la falta de voluntad del joven rico, al declarar que es difícil para un rico entrar en el cielo, ciertamente, tan difícil como lo sería para un camello pasar por el ojo de una aguja (Luc. 13:24-28). Esta instrucción provocó que los discípulos señalaran que ellos habían sacrificado mucho para seguirlo, de modo que Él les prometió una recompensa importante por sus esfuerzos (Luc. 18:28-30).

Desde luego, si Jesús fuera un calvinista, Él nunca habría sugerido que era más difícil para los ricos ser salvos por la gracia irresistible de Dios que los pobres. Sus voluntades se cambiarían de manera inmediata e invencible al escuchar el llamamiento eficaz de Dios. No sería más difícil para un rico ser salvo por el llamamiento irresistible y monergista de Dios que lo que sería para otro pecador. Pero el Jesús real sugirió que su salvación estaba vinculada en alguna medida a su respuesta y entrega a Su llamamiento.

La misma idea de la gracia resistible surge muchas veces en las parábolas del ministerio de enseñanza de Jesús. En la parábola de los dos hijos (Mat. 21:28-32),

Jesús describe sus distintas respuestas. Un hijo, al principio, rehúsa hacer el trabajo que se le requiere, y dice «...No quiero; pero después, arrepentido, fue» (Mat. 21:29). Uno no debe estirar una parábola hasta alegorizar, entonces ¿cuál es el punto principal de esta parábola? El punto es que los cobradores de impuestos y las prostitutas iban a entrar en el reino de los cielos antes que los principales sacerdotes y los ancianos que resistían Su enseñanza (Mat. 21:31). Observa que la distinción entre los dos no era que uno era hijo y el otro no, pues ambos eran hijos de quienes el padre deseaba obediencia. La diferencia es la respuesta de cada hijo: resistencia de uno, arrepentimiento y obediencia del otro.

Una enseñanza similar sigue en la parábola de la viña (Mat. 21:33-44). Al usar el símbolo familiar del Antiguo Testamento de una viña para representar a Israel, Jesús contó sobre el dueño de la viña que se fue de viaje y la dejó en manos de unos labradores. El dueño envía diferentes grupos de mensajeros y, por último, envía a su propio hijo para que instruya a los labradores sobre cómo dirigir la viña, pero ellos rechazan a cada mensajero y matan al hijo con la esperanza de apoderarse de la viña. El dueño regresa y les impone un castigo a los labradores rebeldes. Luego, Jesús habla de la piedra que fue desechada por los constructores, pero que se convirtió en la piedra angular, desde luego, Él está hablando de Sí mismo (Mat. 21:42-44). Entonces Jesús le declaró a los fariseos que el reino de Dios les sería quitado y dado a una nación que produzca sus frutos (Mat. 21:43). Otra vez, la diferencia fundamental era si las personas querían responder a la Palabra de Dios.

La parábola del sembrador (o de los suelos) en Mateo 13:1-23; Marcos 4:1-20 y Lucas 8:1-15 hace hincapié en la cuestión de la sensibilidad a la Palabra de Dios. El elemento invariable es la semilla, que representa la Palabra de Dios. El factor variable es la receptividad del suelo sobre el cual el sembrador sembró la semilla. La semilla junto al camino, en los pedregales y entre los espinos, nunca llegó a estar suficientemente enraizada en el suelo para florecer. La semilla junto al camino es arrebatada por el maligno. La que cae en los pedregales representa a aquel que «...oye la palabra y enseguida la recibe con gozo» (Mat. 13:20), pero no florece porque «...no tiene raíz *profunda* en sí mismo...» (Mat. 13:21). La semilla que cae entre los espinos representa a la persona que también oye la Palabra de Dios, pero el mensaje se vuelve confuso por los intereses del mundo. Solo la semilla que cae en suelo bueno y receptivo florece. De nuevo, la variable no es la proclamación de la Palabra, sino la respuesta del individuo.

Las invitaciones *que incluyen a todos* en la Escritura

Uno de los temas más repetidos en muchos géneros de la Escritura es la amplia invitación de Dios para «todas» las personas. Esta invitación es similar de muchas formas con la discusión del Dr. David Allen sobre el tema de la expiación limitada. La principal percepción que difiere entre calvinistas y otros a este respecto es por qué algunos vienen a la salvación y muchos no. Los calvinistas, en esencia, culpan a Dios por aquellos que no vienen a la salvación. Mientras que ellos insistirían, desde luego, que los pecadores que rechazaron el mensaje de salvación solo estaban recibiendo su justo merecido, hay mucho más de fondo. Los calvinistas afirman que Dios escogió a algunos para la gloria por Sus propias razones desde antes que el mundo comenzara, y que Él les dio gracia irresistible a través de Su Espíritu para que inevitablemente fueran salvos. Está claro que aquellos que Él no escogió no recibieron el llamamiento eficaz irresistible, sino solo el llamamiento ineficaz externo resistible. Otra alternativa es que Dios extiende el llamamiento general a todas las personas y libera al Espíritu Santo para que las persuada y les dé convicción de su necesidad de arrepentimiento y fe. El Espíritu Santo, sin embargo, no impone Su voluntad de manera irresistible. Así, al fin y al cabo, la respuesta a la gracia de Dios determina si el llamamiento es eficaz.

La cuestión fundamental, entonces, es si la salvación está genuinamente abierta a todas las personas o solo a unas pocas que reciben la gracia irresistible. ¿Qué enseña La Escritura al respecto? Ante todo, la Escritura enseña con claridad que Dios desea la salvación de todas las personas. La Biblia enseña que:

> «El mismo es la propiciación por nuestros pecados, y no sólo por los nuestros, sino también por los del mundo entero» (1 Juan 2:2).

«Así, no es la voluntad de vuestro Padre que está en los cielos que se pierda uno de estos pequeñitos» (Mat. 18:14).

Dios «...no queriendo que nadie perezca, sino que todos vengan al arrepentimiento» (2 Ped. 3:9).

Dios «quiere que todos los hombres sean salvos y vengan al pleno conocimiento de la verdad» (1 Tim. 2:4).

La palabra griega *pas*, que significa «todos» o «todas las personas» se encuentra en 1 Timoteo 2:4 y 2 Pedro 3:9, en todos los diccionarios de griego significa «¡todos!».[29]

Aquellos a quienes les gustaría traducir la palabra *pas* en algo más que un sinónimo para «todos» deberían sopesar el costo teológico de semejante propuesta solo porque está en desacuerdo con su sistema teológico. Por ejemplo, Pablo usa el mismo término en 2 Timoteo 3:16, cuando declara que «*toda* Escritura es inspirada por Dios...». Él no quiere decir que Dios solo inspira algunas porciones seleccionadas de la Escritura, sino que Dios inspira toda la Escritura. De la misma manera, la palabra griega *pas* («todos»), se usa en el prólogo de Juan, cuando hace la enorme afirmación sobre la creación: «*Todas* las cosas fueron hechas por medio de Él, y sin Él nada de lo que ha sido hecho, fue hecho» (Juan 1:3). Jesús no participó en crear unos árboles por aquí y unos montes por allá, sino que todas las cosas fueron creadas por Él. Vemos, otra vez, la palabra en Efesios, cuando Pablo mira hacia el final de los tiempos y afirma que en el cumplimiento de los tiempos se reunirán «*todas* las cosas en Cristo, tanto las que están en los cielos, como las que están en la tierra» (Ef. 1:10). Así que, una doctrina precisa sobre la creación del mundo, la espiración de la Escritura y la consumación del mundo dependen

---

[29] B. Reicke, s.v. «*pas*» en *Theological Dictionary of the New Testament* (eds. G. Kittel y G. Friedrich; trad. en inglés G. W. Bromiley; Grand Rapids, MI: Eerdmans, 1977), 5:886-96; Thayer, «*pas*», *A Greek-English Lexicon*, 491-93; Danker, «*pas*», *A Greek-English Lexicon*, 782-84. Danker señala que *pas* se refiere a «totalidad» con un «enfoque en sus componentes individuales» (782).

de una traducción precisa de la palabra griega *pas* como «todo». Lo mismo ocurre con la doctrina de la salvación, que Dios desea la salvación de todas las personas y ha hecho expiación mediante Cristo que es suficiente para todas las personas.

Esta misma palabra griega —que incluye todo— *pas* (traducida como «todos – incluye a cada uno», «todos» o «todo aquel que») se usa de manera repetida en el Nuevo Testamento para ofrecer una invitación a todas las personas que responderían a la iniciativa de gracia de Dios con fe y obediencia (la letra cursiva en los siguientes pasajes es mía):

«Por tanto, *cualquiera* (todo aquel BLP - *pas, hostis*) que oye estas palabras mías y las pone en práctica, será semejante a un hombre sabio que edificó su casa sobre la roca» (Mat. 7:24; ver Luc. 6:47).

«Por tanto, *todo el que* (*pas hostis*) me confiese delante de los hombres, yo también le confesaré delante de mi Padre que está en los cielos. Pero cualquiera que me niegue delante de los hombres, yo también lo negaré delante de mi Padre que está en los cielos» (Mat. 10:32:33; ver Luc. 12:8).

«Venid a mí, *todos* (*pantes*) los que estáis cansados y cargados, y yo os haré descansar» (Mat. 11:28; ver Luc. 7:37).

Juan el Bautista «vino como testigo, para testificar de la luz, a fin de que *todos* (*pantes*) creyeran por medio de él» (Juan 1:7).

Jesús es la luz verdadera que «alumbra a *todo hombre*» (*panta*) (Juan 1:9).

«Para que todo aquel [*pas*] que en él cree, no se pierda, mas tenga vida eterna. Porque de tal manera amó Dios al mundo, que ha dado su Hijo unigénito, para que todo aquel que en él cree, no se pierda, mas tenga vida eterna» (Juan 3:15-16, RVR1960).

«...*Todo el que* (*pas*) beba de esta agua volverá a tener sed, pero el que (*hos an*) beba del agua que yo le daré, no tendrá sed jamás, sino que el agua que yo le daré se convertirá en él en una fuente de agua que brota para vida eterna» (Juan 4:13-14).

«Porque esta es la voluntad de mi Padre: que *todo aquel que* (*pas*) ve al Hijo y cree en El, tenga vida eterna, y yo mismo lo resucitaré en el día final» (Juan 6:40).

«Y *todo el que* (*pas*) vive y cree en mí, no morirá jamás. ¿Crees esto?» (Juan 11:26).

«Yo, la luz, he venido al mundo, para que *todo el que* (*pas*) cree en mí no permanezca en tinieblas» (Juan 12:46).

«Y sucederá que todo aquel que (*pas, hos an*) invoque el nombre del Señor será salvo» (Hech. 2:21).

« De éste dan testimonio *todos* (*pantes*) los profetas, de que por su nombre, *todo el que* (*panta*) cree en El recibe el perdón de los pecados» (Hech. 10:43).

«Tal como está escrito: He aquí pongo en Sión una piedra de tropiezo y roca de escándalo; y *el que* (*pas*) crea en Él no será avergonzado» (Rom. 9:33).

« Pues la Escritura dice: *Todo el que* (*pas*) cree en Él no será avergonzado» (Rom. 10:11).

«*Todo aquel que* (*pas*) niega al Hijo tampoco tiene al Padre; el que confiesa al Hijo tiene también al Padre» (1 Juan 2:23).

«*Todo aquel que* (*pas*) cree que Jesús es el Cristo, es nacido de Dios; y todo aquel que ama al Padre, ama al que ha nacido de Él» (1 Juan 5:1).

Muchas más de estas amplias invitaciones se encuentran en toda la Escritura. Además, el Nuevo Testamento usa con frecuencia una forma de *hostis*, la cual, cuando se combina con *an* o *ean* es un pronombre relativo indefinido cuya mejor traducción es «cualquiera», «todo aquel que» o «todas las personas», y se refiere al grupo como un todo, con un enfoque en cada miembro individual del grupo.[30]

Una invitación que incluye a todos en los Profetas

En la famosa profecía de Joel, este profeta comenta sobre aquellos a quienes Dios libera:

> Y sucederá que *todo aquel que* invoque el nombre del Señor será salvo; porque en el monte Sion y en Jerusalén habrá salvación, como ha dicho el Señor, y entre los sobrevivientes estarán los que el Señor llame (Joel 2:32).

Ten en cuenta que *todo aquel que* (traducido «cualquiera» en la RVA) está en armonía con «entre los sobrevivientes [remanente] estarán los que el Señor llame». Estos no son dos grupos diferentes, sino uno y el mismo.

Una invitación que incluye a todos ofrecida por Jesús

Jesús ofreció esta invitación que incluye a todos en el sermón del monte y durante Su ministerio de enseñanza. Uno se da cuenta que Jesús no dice «todo aquel electo» en estas invitaciones. Estas siempre se dirigen a «todo aquel que».[31]

> «Y bienaventurado es *el que* (*hos ean*) no se escandaliza de mí» (Mat. 11:6; ver Luc. 7:23).

---

[30] Thayer, *«hostis»*, *A Greek-English Lexicon*, 33-34; 454-57; Danker, *«hostis»*, *A Greek-English Lexicon*, 56-57, 725-27, 729-30. Danker señala que *hostis* significa «todo aquel que, todas las personas, el que, en un sentido general», y cuando se combina con *an* «la vaguedad de la expresión se acentúa» (729).

[31] Ver también Marcos 8:38 y Lucas 9:26; Marcos 9:37 y Lucas 9:48; Marcos 10:15 y Lucas 14:27.

«Porque *cualquiera* (*hostis an*) que hace la voluntad de mi Padre que está en los cielos, ése es mi hermano y mi hermana y mi madre» (Mat. 12:50; comp. Mar. 3:35)

«...Si *alguno* (*tis*) quiere venir en pos de mí, niéguese a sí mismo, tome su cruz y sígame. Porque *el que* (*hos an*) quiera salvar su vida, la perderá; pero *el que* pierda su vida por causa de mí, la hallará» (Mat. 16:24-25; comp. Mar. 8:34-35; Luc. 9:23-24).

«Yo soy el pan vivo que descendió del cielo; si *alguno* (*ean tis*) come de este pan, vivirá para siempre; y el pan que yo también daré por la vida del mundo es mi carne» (Juan 6:51)

«Si *alguien* (*ean tis*) quiere hacer su voluntad, sabrá si mi enseñanza es de Dios o *si* hablo de mí mismo» (Juan 7:17).

«Y en el último día, el gran día de la fiesta, Jesús puesto en pie, exclamó en alta voz, diciendo: Si *alguno* (*ean tis*) tiene sed, que venga a mí y beba» (Juan 7:37).

«En verdad, en verdad os digo que si *alguno* (*ean tis*) guarda mi palabra, no verá jamás la muerte» (Juan 8:51).

Invitaciones que incluyen a todos en la proclamación y epístolas a la iglesia apostólica

«Y sucederá que *todo aquel que* (*pas, hos an*) invoque el nombre del Señor será salvo» (Hech. 2:21).

«De éste [Jesús] dan testimonio *todos* (*pantes*) los profetas, de que por su nombre, *todo el que* (*panta*) cree en Él recibe el perdón de los pecados» (Hech. 10:43).

«Porque: *Todo aquel que* (*pas hos an*) invoque el nombre del señor será salvo» (Rom. 10:13)

«*Todo aquel que* (*hos an*) confiesa que Jesús es el Hijo de Dios, Dios permanece en él y él en Dios» (1 Juan 4:15).

Invitaciones que incluyen a todos en el Apocalipsis de Juan

«He aquí, yo estoy a la puerta y llamo; si *alguno* (*ean tis*) oye mi voz y abre la puerta, entraré a él, y cenaré con él y él conmigo» (Apoc. 3:20).

«Y el Espíritu y la esposa dicen: Ven. Y el que oye, diga: Ven. Y el que tiene sed, venga; y *el que desea*, que tome gratuitamente del agua de la vida» (Apoc. 22:17).

Pasar por alto o reinterpretar estos versículos podría hacerlos encajar dentro de un sistema teológico. Pero, cuando tal número de textos de varios géneros de la Escritura ofrece la misma invitación que incluye a todos una y otra vez, se llega a un punto cuando debe preguntarse si el sistema teológico que uno sostiene le hace justicia al texto bíblico. ¿Estoy acomodando la Escritura para hacerla coincidir con mi sistema teológico, o a mi sistema teológico se acomoda a la Escritura?

Descripciones de cómo ser salvo

Otra línea de evidencia en la Escritura apoya la idea que la gracia es resistible. Siempre que alguien en el Nuevo Testamento hace una pregunta directa sobre cómo ser salvo, la respuesta nunca se refiere a la elección. La respuesta siempre llama a la acción por parte de la persona para recibir la salvación que Dios ha provisto para cada persona y ofrece a cada persona. ¿Qué deberíamos declarar ante tal multitud de testigos?

Claramente, parecería que el evangelio se ofrece a todos aquellos que responderán, no solo a unas pocas personas seleccionadas que reciben la gracia eficaz de manera irresistible. Varias veces en el Nuevo Testamento, fórmulas desde más de una perspectiva teológica se expresan sobre cómo ser salvo. Varias veces en el Nuevo Testamento, las fórmulas de salvación se expresan con diferentes términos. Otra vez, estas fórmulas se enfocan en la respuesta deseada por parte de los pecadores, no en la cuestión si son electos.

Las enseñanzas de Jesús. Jesús directamente vincula la salvación con la fe en Él, lo que se comprende a través de la proclamación del evangelio: «Y como Moisés levantó la serpiente en el desierto, así es necesario que el Hijo del Hombre sea levantado, para que todo aquel que en él cree, no se pierda, mas tenga vida eterna. Porque de tal manera amó Dios al mundo, que ha dado a su Hijo unigénito, para que todo aquel que en él cree, no se pierda, mas tenga vida eterna» (Juan 3:14-16, RVR1960). Por eso, Jesús encargó a Sus discípulos «id por todo el mundo y predicad el evangelio a toda criatura. El que crea y sea bautizado será salvo; pero el que no crea será condenado» (Mar. 16:15-16).

La invitación en Pentecostés. Al final del sermón en Pentecostés, algunos de los que oían «...compungidos de corazón, dijeron a Pedro y a los demás apóstoles: Hermanos, ¿qué haremos?» (Hech. 2:37). La respuesta de Pedro no fue, «¿eres electo o no lo eres?». Su respuesta fue, «...arrepentíos y sed bautizados cada uno de vosotros en el nombre de Jesucristo para perdón de vuestros pecados, y recibiréis el don del Espíritu Santo» (Hech. 2:38). Incluso después de esto, «con muchas otras palabras testificaba solemnemente y les exhortaba diciendo: Sed salvos de esta perversa generación» (Hech. 2:40). Desde luego, si Pedro hubiera sabido que la gracia era irresistible, él no habría desperdiciado su tiempo con tan solemne exhortación por temor a que aquellos que estaban oyendo solo el llamamiento general se sintieran confundidos pensando que podrían ser salvos.

El llamamiento al carcelero de Filipos. Asimismo, cuando el carcelero de Filipos vio la intervención milagrosa de Dios en liberar a Pablo y a Silas de la cárcel, él se postró ante ellos e hizo la pregunta sobre la salvación de la manera más directa posible: «Señores, ¿qué debo hacer para ser salvo?» (Hech. 16:30). Pablo no le habló sobre la elección. Más bien, él contestó, «Cree en el Señor Jesús, y serás salvo, tú y toda tu casa» (Hech. 16:31).

El llamamiento al eunuco etíope. Después que Felipe había testificado al eunuco etíope sobre las profecías del Antiguo Testamento, el eunuco exclamó, «Mira, agua. ¿Qué impide que yo sea bautizado? Y Felipe dijo: Si crees con todo tu corazón, puedes. Respondió él y dijo: Creo que Jesucristo es el Hijo de Dios» (Hech. 8:36-37). Y, entonces, él fue bautizado. Considera que el ser bautizado estaba condicionado a «si» él creía.

La enseñanza de Pablo. «Que si confiesas con tu boca a Jesús por Señor, y crees en tu corazón que Dios le resucitó de entre los muertos, serás salvo; porque con el corazón se cree para justicia, y con la boca se confiesa para salvación» (Rom. 10:9-10).

Para resumir, las Escrituras contienen evidencia considerable contra la gracia irresistible. La Biblia en concreto enseña que se puede resistir al Espíritu Santo. Repetidas veces llama a las personas para que respondan a la invitación de la gracia de Dios. Las descripciones de cómo ser salvo parecen enfocarse en la respuesta humana a la iniciativa de Dios. Los textos no parecen apoyar la gracia irresistible, sino que llaman a las personas a responder a la gracia de Dios en formas específicas. Esto no significa, desde luego, que los calvinistas no pueden llegar a interpretaciones diferentes de estos textos, basados sobre sus presuposiciones teológicas. Esto significa que el sentido llano al leer estos textos tiende a apoyar la creencia que la gracia de Dios, según Su propio propósito y diseño, es resistible.

Una evaluación teológica de la gracia irresistible

¿Qué pasa con la gracia irresistible, desde una perspectiva teológica? ¿Cómo encaja la gracia irresistible con las personas de una herencia bautista? ¿Qué afirma *La fe y el mensaje bautista* sobre la gracia irresistible y las otras llamadas doctrinas de la gracia?

La fe y el mensaje bautista 2000 y la gracia irresistible

La Biblia es nuestra norma final para la fe y la práctica. Sin embargo, como un bautista del sur, *La fe y el mensaje bautista 2000* (F&MB2000),[32] la declaración confesional de la denominación protestante más grande en los Estados Unidos, provee valiosa información sobre temas doctrinales. ¿Qué dice la F&MB2000 sobre la gracia irresistible? El término «gracia irresistible» no aparece en la F&MB2000. Es más, la F&MB2000 no endorsa de manera explícita la depravación total, la elección incondicional, la expiación limitada o la gracia irresistible, aunque los calvinistas y no calvinistas pueden citar lenguaje en la confesión que podría apoyar cada posición. A mi entender, la gracia irresistible no encuentra apoyo en las definiciones de «salvación», «regeneración» y «justificación» en el artículo IV de la F&MB2000. La salvación «se ofrece gratuitamente a *todos los que aceptan* a Jesucristo como Señor y Salvador». La regeneración «es un cambio de corazón, obrado por el Espíritu Santo por medio de la convicción de pecado, al cual *el pecador responde* en arrepentimiento hacia Dios y fe en el Señor Jesucristo». La justificación «es la obra de gracia de Dios y la completa absolución basada en los principios de su gracia hacia *todos los pecadores que se arrepienten y creen* en Cristo». La F&MB2000, de manera explícita, establece: «No hay salvación aparte de la fe personal en Jesucristo como Señor». Asimismo, el reino de Dios en el artículo IX se define como «el reino de la salvación en el cual los hombres entran mediante su entrega a Jesucristo por medio de una fe y confianza semejantes a la de un niño».

También, la F&MB2000 respeta la libertad humana y la responsabilidad moral. El artículo V afirma que la elección de Dios es «*consistente con el libre albedrío del hombre*». El artículo III, además, afirma que nosotros fuimos dotados en la creación con «la libertad para elegir», y en ninguna parte de la confesión se afirma la remoción de esta libertad para elegir. El artículo III dos

---

[32] En esta sección yo escribo con referencia a La fe y el mensaje bautista 2000, disponible en internet en http://baptistcenter.com/bfm2000.html. Comentario sobre la confesión se puede encontrar en C. S. Kelley Jr., R. Land y R. A. Mohler Jr., *The Baptist Faith and Message 2000* (Nashville: LifeWay, 2007); y D. Blount y J. Wooddell, *The Baptist Faith and Message 2000: Critical Issues in America's Largest Protestant Denomination* (Nueva York: Rowman y Littlefield, 2007).

veces afirma la creación de todos los seres humanos a la imagen de Dios y también afirma «la santidad de la personalidad humana». El artículo III afirma la edad de la responsabilidad, que aunque después de Adán todos los seres humanos nacen con una naturaleza pecaminosa en un ambiente pecaminoso, solo cuando ellos «son capaces de realizar una acción moral se convierten en transgresores y están bajo condenación»,[33] lo que destaca la libertad humana y la responsabilidad moral individual. Todas estas descripciones sugieren una respuesta humana a la gracia de Dios, más que la noción de la gracia que se impone de manera irresistible sobre la voluntad de alguien.

Desde luego, *La fe y el mensaje bautista* a menudo afirma por igual que la gracia de Dios inicia y trae la salvación. Los bautistas creen en la justificación por gracia por medio de la fe. La F&MB2000 enseña que «solamente la gracia de Dios puede traer al hombre a su compañerismo santo y capacitar al hombre para que cumpla el propósito creativo de Dios».[34] Asimismo, describe la regeneración o el nuevo nacimiento como «una obra de la gracia de Dios por la cual los creyentes llegan a ser nuevas criaturas en Cristo Jesús. Es un cambio de corazón, obrado por el Espíritu Santo por medio de la convicción de pecado, al cual el pecador responde en arrepentimiento hacia Dios y fe en el Señor Jesucristo».[35] La F&MB2000 describe la elección como «el propósito de la gracia de Dios, según el cual Él regenera, justifica, santifica y glorifica a los pecadores» y «es la gloriosa expresión de la bondad soberana de Dios».[36] El Espíritu Santo, según la F&MB2000, «convence a los hombres de pecado, de justicia y de juicio. Él llama a los hombres al Salvador, y efectúa la regeneración. En el momento de la regeneración, Él bautiza a cada creyente en el Cuerpo de Cristo».[37]

La F&MB2000 no intenta aliviar la tensión entre la soberanía de Dios y el libre albedrío del hombre en un sistema teológico puro; deja esta dinámica tensión como la encontramos en la Escritura. Afirma tanto una alta

---

[33] *Baptist Faith and Message 2000*, artículo III, «El hombre».

[34] Ibíd.

[35] Ibíd., artículo IV, «Salvación».

[36] Ibíd., artículo V, «El propósito de la gracia de Dios».

[37] Ibíd., artículo Ic, «Dios, el Espíritu Santo».

consideración sobre la soberanía de Dios y una alta consideración sobre el libre albedrío y la responsabilidad moral. Afirma tanto la necesidad (debido a la caída del hombre) de la iniciativa de Dios en la salvación por gracia, y la necesidad de que las personas deben responder al don de la gracia de la salvación por parte de Dios y recibirlo en sus vidas.

Siete preocupaciones teológicas sobre la gracia irresistible

Desde mi perspectiva, la gracia irresistible no armoniza con una serie de doctrinas. Plantearé una serie de preguntas sobre la viabilidad de una doctrina de la gracia irresistible desde una perspectiva teológica cristiana bautista del sur. Estas preocupaciones se dirigen principalmente a algunos que van hasta los extremos en el calvinismo, por lo que no se aplican a todos los calvinistas. Si estas preocupaciones o críticas no te atañen, entonces ¡qué Dios te bendiga! Ayudaría en gran manera si fueras más específico y deliberado en distinguirte a ti mismo de estas formas más extremas de calvinismo. No me preocupa tanto dónde se encuentran ahora los jóvenes calvinistas; me preocupa dónde pueden llegar a estar ellos o sus seguidores dentro de una década. ¿Dónde están los límites? En las páginas siguientes, planteo siete preocupaciones teológicas específicas sobre la noción de la gracia irresistible.

1. La gracia irresistible puede llevar a la negación de la necesidad de la conversión

Algunos calvinistas entienden que el llamamiento eficaz se fundamenta en la doble predestinación; por lo tanto, la conversión es innecesaria y se afirma el bautismo de los infantes. Debido a que ellos entienden que el pacto de Dios incluye a los hijos a través de sus padres, la conversión personal no es necesaria. En realidad, esta rama del calvinismo se irrita ante la noción de que se considere necesario que los hijos de familias cristianas deban convertirse. David Engelsma indica, «contestando por mí mismo, a la presuntuosa y descarada pregunta que me han hecho algunas veces aquellos de mentalidad evangelizadora más que una mentalidad del pacto, '¿cuándo te convertiste?'; yo contesto con toda seriedad, '¿cuándo no era convertido?'».[38] Él agrega, «como un ministro reformado y padre, no tengo interés en absoluto en la conversión como el fundamento para ver a los niños bautizados como apreciados hijos de Dios, amados por Él desde la eternidad, redimidos por Jesús, y a quienes se les ha prometido el Espíritu Santo, el autor de la fe. ¡No tengo ningún interés!».[39] Entonces, desde la perspectiva de Engelsma, los hijos de los creyentes son automáticamente salvos bajo el pacto de sus padres, por lo que no tienen necesidad de la conversión personal. Sin embargo, los hijos de los no creyentes que mueren durante su infancia son reprobados y van al infierno.[40]

La posición de Engelsma, aunque quizás vergonzosa y poco popular entre algunos calvinistas contemporáneos, es consistente con las enseñanzas del mismo Calvino, así como las declaraciones en el Sínodo de Dort y la Confesión de Westminster. Según el artículo 17, Sección I del Sínodo de Dort, titulado «La salvación de los infantes de los creyentes», el Sínodo afirmaba: «Puesto que debemos juzgar la voluntad de Dios por medio de Su Palabra, la cual atestigua que los hijos de los *creyentes* son santos, no por naturaleza, sino en virtud del pacto de gracia, en el que están incluidos con sus padres, por esta razón los padres piadosos no deben dudar de la elección y salvación de los hijos a quienes Dios quita de esta vida en su niñez».[41] Asimismo, la sección III del capítulo X de la Confesión de Westminster, titulado «Del llamamiento eficaz», afirma: «Los niños elegidos que mueren en la infancia, son regenerados y salvados por Cristo por medio del Espíritu, quien obra cuando, donde y como quiere. En la misma condición están todas las personas elegidas que sean incapaces de ser llamadas externamente por el ministerio de la palabra».[42]

---

[38] D. J. Engelsma, *The Covenant of God and the Children of Believers: Sovereign Grace in the Covenant* (Grandville, MI: Reformed Free Publishing Association, 2005), 13-16.

[39] Ibíd., 82.

[40] Ibíd., 70-78

[41] «Los Cánones de Dort», capítulo I, artículo 17, en http://iglesiareformada.com/Canones_de_Dort.html.

[42] «Confesión de fe de Westminster», capítulo X, artículo III, en http://www.iglesiareformada.com/Confesion_Westminster.html#anchor_24

Según la perspectiva de calvinistas como Engelsma, la conversión es un complemento innecesario porque los hijos de los creyentes están cubiertos bajo el pacto de sus padres. La contrapartida de esta doctrina, la condenación eterna de los hijos de los no creyentes, sin duda trae implicaciones complejas para el ministerio pastoral. Algunos calvinistas contemporáneos, honestos como R. C. Sproul, Jr., también afirman que el destino eterno de los infantes no guarda relación con su decisión personal de aceptar o rechazar a Cristo después de la edad en la que ya son responsables. Ellos ya son culpables del pecado original, a menos que hayan sido bautizados como infantes. Por tanto, solo los hijos de los creyentes que han experimentado el bautismo de infantes pueden ser salvos. Sproul reprendió a Billy Graham por sus palabras de consuelo para las víctimas del atentado en Oklahoma City (que incluía muchas víctimas de una guardería infantil). Graham dijo, «Algún día habrá una gloriosa reunión con aquellos que han muerto he ido al cielo antes que nosotros, y que incluye a todos estos niños inocentes, cuyas vidas se perdieron. Pero, ellos no están perdidos para Dios, porque todo niño de esa edad va automáticamente al cielo y a los brazos de Dios».[43] Sproul, Jr., insistió que, puesto que todos nacemos culpables del pecado original, y puesto que los infantes no tuvieron oportunidad de la justificación por la fe, estos no tienen una esperanza real de salvación. Él acusó a Graham de defender «un nuevo evangelio, justificación por la juventud solamente».[44] El artículo de Sproul fue tristemente célebre, no solo por establecer un récord por el número de cartas al editor, sino también por establecer un récord por no producir una sola carta que apoyara la posición de Sproul.

Los bautistas siempre han creído que dado que los infantes no son aún capaces de pecado real hasta la edad en la que son responsables, y dado que su naturaleza pecaminosa es salva a través de la expiación, ellos van al cielo. A los seres humanos no se les pide cuentas por sus pecados hasta que son moralmente responsables, y en ese punto su destino eterno se decide por su

---

[43]   R. C. Sproul, Jr., «Comfort Ye My People—Justification by Youth Alone: When Does Comfort Become Confusion?» *World* 10, n.º 7 (6 de mayo de 1995): 26.

[44]   Ibíd.

respuesta a la iniciativa de la gracia de Dios, no a la herencia espiritual de sus padres.

Cabe esperar que pocos bautistas calvinistas sean tentados a practicar el *calvinismo sin conversión* al estilo de Engelsma. Cuando los bautistas se salen de su camino para tener comunión con tales presbiterianos y no con otros bautistas, o cuando ellos permiten que las personas bautizadas como infantes se incorporen como miembros de sus iglesias sin haber experimentado el bautismo del creyente,[45] o cuando hablan de invitaciones públicas como pecaminosas o como un rechazo a la soberanía de Dios, es difícil ver mucha diferencia entre ellos.

2. *La gracia irresistible invierte el orden bíblico de la salvación*

Todas las formas mayores del calvinismo (tanto la de «Luces Antiguas» o antiguo calvinismo de la no conversión de David Engelsma y la perspectiva más popular del nuevo calvinismo, la conversionista o de «Luces Nuevas») afirman un *ordo salutis*, un orden de la salvación, que es el fundamento sobre

---

[45] Por ejemplo, John Piper, pastor de la Bethlehem Baptist Church en Mineápolis (una iglesia de la Conferencia General Bautista), presentó a los ancianos de la iglesia un documento llamado «Twelve Theses on Baptism and Its Relationship to Church Membership, Church Leadership, and Wider Affiliations and Partnerships of Bethlehem Baptist Church» el 2 de enero de 2002. En este documento, Piper proponía la siguiente enmienda en relación al requerimiento del bautismo para la membresía en la iglesia: «Por lo tanto, donde la creencia en la validez bíblica del bautismo de infantes no implica la regeneración bautismal o la garantía de la gracia salvífica, esta creencia no la consideran los ancianos de la Bethlehem Baptist Church como una desviación bastante importante o central de la enseñanza bíblica para excluir a una persona de la membresía, si esta llena todos los demás requisitos correspondientes y se le persuade mediante el estudio bíblico y una clara conciencia que su bautismo es válido. En tal caso, no requeriríamos el bautismo por inmersión como creyente para la membresía, pero le enseñaríamos y oraríamos para que cambiara de parecer, lo que lo llevaría finalmente a este bautismo» (John Piper, «Twelve Thesis on Baptism and Its Relationship to Church Membership, Church Leadership, and Wider Affiliations and Partnerships of Bethlehem Baptist Church» en *Baptism and Church Membership at Bethlehem Baptist Church: Eight Recommendations for Constitutional Revision* [por J. Piper, A. Chediak y T. Steller, disponible en http://desiringgod.org/media/pdf/baptism_and_membership.pdf], 14). La confesión doctrinal de la Conferencia General Bautista de la cual la Bethlehem Baptist Church es parte, afirma: «Creemos que forma del bautismo cristiano es la inmersión de un creyente en agua en el nombre del Dios trino». (Véase «The Ordinances», artículo 9 de *An Affirmation of Our Faith*, disponible en el sitio de internet de la Conferencia General Bautista en http://www.bgcworld.org/intro/affirm.htm). La propuesta de Piper no encontró el acuerdo general entre los ancianos de la iglesia. Después, el asunto se discutió por varios años, una normativa modificada la aprobaron finalmente los ancianos en agosto de 2005, pero luego se revocó ante la protesta del público.

el cual se construye el sistema teológico calvinista. Uno de los elementos fundamentales de este orden de la salvación es que la regeneración precede a la conversión. Fundamental para la creencia en la gracia irresistible es la presuposición que todas las personas están espiritualmente muertas como un resultado del pecado de Adán, por tanto, los humanos son incapaces de responder de ninguna manera al evangelio aparte del acto previo de la regeneración efectuada por el Espíritu de Dios. Los calvinistas y arminianos coinciden que solo Dios puede levantar a las personas para nueva vida; los seres humanos no pueden salvarse o regenerarse a sí mismos. Como el escritor calvinista James White ha reconocido: «Ningún lado en el debate negará que Dios es el único que levanta a los hombres a la vida espiritual».[46] Entonces ¿cuál es la diferencia? Según la gracia irresistible, las personas son totalmente incapaces de responder a la gracia de Dios hasta que el Espíritu Santo las ha regenerado, mientras que, según la perspectiva opuesta, las personas pueden responder a la iniciativa de la gracia de Dios con la ayuda del Espíritu Santo.

Los calvinistas basan mucho de su enseñanza en Efesios 2:1, que aquellos que están perdidos están «muertos en delitos y pecados». Sin embargo, ellos tienden a equiparar la muerte espiritual con la muerte física y no califican esta muerte espiritual a la luz de otras descripciones del estado de estar perdido, incluso en el mismo capítulo. Efesios 2 además habla de los perdidos como «extranjeros» y «extraños» (Ef. 2:12, 19). Los extranjeros no gozan de la ciudadanía y están lejos de Dios, pero los extranjeros están vivos. Efesios 2:1 se define aun más en 1 Corintios 1:18 («...la palabra de la cruz es necedad para los que se pierden», en 2 Corintios 2:15 («Porque fragante aroma de Cristo somos para Dios entre los que se salvan y entre los que se pierden»), y en 2 Corintios 4:3 («Y si todavía nuestro evangelio está velado, para los que se pierden está velado»). El concepto de la muerte espiritual está presente en los tres pasajes, pero la muerte todavía no está completa o terminada. Los perdidos están muriendo, pero todavía no están muertos. La oportunidad permanece para que haya una respuesta que resulte en un diferente destino.

---

[46] White, *Debating Calvinism*, 197-98.

Pero, los calvinistas toman la muerte espiritual no solo como la metáfora primaria, sino como la base literal sobre la cual edifican el resto de su superestructura teológica. Por ejemplo, en un sermón sobre Efesios 2, John MacArthur declaró que «la muerte espiritual es la incapacidad de responder al estímulo». Un pecador «no tiene la capacidad de responder a Dios… las personas muertas espiritualmente son como zombis, ellas no saben que están muertas y todavía aparentan vivir».[47] Por eso, los calvinistas razonan, las personas deben ser regeneradas (renacer espiritualmente, nacer de nuevo) antes de que puedan estar lo suficientemente vivas espiritualmente para responder a Dios. Como lo afirma John Piper y el personal de la Bethlehem Baptist Church: «Nosotros no pensamos que la fe precede y causa el nuevo nacimiento. La fe es la evidencia que Dios nos ha hecho nacer de nuevo».[48]

Es evidente que ser salvo antes de creer en Cristo es poner «la carreta delante de los caballos». Esta cuestión puede dividirse en tres preguntas sobre qué es lo primero: ¿La regeneración o la salvación? ¿Recibir al Espíritu Santo o la salvación? ¿La salvación o el arrepentimiento y la fe? Muchos textos claves aclaran estos asuntos.

Primero, en relación a la regeneración que precede a la fe, R. C. Sproul afirma que «un punto cardinal de la teología reformada es la máxima: la regeneración precede a la fe… nosotros no creemos para nacer de nuevo; nacemos de nuevo para creer».[49] ¿Qué declara la Biblia? ¿La regeneración (vida espiritual, nacer de nuevo, nuevo nacimiento) es lo primero o es la fe?

Jesús le dijo a Nicodemo que el Hijo del Hombre debía ser levantado como Moisés levantó a la serpiente en el desierto, «*para que* todo aquel que en él

---

[47]   J. MacArthur, «Coming Alive in Christ», un sermón consultada el 10 de octubre de 2008 en http://www.biblebb.com/files/MAC/sg1908.htm.

[48]   J. Piper y el personal de la Bethlehem Baptist Church, «What We Believe About the Five Points of Calvinism», consultada el 1 de noviembre de 2008. http://www.desiringgod.org/articles/what-we-believe-about-the-five-points-of-calvinism.

[49]   Sproul, *Chosen by God*, 72-73.

cree, no se pierda, mas tenga vida eterna. Porque de tal manera amó Dios al mundo, que ha dado a su Hijo unigénito, para que todo aquel que en él cree, no se pierda, mas tenga vida eterna» (Juan 3:15-16, RVR1960). Observa que la proclamación del evangelio es primero, seguido por la fe, y luego la vida eterna.

«El que cree en el Hijo tiene vida eterna; pero el que no obedece al Hijo no verá la vida, sino que la ira de Dios permanece sobre él» (Juan 3:36).

«En verdad, en verdad os digo: el que oye mi palabra y cree al que me envió, tiene vida eterna y no viene a condenación, sino que ha pasado de muerte a vida» (Juan 5:24).

En su trato con los fariseos, Jesús dijo, «y no queréis venir a mí para que tengáis vida» (Juan 5:40).

«Yo soy el pan vivo que descendió del cielo; si alguno come de este pan, vivirá para siempre; y el pan que yo también daré por la vida del mundo es mi carne» (Juan 6:51).

«Entonces Jesús les dijo: En verdad, en verdad os digo: si no coméis la carne del Hijo del Hombre y bebéis su sangre, no tenéis vida en vosotros. El que come mi carne y bebe mi sangre, tiene vida eterna, y yo lo resucitaré en el día final... Como el Padre que vive me envió, y yo vivo por el Padre, asimismo el que me come, él también *vivirá* por mí» (Juan 6:53-54, 57).

«Jesús le dijo: Yo soy la resurrección y la vida; *el que cree* en mí, aunque muera, *vivirá*» (Juan 11:25). Si Jesús pensaba que la regeneración precedía a la conversión, Él habría dicho que el que está espiritualmente vivo creerá; pero lo que dijo Jesús es que él que cree vivirá.

«Pero éstas se han escrito para que creáis que Jesús es el Cristo, el Hijo de Dios; y para que al creer, tengáis vida en su nombre» (Juan 20:31). De nuevo, observa que no indica que al tener vida los seres humanos podrían creer que Jesús es el Cristo, sino que al creer tendrían vida.

«Todo aquel que cree que Jesús es el Cristo, es nacido de Dios; y todo aquel que ama al Padre, ama al que ha nacido de Él» (1 Juan 5:1).

En cada uno de estos casos, la fe y la salvación claramente preceden a la nueva vida en Cristo.

La segunda cuestión conexa es, ¿Cuándo viene el Espíritu a la vida del creyente? ¿El Espíritu viene a las vidas *adormecidas* antes o después de la conversión? ¿Qué declara la Escritura sobre el orden de creer y recibir el Espíritu?

«El que cree en mí, como ha dicho la Escritura: 'De lo más profundo de su ser brotarán ríos de agua viva'. Pero Él decía esto del Espíritu, que los que habían creído en El habían de recibir; porque el Espíritu no había sido dado todavía, pues Jesús aún no había sido glorificado (Juan 7:38-39).

«Y Pedro les dijo: Arrepentíos y sed bautizados cada uno de vosotros en el nombre de Jesucristo para perdón de vuestros pecados, y recibiréis el don del Espíritu Santo (Hech. 2:38).

«Y porque sois hijos, Dios ha enviado el Espíritu de su Hijo a nuestros corazones, clamando: ¡Abba! ¡Padre! (Gál. 4:6).

«A fin de que en Cristo Jesús la bendición de Abraham viniera a los gentiles, para que recibiéramos la promesa del Espíritu mediante la fe (Gál. 3:14). Si la perspectiva de los calvinistas fuera correcta, este versículo diría, «Que nosotros recibiríamos la fe mediante la obra del Espíritu».

«En Él también vosotros, después de escuchar el mensaje de la verdad, el evangelio de vuestra salvación, y habiendo creído, fuisteis sellados en Él con el Espíritu Santo de la promesa, que nos es dado como garantía de nuestra herencia, con miras a la redención de la posesión adquirida de Dios, para alabanza de su gloria (Ef. 1:13-14).

Estos textos muestran que el Espíritu y la vida espiritual no vienen por completo a la vida de una persona hasta después de su conversión. En cambio, el Espíritu Santo condena y convence al pecador a través de la gracia «preveniente» o capacitante, guiándole y permitiéndole responder en fe, lo que resulta en la regeneración, justificación y salvación.[50]

Charles Spurgeon, un evangelizador calvinista que discrepó con los calvinistas más radicales, dijo en un sermón para defender la predicación de Dwight L. Moody: «Todos estamos listos para poner nuestro sello a la afirmación más clara que los hombres son salvos por la fe en Jesucristo, y salvos en el momento en que creen. Nosotros sostenemos y enseñamos que existe la conversión, y que cuando los hombres se convierten, se convierten en otros hombres que no eran antes, y una nueva vida inicia, la cual culminará en la gloria eterna».[51] Spurgeon, por lo menos, parece que enseñaba que la conversión precedía a «la nueva vida».

Una tercera cuestión conexa es, ¿qué es primero, el arrepentimiento y la fe o la regeneración? El teólogo calvinista Loraine Boettner se atreve a expresar: «Un hombre no es salvo porque cree en Cristo; él cree en Cristo porque es salvo».[52] De nuevo, ¿qué declara la Biblia?

---

[50] Uso la frase «gracia capacitante» como sinónimo de la gracia preveniente. El asunto *no* es si los seres humanos sin ayuda buscarían de forma natural a Dios sin Su gracia. El asunto es si el Espíritu Santo regenera a las personas antes de que ellas respondan en fe a Dios. En ambos planteamientos, es el Espíritu Santo quien, mediante la predicación del evangelio y otros medios, condena y convence a los pecadores que se arrepientan de sus pecados y confíen en Cristo.

[51] Charles Spurgeon, «Mssrs. Moody and Sankey defended; or, A Vindication of the Doctrine of Justification by Faith», *The Metropolitan Tabernacle Pulpit*, vol. 21 (1875): 337.

[52] Loraine Boettner, *The Reformed Doctrine of Predestination* (Filadelfia, PA: Presbyterian and Reformed, 1991), 101.

«Y les dijo: Id por todo el mundo y predicad el evangelio a toda criatura. El que crea y sea bautizado será salvo; pero el que no crea será condenado» (Mar. 16:15-16).

«Pero a todos los que le recibieron, les dio el derecho de llegar a ser hijos de Dios, es decir, a los que creen en su nombre» (Juan 1:12).

«Pero éstas se han escrito para que creáis que Jesús es el Cristo, el Hijo de Dios; y para que al creer, tengáis vida en su nombre» (Juan 20:31).

«Y que de todas las cosas de que no pudisteis ser justificados por la ley de Moisés, por medio de Él, todo aquel que cree es justificado» (Hech. 13:39).

«…Cree en el Señor Jesús, y serás salvo, tú y toda tu casa» (Hech. 16:31).

«Y Crispo, el oficial de la sinagoga, creyó en el Señor con toda su casa, y muchos de los corintios, al oír, creían y eran bautizados» (Hech. 18:8).

«Porque no me avergüenzo del evangelio, pues es el poder de Dios para la salvación de todo el que cree; del judío primeramente y también del griego» (Rom. 1:16).

«Que si confiesas con tu boca a Jesús por Señor, y crees en tu corazón que Dios le resucitó de entre los muertos, serás salvo; porque con el corazón se cree para justicia, y con la boca se confiesa para salvación» (Rom. 10:9-10).

«Porque ya que en la sabiduría de Dios el mundo no conoció a Dios por medio de su propia sabiduría, agradó a Dios, mediante la necedad de la predicación, salvar a los que creen» (1 Cor. 1:21).

«Y sin fe es imposible agradar a Dios; porque es necesario que el que se acerca a Dios crea que Él existe, y que es remunerador de los que le buscan» (Heb. 11:6).

En todos estos textos, el arrepentimiento y la fe claramente preceden a la regeneración. Aparte de estas declaraciones bíblicas, es difícil imaginar cómo ocurriría, de manera realista, si la regeneración precediera a la fe. Algunos, como John Piper, sugieren que «la regeneración y la fe tienen una relación tan estrecha que en la experiencia no podemos distinguirlas».[53] ¿Cómo resultaría en la vida real que la regeneración precediera a la fe? Para empezar ¿por qué las personas asisten a la iglesia? Un hombre perdido, según los calvinistas, no buscará a Dios, entonces él debe ser primero regenerado antes de que busque a Dios. Pero esta regeneración no sucederá de forma inmediata. Si él fue regenerado el miércoles y su voluntad regenerada resolvió ir a la iglesia el domingo siguiente, entonces pasaron varios días antes de que escuchara el evangelio, de manera que pudiera creer. Quizás él entró a una iglesia universalista unitaria el primer domingo, y tomó varios domingos antes de escuchar un auténtico mensaje del evangelio. En otros casos, él puede vivir en un área donde el evangelio no es de fácil acceso. Quizás él luchará por años sobre esta decisión, como C. S. Lewis, quien luchó por años antes de venir a Cristo. Como el mismo Lewis lo describió, él «entró al cristianismo pataleando y gritando» como «el convertido más abatido y reacio en toda Inglaterra».[54] ¿Qué hubiera pasado si Lewis hubiera muerto en un accidente antes de venir a la fe? ¿Es posible estar entre los electos, pero no ser salvo? Sin duda, así es, pues la Confesión de Westminster afirma que no solo los hijos de los electos son salvos sin escuchar el evangelio, sino además «otras personas elegidas que sean incapaces de ser llamadas externamente por el ministerio de la palabra».[55]

Por otro lado, si Piper tiene razón y los dos eventos ocurren casi al mismo tiempo, ¿cómo sucedió que este hombre perdido, totalmente depravado, estaba buscando a Cristo? Dado que él estaba espiritualmente muerto, con una voluntad depravada, su propia voluntad no pudo haberlo impulsado a ir a la iglesia el domingo o por muchos domingos. En teoría, esta idea suena bien,

---

[53] J. Piper, et. al., «What We Believe About the Five Points of Calvinism», 14.

[54] C. S. Lewis, *Surprised by Joy: The Shape of My Early Life* (Orlando: Harcourt Brace, 1955), 28-29, 229.

[55] «Confesión de fe de Westminster», capítulo X, artículo III, en http://www.iglesiareforma da.com/Confesion_Westminster.html#anchor_24.

pero no tiene ningún sentido en la vida real. En cambio, nosotros afirmamos el orden escritural que el arrepentimiento y la fe preceden a la conversión/ regeneración/justificación y la nueva vida en el Espíritu.

3. *La gracia irresistible podría debilitar la importancia de predicar la Palabra de Dios, la evangelización y las misiones*

Con su fuerte énfasis en la elección y la previa regeneración operada de manera directa por el Espíritu Santo y sin la predicación del evangelio, los calvinistas pueden de forma inadvertida descartar la predicación de la Palabra de Dios. Este desafío puede sorprendernos, dado que muchos calvinistas exponen bien la Palabra de Dios, y las confesiones calvinistas claramente requieren la proclamación del evangelio en el «llamamiento general». Pero, si los medios primarios de salvación son a través del bautismo de infantes bajo el pacto de sus padres o a través el Espíritu Santo que regenera a las personas de manera directa aparte de la predicación del evangelio y previo a la misma, ¿por qué la predicación es tan importante?

Desde la misma perspectiva, también parece que la doctrina de la gracia irresistible podría tener un efecto atrofiante en la evangelización y las misiones.[56] ¿Es la proclamación del evangelio un complemento innecesario después que las personas ya han sido salvas? Si, como el teólogo calvinista Loraine Boettner ha dicho, «Un hombre no es salvo porque cree en Cristo; él cree en Cristo porque es salvo»,[57] entonces ¿por qué la predicación y la evangelización serían esenciales para la expansión del evangelio? El Nuevo Testamento parece poner un valor mucho mayor en la predicación y en el oír la Palabra de Dios que lo que esta clase de calvinismo permite. Desde una perspectiva bíblica, la predicación del evangelio es el sistema de entrega primario para la salvación:

---

[56] Para interesantes datos estadísticos, véase Steve Lemke, «The Future of the Southern Baptist Convention as Evangelicals», un ensayo presentado en la *Maintaining Baptist Distinctives Conference* [Conferencia Manteniendo los distintivos bautistas] en el *Mid-America Baptist Theological Seminary* [Seminario Teológico Bautista de la región central de los Estados Unidos] en abril de 2005, disponible en http:// www.nobts.edu/Fac ulty/ItoR /LemkeSW/Personal/ SBCfuture.pdf.

[57] Boettner, 101.

«Porque ya que en la sabiduría de Dios el mundo no conoció a Dios por medio de su propia sabiduría, agradó a Dios, mediante la necedad de la predicación, salvar a los que creen» (1 Cor. 1:21).

«Y en el día de reposo salimos fuera de la puerta, a la orilla de un río, donde pensábamos que habría un lugar de oración; nos sentamos y comenzamos a hablar a las mujeres que se habían reunido. Y estaba escuchando cierta mujer llamada Lidia, de la ciudad de Tiatira, vendedora de telas de púrpura, que adoraba a Dios; y el Señor abrió su corazón para que recibiera lo que Pablo decía. Cuando ella y su familia se bautizaron, nos rogó, diciendo: Si juzgáis que soy fiel al Señor, venid a mi casa y quedaos en ella. Y nos persuadió a ir» (Hech. 16:13-15).

«Por esto también nosotros sin cesar damos gracias a Dios de que cuando recibisteis la palabra de Dios, que oísteis de nosotros la aceptasteis no como la palabra de hombres, sino como lo que realmente es, la palabra de Dios, la cual también hace su obra en vosotros los que creéis. Pues vosotros, hermanos… también… padecisteis los mismos sufrimientos a manos de vuestros propios compatriotas, tal como ellos padecieron a manos de los judíos, los cuales mataron tanto al Señor Jesús como a los profetas, y a nosotros nos expulsaron, y no agradan a Dios sino que son contrarios a todos los hombres, impidiéndonos hablar a los gentiles para que se salven, con el resultado de que siempre llenan la medida de sus pecados. Pero la ira ha venido sobre ellos hasta el extremo» (1 Tes. 2:13-16).

«Porque: Todo aquel que invoque el nombre del Señor será salvo. ¿Cómo, pues, invocarán a aquel en quien no han creído? ¿Y cómo creerán en aquel de quien no han oído? ¿Y cómo oirán sin haber quien les predique? ¿Y cómo predicarán si no son enviados?… Así que la fe viene del oír, y el oír, por la palabra de Cristo» (Rom. 10:13-15, 17).

Sin embargo, al opinar sobre este pasaje de la Escritura, Juan Calvino insistió que la predicación del evangelio no era la única manera en que las personas podían salvarse:

> Pero ellos no consideran que cuando el apóstol hace el oír la causa de la fe, él solo describe la economía ordinaria y dispensación del Señor, la que generalmente observa en el llamamiento de su pueblo; pero no prescribe una regla perpetua para Él, que excluya el empleo de cualquier otro método; el cual ciertamente ha empleado en el llamamiento de muchos, a quienes ha dado el verdadero conocimiento de Sí mismo de manera interna, por la iluminación de Su Espíritu, sin la intervención de la predicación.[58]

Cuando John Frame contestó la pregunta, ¿qué doctrinas deben creerse para ser salvo?, fue consistente con su herencia calvinista. Frame respondió: «Ninguna. Yo sostengo la opinión reformada que los niños en la infancia, incluso antes del nacimiento, pueden ser regenerados y salvados, presuntamente antes de que tengan creencias doctrinales conscientes».[59] Para citar otro ejemplo, el teólogo calvinista Terrance Tiessen propone que (a) las personas pueden salvarse fuera de la iglesia y aparte de la misma, (b) que las experiencias genuinas reveladoras que pueden tenerse en otras religiones mundiales llevan a una fe salvífica, (c) que uno puede ser salvo sin convertirse en un cristiano, (d) que uno puede ser salvo sin una entrega consciente a Jesucristo, (e) que dado que otros medios salvíficos y reveladores están disponibles, el mandato misionero es importante pero no esencial para el cumplimiento del reino de Dios, (f) que un niño o una persona mentalmente incompetente puede y debe ser salva de la misma manera que un adulto competente y (g) que todos los no salvos después

---

[58]   J. Calvin, *Institutes of the Christian Religion* (ed. John T. McNeill; Filadelfia, PA: Westminster John Knox, 1980), 2:622.

[59]   John Frame, entrevista realizada por Marco González, publicada el 2 de diciembre de 2005, consultada el 23 de octubre de 2008. http://www.reformationtheology.com/2005/12/an_interview_with_john_frame_b_1.php.

de morir tendrán una última oportunidad de aceptar a Cristo sin ningún conocimiento de Cristo.[60]

Este planteamiento es deficiente porque acentúa la idea que la aceptación personal consciente del evangelio no es esencial, y así menoscaba el papel de la predicación del evangelio. Dado que el Nuevo Testamento tiene un excepcional respeto por la predicación, deberíamos detenernos cuando un sistema teológico reduce este valor.

En relación directa con el asunto de la proclamación del evangelio, hay un cúmulo de otros asuntos dentro del calvinismo: (a) si el evangelio debería o no debería predicarse «de manera promiscua» a todas las personas, (b) si la «oferta bienintencionada» o la «libre oferta» del evangelio debería presentarse a todas las personas y (c) si deberían ofrecerse las invitaciones públicas. Estas preguntas fluyen directamente de la fuente del Sínodo de Dort:

> Existe además la promesa del Evangelio de que todo aquel que crea en el Cristo crucificado no se pierda, sino que tenga vida eterna; promesa que, sin distinción, debe ser anunciada y proclamada con mandato de conversión y de fe a todos los pueblos y personas a los que Dios, según Su beneplácito, envía Su evangelio.[61]

Es tentador impugnar la frase sobre la predicación del evangelio «a todas las personas de manera promiscua», dado que, en español, hacer algo de manera promiscua sugiere la idea de hacer algo inapropiado o infringir las reglas. Pero, la idea fundamental de la palabra es predicar «indiscriminadamente», en este caso entre los electos y los no electos.

---

[60] T. Tiessen, *Who Can Be Saved? Reassessing Salvation in Christ and in the World Religions* (Downers Grove, IL: InterVarsity, 2004). Para una crítica de este libro, véase S. Lemke, «Teaching Them to Observe the Doctrine of Salvation: Tiessen's Accessibilism vs. Jesus' Exclusivism» (ensayo presentado en la Sociedad Teológica Evangélica, en San Diego, CA [Estados Unidos], el 14 de noviembre de 2007 disponible en http://www.nobts.edu/Faculty/Itor/Lem keSW/Personal/ Tiessen%20salvación%20ETS%20 paperfinal.pdf).

[61] «Los Cánones de Dort», capítulo II, artículo V, en http://iglesiareformada.com/Canones_de_Dort.html.

La pregunta si la «oferta bienintencionada» o la «libre oferta» del evangelio debería, ciertamente, presentarse a todas las personas es un punto controversial entre los calvinistas. David Engelsma ha definido la «oferta bienintencionada» como:

> El concepto, o doctrina, de la predicación del bendito evangelio en los círculos calvinistas que sostienen que Dios envió el evangelio para todos los que oyen de una actitud de gracia para todos ellos y con un deseo de salvarles. La "oferta bienintencionada" insiste, al menos, en estas dos nociones: Dios manifiesta su gracia en la predicación para todos los que oyen; y Dios quiere, o desea, la salvación de todo hombre que escucha el evangelio.[62]

Las iglesias protestantes reformadas (PRC, por sus siglas en inglés) de las cuales Engelsma es parte, mientras afirman que el evangelio debe predicarse a todos y niegan que debe predicarse solo a los electos, «niegan que la predicación del evangelio es gracia para todos aquellos que lo oyen».[63] Al contestar la pregunta, ¿Jesús manifiesta Su gracia en el evangelio para todos quienes escuchan la predicación?, «la respuesta de las PRC es un irrestricto, enfático '¡no!'. Tampoco hay una operación de gracia del Espíritu de Cristo en el corazón del reprobado que escucha la predicación, ni hay una actitud de gracia en el Padre de Jesucristo hacia el reprobado que está expuesto a la predicación».[64] Las PRC se horrorizan ante sus compañeros calvinistas que hacen la oferta bienintencionada; ciertamente, Engelsma alega que «todo el

---

[62] D. Engelsma, «Is Denial of the 'Well-Meant Offer' Hyper-Calvinism», consultada el 23 de octubre de 2008. http://www.prca.org/ pamphlets/ pamphlet _35.html.

[63] Aunque las iglesias protestantes reformadas se consideran a menudo como hipercalvinistas, Engelsma de manera enfática se opone a esa caricatura y rechaza esa descripción porque las PRC todavía defienden la predicación del evangelio a todas las personas, no solo los electos. Él describe a los hipercalvinistas como «una aberración, e incluso una herejía» por rehusar predicar a nadie más que a los electos (Engelsma, «Is Denial of the 'Well-Meant Offer'Hyper-Calvinism»). Según mi experiencia, nadie quiere ser considerado un hipercalvinista dado que el término carece de una definición consistente por lo que no es un término conveniente.

[64] Engelsma, «Is Denial of the 'Well-Meant Offer'Hyper-Calvinism?».

enorme peso de los Cánones [de Dort] se pone del lado de la negación de la oferta y en contra de la 'oferta bienintencionada'», además, afirma que hacer la oferta es evidencia de «la separación de las iglesias reformadas de las grandes doctrinas de la soberanía y de la gracia particular», llevando a que se considere que «los Cánones de Dort están equivocados».[65] Para Engelsma, «la doctrina de la 'oferta bienintencionada' expulsará la doctrina de la predestinación»,[66] y representa una afirmación del arminianismo:

> Nosotros inculpamos, con mucha seriedad, que la oferta es la perspectiva arminiana de la predicación del evangelio... Esta doctrina de la predicación era fundamental para toda la teología arminiana... Según la perspectiva arminiana de la predicación, no puede haber un decreto de predestinación en Dios en el que se excluya a alguno de la salvación. Y si no hay decreto de la predestinación, como lo confiesa la ortodoxia reformada, tampoco hay ninguno de los otros «cinco puntos del calvinismo». Las PRC consideran la «oferta bienintencionada» de los que profesan el calvinismo como idéntica a la doctrina arminiana de la predicación en, al menos, dos aspectos: gracia para todos en el evangelio de Cristo y un deseo divino de que todos sean salvos. Es indiscutible que la oferta enseña —no implica, sino enseña— que la gracia de Dios en la predicación es resistible, y *resistida*, y que la voluntad de Dios por la salvación de los pecadores es frustrada. Muchos hacia quienes se dirige la gracia en la predicación efectivamente la rechazan; y muchos a quienes Dios desea salvar se pierden.[67]

Si se hiciera la concesión que la oferta bienintencionada es de verdad una oferta de la gracia, Engelsma argumentaría, que los calvinistas tendrían que reconocer que los «arminianos tenían razón», y tendrían que «renegar de Dort».[68] En sus propias palabras, «¡convoquemos a un sínodo reformado

---

65 Ibíd.
66 Ibíd.
67 Ibíd.
68 Ibíd.

mundial, de preferencia en Dort, para anular la condena del arminianismo y para confesar con humildad los pecados de nuestros padres contra Arminio, Episcopio y los demás!».[69]

Sin meternos en esta destructiva discusión dentro del calvinismo, plantearé tres observaciones: (1) si estas doctrinas calvinistas conducen a los calvinistas a extensos debates sobre estos asuntos, algo debe estar mal con sus doctrinas; (2) la retórica acalorada que usan algunos calvinistas contra las invitaciones en la evangelización no hace más que intensificar estos problemas;[70] y (3) si algunos puntos de vista calvinistas se toman con seriedad, esto podría conducir a menoscabar un vital enfoque a la predicación, la evangelización y las misiones.

4. La gracia irresistible crea preguntas sobre el carácter de Dios, en particular sobre el problema del mal

De varias maneras, la noción de la gracia irresistible crea preguntas sobre el carácter de Dios. Primero, los dos llamamientos (el externo y el interno, el eficaz y el ineficaz, el serio y el no serio) corresponden a dos voluntades aparentemente contradictorias dentro de Dios (la revelada y la oculta). De la voluntad revelada de Dios emana la Gran Comisión que el evangelio se predique a todas las naciones, pero la voluntad oculta es que solo un grupo pequeño de los electos será salvo. La voluntad revelada ordena que el llamamiento general y externo se proclame, pero la voluntad oculta conoce que solo unos pocos recibirán el llamamiento serio y eficaz del Espíritu Santo. El Dios del calvinismo radical es un hipócrita, que de manera cínica hace una

---

[69] Ibíd.

[70] Para un análisis sobre este asunto, véase J. Elliff, K. Keathley y M. Coppenger, «Walking the Aisle», en *Heartland* (verano de 1999): 1, 4-9. Tres artículos en esta edición discuten la invitación pública: J. Elliff, «Closing with Christ», 1, 6-7; K. Keathley, «Rescuing the Perishing», 1, 4-6; y M. Coppenger, «Kairos and the Altar Call», 8-9. Elliff argumenta que los llamados al altar no son bíblicos, Keathley argumenta que las invitaciones son bíblicas y apropiadas, y Coppenger contempla algún uso limitado de los llamados al altar. Véase también K. Keathley, «Rescue the Perishing: A Defense of Giving Invitations», *Journal for Baptist Theology and Ministry* 1, n.º 1 (primavera de 2003): 4-16, disponible en http://baptistcenter.com/Journal%20Articles/ Spr%202003/02%20Rescuing%20the%20Perishing%20-%20Spr%202003.pdf.

oferta de salvación a las personas a quienes Él no les ha dado los medios para aceptar, o hay un profundo conflicto interno dentro de Su voluntad. Si Él ha extendido un llamado general a todas las personas para ser salvadas, pero ha hecho el llamamiento eficaz o irresistible solo a unos pocos, el llamado general parece más bien engañoso. Este conflicto entre las voluntades de Dios lo describe como alguien con una mente dividida. En el marco de este desafío, los calvinistas apelan a un misterio. ¿Es una movida satisfactoria?

Los remonstrantes, contra quienes el Sínodo de Dort se dirigió, plantearon la preocupación que la perspectiva calvinista radical defendida por el Sínodo de Dort describía a Dios como plagado por conflicto interno. Los remonstrantes más adelante afirmaron en una respuesta escrita después del Sínodo de Dort:

8. A quien sea que Dios llama, él lo llama con seriedad, es decir, con una intención y voluntad sincera y no fingida de salvarlo. Tampoco suscribimos la opinión de aquellas personas que afirman que Dios llama externamente a ciertos hombres a quienes no quiere llamar internamente, es decir, a quienes no está dispuesto a convertir de verdad, aun antes de su rechazo de la gracia del llamamiento.

9. No hay en Dios una voluntad oculta que se oponga a su voluntad revelada en Su Palabra, que según esta misma voluntad oculta Él no quiere la conversión y la salvación de la mayor parte de aquellos a quienes, por la palabra de su evangelio, y por su voluntad revelada, Él llama con seriedad e invita a la fe y a la salvación.

10. Sobre este punto, tampoco admitimos un santo disimulo, como es la manera de algunos, de una doble personalidad en la Deidad.[71]

---

[71] «The Opinions of the Remonstrants», respuestas al artículo III del Sínodo de Dort, observaciones 8-10 en Vance, *The Other Side of Calvinism*, anexo 3, 604; disponible en http://www.Apuritansmind.com/Creeds/ArminianOpinions.htm.

Algunos calvinistas intentan restarle importancia a esta crítica al defender la «oferta bienintencionada» o la «libre oferta» del evangelio a los perdidos. Como lo afirma el Sínodo de Dort en el capítulo II, artículo V:

> Existe además la promesa del evangelio de que todo aquel que crea en el Cristo crucificado no se pierda, sino que tenga vida eterna; promesa que, sin distinción, debe ser anunciada y proclamada con mandato de conversión y de fe a todos los pueblos y personas a los que Dios, según Su beneplácito, envía Su evangelio.

Sin embargo, no solo los arminianos encuentran esto contradictorio, ¡también los calvinistas firmes! David Engelsma casi no encuentra diferencia entre la «libre oferta» de los calvinistas y la de los arminianos. Engelsma no dejará que los que hacen el llamamiento, y defienden la oferta promiscua del evangelio, se refugien en el misterio como una explicación para el aparente conflicto dentro de la voluntad de Dios:

> Ciertamente, preguntamos al defensor de la oferta, «Según esta perspectiva ¿por qué algunos se salvan por el evangelio, y otros no?». La respuesta no puede ser la gracia de Dios y la voluntad de Dios, pues Su gracia y Su voluntad para salvar son lo mismo tanto para los que son salvos como para los que perecen. La respuesta debe estar en la voluntad del pecador, libre voluntad…

> Una respuesta habitual de los reformados que defienden la oferta, cuando esta es atacada, ha sido el recurso del «misterio» y la «paradoja». Como la oferta armoniza con la predestinación es un «misterio sagrado», desconocido e imposible de conocer… las iglesias presbiterianas y reformadas que defienden la oferta necesariamente sostienen que Dios manifiesta, a la vez, Su gracia a todos los hombres y solo a algunos hombres; y que Dios, a la vez, quiere que un hombre determinado sea salvo y quiere que aquel hombre sea condenado. La predestinación les ha enseñado una cosa; y la oferta les ha enseñado otra cosa. Esto, ellos admiten, parece contradictorio,

una «paradoja». Esto no los avergüenza, pues la verdad bíblica, reformada (así argumentan) es paradójica, ilógica y «misteriosa».

El argumento de los que niegan la oferta es que el Dios de la doctrina reformada de la predestinación no puede manifestar Su gracia a todos en el evangelio, y que el Dios que ha querido la salvación de algunos y la condenación de otros no puede querer salvar a todos por el evangelio. La gracia particular en el evangelio está en consonancia con la gracia particular de la predestinación. La voluntad definitiva de Dios para la salvación de los hombres en el evangelio está en consonancia con Su voluntad definitiva en la predestinación (y, para el caso, con Su voluntad definitiva en la expiación limitada de nuestro Salvador). La verdad de la fe reformada es consistente, armoniosa y lógica... Nosotros denunciamos que la oferta supone un calvinista en pura contradicción. Que Dios muestra Su gracia solo a algunos en la predestinación, pero a todos en el evangelio, y que Dios quiere que solo algunos se salven en la predestinación, pero que todos sean salvos por el evangelio, es contradicción llana, irreconciliable. No es paradoja, sino contradicción. Hablo con reverencia: Dios mismo no puede reconciliar estas enseñanzas...

No hay rescate para la contradicción en la cual la oferta implica a un calvinista que sostiene la doctrina de la «gracia común», como si la gracia de la predestinación fuera una clase diferente de gracia de la revelada en el evangelio. Pues la oferta enseña precisamente que la gracia de Dios para todos es la gracia mostrada en la predicación del evangelio. Esta gracia no es algún favor no salvífico dirigido hacia una vida próspera terrenal, sino gracia salvífica, la gracia de Dios en Su amado Hijo, una gracia que desea la salvación eterna para todos los que escuchan el evangelio. La oferta propone la gracia salvífica universal, exactamente lo que niega la predestinación.

Tampoco se puede rescatar esta absoluta e intolerable contradicción en una distinción entre la voluntad oculta de Dios y la voluntad revelada de

Dios. Se ha intentado alguna clase de explicación y mitigación de la contra-dicción: El deseo de salvar a todos (de la oferta) es la voluntad revelada; la voluntad de salvar a algunos (de la predestinación) es Su voluntad oculta. Pero, este esfuerzo de aliviar la tensión de la contradicción en que la oferta implica a calvinistas no nos lleva a ningún lado... La distinción nos deja justo donde estábamos antes de que se inventara la distinción: Dios tiene dos voluntades conflictivas, diametralmente opuestas.[72]

Es evidente que describir a Dios con una mente y voluntad divididas no es el camino que queremos tomar. Parece deshonesto que Dios ofrezca un llamamiento serio, definitivo a algunos, pero no ofrezca en absoluto un lla-mamiento serio a otros.

La segunda preocupación trata con el problema del mal. Si Dios está en total control de todo lo que sucede, y Él es el único que puede de manera monergista regenerar a los seres humanos, entonces Dios tiene que explicar muchas cosas sobre el problema del mal. La perspectiva de los «alto calvi-nistas» sobre la soberanía intensifica esta preocupación. Juan Calvino enseñó que «ni una gota de lluvia cae sin el mandato claro de Dios»,[73] y que «Dios con Su brida oculta sostiene y gobierna (a las personas) de manera que no pueden mover uno solo de sus dedos sin cumplir la obra de Dios mucho más allá que la suya propia».[74] Wayne Grudem afirma que Dios «ejerce un control soberano, constante y amplio sobre todos los aspectos de Su crea-ción».[75] Si Dios entonces es responsable por todo lo que sucede, entonces Él

---

[72] Engelsma, «Is Denial of the 'Well-Meant Offer' Hyper-Calvinism?».

[73] J. Calvin, *Institutes of the Christian Religion* (LCC 20, 21; Londres: SCM Press, 1960), I.16.4-5. Calvino sostiene además la meticulosa providencia de Dios en asuntos tales como cuales madres tienen leche y cuales no (*Institutes*, I.16.3).

[74] J. Calvin, *A Defence of the Secret Providence of God, by Which He Executes His Eternal Decrees* (trad. en inglés Henry Cole; Londres: Sovereign Grace Union, 1927), 238.

[75] W. Grudem, *Systematic Theology* (Grand Rapids, MI: Zondervan, 1994), 355. Por ejemplo, John Piper de manera ambigua ha atribuido el origen de la causa de desastres como los accidentes aéreos a Dios solamente. Por ejemplo, en relación a un bien conocido accidente aéreo, Piper afirmó que «el acci-dente del vuelo 1549 fue diseñado por Dios». Según Piper, Dios guío de manera precisa a los gansos hacia ambos motores del avión, sino que también asistió las manos del capitán en el sorprendente aterrizaje sobre el río Hudson. Piper opinó que la razón para que Dios hiciera esto era para proveer una parábola

es responsable por el mal. La mayoría de los calvinistas rechazan esta noción, pero Dios no puede tener absoluta soberanía sin aceptar las consecuencias de que Él sería el creador de las cosas malas.

Algunos calvinistas, sin embargo, en el nombre de la soberanía de Dios, acusan a Dios de causar todas las cosas, incluyendo el pecado. R. C. Sproul, Jr., por ejemplo, expresa: «Todo cristiano que cree en la Biblia debe concluir, al menos, que Dios, en algún sentido, deseaba que el hombre cayera en el pecado… No estoy acusando a Dios de pecar; estoy sugiriendo que Él creó el pecado».[76] Sproul, Jr., describe a Dios como «el Culpable» que causó que Eva pecara en el Edén.[77] El argumento de Sproul, Jr., es que Dios cambió la inclinación de Eva, lo que causó que pecara, de manera que creó el pecado para que Su misericordia e ira se mostraran de manera gloriosa. Sus opiniones parecen diferir con la Confesión de Westminster, la cual afirma que Dios no el «el autor del pecado».[78] La Escritura también niega que Dios es el autor del mal:

Que nadie diga cuando es tentado: Soy tentado por Dios; porque Dios no puede ser tentado por el mal y El mismo no tienta a nadie… Amados hermanos míos, no os engañéis. Toda buena dádiva y todo don perfecto viene de lo alto, desciende del Padre de las luces, con el cual no hay cambio ni sombra de variación (Sant. 1:13, 16-17).

La imagen bíblica de Dios se basa en un Dios de amor (1 Juan 4:7-8) y en un Dios santo (1 Ped. 1:16). Un Dios que afirma que ama a todas las personas

---

para la próxima toma de posesión de Obama como presidente. Véase John Piper, «The President, the Passengers, and the Patience of God», 21 de enero de 2009, consultada el 31 de diciembre de 2009. http://www.desiringgod.org/ ResourceLibrary/TasteAndSee/ByDate/2009/3520_The_President_the_Passengers_and_the_Patience_of_God. Piper aparentemente no proveyó una explicación del propósito de Dios (tampoco existe ninguna explicación razonable) para el choque de un vuelo de Continental en una casa en Clarence Center (cerca de Buffalo), Nueva York, al siguiente mes (13 de febrero de 2009), donde murieron 49 personas y una en la casa fue alcanzada. Página consultada el 31 de diciembre de 2009. http://www.cnn.com/2009/US/02/13/plane.crash.newyork.

[76] R. C. Sproul, Jr., *Almighty in Authority: Understanding the Sovereignty of God* (Grand Rapids, MI: Baker Books, 1999), 53-54.

[77] Ibíd., 51.

[78] Confesión de Westminster, artículo 3, párrafo 1.

y desea salvarlas, pero intencionalmente salva a unas pocas no es el Dios del Nuevo Testamento. Imagínate a un bombero que entra en un orfanato en llamas para salvar a algunos niños pequeños porque ellos son incapaces de escapar por sí mismos y no pueden salvarse, solo si él los rescata. Solamente él puede salvarlos porque tiene el traje de asbesto. Él sale en unos pocos minutos sacando a 3 de los 30 niños, pero en lugar de regresar para salvar a más niños, el bombero se acerca a los medios de comunicación y habla sobre cuán loable es que él haya salvado a tres niños. Ciertamente, salvar a los tres niños fue una acción buena y heroica. Pero, la pregunta apremiante en la mente de todos es ¿qué pasa con los otros 27 niños? Dado que él tiene los medios para rescatar a los niños y, ciertamente, es el único que puede salvar a los niños puesto que no pueden salvarse a sí mismos, ¿creeríamos que el bombero es digno de elogio en lo moral? Yo supondría que no. Él probablemente sería acusado de indiferencia depravada. Él tenía los medios para ayudarlos, pero no los ayudó. Si eso no es loable en un ser humano, ¿por qué sería loable en Dios?

En definitiva, dos posibles respuestas explican por qué hay tanta maldad en el mundo y por qué tantas personas no se vuelven cristianas y recibirán el tormento eterno en el infierno. La respuesta calvinista es que Dios quiso que fuera de esa forma. Dado que Dios ordena y causa todas las cosas, Él es responsable por todo el sufrimiento y dolor en nuestro mundo. Dado que Dios es el Único que puede salvar y dado que Él es todo amor, todo poder y todo conocimiento, Él podría salvar a todos. Pero, Él ni siquiera salva a la mayoría de las personas. Muchas personas van al infierno por toda la eternidad. ¿Por qué? La razón que ofrecen es cierta voluntad profunda, misteriosa y oculta en el carácter de Dios. Ese planteamiento, creo, no es el que más honra a Dios.

Pero ¿y si tomamos con mayor seriedad la responsabilidad humana? Entonces, mucho del sufrimiento en el mundo es nuestra responsabilidad. Aquellos que rechazan a Cristo solo obtendrán el justo merecido de sus propias decisiones. El honor de Dios se reivindica. Él es santo, amoroso y justo. Él ama a todas las personas y desea la salvación de todas las personas. Él salva a aquellos que vienen a la fe por gracia. Este planteamiento le da a Dios la mayor honra y gloria, el planteamiento que enseña la Biblia.[79]

5. La gracia irresistible no tiene una explicación adecuada de la libertad humana

La explicación calvinista sobre la voluntad, desarrollada en buena medida por Jonathan Edwards,[80] a menudo se denomina compatibilismo, la cual asume que nosotros siempre actuamos según nuestro deseo más grande. Cuando Dios cambia nuestras voluntades mediante la gracia irresistible, con el Espíritu Santo que regenera nuestra vida espiritual, entonces nosotros genuinamente deseamos confiar en Cristo. No teníamos la posibilidad de escoger o hacer otra cosa. El compatibilismo, en cualquier definición estándar, afirma la compatibilidad del libre albedrío y el determinismo.[81] La discusión sobre el compatibilismo se ha hecho confusa cuando algunos teólogos definen el compatibilismo como algo que no es, es decir, la compatibilidad del libre albedrío con la soberanía divina o la voluntad de Dios.[82] El compatibilismo

---

[79] Para más información sobre esta preocupación sobre el calvinismo y el problema del mal, ver «Evil and God´s Sovereignty», por Bruce A. Little, en el capítulo 11 de este libro.

[80] Edwards, *Freedom of the Will* (Nueva York: Cosimo, 2007). Para más defensores contemporáneos del compatibilismo, ver P. Helm, *The Providence of God* (Downers Grove, IL: InterVarsity, 1994); P. Helm, «Classical Calvinist Doctrine of God», en *Perspectives on the Doctrine of God: 4 Views* (ed. B. Ware; Nashville, TN: Broadman and Holman), 5-75; J. Feinberg, *No One Like Him: The Doctrine of God, Foundations of Evangelical Theology* (Wheaton, IL: Crossway, 2001), cap.14, 677-776; y «God Ordains All Things», en *Predestination and Free Will: Four Views of Divine Sovereignty* (ed. D. y R. Basinger; Downers Grove, IL: InterVarsity, 1986), 17-60.

[81] G. Strawson, s.v. «Free Will», *Routledge Encyclopedia of Philosophy* (ed. E. Craig; Nueva York: Routledge, 1998), 3:743-53; G. Strawson, s.v. «Free Will», *Concise Routledge Encyclopedia of Philosophy* (ed. E. Craig; Nueva York: Routledge, 2000), 293-95; S. Blackburn, s.v. «Free Will», *The Oxford Dictionary of Philosophy* (Oxford. Inglaterra: Oxford University Press, 1994), 147; T. Kapitan, s.v. «Free Will», The Cambridge Dictionary of Philosophy (ed. R. Audi; Cambridge, Inglaterra: Cambridge University Press, 1999), 326-28; T Honderich, s.v. «Determinism and Freedom», *Encyclopedia of Philosophy* (ed. D. Borchart; Nueva York: Macmillan Reference USA, 2005), 3:24-29; T. Mautner, s.v. «Compatibilism», *A Dictionary of Philosophy*, (Cambridge, Inglaterra: Blackwell, 1996), 76; M. McKenna, s.v. «Compatibilism», y K. Vihvlin, s.v. «Arguments for Incompatibilism», *Stanford Encyclopedia of Philosophy*. Página consultada el 27 de octubre de 2009. http://plato.stanford.edu/entries.

[82] Para ejemplos de esta confusión, véase D. A. Carson, *How Long, O Lord? Reflections on Suffering and Evil* (Grand Rapids, MI: Baker, 1990), 200-204; B. Ware, *God´s Greater Glory: The Exalted God of scripture and the Christian Faith* (Wheaton, IL: Crossway, 2004), 73-85, y en «A Modified Calvinist Doctrine of

no es la compatibilidad del libre albedrío humano y la soberanía de Dios. Un abierto teísta, un arminiano e incluso un pelagiano afirmarían la compatibilidad de la libertad humana con la voluntad de Dios. De nuevo, un abierto teísta, un arminiano e incluso un pelagiano afirmarían la compatibilidad de la libertad humana y una idea de la voluntad de Dios. La compatibilidad de la soberanía y/o voluntad de Dios con la libertad humana es, en general, aceptada. El asunto es si es compatible el cristianismo con el determinismo radical o no, o si Dios ejerce Su soberanía de manera que permita una significativa libertad humana.

En sentido estricto, la «libertad» compatibilista no es en absoluto libertad; es voluntaria, pero no es libre, es decir, solo estar dispuesto a hacer algo no significa que una persona es libre. Si alguien te está apuntando con un arma, tú estarías dispuesto a entregarle tu billetera, pero no significa que lo haces con libertad. Tú le entregas tu billetera porque estás bajo coacción y no tienes otra opción. Para ser verdaderamente libre debe haber una elección entre, al menos, dos alternativas (incluso si las únicas alternativas son «sí» o «no»).

En lugar de voluntad compatibilista, yo abogo por la libertad libertaria suave.[83] En el libertarianismo suave hay pocas opciones disponibles en casi cada aspecto de la vida. La libertad absoluta, por supuesto, es solo un mito. El tiempo no permite una discusión más amplia sobre este asunto, pero el libertarianismo suave tiene al menos las siguientes ventajas sobre la voluntad compatibilista:[84]

God» en *Perspectives on the Doctrine of God*, 98-99. Paul Helm señala el uso inconsistente de Ware de estos términos en *Perspectives*, 44. Un ejemplo de uno que sostiene el compatibilismo y que evita estas confusiones es John Feinberg en *No One Like Him*, 635-39.

[83]   Para más detalles, véase S. Lemke, «Agent Causation, or How to Be a Soft Libertarian». http://www.nobts.edu/Faculty/ItoR/LemkeSW/Personal/Agent-Causation-Or-How-to-Be-A-Soft-Libertarian-Dr.-Lemke.pdf; S. Lemke, «Agent Causation and Moral Accountability: A Proposal of the Criteria for Moral Responsibility». http://www.nobts.edu/resources/pdf/ETS%20Agent %20Causation%20and%20 MOral%20Accountability.pdf; compárese con A. Mele, «Soft Libertarianism and the Flickers of Freedom», en *Moral Responsibility and Alternative Possibilities: Essays on the Importance of Alternative Possibilities* (eds. D. Widerker y M. McKenna; Burlington, VT: Ashgate, 2003), 251-64; y A. Mele, *Free Will and Luck* (Nueva York: Oxford University Press, 2006).

[84]   Para más sobre este asunto, véase Lemke, «Agent Causation, or How to Be a Soft Libertarian», «Agent Causation and Moral Accountability»; y J. Evans, «Reflections on Determinism and Human Freedom», en el capítulo 10 de este libro.

(a) El libertarianismo suave concuerda con nuestra experiencia en la toma de decisiones en la vida real. Casi universalmente, pensamos que cuando tomamos decisiones, de manera genuina estamos decidiendo entre dos alternativas reales, no solo haciendo lo que más deseamos todo el tiempo.

(b) No siempre hacemos lo que más deseamos, como lo afirma el compatibilismo. A menudo hacemos lo que no queremos hacer, como Pablo lo expresa en Romanos 7:15-16.

(c) La voluntad compatibilista no es libertad real. Tú tienes que tener una opción para tener libertad. Los hechos bajo coacción no son realmente libres. Cuando pensamos que Dios cambia nuestra voluntad con Su gracia irresistible, las analogías humanas que vienen a la mente (en las cuales otros cambian nuestras mentes irresistible e invenciblemente) son fenómenos desagradables como el hipnotismo y el lavado de cerebro. Es evidente que son fenómenos desagradables, y no son apropiados si se aplica a Dios.

(d) En la libertad libertaria, nosotros somos moralmente responsables por nuestras elecciones. En el compatibilismo, es difícil que se nos haga moralmente responsables, porque, en realidad, no teníamos elección.

(e) Solo la libertad libertaria ofrece la elección real necesaria para aceptar, recibir o responder de manera activa a la oferta de la gracia de Dios a través del Espíritu Santo.

6. La gracia irresistible tiene una visión incorrecta del tiempo y la eternidad

Toda la superestructura del calvinismo está construida sobre el *ordo salutis*, el orden de la salvación, el cual inicia con los decretos de Dios. Dios predestina a aquellos que ha escogido y luego los llama de manera eficaz cuando llega su tiempo sobre la tierra. Los demás reciben el llamamiento general, pero no gracia suficiente para salvarse.

Romanos 8:29-30 provee el patrón para el orden de la salvación:

> Porque a los que de antemano conoció, también los predestinó a ser hechos conforme a la imagen de su Hijo, para que Él sea el primogénito entre muchos hermanos; y a los que predestinó, a ésos también llamó; y a los que llamó, a ésos también justificó; y a los que justificó, a ésos también glorificó.

Observa que el patrón inicia con la precognición exhaustiva de Dios sobre todas las cosas, lo que incluye quién va a responder a Su iniciativa de gracia en fe. Mi posición sigue el orden de Romanos 8:28-30, Dios conoce de antemano a aquellos que responderán en fe, y sobre la base de ese conocimiento anterior Él los predestina, llama, justifica y glorifica. Sin embargo, algunos sostienen que basar la elección en la completa precognición divina (que incluye las anticipadas respuestas de fe de los individuos) no tiene sentido. Ellos señalan que no encaja de manera pulcra en las categorías de la lógica humana. ¿Cómo podría Dios conocer de antemano todas las cosas antes de la fundación del mundo y aún permitirnos libre albedrío libertario genuino? ¿Cómo podría Dios estar seguro de algo antes que nosotros lo hagamos? Si Él conoce con certeza lo que vamos a hacer y elegir antes de que lo hagamos, ¿en realidad tenemos una elección? ¿Cómo podría Dios conocer de antemano que nosotros vamos a cambiar de parecer? Una vez que Dios conoce lo que vamos a hacer, ¿no se vuelve algo fijo y determinado, de modo que no tenemos una elección real libre, es decir, que no podemos elegir ninguna otra cosa?

¿Cómo respondemos a estas preocupaciones? El problema fundamental es que estas objeciones ponen límites a la omnisciencia y conocimiento previo de Dios. Dios existe, por definición, fuera del tiempo y el espacio, y así, estas cosas son como juego de niños para Él. Quizás los críticos tienen razón, en cuanto a que es ciertamente imposible desde una perspectiva humana. ¿Quién podría desplazarse fuera del tiempo? ¿Quién podría hacer lo que parece tan imposible para la lógica humana?

¿Quién podría hacer cosa semejante? Tendría que ser Alguien cuyos caminos y pensamientos están sobre los caminos y pensamientos de los hombres, tal como el cielo está arriba de la tierra, Alguien que es eterno y transciende el tiempo, el gran Yo Soy que es desde la eternidad hasta la eternidad. Alguien que era, es y será, y Alguien que es Creador de los cielos y la tierra, que puso los fundamentos del universo en su lugar y estableció las leyes de la naturaleza. Tendría que ser Alguien que creó las leyes de la lógica y que Él mismo es Verdad, y Alguien que es el mismo ayer, hoy y siempre. Tendría que ser Alguien que pudiera llegar a encarnarse entre nosotros y viviera como Dios completo y hombre completo, Alguien que pudiera convertir el agua en vino, sanar a los leprosos, hacer caminar a los cojos, hacer ver a los ciegos, resucitar a los muertos, Alguien que pudiera ganar la victoria sobre la muerte y la tumba al ser resucitado a vida, y Alguien que va a venir otra vez por nosotros y llevarnos a la eternidad. ¿Hay algo imposible para Dios (Jer. 32:27; Mat. 19:26; Luc. 1:37)?

Desde una perspectiva humana, que Dios conozca de antemano nuestras respuestas antes de que actuemos es imposible. Pero, lo que es imposible para los hombres es posible con Dios, quien trasciende el tiempo y el espacio.

7. La gracia irresistible no maximiza la soberanía y la gloria de Dios

Claramente, al calvinismo se le asocia con darle un gran valor a la soberanía de Dios. Esta reputación es bien merecida. En particular, los calvinistas estuvieron entre aquellos que señalaron los errores del planteamiento que menoscaba la soberanía de Dios en la denominada *apertura de Dios*. Nosotros nos unimos a los calvinistas como Bruce Ware al oponernos a la opinión reducida de la soberanía del teísmo abierto, en especial porque niega la soberanía divina exhaustiva.[85] Varios libros escritos con excelencia y que ratifican el gran valor de la soberanía de Dios recién han sido publicados por eruditos calvinistas.[86] Asimismo, nosotros afirmamos el fuerte énfasis en glorificar a

---

[85] La devastadora crítica de Ware está en B. Ware, *God's Lesser Glory: The Diminished God of Open Theism* (Wheaton, IL: Crossway, 2000).

[86] Véase B. Ware, *God's Greater Glory: The Exalted God of Scripture and the Christian Faith*; y *Still Sovereign: Perspectives on Election, Foreknowledge and Grace* (eds. T. Schreiner y B. Ware; Grand Rapids, MI:

Dios que John Piper ha articulado tan bien, que glorificar a Dios debería ser nuestra vocación primaria.[87] Estas con dificultad son doctrinas que están confinadas al calvinismo. Reconocer la soberanía de Dios y alabar la gloria de Dios son creencias básicas cristianas. No hay mucha polémica en este asunto. Así que, nosotros estamos contentos de compartir estas declaraciones con los calvinistas.

Dado que coincidimos en que Dios es soberano y digno de gloria, dos preguntas que se relacionan surgen: ¿cómo expresa Dios Su soberanía, y qué le da a Dios la máxima gloria? La discordia aquí es que, opuesto al calvinismo, la gracia irresistible no otorga la máxima soberanía y gloria a Dios, mientras que la gracia resistible si lo hace.

Primero, ¿cómo se muestra la soberanía de Dios? Los calvinistas entienden que Dios muestra esencialmente Su soberanía al administrar detallada y minuciosamente la creación mediante la providencia meticulosa, es decir, que Él gobierna de tal manera que nada pasa sin Su control y dirección específica. Dios formuló decretos antes de la fundación del mundo, lo que programó todo lo que va a suceder, de modo que ahora solo estamos interpretando la función de títeres que Dios ha decretado. John Frame define la «voluntad decretiva de Dios» como Su «altamente misterioso» propósito que «gobierna lo que sea que va a pasar».[88] Por eso, los calvinistas como John Feinberg defienden el *dictum* determinista que «Dios ordena todas las cosas».[89] Feinberg sigue la definición de Richard Taylor sobre el determinismo «que para todo lo que sucede hay condiciones tales que, dadas las mismas, nada más podría suceder» y así, «para toda decisión que toma una persona hay condiciones causales que actúan sobre su voluntad para que se mueva de manera decisiva o suficiente en una

---

Baker Books, 2000). El título del último libro parece un poco engañoso al sugerir múltiples perspectivas, porque, en realidad, el libro está escrito enteramente desde una perspectiva calvinista.

[87] J. Piper, *God's Passion for His Glory: Living the Vision of Jonathan Edwards* (Wheaton, IL: Crossway, 1998).

[88] J. Frame, *Apologetics to the Glory of God: An Introduction* (Phillipsburg, NJ: P&R Publishing, 1994), 175.

[89] J. Feinberg, «God Ordains All Things», en *Predestination and Free Will: Four Views of Divine Sovereignty*, por J. S. Feinberg, D. Basinger, R. Basinger y C. Pinnock (Downers Grove, IL: InterVarsity, 1986), 17-60.

dirección u otra. En consecuencia, el agente no podría haberlo hecho de otra manera, dadas las influencias causales predominantes».[90] Paul Helm explica que «Dios controla a todas las personas y eventos por igual» porque «Dios difícilmente podría tener cuidado de ellos sin tener el control sobre ellos».[91] Sin embargo, aunque los individuos no tengan la posibilidad de elegir entre varias alternativas, nosotros estamos dispuestos a hacer lo que está hecho: «Él [Dios] ejerce Su control, en lo que a hombres y mujeres respecta, no aparte de lo que ellos quieren hacer, o (en términos generales), al obligarlos a hacer lo que no quieren hacer, sino a través de sus voluntades».[92]

Hacer lo que los seres humanos quieren o desean en contraposición a lo que eligen es lo que los calvinistas llaman libertad compatibilista. En el planteamiento compatibilista, los seres humanos siempre hacen lo que más desean. Entonces, en relación a la salvación, cuando Dios cambia las voluntades de las personas mediante el llamamiento eficaz y la regeneración, ellos de manera voluntaria eligen seguir a Cristo. Pero, ellos hacen esto solo después de que Dios ha cambiado de manera irresistible e invencible sus voluntades. Aparte de este control total, argumentan los calvinistas, Dios no sería soberano. Los calvinistas a menudo recurren al lenguaje sarcástico y despreciativo para caracterizar la creencia que la salvación es sinergista, es decir, que depende en alguna medida de la respuesta del hombre. Ellos ven la genuina elección libre de los seres humanos como un insulto a la soberanía de Dios, que hace a Dios un Dios inferior que no ordena o decreta todo lo que sucede. En particular, como la mayoría de los evangélicos, se oponen a la perspectiva del teísmo abierto, el cual afirma que Dios no puede conocer de antemano el futuro con 100% de precisión, en especial las elecciones libres de los seres humanos.

De nuevo, los bautistas rechazan al Dios inferior del teísmo abierto. En *La fe y el mensaje bautista 2000*, la siguiente declaración se añadió al artículo II

---

[90] Ibíd., 21, citando R. Taylor, s.v. «Determinism», en *The Encyclopedia of Philosophy* (ed. P. Edwards; Nueva York: Macmillan, 1967): 2:359.

[91] P. Helm, *The Providence of God*, parte de la serie Contours of Christian Theology (ed. G. Bray; Downers Grove, IL: InterVarsity, 1994), 20-21.

[92] Ibíd., 22.

para negar de manera expresa la creencia del teísmo abierto que Dios no tiene un conocimiento previo exhaustivo: «Dios es todopoderoso y omnisciente; y su perfecto conocimiento se extiende a todas las cosas, pasadas, presentes y futuras, incluyendo las decisiones futuras de sus criaturas libres».[93] Todos coincidimos que las elecciones humanas nunca están fuera del conocimiento de Dios, y que nada está fuera de Su capacidad de controlar todas las cosas.

A primera vista, el argumento calvinista parece tener sentido desde una perspectiva humana. Dios es Dios y Él puede hacer cualquier cosa que quiera. Desde luego, ¡Él puede! Nada puede limitar a Dios. El reino de Dios vendrá y Su voluntad se hará, aunque alguien sobre la tierra no lo quiera. Así que no cabe duda que Dios tiene el *derecho* de reinar de esta manera, y la *capacidad* de reinar de esta manera. Desde una perspectiva humana, nosotros tendemos a equiparar la soberanía con el poder y el control. Si, por ejemplo, tú fueras un déspota tirano en una ciudad europea al final de la época medieval, tú podrías pensar que ser soberano significa tener el control total, para desterrar, torturar y matar a aquellos que están en desacuerdo contigo. Pero ¿es esta la manera de Cristo?

¿Esta noción de soberanía como control total trae gloria a Dios? No. Supón una pareja desea tener un bebé. Ellos tienen, al menos, dos opciones. La opción uno es que ellos pueden ir a una tienda por departamentos y comprar una muñeca. Esa muñeca de plástico, cada vez que ellos halan su cuerda, dice, «¡papito, te amo!». Eso es control total. La muñeca puede decirles «¡te amo!» cada vez que quieran. Ellos solo halan su cuerda; la muñeca no decide, solo reacciona de la manera en que ha sido programada para reaccionar. La opción dos, sin embargo, es tener un bebé real. Ellos saben desde el inicio que el bebé va a traer consigo más trabajo. Los bebés no vienen del hospital entrenados. Ellos lloran toda la noche. Se rompen sus dedos y te rompen el corazón. Pero, cuando el niño por voluntad propia dice, «¡papito, te amo!», en realidad significa algo. Los padres se glorían más con un hijo real que con una muñeca que no podría haberlos alabado si no le hubieran halado la cuerda.

Entonces, ¿qué da mayor gloria a Dios, la idea de que solo las personas que pueden alabar a Dios son aquellas cuyas voluntades Él cambia sin permiso, o la idea de que las personas responden a la invitación de la gracia de Dios y a la convicción del Espíritu Santo para alabar de verdad a Dios de forma voluntaria?

Entonces la pregunta no es si Dios es lo suficientemente poderoso para reinar de cualquier manera que desee. Desde luego, Él lo es. Dios es omnipotente y puede hacer cualquier cosa que quiera. Como afirma la Escritura, «...¿quién resiste a su voluntad?» (Rom. 9:19). Pero la pregunta es, ¿cuál es la voluntad de Dios? ¿Cómo ha elegido Dios reinar en los corazones de las personas? Si Dios es de verdad soberano, Él es libre de escoger lo que, de forma soberana, escoge. Entonces ¿cómo ha elegido reinar?

Sabemos que la humanidad natural y pecaminosa no busca a Dios (Rom. 3:11). Sin embargo, Dios ha elegido de forma soberana dejar que las elecciones humanas tengan significado eterno, para recibir, para aceptar o para responder a Sus iniciativas de gracia. Nada podría obligar a Dios a hacerlo. Es su elección soberana. Es evidente que Él podría forzar la gracia irresistible en nosotros, pero no lo hace. Esa no es la manera en que Él tiende a operar. Él podría haber escrito toda la Escritura con Sus propios dedos, como hizo con los Diez Mandamientos, pero no lo hizo. Él operó a través de los autores humanos para escribir Su Palabra inerrante. Él podría haber enviado ángeles como Sus mensajeros, de manera que el mensaje fuera preciso. Pero, Él escogió operar a través de los profetas y los predicadores, a través de la «necedad de la predicación», como vasos de barro que comunican un mensaje de infinito valor. Él podría habernos salvado por Su gracia irresistible, pero yo no creo que Él lo haga. Él nos exige que respondamos.

Las tres parábolas en Lucas 15 ilustran la respuesta del hombre. La oveja perdida y la moneda perdida debe buscarlas y rescatarlas el dueño. Pero en la parábola del hijo pródigo, la única parábola que trata con un ser humano que está perdido, el registro es diferente. El hijo pródigo deambula por un país lejano llevado por su propia lujuria y arrogancia. No es hasta que «malgastó su hacienda viviendo perdidamente» y «comenzó a pasar necesidad» que volvió «en sí» (Luc. 15:13-14, 17). El padre esperaba con ansia por el regreso del hijo, pero no va y lo encuentra y lo obliga a regresar a casa.

Jesús hablaba sobre recibir la gracia de Dios. En Marcos 10:15 (ver Luc. 9:48; 18:17), Él declaró que, a menos que tú recibieras el reino de Dios como un niño pequeño, nunca entrarías a este. La palabra griega es *dechomai*, que significa «recibir», «tomar», «tomar de la mano».[94] Asimismo, en Juan 1:12 leemos, «...a todos los que le recibieron, les dio el derecho de llegar a ser hijos de Dios, es decir, a los que creen en su nombre» Aquí la palabra griega es *paralambanō*, que se refiere a «tomar para sí mismo», «unirse uno mismo a un compañero», «aceptar o reconocer a uno que es lo que profesa ser», «no rechazar» o «recibir algo transmitido».[95] En Juan 3:11 vemos lo negativo, «...vosotros no recibís nuestro testimonio», otra vez usa *lambanō*, «recibir».[96]

En toda la Escritura tenemos un imperativo tras otro, cientos de imperativos. Cada uno de ellos nos llama a responder. ¿Por qué piensas que Dios pone tantos imperativos en Su Palabra si Él no requiere una respuesta de nuestra parte?

«...escoged hoy a quién habéis de servir...» (Jos. 24:15).

«Buscad al Señor y su fortaleza; buscad su rostro continuamente» (1 Crón. 16:11).

«Buscad al Señor...» (Sof. 2:3).

«Venid a mí, todos los que estáis cansados y cargados, y yo os haré descansar» (Mat. 11:28; comparar Luc. 7:37).

«...Arrepentíos y sed bautizados cada uno de vosotros en el nombre de Jesucristo para perdón de vuestros pecados, y recibiréis el don del Espíritu Santo» (Hech. 2:38).

---

94 Thayer, 130, ref. 1209.
95 Ibíd., 484, ref. 3880.
96 Ibíd., 870-971, ref. 2983.

«...Cree en el Señor Jesús, y serás salvo, tú y toda tu casa» (Hech. 16:31).

¿Por qué Dios ofrece tantas promesas condicionales si Él no tiene la intención de recibirlos?

«[Y] se humilla mi pueblo sobre el cual es invocado mi nombre, y oran, buscan mi rostro y se vuelven de sus malos caminos, entonces yo oiré desde los cielos, perdonaré su pecado y sanaré su tierra» (2 Crón. 7:14).

«...Si lo buscan, él dejará que ustedes lo hallen...» (2 Crón. 15:2, NVI).

«...Si alguno quiere venir en pos de mí, niéguese a sí mismo, tome su cruz y sígame. Porque el que quiera salvar su vida, la perderá; pero el que pierda su vida por causa de mí, la hallará» (Mat. 16:24-25; comparar Mar. 8:34-35; Luc. 9:23-24).

«Que si confiesas con tu boca a Jesús *por* Señor, y crees en tu corazón que Dios le resucitó de entre los muertos, serás salvo; porque con el corazón se cree para justicia, y con la boca se confiesa para salvación» (Rom. 10:9-10).

«He aquí, yo estoy a la puerta y llamo; si alguno oye mi voz y abre la puerta, entraré a él, y cenaré con él y él conmigo» (Apoc. 3:20).

«Y el Espíritu y la esposa dicen: Ven. Y el que oye, diga: Ven. Y el que tiene sed, venga; y el que desea, que tome gratuitamente del agua de la vida» (Apoc. 22:17).

¿Por qué Dios nos haría promesas si ellas no son para nosotros?

«...tú, oh Señor, no abandonas a los que te buscan» (Sal. 9:10).

«...los que buscan al Señor no carecerán de bien alguno» (Sal. 34:10).

«Hermanos, hijos del linaje de Abraham, y los que entre vosotros teméis a Dios, a nosotros nos es enviada la palabra de esta salvación» (Hech. 13:26).

Lo cierto es que, por sí solas, las elecciones de las personas no logran nada. Quizás el mejor modelo es la historia de Naamán, capitán del ejército de Aram, quien tenía lepra. Él pidió ayuda. El profeta Eliseo le envió a lavarse en el Jordán siete veces. Naamán al inicio rechazó esa idea y se quejó por tener que bañarse en el sucio Jordán. Por último, después de que sus sirvientes lo convencieron, lo hizo, y quedó limpio. ¿Qué fue lo que limpió la lepra de Naaman? ¿Fue sumergirse siete veces en el Jordán? ¡Desde luego que no! Él podría haberse sumergido en el Jordán mil veces y nada habría sucedido. Por otro lado, ¿qué sucedió cuando no se lavó? ¡Nada! Dios dejó que sufriera las consecuencias de su propia rebelión. Pero, cuando Naamán respondió en obediencia a la dirección de Dios a través del profeta, Naamán quedó sano.

Así es con nuestra salvación. Los seres humanos no hacen nada para ganar o merecer la salvación. Son tan perversos en su naturaleza para buscar a Dios de manera independiente o tomar la iniciativa en cuanto a su propia salvación. Ellos pueden venir a la salvación solo cuando se les insta mediante la convicción del Espíritu Santo, y son traídos a Cristo cuando Él es enaltecido en la proclamación. La cooperación no contribuye en nada para la salvación humana. La gracia de Dios provee las condiciones necesarias y suficientes para la salvación. Sin embargo, Dios, en Su libertad, ha decidido en forma soberana que Él dará el don de la salvación a todos los que creen, quienes confían en Jesucristo como Salvador y Señor. Entonces la salvación es monergista, solo Dios provee para la salvación de los seres humanos, y solo Él. Antes de hacerlo así, Él exige que ellos respondan. Si ellos no responden, entonces Él no salva. Si los seres humanos responden, Él los envuelve con Su gracia sobrecogedora impulsándolos hacia adelante hasta que llegan al punto del arrepentimiento y la fe.

Casi todos en la tradición evangélica, incluyendo a los bautistas, afirman que la salvación no es por obras. Todos ratifican Efesios 2:8-9: «Porque por gracia habéis sido salvados por medio de la fe, y esto no de vosotros, *sino que es* don de Dios; no por obras, para que nadie se gloríe». Si la salvación es solo por gracia por medio solo de la fe, ¿qué alternativas hay para afirmar la gracia irresistible? La alternativa más común para la gracia irresistible es usualmente llamada gracia *preveniente* o *de ayuda*. En la gracia *preveniente*, Dios, a través del Espíritu Santo, condena, convence e impulsa al no creyente hacia el arrepentimiento y la fe. Dios puede ejercer poderosas influencias mediante el Espíritu Santo para inclinar a los no creyentes hacia la fe y obediencia sin forzarlo literalmente a hacerlo así o cambiar sus voluntades. Los seres humanos no pueden salvarse a sí mismos. Son como hombres que se ahogan en el medio de un vasto océano. No hay manera que puedan alcanzar la costa. La «salvación» debe venir desde afuera y desde más allá de ellos mismos. Quizás un barco de rescate podría acercarse y tirarles unos salvavidas, y los rescatadores les gritarían para que agarren los salvavidas y así puedan sacarlos del agua. Quizás estarían tan agotados que ni siquiera podrían hacer esto, y un helicóptero de rescate tendría que bajar una cuerda con un rescatista para recogerlos del agua. En estas situaciones no pueden hacer nada para salvarse. No pueden hacer «buenas obras». La única cosa que los seres humanos pueden hacer para ser rescatados es asentir, o al menos no resistirse. Asentir para ser salvado no es una «buena obra». Lamentablemente, en el mundo de la salvación, demasiados rechazan la oferta de la gracia de la salvación en Jesucristo. La mayoría ni siquiera reconoce que se está ahogando y rechaza todas las advertencias. Algunos piensan, en su necedad, que se pueden salvar a sí mismos, pero no pueden. A la postre, debido a su rechazo al testimonio persistente del Espíritu Santo y a la salvación ofrecida a través de Cristo, Dios, a su pesar, los deja para que se ahoguen por la eternidad en sus propios pecados (Mat. 12:32; Mar. 3:29; Luc. 12:10; Rom. 1:21-32; 5:6-21).

Billy Graham lo expresa con acierto:

Hay también una decisión volitiva. La voluntad participa inevitablemente en la conversión. Las personas pueden pasar a través de conflictos mentales y crisis emocionales sin estar convertidas. Solo cuando ellas ejercitan la prerrogativa de un agente moral libre y la voluntad para convertirse, entonces, en efecto, se convierten. Este acto de la voluntad es un acto de aceptación y entrega. Ellas voluntariamente aceptan la misericordia de Dios y reciben al Hijo de Dios, y luego se entregan a sí mismas para hacer la voluntad de Dios. En toda verdadera conversión la voluntad del hombre se alinea con la voluntad de Dios. Casi la última palabra de la Biblia es esta invitación: «…y el que quiera, tome gratuitamente del agua de la vida» (Apoc. 22:17, NVI). Depende de ti. Debes querer salvarte. Es la voluntad de Dios, pero debe ser tu voluntad también.[97]

No debe sorprendernos que Dios no piensa como nosotros pensamos. Como Dios lo manifiesta en Su Palabra, «Porque como los cielos son más altos que la tierra, así mis caminos son más altos que vuestros caminos, y mis pensamientos más que vuestros pensamientos» (Isa. 55:9). Oye de nuevo la declaración de Dios en Oseas 11:

> ¿Cómo podré abandonarte, Efraín? ¿Cómo podré entregarte, Israel? ¿Cómo podré yo hacerte como a Adma? ¿Cómo podré tratarte como a Zeboim? Mi corazón se conmueve dentro de mí, se enciende toda mi compasión. No ejecutaré el furor de mi ira; no volveré a destruir a Efraín. Porque yo soy Dios y no hombre, el Santo en medio de ti, y no vendré con furor (Os. 11:8-9).

Si tú o yo fuéramos omnipotentes y nos enfrentáramos con un pueblo terco y rebelde, quizás les prenderíamos fuego en nuestro enojo. Sentiríamos no solo que estamos ejerciendo una mayor soberanía y autoridad, sino que, al hacerlo así, nos consideraríamos más gloriosos. Pero Dios dijo: «Yo soy Dios y no hombre, el Santo en medio de ti». Es evidente que los caminos de Dios no son nuestros caminos. Jesús nos enseñó que Dios ve la grandeza de un modo distinto. Hacer las cosas a la manera de Dios no implica el control total o el uso arbitrario del poder, sino un espíritu de siervo:

---

[97] B. Graham, *The World Aflame* (Minneapolis, MN: Billy Graham Evangelistic Association, 1967), 134.

Pero Jesús, llamándolos junto a sí, dijo: Sabéis que los gobernantes de los gentiles se enseñorean de ellos, y que los grandes ejercen autoridad sobre ellos. No ha de ser así entre vosotros, sino que el que quiera entre vosotros llegar a ser grande, será vuestro servidor, y el que quiera entre vosotros ser el primero, será vuestro siervo; así como el Hijo del Hombre no vino para ser servido, sino para servir y para dar su vida en rescate por muchos (Mat. 20:25-28; comparar Mar. 10:42-45; Luc. 22:25-28).

En el registro de Lucas, Jesús menciona que estas autoridades gentiles eran llamadas «bienhechoras» (Luc. 22:25), personas que dispensaban actos de gracia sobre los súbditos que escogían. Pero Jesús declaró que no debería ser así para el pueblo de Dios, y Él se basó en nada menos que en Sí mismo, cuando dijo, «así como el Hijo del Hombre no vino para ser servido, sino para servir».

Aunque Dios de verdad tiene el derecho y capacidad para hacer lo que sea que Él quiere cuando quiere, Dios escoge normalmente no expresar Su soberanía de esa manera. Sin duda, Dios ve el servicio y el permitir las elecciones libres de Sus criaturas como más glorioso que el ejercicio arbitrario de poder y autoridad. El plan que algunos de los discípulos tenían de glorificar a Cristo era que Él derrocara a los romanos, se apoderara del trono de Israel y ejerciera el control como rey, pero Dios tenía un mejor plan. Él envió a Jesús a una cruz vergonzosa. Es difícil para los seres humanos entender la soberanía y la gloria de esta forma, pero nosotros verdaderamente hemos de tener la mente de Jesucristo,

el cual, aunque existía en forma de Dios, no consideró el ser igual a Dios como algo a qué aferrarse, sino que se despojó a sí mismo tomando forma de siervo, haciéndose semejante a los hombres. Y hallándose en forma de hombre, se humilló a sí mismo, haciéndose obediente hasta la muerte, y muerte de cruz. Por lo cual Dios también le exaltó hasta lo sumo, y le confirió el nombre que es sobre todo nombre, para que al nombre de Jesús se doble toda rodilla de los que están en el cielo, y en la tierra, y debajo

de la tierra, y toda lengua confiese que Jesucristo es Señor, para gloria de
Dios Padre (Fil. 2:6-11).

Lo tenemos desde la propia Palabra de Dios; esa es la manera en que Él
quiere ejercer la soberanía, y eso es lo que halla glorioso. Debemos entender
la soberanía y la gloria de Dios desde la perspectiva de Dios, no desde una
perspectiva humana. Creemos que Dios merece más que la reducción que
el teísmo abierto (o apertura de Dios) hace de la soberanía y gloria de Dios,
e incluso más que una mayor gloria y soberanía que ofrece el calvinismo.
¡Reconozcamos la máxima soberanía de Dios y démosle la máxima gloria
que Él merece!

Conclusión

Este ensayo ha planteado asuntos bíblicos y teológicos que desafían la viabilidad de la doctrina de la gracia irresistible. Yo creo que el caso acumulado
que ha sido planteado contra la gracia irresistible es convincente. Sin duda,
los «alto calvinistas» tienen sus propias explicaciones para algunas de estas
preocupaciones. Yo animo a cada creyente, como los de Berea que se encontraron con Pablo (Hech. 17:10-11), a examinar lo que las Escrituras declaran
en relación a estos asuntos, bajo la dirección del Espíritu Santo, quien nos
guiará a toda la verdad (Juan 16:13).

{ Capítulo 6 }

La perseverancia de los santos y la seguridad de la salvación

KENNETH D. KEATHLEY

E n un simposio en honor a Dale Moody, I. Howard Marshall recitó la antigua sentencia que expresa que los arminianos saben que son salvos, pero tienen miedo de no poder conservar la salvación, mientras que los calvinistas saben que no pueden perder la salvación pero tienen miedo de no tenerla.[1] Aparte de ser ingenioso, esto pone de manifiesto los dos componentes de la cuestión sobre la seguridad. Primero, ¿es posible conocer con certeza o incluso con confianza que uno es salvo?, y segundo, ¿es posible para aquellos que ahora creen que son salvos tener seguridad de que permanecerán en un estado de gracia hasta el día de la redención? Es más que solo un poco irónico que aunque viajan por rutas diferentes, muchos arminianos y calvinistas arriban básicamente a la misma respuesta: la seguridad se basa

---

[1] Véase I. H. Marshall, *Kept by the Power of God: A Study of Perseverance and Falling Away*, 3ra. ed. (Londres: Paternoster, 1995), 267.

en la evidencia de la santificación.[2] Michael Eaton señala al predicador del siglo XIX Asahel Nettleton, como un buen ejemplo de este peculiar estado de cosas cuando lo cita: «Lo más que me atrevo a decir respecto a mí mismo es, que pienso que es posible que llegue al cielo».[3] Estas palabras quizás se esperan de un arminiano, pero Nettleton era un calvinista.

Pablo ofrece los dos aspectos de la seguridad de la salvación cuando afirma, «…porque yo sé en quién he creído, y estoy convencido de que es poderoso para guardar mi depósito hasta aquel día» (2 Tim. 1:12). El apóstol afirma que (1) una persona puede saber con certeza que es salvo al presente («porque yo sé en quién he creído»), y que (2) puede saber con certeza que permanecerá salvo («y estoy convencido de que es poderoso para guardar mi depósito hasta aquel día»).[4] Este capítulo sostiene que la base de la seguridad es la misma que la de la salvación: Jesucristo, quien es Él, lo que ha hecho y lo que ha prometido. En otras palabras, la seguridad se encuentra en nuestra justificación en Cristo y no en nuestra santificación.

La doctrina de la *justificación forense* es crucial para la seguridad de la salvación. «Forense» significa que la justificación es el acto legal donde Dios *declara* a un pecador justo a través de Jesucristo. Esto está en contraposición a la santificación, la cual es una obra de gracia de toda la vida, por la cual Dios *hace* a un pecador justo. Esta distinción entre la justificación y la santificación liberó a Martín Lutero de la atadura de intentar merecer la salvación. Lutero cuenta de su experiencia al meditar sobre Romanos 1:17 («…la justicia de Dios se revela por fe y para fe; como está escrito: Más el justo por la fe vivirá») y darse cuenta que la justicia de Dios era un don dado a los pecadores más que una norma que los pecadores deben satisfacer.

---

[2] Marshall y D. A. Carson hacen esta observación. Véase D. A. Carson, «Reflections on Christian Assurance», *Westminster Theological Journal* 54 (1992), 21. Carson afirma: «Por lo tanto, en el peor de los casos, los dos planteamientos se presentan en formas tristes y extrañas».

[3] Citado por M. Eaton, *No Comdemnation: A New Theology of Assurance* (Downers Grove, IL: InterVarsity, 1995), 3.

[4] Para una defensa de esta postura de *tēn parathēkē mou*, lit. «mi depósito», en 2 Timoteo 1:12, véase W. D. Mounce, *Pastoral Epistles*, Word Biblical Commentary (Nashville, TN: Thomas Nelson, 2000), 487-88; G. W. Knight III, *The Pastoral Epistles*, New International Greek Testament Commentary (Grand Rapids, MI: Eerdmans, 1992), 378-80.

Allí empecé a entender que la justicia de Dios es aquella por la cual el justo vive por un don de Dios, esto es por la fe. Y esto es lo que significa: la justicia de Dios se revela mediante el evangelio, esto es, la justicia pasiva con la cual el Dios misericordioso nos justifica por medio de la fe... Aquí yo sentí que había nacido de nuevo por completo y había entrado al mismo paraíso a través de sus puertas abiertas. Allí, una cara totalmente diferente de la Escritura se me mostró.[5]

Como Lutero, yo sostengo que una persona encuentra la seguridad cuando confía en la obra de justificación de Cristo solamente. También sostengo que el don de la fe permanece (esto es, persevera), y se manifiesta de manera inevitable en la vida del creyente. Sin embargo, el grado de manifestación varía de santo a santo. Abraham y Lot fueron justificados (2 Ped. 2:7-8), pero lo evidenciaron de manera diferente.

Hace poco, los eruditos reformados Thomas Schreiner y Ardel Caneday presentaron una versión actualizada de la posición enunciada previamente por Louis Berkhof y G. C. Berkouwer. Ellos intentaron reconciliar los pasajes bíblicos que afirman la elección incondicional con pasajes que advierten del juicio divino (en particular los cinco pasajes de advertencia en el libro de Hebreos) al plantear que, en las palabras de Schreiner, «cumplir con las advertencias es el medio por el cual la salvación se obtiene en el día final».[6] La salvación del creyente no solo se manifiesta por la perseverancia, sino, más bien, en términos escatológicos, un creyente de verdad es salvo por la perseverancia (es decir, en la fe). Sin embargo, Schreiner y Caneday niegan que los electos apostatarán, al afirmar que los pasajes de advertencia son un medio «crucial» por el cual Dios ha escogido preservar a los electos.

---

[5] M. Luther, «Preface to Latin Writings», en *Luther's Works*, vol. 34 (Filadelfia, PA: Muhlenberg, [1545] 1960), 337.

[6] T. R. Schreiner, «Perseverance and Assurance: A Survey and a Proposal», *The Southern Baptist Journal of Theology* 2:1 (1998): 53. Véase también T. R. Schreiner y A. B. Caneday, *The Race Set Before Us: A Biblical Theology of Perseverance and Assurance* (Downers Grove, IL: InterVarsity, 2001); G. C. Berkouwer, *Faith and Perseverance* (Grand Rapids, MI: Eerdmans, 1958), 88-124; L. Berkhof, *Systematic Theology*, ed. rev. (Grand Rapids, MI: Eerdmans, 1996), 548. John Piper toma una posición similar en *Future Grace* (Colorado Springs, CO: Multnomah, 1995), 231-59.

Schreiner y Caneday llaman a su posición «medios de salvación». Aunque sostienen que la salvación es por gracia por medio solo de la fe, a veces usan lenguaje que parece fusionar soteriología arminiana y calvinista.[7] Por ejemplo, por un lado ellos definen la perseverancia como una fe constante e inquebrantable, pero por otro lado ellos hablan de obtener la salvación final mediante la obediencia que persevera. La mayoría de los que sostienen la seguridad eterna también afirman que la fe salvífica produce la evidencia de una vida piadosa. Schreiner y Caneday van más allá. Basados especialmente en 1 Timoteo 2:15 y 4:16, ellos declaran: «Es necesario perseverar en una conducta piadosa y en una sana enseñanza para obtener la salvación», y los creyentes «deben practicar una conducta piadosa para recibirla [es decir, la salvación final]».[8] Uno no puede evitar sino apreciar sus intentos por tomar con seriedad los pasajes de advertencia. Por esta razón, al menos, debo confesar alguna simpatía por su posición. Sin embargo, algunos críticos, como Roy Zuck, alegan que este punto de vista «se aproxima peligrosamente a la salvación por obras, y fracasa en dar absoluta e irrestricta seguridad de salvación a cualquier creyente».[9] Su acusación no es infundada, y algunos de los argumentos de Schreiner y Caneday no son claros, aunque afirman que «dado que Dios es el que capacita a aquellos que perseveran», su punto de vista «no puede ser etiquetado como justicia por obras».[10]

Primero, estudiaremos de manera breve las respuestas que se han propuesto para nuestras dos preguntas en relación a la seguridad de la salvación y la seguridad eterna. Segundo, atenderemos en particular la posición de los medios de salvación de Schreiner y Caneday, la cual será sin duda un tema de continua discusión en los círculos evangélicos. Tercero, yo argumentaré

---

[7] John Mark Hicks afirma que, dado que arminianos y calvinistas argumentan que la perseverancia es necesaria para obtener la salvación final, entonces, pese a las apariencias, ambas posiciones en cuanto a las condiciones para la salvación son, en esencia, lo mismo. Él concluye que una tregua, o al menos la declaración de un empate es lo adecuado. Véase J. M. Hicks, «Election and Security: An Impossible Impasse?» (ensayo presentado en la reunión anual de la Evangelical Theological Society, Colorado Springs, CO, 14-16 de noviembre de 2001), 12-17.

[8] Schreiner y Caneday, *The Race Set Before Us*, 51.

[9] R. B. Zuck, «Review of The Race Set Before Us», *Bibliotheca Sacra* 160 (abril-junio de 2003); 241-42.

[10] Schreiner y Caneday, *The Race Set Before Us*, 16-17.

que, aunque Schreiner y Caneday han hecho una contribución positiva a la discusión sobre la seguridad, una variación de la posición de la evidencia de la veracidad explica mejor la tensión entre los textos bíblicos que dan seguridad y aquellos que amonestan.

Componente 1: Certeza presente
¿Cómo sabemos que de verdad somos salvos?

Tres escuelas de pensamiento han provisto tres diferentes respuestas a la pregunta de cómo un creyente sabe si de verdad es salvo. La primera postura, respaldada por la Iglesia Católica Romana, considera que la seguridad de la salvación es una demostración de arrogancia espiritual. La soteriología católica romana no separa la santificación de la justificación y por eso no presenta la seguridad de salvación como algo que está disponible para el creyente. La segunda postura es la de los reformadores. Ondeando la bandera de *sola fide*, ellos pregonaron la certeza de la salvación que convirtió a la fe que salva y a la seguridad de la salvación en casi sinónimos. Los calvinistas posreforma y los puritanos respaldaron una tercera postura que veía la seguridad como una gracia dada después de la conversión y que se discernía por un cuidadoso autoexamen. La segunda y tercera respuestas todavía predominan en el cristianismo evangélico hoy.

La posición católica romana: La seguridad no es posible

Si la salvación es un proceso de toda la vida que puede o no puede completarse de manera satisfactoria, entonces la seguridad de la salvación no es posible. Después de Agustín, la doctrina oficial católica ve la justificación como un proceso que ocurre dentro del cristiano durante su vida y quizás incluso continúa después de su muerte. Nadie puede saber por cierto cuán lejos está en el viaje de la fe o si continuará la difícil tarea de caminar el Camino. Visto bajo esta perspectiva, la doctrina reformada de la justificación solo por la fe parece presentar una soteriología incompleta. El Concilio de

Trento condenó a todos los que afirmaban tener seguridad de la salvación, al declarar: «*Si alguno dijere que el hombre renacido y justificado está obligado por la fe a creer que está ciertamente en el número de los predestinados, el tal sea anatema.*».[11] El Concilio Tridentino razonó que dado que solo el electo perseverará, y dado que solo Dios sabe quién es electo y quién no lo es, entonces se requeriría revelación especial para que alguien tenga seguridad de la salvación.[12] Calvino respondió al declarar que la Palabra de Dios era toda la revelación especial que el electo necesitaba para tener seguridad.[13]

Los reformadores: La seguridad es la esencia de la fe

Entonces ¿cómo sabemos si somos salvos? La respuesta de la Reforma fue que este conocimiento es una parte de la misma salvación. Calvino definió la fe como «un conocimiento firme y cierto de la benevolencia de Dios hacia nosotros, basado en la verdad de una promesa dada gratuitamente en Cristo, revelada a nuestras mentes y sellada sobre nuestros corazones a través del Espíritu Santo».[14] La naturaleza de la conversión y la regeneración garantiza que el creyente sabrá cuando ha creído. Cualquier persona puede saber si ha creído en Jesucristo, y todos los que creen en Él son salvos. Por eso, la seguridad es esencial para la fe salvífica.[15]

Tener cierto conocimiento en el momento de la conversión no excluye la posibilidad que un creyente pueda tener dudas después de su salvación,

---

[11] «Canons Concerning Justification», canon 15 (DS 1565), en *The Teaching of the Catholic Church* (ed. K. Rahner; Cork, Irlandia: Mercier, 1966), 400.

[12] «Canons Concerning Justification», canon 16 (DS 1566). Para una discusión desde la perspectiva católica sobre la posición del Concilio respecto a la seguridad véase A. Dulles, *The Assurance of Things Hoped For* (Nueva York: Oxford University Press, 1994), 48-50.

[13] J. Calvin, «Acts of the Council of Trent with the Antidote», *en Selected Works of John Calvin*, vol. 3 (Grand Rapids, MI: Baker Books, 1983), 155. Calvino pregunta, «¿Qué otra cosa, señores míos, es un conocimiento seguro de nuestra predestinación que el testimonio de adopción que la Escritura lo hace común a todos los piadosos?».

[14] J. Calvin, Institutes of the Christian Religion (Filadelfia, PA: Westminster, 1960), 551.

[15] Heb. 11:1: «Ahora bien, la fe es la certeza de lo que se espera, la convicción de lo que no se ve». Tanto Zane Hodges como Thomas Schreiner sostienen que la seguridad es la esencia de la fe que salva. Cuando lleguemos a la sección «una vez salvo, siempre salvo» será más evidente que Hodges y Schreiner en general discrepan más de lo que coinciden.

ni significa que solo aquellos que tienen absoluta certeza son salvos. Lutero sostenía:

> Incluso si soy débil en la fe, tengo todavía el mismo tesoro y el mismo Cristo que otros tienen. No hay diferencia, por medio de la fe en Él (no en las obras) nosotros somos perfectos. Es como si dos personas tuvieran 100 florines, una puede llevarlos en una bolsa de papel, la otra guardarlos en un cofre de hierro; pero ambos tienen el tesoro completo y entero. Así es con Cristo. Es el mismo Cristo que todos poseemos aunque tú o yo creamos en Él con una fe fuerte o una fe débil. Y en Él tenemos todo, aunque lo sujetemos con una fe fuerte o una fe débil.[16]

Tanto Lutero como Calvino se dieron cuenta que muchos creyentes genuinos tienen dudas posteriores. Aun así, esta postura sostiene que cuando una persona es salva, ella lo sabe, y esta convicción básica, aunque sea sacudida, nunca morirá.

Sin embargo, determinadas doctrinas que defendieron los reformadores con el propósito de establecer la seguridad a menudo produjo el efecto opuesto. Las doctrinas del decreto absoluto de la elección y la reprobación formuladas dentro de la voluntad oculta de Dios, la expiación limitada y la fe temporal crearon una tensión en la teología calvinista posterior e hicieron que la seguridad de la salvación fuera difícil de obtener. La dificultad se manifiesta en particular en la teología y práctica de los puritanos.

Los puritanos: La seguridad se deduce de manera lógica

Un número importante de puritanos lucharon terriblemente con la seguridad de la salvación. Se debate con intensidad si estas luchas fueron el resultado de su alejamiento de las enseñanzas de Calvino o si ellos solo se limitaron a llevar la teología de Calvino a su conclusión lógica. R. T. Kendall y Charles

---

[16] Citado por R. Olmsted, «Staking All on Faith's Object: The Art of Christian Assurance According to Martin Luther and Karl Barth», *Pro Ecclesia* 10/2 (2001): 138.

Bell argumentan que Calvino sostenía una doctrina de la expiación ilimitada y una doctrina de la seguridad cristocéntrica. Su tesis es que el calvinismo posterior, que comienza con Teodoro de Beza, se alejó de Calvino al adherirse a una doctrina de la expiación limitada y a una doctrina de la seguridad que comienza con el decreto absoluto del Dios oculto como su punto de partida.[17] Otros han respondido que la confusión inicia con el mismo Calvino y que las obras de sus seguidores sencillamente acentúan esta confusión.[18] En cualquier caso, es un hecho histórico que mucho de la vida de los puritanos estaba definida por su búsqueda de la seguridad. Esta preocupación sobre la seguridad desconcertaría al evangélico promedio hoy.

Los calvinistas de la posreforma hicieron hincapié en las doctrinas de la doble predestinación y la expiación limitada para enfatizar que la salvación del creyente es completamente por gracia y es tan segura como la naturaleza y el carácter de Dios mismo. Pero, la doctrina de la expiación limitada implica que la persona ansiosa que pregunta no puede asumir que Cristo murió por ella; Cristo murió por un individuo sí y solo sí es uno de los electos. ¿Cómo sabe uno si es electo? El decreto de la elección es parte de la voluntad oculta de Dios, así que la única manera en que una persona puede saber que es electa es si de verdad cree en Jesucristo para salvación. Pero ¿cómo sabe uno si su fe es genuina o está engañado? Una fe genuina se manifiesta al perseverar en hacer buenas obras. En definitiva, la base de la seguridad en la teología de la posreforma es la santificación, no la justificación.

---

[17] R. T. Kendall, *Calvin and English Calvinism to 1649* (Nueva York: Oxford University Press, 1979); y C. Bell, *Calvin and Scottish Theology: The Doctrine of Assurance* (Edinburgh, Escocia: The Handsel Press, 1985).

[18] Zachman y Thomas argumentan que el problema inicia con las inconsistencias de los enunciados de Calvino sobre la doctrina de la seguridad y que los posteriores calvinistas están más próximos a Calvino que lo que Kendall o Bell quieren admitir. Thorson concluye que, «Calvino no solo es complejo, sino que es inconsistente». Véase R. Zachman, *The Assurance of Faith: Conscience in the Theology of Martin Luther and John Calvin* (Mineapolis, MN: Fortress, 1993); G. M. Thomas, *The Extent of the Atonement: A Dilemma for Reformed Theology from Calvin to the Consensus (1536-1675)* (Carlisle, Inglaterra: Paternoster, 1997); y S. Thorson, «Tensions in Calvin´s View of Faith: Unexamined Assumptions in R. T. Kendall´s Calvin and English Calvinism to 1649», *Journal of the Evangelical Theological Society* 37.3 (1994): 423. Beeke y Hawkes defienden el planteamiento puritano en cuanto a la seguridad, y lo llaman un modelo completamente trinitario y «especialmente elegante». Véase J. Beeke, *The Quest for Full Assurance: The Legacy of Calvin and His Successors* (Edinburgh, Escocia: Banner of Truth, 1999); y R. M. Hawkes, «The Logic of Assurance in English Puritan Theology», *Westminster Theological Journal* 52 (1990): 260.

La doctrina de la fe temporal, una noción formulada primero por Calvino, pero más tarde desarrollada por Beza y William Perkins acentuó el problema de la seguridad en la teología puritana y calvinista. Según ellos, Dios da al reprobado, a quien Él nunca tuvo la intención de salvar, una «muestra» de Su gracia. Basados en pasajes como Mateo 7:21-23; Heb. 6:4-6 y la parábola del sembrador, Beza y Perkins atribuyen esta fe temporal y falsa a una obra ineficaz del Espíritu Santo. Perkins desarrolla un sistema en el cual el reprobado podría experimentar cinco grados de llamamiento ineficaz que para él es indistinguible de una experiencia genuina de conversión. A aquellos que profesan ser creyentes se les anima a examinarse a sí mismos, no sea que descubran que poseen solo esta fe temporal.[19] Beza declaró que la razón por la cual Dios da la fe temporal al reprobado es que «su caída podría ser más dolorosa».[20] Según la opinión de Olmsted, la enseñanza de Beza «se aproxima peligrosamente a atribuir el asunto a un sadismo divino».[21]

La historia muestra que estas doctrinas produjeron una ansiedad paralizante en los calvinistas y puritanos posteriores que los llevaron a un ensimismamiento que un observador objetivo podría haberlo descrito como patológico. *El progreso del peregrino* de John Bunyan ha bendecido a multitudes de cristianos, pero su autobiografía espiritual, *Grace Abounding to the Chief of Sinners* [Gracia abundante para el primero de los pecadores], es perturbadora. Él relata la manera en que, en su aparente búsqueda sin fin por la seguridad de la salvación, fue perseguido por la pregunta, ¿cómo puedo saber que soy electo?[22]

---

[19] Véase R. A. Muller, «Perkins´A Golden Chaine: Predestinarian System or Schematized Ordo Salutis?», *Sixteenth Century Journal* 60/1 (1978): 75. Perkins concibe un esquema elaborado que explica un punto de vista supralapsario de la salvación. Bajo el título «Un llamamiento no eficaz», Perkins enumera cinco evidencias de la obra ineficaz del Espíritu Santo: (1) un esclarecimiento de la mente, (2) una penitencia acompañada por un deseo de ser salvo, (3) una fe temporal, (4) una muestra de la justificación y santificación acompañada por la dulzura profunda de la misericordia de Dios, y (5) un celo por las cosas de la religión. Véase también Kendall, *Calvin and English Calvinism to 1649*, 67-76. Kendall cita a Perkins, quien afirma que la búsqueda de la seguridad, a fin de cuentas requiere «descender dentro de nuestros propios corazones» (75), lo cual es un tipo de introspección contra el cual prevenía Calvino.

[20] Kendall, *Calvin and English Calvinism*, 36.

[21] Olmsted, «Staking All on Faith´s Object», 140-41.

[22] J. Bunyan, *Grace Abounding to the Chief of Sinners* (Chicago: Moody, 1959), 26.

Kendall y Bell documentan los resultados dañinos desde una perspectiva pastoral del enfoque puritano sobre la seguridad. Incluso aquellos que discrepan con la tesis de Kendall admiten que su «devastadora crítica» sobre los miserables esfuerzos producidos por la teología y práctica puritanas más o menos «da en el clavo».[23] Kendall relata la vida y obra de William Perkins (1558-1602), quien a menudo se le conoce como el padre del puritanismo. Perkins escribió extensa y casi exclusivamente sobre el tema de la seguridad, dado que dedicó 2500 páginas al mismo. Tristemente, la predicación y la enseñanza de Perkins sobre la seguridad tuvo muchas veces el resultado opuesto, pues creó más dudas que soluciones para las mismas. Resulta irónico que Perkins, al igual que tantos puritanos de su época, murieron sin una clara seguridad de su propia salvación.[24] De manera similar, Bell registra la lucha por la seguridad entre los calvinistas escoceses. Él indica:

> Es bien conocido, por ejemplo, que por generaciones, muchos en las Tierras Altas de Escocia se han rehusado a recibir los elementos de la comunión, debido a la falta de la seguridad personal de su salvación. Aunque creer que Jesucristo es el Salvador y el Hijo de Dios, el autoexamen no suele dar suficiente evidencia de su elección para la salvación. Temer que aparte de esa seguridad ellos puedan comer y beber de manera indigna y así sufrir el juicio de Dios, ellos se abstienen de recibir la Mesa del Señor.[25]

Los calvinistas y puritanos posteriores emplearon dos silogismos, el silogismo práctico y el silogismo místico, en su intento por establecer la seguridad por vía de la deducción lógica. Ellos usaban el silogismo práctico (*syllogismus practicus*) para determinar si ellos habían creído, y el silogismo

---

[23] G. Harper, «Calvin and English Calvinism to 1649: A Review Article», *Calvin Theological Journal* 20 (noviembre de 1985):257.

[24] Kendall cita a Thomas Fuller, el historiador del siglo XIX, quien señala que Perkins murió «por el conflicto de una conciencia atribulada». Véase Kendall, *Calvin and English Calvinism*, 75.

[25] Bell, *Calvin and Scottish Theology: The Doctrine of Assurance*, 7.

místico (*syllogismus mysticus*) para buscar evidencia de la fe verdadera.[26] El silogismo práctico dice así:

Premisa mayor:	Si la gracia eficaz se manifiesta en mí por las buenas obras, entonces soy electo.
Premisa menor (práctica):	Yo manifiesto buenas obras.
Conclusión:	Por lo tanto, soy uno de los electos.

Pero ¿cómo sabe uno que la premisa menor del silogismo práctico es verdad para uno? Los puritanos trataron de contestar esta pregunta mediante un examen introspectivo usando el silogismo práctico. El silogismo místico dice así:

Premisa mayor:	Si yo experimento la confirmación interna del Espíritu, entonces soy electo.
Premisa menor (mística):	Yo experimento la confirmación del Espíritu.
Conclusión:	Por lo tanto, soy uno de los electos.

Beza concluye, «Por lo tanto, que soy electo se percibe primero por la santificación que comenzó en mí, es decir, por mi odio al pecado y mi amor a la justicia».[27] Los calvinistas y puritanos de la posreforma creían que la base de la seguridad era la santificación.

Una de las tres respuestas dadas a la pregunta, ¿cómo sabe uno que de verdad es salvo? Solo la segunda opción, *la seguridad es la esencia de la fe salvífica*, provee certeza de la salvación. La seguridad de la salvación debe fundamentarse en Jesucristo y Su obra por nosotros, ni más ni menos.

---

[26] Beeke, *The Quest for Full Assurance*, 132-39.

[27] T. Beza, *A Little Book of Christian Questions and Responses* (Allison Park, PA: Pickwick Publications, 1986), 96-97.

Componente 2: Certeza futura
¿Cúan segura es la salvación de uno?

Incluso si un creyente sabe que es salvo, la cuestión de la perseverancia todavía queda sin contestar. Esto nos lleva a la segunda parte de la seguridad,
¿cuán segura es la salvación de uno? Los arminianos tradicionalmente han
contestado que la apostasía es posible para el creyente, mientras los calvinistas
han afirmado la perseverancia de los santos. Algunos estudiosos han ofrecido
posiciones intermedias porque argumentan que mientras la Escritura advierte
en contra del peligro de la apostasía, la posibilidad de la apostasía no existe
para el creyente genuino. La posición de los *medios de salvación* de Thomas
Schreiner y Ardel Caneday es una de estas propuestas que llegan a medio
camino, y nosotros le pondremos una particular atención a la misma.

La apostasía es posible	La apostasía no es posible	La apostasía es una amenaza, hay advertencias en su contra, pero no es posible
Creyentes no electos caen—(Agustín)	*Universalismo implícito*— (Barth)	*Tensión irreconciliable*—(Carson)
Creyentes que no perseveran caen—(Moody)	*Una vez salvo, siempre salvo*— (Grace Evangelical Society)	*Medios de salvación*— (Schreiner y Caneday)
	Evidencia de la veracidad—(Demarest)	*Conocimiento medio*—(Craig)

La posición agustiniana y arminiana: La apostasía es posible

Dos posiciones aceptan la posibilidad que un creyente pueda perder su
salvación. Agustín creía que los creyentes no electos caerán de la gracia,

mientras los arminianos tradicionales sostienen que todos los creyentes están en peligro de apostasía.

Los creyentes no electos caen. Según Agustín (354-430), solo los creyentes electos perseveran, y solo Dios conoce cuales creyentes son los electos.[28] Dios no ha escogido a cada creyente a quien Él regenera. Un creyente puede perder su salvación y puesto otra vez bajo la ira de Dios por cometer pecados mortales. Agustín da un ejemplo de dos hombres piadosos, ambos «hombres justificados» y ambos «renovados por… la regeneración». Pero, uno persevera y el otro no, porque Dios ha escogido solo a uno. Dios regenera a más de los que Él escoge. ¿Por qué haría Dios esto? Agustín responde, «No lo sé».[29]

Sin embargo, Dios concede el arrepentimiento y la perseverancia a Sus electos. Dado que la elección es parte de la voluntad oculta de Dios, todos los creyentes deben esforzarse por perseverar hasta el final. A nivel práctico, la perspectiva de Agustín opera de manera bastante similar a la arminiana.

Los creyentes que no perseveran caen. Los arminianos interpretan los pasajes sobre la seguridad a la luz de los pasajes de advertencia y entienden la salvación como una condición presente que disfruta un creyente, pero podría perder. Dos recientes proponentes de esta posición, Dale Moody y Howard Marshall, argumentan que la Escritura está llena de advertencias explícitas para los creyentes, los cuales deben perseverar si han de ser salvos.[30] Moody afirma que debido a posiciones teológicas preconcebidas, todo el impacto de estos versículos ha sido silenciado. Él lamenta, «la predicación barata y el hacerle concesiones al pecado han hecho prohibitivos estos textos para un estudio serio».[31] Él sostiene: «La vida eterna es la vida de aquellos que siguen de cerca al Señor. Ninguno que se aleja del Señor puede retener la vida eterna».[32]

---

[28] B. Demarest, *The Cross and Salvation* (Wheaton, IL: Crossway, 1997), 437-38.

[29] Agustín, *A Treatise on the Gift of Perseverance*, 21, en *Nicene and Post-Nicene Fathers*, vol. 5, ed. Philip Schaff. Disponible en http://www.ccel.org/ccel/schaff/npnf105.xxi.iii.xxiii.html.

[30] I. H. Marshall, *Kept by the Power of God*; y D. Moody, *The Word of Truth: A Summary of Christian Doctrine Based on Biblical Revelation* (Grand Rapids, MI: Eerdmans, 1981).

[31] Moody, *The Word of Truth*, 350.

[32] Ibíd., 356. Moody defiende su posición al afirmar que es también la posición de A. T. Robertson, el reconocido erudito del Nuevo Testamento en Southern Seminary.

Schreiner señala que Moody resuelve la tensión entre los pasajes sobre la seguridad y los pasajes de advertencia al negar que hay tensión.[33] Moody sostiene que los calvinistas han puesto tanto énfasis en los pasajes sobre la seguridad que han removido toda la fuerza de los pasajes de advertencia. Sin embargo, parece haber cometido el mismo error a la inversa cuando ignora la naturaleza incondicional de las promesas de la preservación y las subordina a los pasajes de advertencia.

La posición calvinista y la gracia gratuita: La apostasía no es posible

Tres posiciones argumentan que la apostasía no es posible y que la salvación final del creyente está garantizada. La primera posición es el *universalismo implícito* de Karl Barth, basado en su perspectiva de la elección, mientras que la Grace Evangelical Society [Sociedad Evangélica Gracia] defiende la segunda postura, el que es *una vez salvo siempre es salvo*, como un puntal importante de su plataforma doctrinal. Wayne Grudem argumenta por una tercera postura, la *evidencia de la veracidad*, que sostiene que la fe salvífica se manifiesta por la perseverancia.

Universalismo implícito. En una famosa discusión en su obra *Church Dogmatics* [Dogmática Eclesial], Karl Barth demostró que el enunciado de los reformadores en cuanto a la seguridad descansa sobre una plataforma inestable. Comenzar la búsqueda por la certeza con el decreto electivo que está escondido en la voluntad oculta de Dios condena al fracaso la iniciativa desde el inicio. Él afirmó que los reformadores erraron cuando trataron de desarrollar una doctrina de la seguridad con un inicio cristológico y un final antropológico.[34]

Barth resolvió el asunto de la seguridad al usar su punto de vista idiosincrático en cuanto a la elección. Según Barth, Jesucristo es tanto el Dios que elige como el Hombre electo. Dios se relaciona con los electos solo a través de Cristo, pero Cristo es además el Hombre rechazado de los reprobados. Por lo tanto, Dios se

---

[33] Schreiner, «Perseverance and Assurance», 33.
[34] K. Barth, Church Dogmatics II/2 (Edinburgh, Escocia: T&T Clark), 333-40.

relaciona con todos, tanto electos y rechazados, a través de Cristo, con el resulta-do final que Dios rechaza el rechazamiento de los reprobados. Barth solventa las preocupaciones sobre la seguridad al colocar a toda la raza humana en Cristo.[35]

Barth nunca admitió que su posición implicaba el *universalismo*. J. I. Pac-ker observa que esta fue «una conclusión que el mismo Barth parece haber evitado, solo porque así lo decidió».[36] Sin embargo, su planteamiento parece concluir que un reprobado es alguien que es electo, pero no lo sabe aún.

Una vez salvo, siempre salvo. Esta posición rechaza la doctrina tradicional reformada de la perseverancia de los santos en favor de la doctrina de la seguridad eterna. Entre los proponentes de este punto de vista están Zane Hodges, Charles Stanley, Joseph Dillow y R. T. Kendall.[37] Los defensores de esta postura, si bien no aceptan la posición de Barth en cuanto a la elección, coinciden con él en que cualquier intento por arribar a la seguridad de la salvación que implique ver la vida del creyente como evidencia o apoyo estará condenado al fracaso.

Según esta posición, la seguridad de la salvación viene solo al confiar en las promesas de la Palabra de Dios. El creyente debería manifestar el fruto de la salvación, pero no es garantía que lo hará. Cuando mucho, las obras prestan una función secundaria, confirmatoria.[38]

Los críticos argumentan que esta postura tiene tres debilidades. Primera, o bien ignora o justifica lo que parece ser el significado claro de los pasajes de advertencia dirigidos a los santos. Segunda, tiende hacia la laxitud en el

---

[35] Ibíd., 344-54. Randall Zachman y G. Michael Thomas defienden en este momento la posición de Barth. Véase Zachman, *The Assurance of Faith*, viii, 244-48; y Thomas, *The Extent of the Atonement*, 252-53.

[36] J. I. Packer, «Good Pagans and God's Kingdom», *Christiany Today* 30/1 (17 de enero de 1986): 22-25.

[37] Véase Z. Hodges, *Absolutely Free!* (Grand Rapids, MI: Zondervan, 1989); C. Stanley, *Eternal Secu-rity: Can You Be Sure?* (Nashville, TN: Thomas Nelson, 1990); J. Dillow, *The Reign of the Servant Kings* (Haysville, NC: Schoette, 1992), 187, 194; R. Kendall, *Once Saved, Always Saved* (Chicago, IL: Moody, 1983), 49-53.

[38] Véase la declaración doctrinal de la Grace Evangelical Society en http://www.faithalone.org. Stan-ley explica que «es muy probable que un cristiano que ha expresado fe en Cristo y experimentado el perdón de pecado siempre creerá que el perdón se encuentra a través de Cristo. Pero incluso si no es así, el hecho es ¡que él ha sido perdonado!» (*Eternal Security*, 79. Él compara la salvación con un tatuaje que una persona puede lamentar, pero no puede librarse de él (80). Véase también 74, 93-94.

compromiso cristiano, y tercera, ofrece una falsa esperanza a aquellos que caminan en desobediencia a los mandatos de la Escritura y que de verdad pueden no ser salvos.[39]

Los defensores de esta posición argumentan que la Biblia provee en abundancia motivos para el servicio cristiano sin amenazar al creyente con la condenación eterna.[40] Primero, el creyente es movido al servicio por un sentido de gratitud por su salvación. Segundo, el creyente que fracasa en su caminar fiel con el Señor experimenta la represión de la mano de Dios, incluso al punto de la muerte, si fuera necesario. Tercero, además de la disciplina divina en esta vida, el creyente desobediente experimenta la perdida de recompensas en el tribunal de Cristo. Dios preserva al creyente carnal incluso si este no persevera en la fe.[41]

Evidencia de la veracidad. Esta posición, la cual se entiende tradicionalmente como la doctrina de la perseverancia de los santos, coincide con la posición *una vez salvo, siempre salvo*, en que la salvación del creyente es segura para siempre. También coincide en que las buenas obras no son necesarias para obtener la salvación. Sin embargo, a diferencia de aquellos que defienden la doctrina de la seguridad eterna, los que proponen la posición de la *evidencia de la veracidad* sostienen que los frutos de la salvación se manifestarán necesaria y eventualmente en la vida de un creyente.[42]

Los que apoyan esta posición basan su doctrina de la perseverancia en las promesas de Dios en la Escritura que manifiestan que Él completará Su obra de salvación en el creyente.[43] Aunque este pueda fracasar de manera lamentable y pecar de manera terrible, él no puede permanecer en esa condición. Un cristiano puede caer por completo, pero su caída no será final. El verdadero creyente perseverará.

---

[39] Moody, *The Word of Truth*, 361-65.

[40] Véase la sección bajo el título «Motivation» de la Grace Evangelical Society en http://www.faithalone.org.

[41] Stanley, *Eternal Security*, 92-100.

[42] Demarest, *The Cross and Salvation*, 439-44.

[43] Filipenses 1:6, «Estando convencido precisamente de esto: que el que comenzó en vosotros la buena obra, la perfeccionará hasta el día de Cristo Jesús».

Los pasajes de advertencia sirven como una prueba decisiva, según la posición de la *evidencia de la veracidad*.[44] Aquellos que no se han convertido de manera auténtica en algún momento mostrarán quienes son de verdad. Por eso, los juicios con que se amenaza en estos pasajes no se dirigen a los creyentes, sino que están destinados a los falsos discípulos, quienes por una razón u otra se hacen pasar como verdaderos cristianos.

Schreiner y Caneday concuerdan con los defensores de la posición de la *evidencia de la veracidad* que los verdaderos creyentes perseverarán, pero ellos creen que los defensores de la *evidencia de la veracidad* han malinterpretado los pasajes de advertencia en el Nuevo Testamento. Schreiner y Caneday sostienen que los pasajes de advertencia están orientados hacia el futuro, mientras que la posición de la *evidencia de la veracidad* convierte las advertencias en pruebas de la conducta pasada o presente.[45]

Posiciones intermedias: La apostasía es una amenaza, hay advertencias en contra, pero no es posible

Algunos eruditos entienden que los pasajes de advertencia amonestan a los creyentes sobre el peligro del juicio eterno, aunque un creyente no puede apostatar. Tres posiciones tratan de reconciliar estos dos conceptos al parecer contradictorios. El primer punto de vista, la posición de la *tensión irreconciliable*, argumenta que la tensión entre los dos tipos de pasajes es imposible de resolver y que debe tomarse un enfoque compatibilista. Segundo, la posición de los *medios de salvación* argumenta que las advertencias sirven como un medio esencial por el cual el creyente se preserva; y tercero, William Lane Craig argumenta que la posición de los *medios de salvación* es un enfoque de *conocimiento medio*.

Tensión irreconciliable. Ciertos eruditos han renunciado a cualquier intento de reconciliar los pasajes sobre la seguridad con los pasajes de advertencia y le

---

[44] Véase W. Grudem, «Perseverance of the Saints: A Case Study from the Warning Passages in Hebrews», en *Still Sovereign: Perspectives on Election, Foreknowledge and Grace* (eds. T. R. Schreiner y B. A. Ware; Grand Rapids, MI: Baker Books, 2000), 133-82.

[45] Schreiner y Caneday, *The Race Set Before Us*, 29-35.

atribuyen todo el asunto al misterio. En su libro *Assurance and Warning* [*Seguridad y Advertencia*], Gerald Borchert concluye que los dos tipos de pasajes están en tensión irreconciliable y deben tenerse en un «delicado balance».[46]

D. A. Carson toma una táctica similar cuando argumenta a favor de un enfoque compatibilista a la cuestión que se plantea. Él define el compatibilismo como:

> La perspectiva que las siguientes dos declaraciones son, pese a la evidencia superficial en contra, compatibles entre sí: (1) Dios es absolutamente soberano, pero su soberanía no mitiga en ningún caso la responsabilidad humana; (2) los seres humanos son criaturas responsables (es decir, ellas eligen, deciden, obedecen, desobedecen, se rebelan, entre otras cosas), pero su responsabilidad nunca sirve para hacer a Dios absolutamente contingente.[47]

Dado que no sabemos la manera en que Dios opera en el tiempo, la manera en que Dios opera por medio de agentes secundarios o la manera en que Dios es soberano y personal al mismo tiempo, entonces no vamos a saber la manera en que los dos tipos de pasajes se interrelacionan. En definitiva, se nos deja con una antinomia teológica. Carson concluye, «Entonces nosotros, pienso, siempre tendremos algún misterio sin resolver».[48]

Ni Schreiner ni Hodges están impresionados con el recurso de Carson del misterio compatibilista. Schreiner previene contra este recurso del misterio con excesiva rapidez; aparte de eso podemos estar solo eludiendo el trabajo difícil y las decisiones difíciles de hacer la tarea teológica. Él sospecha que Borchert y Carson usan «tensión» y «misterio» como palabras en clave para «contradicción».[49] Asimismo, Hodges argumenta que una seguridad basada en un misterio no es seguridad en absoluto. Él expresa,

---

[46]   G. L. Borchert, *Assurance and Warning* (Nashville, TN: Broadman, 1987), 194.

[47]   Carson, «Reflections on Christian Assurance», 22.

[48]   Ibíd., 26.

[49]   Schreiner, «Perseverance and Assurance», 52.

«Si 'seguridad' fuera ciertamente un misterio, entonces sería un misterio sumamente alarmante para los que necesitan más la seguridad. ¿Sabe el Dr. Carson, sin duda alguna, que él es regenerado? Si es así, que nos diga cómo sabe. ¡El compatibilista no puede tener un misterio y una respuesta segura, a la vez!».[50]

Medios de salvación. En su libro *The Race Set Before Us* [La carrera frente a nosotros], Thomas Schreiner y Ardel Caneday presentan una posición que ellos denominan *medios de salvación*. Ellos coinciden con los que defienden la posición de la *evidencia de la veracidad*, en la que un creyente no puede apostatar. Sin embargo, ellos argumentan que los pasajes de advertencia, como los que se encuentran en el libro de Hebreos, amenazan a los creyentes con la condenación eterna en el infierno si ellos no perseveran. Ellos rechazan la manera en que los proponentes de la posición *una vez salvo, siempre salvo* interpretan 1 Corintios 9:23-27, en el sentido que Pablo está preocupado por perder sus credenciales para el ministerio cuando habla de mantener su cuerpo en sujeción para no ser desechado. Más bien, ellos coinciden con Gordon Fee que Pablo está advirtiendo a los cristianos corintios que sin fe, al final, incluso él no iría al cielo. «Temor a convertirse en un *adokimos* [«descalificado, reprobado»] es lo que motiva a Pablo a ser diligente y deliberado en la perseverancia».[51]

Esta posición sostiene que el Nuevo Testamento siempre se refiere al don de la salvación cuando habla de la recompensa del creyente.[52] Los pasajes que exhortan a los electos a buscar las coronas de vida, la gloria y la justicia hacen referencia a la misma salvación, no a alguna recompensa posterior que el creyente pueda ganar además de la salvación. Este es uno de los temas centrales de su libro.

---

[50] Z. Hodges, «The New Puritanism Part 1: Carson on Christian Assurance», página consultada el 24 de enero de 2002. http://www.faithalone.org/journal/1993i/Hodges.htm.

[51] Schreiner y Caneday, *The Race Set Before Us*, 179. Compárese con G. Fee, *The First Epistle to the Corinthians*, New International Commentary on the New Testament (Grand Rapids, MI: Eerdmans, 1987), 431-41. Según Fee, Pablo entiende que «él y ellos [los corintios] deben perseverar en el evangelio para compartir en sus promesas» (432) y que los cristianos deben «ejercer dominio propio a menos que fracasen para obtener el premio escatológico» (440).

[52] Schreiner y Caneday, *The Race Set Before Us*, 89-95.

Hemos insistido a través de este libro que el Nuevo Testamento dirige sus amonestaciones y advertencias a los creyentes. Además hemos argumentado que estas advertencias no solo amenazan a los creyentes con perder recompensas, sino que la misma vida eterna está en peligro. A menudo, los escritores bíblicos advierten a los creyentes que si ellos se apartan de Jesucristo experimentarán el juicio eterno. Si los creyentes apostatan, su destino es el lago de fuego, la muerte segunda, el infierno. Estas advertencias no pueden desecharse o relegarse para aquellos que no son cristianos genuinos. Ellas están dirigidas a los creyentes y debemos prestarles atención para ser salvos en el último día. Ganaremos el premio de la vida eterna solo si corremos la carrera hasta el final. Si renunciamos a mitad de la carrera, no recibiremos la vida eterna.[53]

Ellos también argumentan que obtener la vida eterna exige no solo continuar en la fe, sino también un gran esfuerzo. Concluyen, a partir de 2 Pedro 1:5-11 («…esfuércense por añadir a su fe, virtud;… entendimiento;… dominio propio;… constancia;… devoción a Dios;… afecto fraternal; y… amor… esfuércense más todavía por asegurarse del llamado de Dios, que fue quien los eligió. Si hacen estas cosas, no caerán jamás, y se les abrirán de par en par las puertas del reino eterno de nuestro Señor y Salvador Jesucristo», NVI), que:

> Vivir de forma virtuosa no se estimula solo porque hace más plena la vida sobre la tierra, ni porque vivir una vida piadosa lleve a una mayor recompensa en el cielo. Estas virtudes son imperativas para escapar al destino de los falsos maestros. Es decir, vivir con justicia es necesario para entrar en el reino de Jesucristo.[54]

---

[53] Ibíd., 268.

[54] Ibíd., 290. Ellos también explican que «Pedro llama a la iglesia a vivir piadosamente para que entren al reino eterno», y coinciden con Richard Bauckham que «los frutos éticos de la fe cristiana son de manera objetiva necesarios para la consecución de la salvación final» (291).

Pero Schreiner y Caneday sostienen que aunque las amenazas de condenación que se dirigen a los santos son genuinas, la posibilidad de la apostasía no lo es. Ellos afirman de pasajes como 1 Juan 2:19 que «perseverar en Cristo es la marca de la autenticidad», porque los creyentes «tienen la promesa de Dios que él suplirá el poder necesario» para perseverar. «Así que, podemos estar seguros que cada creyente sin duda terminará la carrera y obtendrá el premio».[55] Esto es así porque Dios usa medios, incluyendo los pasajes de advertencia, para cumplir Su promesa de salvar a todos quienes han confiado en Jesucristo como su Salvador. Ellos afirman que advertir a alguien sobre ciertas consecuencias de la conducta no implica que exista la probabilidad de practicar esa conducta. Las advertencias condicionales en sí mismas no funcionan para indicar nada sobre un posible fracaso o cumplimiento. Más bien, las advertencias condicionales apelan a nuestras mentes para concebir o imaginar las consecuencias invariables que vienen a todos los que abandonan a Cristo».[56] Al evaluar las advertencias, ellos hacen una distinción entre la que es concebible y la que puede o es probable que suceda. Ellos comparan las advertencias a señales en el camino, las cuales «previenen contra consecuencias concebibles (que pueden imaginarse), y no contra consecuencias probables».[57] Ellos agregan: «La veracidad de una advertencia o amonestación no depende incluso si la cosa supuesta podría pasar… Más bien, ellas funcionan al suponer un curso particular de acción que tiene una invariable e inviolable consecuencia».[58]

La manera en que Schreiner y Caneday lo ven, más que causar consternación a los electos, las amenazas de condenación producen ánimo y confianza.

Las amonestaciones y las advertencias de la Escritura amenazan a los creyentes con el juicio eterno por la apostasía, pero estas advertencias no violan la seguridad y la confianza en cuanto a la salvación final… Las

---

[55] Ibíd., 245.
[56] Ibíd., 199.
[57] Ibíd., 208.
[58] Ibíd., 209.

advertencias no nos roban la seguridad. Ellas son señalizadores junto al camino del maratonista que nos ayudan a mantener nuestra confianza.[59]

La tensión entre las amenazas de juicio y los señalizadores de confianza puede solucionarse, según Schreiner y Caneday, al reconocer el aspecto «ya, pero todavía no» del evangelio del reino. Ellos argumentan que los defensores de las otras posiciones han ignorado este principio fundamental de interpretación que a menudo se denomina como *escatología inaugurada*.[60] Con la resurrección de Cristo, el fin de los tiempos ha comenzado, así todas las bendiciones del reino de Dios y Su salvación a favor de los electos son un hecho consumado. Sin embargo, nuestro Señor no ha retornado, así que aún no se ha alcanzado el pleno goce de nuestra salvación. Esto crea una tensión en el mundo, en la iglesia y en los corazones de los creyentes que se expresa en el registro bíblico.

Schreiner y Caneday sostienen que la posición *una vez salvo, siempre salvo* es particularmente culpable de una *escatología sobrecumplida* (esperar ahora eventos y bendiciones del futuro, por así decirlo) que intercambia el «todavía no» por el «ya». Ellos sostienen que aquellos como Hodges y Stanley han enfatizado el evento de la conversión al punto de hacer la salvación un evento completamente en el pasado. Lo opuesto sería una teología en la cual la salvación es solo una posibilidad futura. La perspectiva de los *medios de salvación* enseña que la fe salvífica no es solo un evento único, sino además una jornada de toda la vida. Todos los componentes y aspectos de la salvación tienen una orientación «ya, todavía no», incluso la justificación. Ellos coinciden que la justificación es principalmente forense,[61] pero también entienden

---

[59] Ibíd., 269.

[60] Ibíd., 46-86. «Tanto la dimensión presente como la futura de la salvación debería verse como dos aspectos de un todo indivisible» (pág. 47). Sobre este influyente planteamiento hermenéutico véase G. E. Ladd, *The Presence of the Future* (Grand Rapids, MI: Eerdmans, 1974), 139.

[61] «Forense» quiere decir que los términos justicia/justificación usan una metáfora legal o de los tribunales que describen al creyente como uno que es declarado justo ante el juez divino. Las opiniones de Schreiner sobre la naturaleza forense de la justificación han evolucionado. Hace poco, él declaró: «La justicia y la justificación en Pablo debería entenderse solo como forense». Véase T. R. Schreiner, *New Testament Theology* (Grand Rapids, MI: Baker Books, 2008), 355. Él agrega: «La declaración de Dios sobre

que «la justicia debería incluirse en la tensión *ya-pero-todavía-no* que rige la soteriología del Nuevo Testamento. Los creyentes son justos ahora, pero todavía esperan el don de la justicia que será suya en el día de la redención».[62]

Con el fin de entender la base de la seguridad, Schreiner y Caneday presentan una silla de tres patas.[63] La primera pata es las promesas de Dios, la segunda pata es la evidencia de una vida cambiada, y la tercera pata es el testimonio interno del Espíritu Santo. Ellos admiten que es una analogía imperfecta, dado que las promesas de Dios son fundamentales para la seguridad,[64] pero ellos niegan que puede haber discontinuidad entre la primera pata y las otras dos. Ellos advierten: «Aunque las promesas de Dios son fundamentales para establecer nuestra seguridad, sería un error grave expulsar la necesidad de una obediencia creyente para confirmar la seguridad». En realidad, «una vida transformada es evidencia de la salvación y necesaria para la misma».[65]

Schreiner y Caneday aseveran con firmeza que un cristiano puede saber que es salvo basado en las promesas de Dios, aunque varias advertencias del Nuevo Testamento lo amenazan con la condenación final si no persevera en una vida y fe piadosas. Su intento de explicar esto último en términos solo de consecuencias «concebibles» más que posibles o probables, parece dejar las dos proposiciones en conflicto. Ellos sostienen que el creyente experimenta la justificación forense, la total adopción y la regeneración divina como realidades presentes. Entonces ¿cómo es concebible que un creyente en una posición tal en Cristo esté en algún peligro de condenación? Esta objeción

---

los pecadores es un veredicto del final de los tiempos que ha sido anunciado antes de que el fin llegue. El veredicto es eficaz en el sentido que cada veredicto anunciado por Dios constituye una realidad». Además, «Debido a la unión con Cristo, los creyentes ya disfrutan de la justificación en este presente siglo malo» (361).

[62] Schreiner y Caneday, *The Race Set Before Us*, 77-79. Ellos deducen la dimensión futura de la justificación de pasajes como Gálatas 5:5 y Romanos 2:13; 3:20.

[63] Ibíd., 276-305.

[64] Ibíd., 283. Ellos declaran: «Nuestro enfoque primario debe ser en las promesas de Dios en Cristo y su obra objetiva a favor nuestro». Además, «La pata fundamental es las promesas de Dios».

[65] Ibíd., 283-84. Ellos explican de 1 Juan que la vida recta, el amor por los otros creyentes y la creencia correcta sobre Cristo «son condiciones necesarias para pertenecer al pueblo de Dios, pero no son condiciones suficientes» (287). Ellos además declaran: «La seguridad no descansa solamente en las promesas de Dios; también se confirma por nuestro modo de vida» (289).

no surge solo de una *escatología sobrecumplida*, como ellos sostienen. Pese a sus esfuerzos por evitarlo, ellos parecen sacrificar parte del componente «ya» de la tensión «ya-todavía no».

Segundo, en su discusión de 1 Corintios 9:27, Schreiner y Caneday indican que el «temor [de Pablo] a convertirse en un *adokimos*», es decir, uno que es desechado, lo motivaron a perseverar. Ellos opinan que su temor no era perder su salvación (aunque sus palabras suenan como si fuera), ni era tampoco un temor a perder recompensas.[66] ¿Cuál es la alternativa excepto un temor a que él pudiera no ser un creyente genuino? Si fuera así, ¿qué clase de confianza es esa? Su punto de vista parece incierta en este punto. Dale Moody se mofa de la posición de los *medios de salvación* como un arminianismo que ha perdido su ímpetu. En su opinión, esta posición en definitiva «reduce las advertencias a engaño».[67]

Tercero, ¿qué podemos decir sobre aquellos que no perseveran? Muchos que alguna vez profesaron la fe en Cristo más tarde renunciaron a su fe. Nuestros autores reconocen que el fracaso de estas personas para perseverar indica que nunca de verdad fueron salvos.[68] Así que, lo que describe los pasajes de advertencia sucede a los falsos maestros, pero no a los electos, y la posición de los *medios de salvación* parece colapsar ante la posición estándar de la *evidencia de la veracidad* sostenida por la mayoría de los evangélicos calvinistas.[69]

Cuarto, como se demostró en la primera sección de este capítulo, los puritanos emplearon un enfoque similar a la posición de los *medios de salvación* y lo encontraron desastroso desde la perspectiva pastoral. Schreiner y Caneday reconocen la experiencia de los puritanos y advierten contra esto, pero ofrecen pocas razones para creer que los mismos problemas no ocurrirían de nuevo si la posición de los *medios de salvación* llegara a generalizarse otra

---

[66] Ibíd., 179.

[67] Moody, *The Word of Truth*, 361.

[68] Véase Schreiner y Caneday, *The Race Set Before Us*, 214-44.

[69] Esta es la posición que Schreiner y Caneday toman sobre aquellos que caen. Véase Schreiner y Caneday, *The Race Set Before Us*, 243. Ellos admiten que «los escritores del Nuevo Testamento también están interesados en aquellos que afirman creer, pero cuya confesión de fe no coincide con una obediencia creyente» (283). Entonces parece que los pasajes de advertencia se aplican más a los falsos profesantes que a los verdaderos creyentes.

vez.[70] El subtítulo para su libro es *A Biblical Theology of Perseverance and Assurance* [Una teología bíblica sobre la perseverancia y la seguridad], pero la obra parece ser demasiado larga sobre la perseverancia y corta sobre la seguridad. Al discutir la función del fruto del Espíritu en la seguridad cristiana, ellos mencionan repetidas veces que el rol es solo para «confirmar» la seguridad del creyente procedente de las promesas de Dios.[71] Ahora bien, la naturaleza de la posición «*medios de salvación*» parece hacer justo lo opuesto.

Quinto, a veces parece que la propuesta de los *medios de salvación* se aproxima peligrosamente a una posición de *salvación por obras*, pese a que declara lo contrario.[72] Las obras que son causadas por la gracia siguen siendo obras. La mayoría de evangélicos coinciden que la verdadera fe salvífica obra, pero sigue siendo solo fe, en vez de argumentar que la fe y la piedad juntas son los medios de salvación. Pero Schreiner y Caneday afirman que, «la perseverancia es un medio necesario que Dios ha previsto para obtener la salvación».[73]

Calvino trató este enfoque en su respuesta al Concilio de Trento cuando él declaró:

> Aquí no hay disputa entre nosotros en cuanto a la necesidad de exhortar a los creyentes a las buenas obras, e incluso incentivarlos al ofrecer una recompensa. Entonces ¿qué? Primero, yo difiero de ellos en esto, que hacen la vida eterna la recompensa; pues si Dios recompensa las obras con la vida eterna, ellas inmediatamente harían de la misma fe una recompensa que se paga, mientras que la Escritura de forma unificada proclama que es el legado que nos corresponde por ningún otro derecho que el de la adopción gratuita.[74]

---

[70] Ibíd., 277-78.

[71] Ibíd., 283-99.

[72] Ibíd., 86. Véase además R. B. Zuck, «Review of The Race Set Before Us», 142. En su argumento sobre la salvación comienza con la fe, pero termina con las obras, A. P. Stanley cita a Schreiner y Caneday para apoyo. Véase *Did Jesus Teach Salvation by Works?* (Eugene, OR: Pickwick, 2006), 244.

[73] Ibíd., 152.

[74] J. Calvin, «Acts of the Council of Trent with the Antidote», 144-45.

Aunque ellos son cuidadosos en insistir que las obras hechas por el creyente son en realidad realizadas por la gracia de Dios, su posición es difícil de reconciliar con el principio *sola fide* de la Reforma. Quizás Schreiner y Caneday podrían tratar esta preocupación al dar una clara definición de lo que ellos quieren decir cuando usan la palabra «perseverancia». ¿La entienden como una fe imperecedera (que produce buenas obras) o una conducta piadosa permanente?[75]

Conocimiento medio. ¿Acaso la posición de los *medios de salvación*, sin darse cuenta, abandona el entendimiento tradicional reformado de la soberanía divina y, en cambio, sostiene una posición *molinista*? William Lane Craig cree que así es. Él argumenta que la posición de los *medios de salvación*, de manera implícita, emplea el *conocimiento medio*. Craig pregunta ¿si la voluntad del creyente está tan abrumada por la gracia de Dios, entonces por qué Dios da las advertencias? Y si las mismas advertencias generan la perseverancia, ¿esto significa que el creyente es capaz de apostasía, incluso si él no apostata? Hipotéticamente, al menos, los electos pueden alejarse, pero Dios, usando el *conocimiento medio*, ha escogido hacer realidad un mundo en el cual las advertencias bíblicas operarán como medios para guardar a Sus hijos de la apostasía. Este es un nuevo entendimiento de la perseverancia, pero resulta ser la posición que afirman aquellos que sostienen la posición de los *medios de salvación*.[76] Craig declara:

> El clásico defensor de la perseverancia debe, se diría, si va a distinguir su punto de vista del molinismo, sostener la eficacia intrínseca de la gracia de Dios y, por eso, la imposibilidad causal de la apostasía del creyente. Pero, en ese caso, las advertencias de la Escritura contra el peligro de la apostasía parecen ser inútiles e irreales.[77]

---

[75] Después de que escribí este capítulo, el Dr. Schreiner fue lo suficientemente amable para enviarme un borrador de su próximo libro *Run to Win the Prize* (InterVarsity). En este, él establece con claridad su posición y provee una respuesta útil a muchas preocupaciones expresadas por mí y otros. Es de mucha ayuda su descripción de la perseverancia, la cual él define como «perseverando en fe», una definición con la cual yo coincido de todo corazón. Sin embargo, no estoy convencido que los pasajes de advertencia del Nuevo Testamento amenazan a los creyentes con la condenación.

[76] W. L. Craig, «"Lest Anyone Should Fall": A Middle Knowledge Perspective on Perseverance and Apostolic Warnings», *Philosophy of Religion* 29 (1991): 65-74.

[77] Ibíd., 72.

Craig concluye que la posición de los *medios de salvación* es, en realidad, una perspectiva molinista y representa un abandono de la doctrina clásica reformada de la perseverancia.

La respuesta de Schreiner y Caneday al artículo de Craig parece indicar que no entendieron su argumento. En un suplemento a su libro, *The Race Set Before Us* [La carrera frente a nosotros], ellos argumentan que Craig malinterpreta la diferencia entre su punto de vista sobre la manera en que la gracia de Dios opera en la voluntad humana y el punto de vista de la teología reformada.[78] Dado que Craig asume una «falsa disyunción» entre la gracia de Dios que abruma la voluntad del creyente y las mismas advertencias, él piensa que la eficacia de las advertencias reside solo en ellas mismas. Schreiner y Caneday afirman que Craig erróneamente atribuye su propio punto de vista a los proponentes de la posición de los *medios de salvación*, y «así todo su argumento contra el punto de vista reformado toma una trayectoria que se desvía de su objetivo».[79]

Sin embargo, Craig se da cuenta plenamente de la diferencia entre el punto de vista reformado y el punto de vista molinista sobre el uso que Dios hace de los medios. Ese es precisamente su punto. Si Dios está usando las advertencias como los medios para lograr la perseverancia, entonces los santos caerían sin las advertencias (lo que es contrario a lo que la teología reformada entiende sobre la manera en que la gracia de Dios opera en el creyente) o los santos perseverarían incluso sin las advertencias (lo que haría superfluas las advertencias). En cualquier caso, la posición de los *medios de salvación* parece apartarse de la soteriología estándar reformada.

Una propuesta modesta: una variación de la posición de la *evidencia de la veracidad*

El modelo para la seguridad que se ofrece en las próximas páginas se aproxima a la posición *una vez salvo, siempre salvo*. Sin embargo, difiere en que al

---

[78]   Schreiner y Caneday, *The Race Set Before Us*, 332-37.

[79]   Ibíd., 337.

mismo tiempo afirma que Dios preserva a los redimidos y su fe persistente y perseverante, por lo que es más preciso describirla como una variante de la posición de la *evidencia de la veracidad*. Esta posición tiene cuatro puntos: (1) el único fundamento para la seguridad de la salvación es la obra objetiva de Cristo; (2) la seguridad es la esencia de la fe salvífica; (3) la fe salvífica persevera; y (4) Dios ofrece recompensas que están disponibles para el creyente subsecuentes a la salvación.

Los cuatro postulados de una posición modificada de la evidencia de la veracidad	
1. El único fundamento para la seguridad es la obra objetiva de Cristo.	Cristo es el fundamento de la seguridad; las buenas obras solo apoyan y confirman.
1. La seguridad es la esencia de la fe salvífica.	Un cierto conocimiento de la salvación es simultáneo cuando se es salvo. Las dudas subsecuentes pueden venir, pero una convicción sustancial permanece.
1. La fe salvífica persevera o permanece hasta el día cuando se vea lo que se cree.	La perseverancia es una fe que no puede aniquilarse. La perseverancia es más una promesa que un requisito.
1. Las recompensas subsecuentes a la salvación pueden ser ganadas o perdidas por el creyente.	Los creyentes serán juzgados y recompensados según su servicio.

Primero, *el único fundamento para la seguridad de la salvación es la obra objetiva de Cristo*. Cualquier doctrina sobre la seguridad de la salvación que incluya la introspección como un componente producirá ansiedad en los corazones de las personas a las que busca animar. Barth tiene razón cuando señala que ningún sistema que tiene un inicio cristológico y un final antropológico puede ofrecer seguridad genuina y sostenible.

Por eso, la analogía de la silla de tres patas de Schreiner y Caneday para la seguridad de la salvación fracasa. Ellos admiten que la analogía es imperfecta porque ven que la pata de las promesas de Dios es superior que las patas de la santificación y el testimonio interno del Espíritu. Ahora bien, una silla que tiene una pata que es más larga y más fuerte que las otras es una plataforma de por sí inestable. Para cambiar las metáforas, respecto a ofrecer seguridad, Cristo es el solista y las evidencias son solo los miembros del coro de acompañamiento.

Un corolario cercano a la premisa que Cristo es el único fundamento para la seguridad es la necesidad de reafirmar la doctrina de la *sola fide*. La perseverancia no puede entenderse en términos de buenas obras y gran esfuerzo sin que se desmantele la Reforma. La doctrina de la perseverancia debe formularse de modo que no cree la impresión que la Escritura se contradice a sí misma sobre la gracia y las obras.[80]

Segundo, *la seguridad es la esencia de la fe salvífica*. La naturaleza de la conversión y la regeneración garantiza que cierto conocimiento de la salvación se tiene al mismo tiempo que se es salvo. Las dudas y los temores subsecuentes pueden venir, pero una convicción sustancial permanecerá.

Las buenas obras y las evidencias de la gracia de Dios no ofrecen seguridad. Ellas aportan garantía de la seguridad, pero no la seguridad en sí misma. Quizás una buena analogía es la manera en que un cristiano conoce el amor de Dios. Él experimenta el amor de Dios cada día en una multitud de formas. Sin embargo, todas esas numerosas bendiciones solo confirman lo que el cristiano ya sabe; que Dios lo ama. Incluso durante esos tiempos cuando parece que el favor de Dios está ausente y la confianza del cristiano se prueba, él aún sabe que Dios lo ama de la misma manera en que siempre ha sabido esto, por las promesas de Dios. Así es con la seguridad de la salvación. Las buenas obras solo tienen el rol secundario de la confirmación.

---

[80] Romanos 11:6: «Pero si es por gracia, ya no es a base de obras, de otra manera la gracia ya no es gracia. Y si por obras, ya no es gracia; de otra manera la obra ya no es obra».

Tercero, *la fe salvífica persevera o permanece hasta el día cuando se vea lo que se cree*. La perseverancia debería entenderse como una fe que no puede aniquilarse y, por tanto, persiste. Esta fe persistente en algún momento y de manera inevitable se muestra en la vida del creyente de tal forma que trae gloria a Dios. El punto de Hebreos 11 es que la fe salvífica se manifiesta a través del viaje del discipulado. Uno puede tropezar y tambalear, pero nunca dejar el camino. La perseverancia debería ser vista más como una promesa que un requisito.

No puedo estar de acuerdo con Schreiner y Caneday cuando sostienen que la posición de la *evidencia de la veracidad* comete el error de convertir los pasajes para el futuro en pruebas retrospectivas. Más bien, los pasajes de advertencia que miran hacia adelante (como los que se encuentran en el libro de Hebreos) están señalando lo obvio: la convicción genuina no da marcha atrás. Las advertencias sobre la conducta futura pueden ser pruebas de autenticidad sin ser retrospectivas.

Algunos pasajes enseñan que la conducta pasada puede ser un indicador de autenticidad. La persona de verdad salva tiene hambre y sed de justicia, incluso cuando está luchando con la tentación o incluso si tropieza con el pecado. En realidad, yo no estoy tan preocupado sobre el destino de aquellos que luchan, como lo estoy sobre el de aquellos que no les importa lo suficiente para luchar. La indiferencia es más alarmante que la debilidad.

La ausencia de un deseo por las cosas de Dios indica con claridad un problema espiritual grave, y una indiferencia continua puede posiblemente implicar que la persona que profesa fe nunca se ha convertido de verdad. Dios está infinitamente más dedicado a nuestra salvación de lo que estamos nosotros, y Él no fracasará en terminar lo que ha comenzado. Si un creyente incurre en desobediencia voluntaria o indiferencia deliberada, nuestro Padre celestial le promete acción apropiada y enérgica. La morada del Espíritu Santo garantiza que no hay reincidente en paz.

Cuarto, *hay recompensas que son subsecuentes a la salvación que el creyente las puede ganar o perder*. Una de las grandes debilidades de la propuesta de Schreiner y Caneday es la necesidad de negar que existen recompensas disponibles para el creyente y que todas las promesas de recompensa se refieren a la misma salvación. Su posición es difícil de reconciliar con muchos pasajes bíblicos. Por ejemplo, 1 Corintios 3:12-15 habla de la obra de un cristiano que permanece, mientras que la obra de otro cristiano es consumida por el fuego. El creyente cuya obra permanece recibe recompensa, mientras que el otro, cuya obra no permanece, sufre pérdida. Schreiner y Caneday admiten que el pasaje enseña que «algunos que han hecho una obra de mala calidad serán salvos».[81] Este reconocimiento debilita el puntal más importante de su posición, que perseverar en las buenas obras es un medio necesario por el cual se completa nuestra salvación. Una mejor comprensión del rol de las obras en las vidas de los creyentes es sostener que nosotros seremos juzgados y recompensados según nuestro servicio.

En última instancia, la seguridad viene de depender solo de Cristo. Coincido con la réplica de Calvino al controversial católico Albert Pighius, «Si Pighius pregunta cómo sé que soy electo, contesto que Cristo es más que mil testimonios para mí».[82]

---

[81] Schreiner y Caneday, *The Race Set Before Us*, 51.
[82] J. Calvin, *Concerning the Eternal Predestination of God* (Louisville, KY: Westminster John Knox, 1997), 321.

{Parte Dos}

Capítulo 7

¿Era Calvino un «calvinista»? Juan Calvino sobre la extensión de la expiación

KEVIN KENNEDY

¿Era Calvino un calvinista? Esta pregunta es como preguntar si Agustín era agustiniano o si Lutero era luterano. Si alguno pudiera ser considerado luterano, entonces ciertamente Lutero califica. Por esa misma razón, el obispo de Hipona sin duda reúne los requisitos para ser un agustiniano. Sin embargo, si uno preguntara si el luteranismo y el agustinianismo representan con precisión las enseñanzas de los teólogos por quienes estas tradiciones teológicas fueron nombradas, muchos teólogos e historiadores de la iglesia dirían que no. De la misma manera, algunos teólogos e historiadores han declarado que el sistema de doctrina al que comúnmente se hace referencia como calvinismo no siempre refleja el pensamiento del mismo Calvino. La posibilidad existe que el pensamiento de Calvino difiera bastante del de la escuela teológica posterior que a menudo lleva su nombre.

La tradición teológica conocida como teología reformada, a la que con frecuencia se hace referencia simplemente como «calvinismo», puede al presente señalar a muchos teólogos importantes como su fuente, entre los cuales están Ulrico Zwinglio, Martin Bucer, Henry Bullinger y Teodoro Beza. Por tanto, referirse a la teología reformada sencillamente como «calvinismo» sería inexacto y engañoso, pues el término *calvinismo* oscurece el hecho que la teología reformada debe su existencia a muchos hombres de iglesia y teólogos importantes. Es más, el término *calvinismo* se usa muchas veces casi como un tipo de taquigrafía para describir el consenso teológico reformado articulado en la conclusión del Sínodo de Dort en los Países Bajos (1618-1619), 55 años después de la muerte de Calvino en 1564. Los familiares «cinco puntos» del calvinismo (depravación total, predestinación incondicional, expiación limitada, gracia irresistible y perseverancia de los santos), son una síntesis popular del consenso reformado al que se arribó durante el Sínodo de Dort. Con frecuencia, las personas se refieren a este consenso, y a estos cinco puntos, cuando hablan de «calvinismo». Por consiguiente, dado que estos puntos fueron articulados más de medio siglo después de la muerte de Calvino, y dado que los mismos representan un consenso entre muchos teólogos reformados, la cuestión que desde luego surgiría es si los cinco puntos del «calvinismo» representan con exactitud el pensamiento del mismo Calvino.

En realidad, parte de la enseñanza de los propios compatriotas de Calvino en la Academia Protestante de Saumur, en Francia, planteó la cuestión si el Sínodo de Dort reflejaba con exactitud el pensamiento de Calvino, poco después que el sínodo se reunió. Este grupo de calvinistas franceses, el más reconocido entre ellos era Moise Amyraut, comenzó a plantear preguntas sobre el consenso teológico de Dort. En su *Treatise on Predestination* [Tratado sobre la predestinación], Amyraut presentó un punto de vista de la predestinación incondicional basada en una expiación universal que demuestra la benevolencia universal de Dios hacia la humanidad, una posición que él afirmaba no solo era más fiel a la Escritura, sino además más fiel a las enseñanzas de

Calvino.[1] Amyraut sostenía que la postura sobre la expiación expresada en los Cánones del Sínodo de Dort, la cual, la mayoría de las personas entendía que enseñaba que Cristo murió solo por los electos, era una desviación de la enseñanza de Calvino.

Que Calvino no respaldaba una posición de la expiación limitada (o expiación particular como se le llama con frecuencia) es una afirmación que ha persistido durante los años transcurridos desde entonces. Muchos, incluyendo al presente escritor, han argumentado que Calvino enseñó que Cristo murió por los pecados del mundo entero.[2] Pese a frecuentes reclamaciones que Calvino enseñó la expiación universal y no la expiación limitada, muchos «calvinistas» han acudido a su defensa, por así decirlo, en un intento por aclarar las cosas, de una vez por todas, que el teólogo por quien su sistema teológico es nombrado ciertamente estuvo de acuerdo con este sistema.

Dos de estos teólogos que han acudido a la defensa de Calvino sobre este asunto son Paul Helm y Roger Nicole. A raíz de la publicación en 1979 del libro de R. T. Kendall, *Calvin and English Calvinism to 1649* [Calvino y el calvinismo inglés hacia 1649], tanto Nicole y Helm defendieron a Calvino contra la audaz afirmación de Kendall que Calvino enseñó que Cristo murió de manera indiscriminada por los pecados de todo el mundo.[3] Helm publicó un artículo y una monografía en los cuales cuestiona a Kendall por afirmar que Calvino enseñó la expiación universal.[4] Nicole escribió un extenso artículo

---

[1] Para una breve discusión sobre Moise Amyraut y el amyraldismo, véase s.v. «Amyraldism» en *New Dictionary of Theology* (eds. S. B. Ferguson, D. F. Wright y J. I. Packer; Downer's Grove, IL: InterVarsity, 1988), 16-18. Para un análisis más extenso de Amyraut y los calvinistas franceses, véase B. G. Armstrong, *Calvinism and the Amyrault Heresy: Protestant Scholasticism and Humanism in Seventeenth-Century France* (Madison, WI: University of Wisconsin Press, 1969). Armstrong concluye que Amyraut «recuperó parte de la genialidad de la enseñanza de Calvino que se había perdido por las teologías construidas lógicamente de la ortodoxia» (265).

[2] K. D. Kennedy, *Union with Christ and the Extent of the Atonement in Calvin* (Bern, Suiza: Peter Lang, 2002). Véase también R. T. Kendall, *Calvin and English Calvinism to 1649* (Oxford, Inglaterra: Oxford Univ. Press, 1979); J. B. Torrance, «The Incarnation and Limited Atonement», *Evangelical Quarterly* 55 (abril de 1983): 83-94; M. Charles Bell, «Calvin and the Extent of the Atonement», *Evangelical Quarterly* 55 (abril de 1983): 115-23.

[3] Kendal, *Calvin and English Calvinism*, 13.

[4] P. Helm escribió una evaluación del libro de Kendall, titulado «Calvin, English Calvinism and the Logic of Doctrinal Development», *Scottish Journal of Theology* 34 (1981): 179-85. Helm, más tarde amplía esto en

en el cual discutía los diversos pasajes de los escritos de Calvino que se han ofrecido para apoyar la afirmación que Calvino enseñó que Cristo murió por toda la humanidad.[5] Aun otros, en ambos lados de la cuestión, que se unieron a la discusión, citaban los mismos pasajes (o similares) de los escritos de Calvino para apoyar la afirmación que Calvino enseñó cualquiera de las dos posturas, una expiación limitada o una expiación universal.[6] El presente escritor incluso se unió a la discusión como una llegada tardía cuando escribió su disertación doctoral sobre la cuestión de la perspectiva de Calvino en cuanto a la extensión de la expiación.[7]

Dado que Calvino nunca abordó la cuestión de la extensión de la expiación como un punto doctrinal separado hace este debate especialmente fascinante. Además, dado que aquellos en ambos lados del asunto citaron a menudo los mismos pasajes de los escritos de Calvino para argumentar, los distintos polemistas con frecuencia apelarían a otros elementos de la teología de Calvino o a la lógica general de su teología para tratar de armar sus argumentos. Aquellos que insistieron que Calvino enseñó una expiación limitada a menudo argumentaron que esta posición era la única que encajaba con la lógica del resto de su teología. Sus argumentos muchas veces se redujeron a algo como lo siguiente: puesto que Calvino enseñó que Cristo murió como nuestro sustituto, y puesto que Calvino enseñó que no todos serían salvos, Calvino debe haber sostenido que Cristo murió solo por los electos. En otras palabras, una expiación limitada era una inferencia lógica necesaria basada en otros elementos de la teología de Calvino.

---

una monografía corta titulada *Calvin and the Calvinists* (Edinburgh, Escocia: The Banner of Truth, 1982).

[5] R. Nicole, «John Calvin's View of the Extent of the Atonement», *Westminster Theological Journal* 47, n.º 2 (otoño de 1985): 197-225. Este artículo se ha reimpreso recién en *Standing Forth: Collected Writings of Roger Nicole* (Fearne, Escocia: Christian Focus Publishers, 2002). Nicole en concreto observa que el libro de Kendall es el catalizador del debate actual sobre la perspectiva de Calvino en cuanto a la extensión de la expiación.

[6] J. B. Torrance, «The Incarnation and 'Limited Atonement'», *Evangelical Quarterly* 55 (abril de1983): 83-94; T. Lane, «The Quest for the Historical Calvin», *Evangelical Quarterly* 55 (abril de1983): 115-23. Bell también escribió una evaluación sobre el libro de Helm (*SJ T* 36, no. 4 [1983]: 535-40) en la que declara que, entre sus otras deficiencias, Helm con claridad malinterpretó a Calvino en varios lugares en su intento por argumentar que Calvino creía en la expiación limitada.

[7] K. D. Kennedy, «Union with Christ as Key to John Calvin's Understanding of the Extent of the Atonement» (disertación doctoral, The Southern Baptist Theological Seminary, 1999), más tarde revisada y publicada como *Union with Christ and the Extent of the Atonement in Calvin* (Bern, Suiza: Peter Lang, 2002).

Tanto Paul Helm como Roger Nicole emplearon esta línea de argumentación. Ambos también enfatizaron que dado que Calvino sostenía una postura sustitutiva de la expiación, él no podría haber sostenido la postura de la expiación universal.[8] Ellos argumentaron que dado que Calvino enseñó que Cristo de verdad logró la salvación en la cruz, entonces, solo lo siguiente es posible: (1) si Cristo murió por toda la humanidad, entonces toda la humanidad debe ser salva, debido a que la muerte de Cristo realmente salva a aquellos por quienes estaba previsto; o (2) si no toda la humanidad debe ser salva, entonces Cristo no debe haber muerto por toda la humanidad. Por tanto, puesto que Calvino sostenía una expiación sustitutiva y además sostenía que no todos serían salvos, entonces Calvino debe haber sostenido la perspectiva de una expiación limitada. Helm y Nicole argumentan por inferencia del entendimiento sustitutivo de Calvino sobre la expiación, que Calvino tenía que haber sostenido una doctrina de la expiación limitada. Aunque Helm admite que Calvino nunca presenta la expiación limitada como una doctrina explícita, él declara que «Calvino, no siendo un universalista, podría decirse que estaba comprometido con una expiación definida, aunque él mismo no lo haya expresado así».[9] Roger Nicole hace una observación mucho más interesante. Cuando trata lo que él afirma como un vínculo necesario entre la expiación limitada y el concepto de la sustitución, Nicole observa que «es difícil imaginar que Calvino no percibiera el vínculo necesario entre la sustitución y la expiación definida [es decir, limitada], o que, habiéndolo percibido, ¡él prosiguiera sin considerar este asunto!».[10] Nicole asume con razón que Calvino era un pensador cuidadoso. Sin embargo, la declaración de Nicole plantea la cuestión en que esta está basada en un supuesto corolario necesario sobre el asunto bajo debate. La cuestión es si Calvino sostenía la expiación definida. Si Calvino no sostenía una expiación definida, entonces Calvino sin duda no habría afirmado el supuesto corolario necesario de esa doctrina. Nicole ofrece como evidencia que Calvino sostenía una expiación definida.

---

[8]   Helm, *Calvin and the Calvinists*, 43-44; y Nicole, «John Calvin´s View…», 218.
[9]   Helm, *Calvin and the Calvinists*, 18, énfasis en el original.
[10]   Nicole, «John Calvin´s View…», 224.

Pese al inadecuado argumento de Nicole en este punto, él dirige la atención hacia un punto importante: lo que sea que Calvino entendiera sobre
la extensión de la expiación, otros ciertos elementos dentro de su teología
deberían fusionarse con su perspectiva sobre la extensión de la expiación.
Por ejemplo, si Calvino profesaba la expiación limitada, uno no esperaría
que él intencionalmente universalizara los pasajes bíblicos que los teólogos
de la tradición reformada posterior afirman que, de una simple lectura del
texto, están con claridad enseñando que Cristo murió solo por los electos.
Además, si Calvino de verdad creía que Cristo murió solo por los electos,
entonces uno no esperaría que Calvino declarara que los no creyentes que
rechazan el evangelio están rechazando una provisión real que Cristo hizo
para ellos en la cruz. Nadie esperaría que Calvino, si fuera un proponente
de la expiación limitada, refutara las audaces afirmaciones que Cristo murió
por toda la humanidad cuando mantuvo los argumentos polémicos con los
católicos romanos y otros. Sin embargo, la verdad es que Calvino hace todo
esto y más.

En tanto que el debate sobre la postura de Calvino en cuanto a la extensión de la expiación no puede resolverse en un trabajo de este tamaño,
una investigación inicial puede mostrar que aquellos que afirman que
Calvino sostenía la perspectiva de la expiación universal tienen todo el
derecho de hacer esa declaración. Además, en un trabajo relativamente
corto como este, debemos plantear una pregunta que puede contestar-
se de manera razonable en el espacio asignado. La afirmación de Roger
Nicole que la perspectiva de Calvino sobre el asunto de la extensión de
la expiación debería «armonizar» con el resto de su teología sugiere la
pregunta: ¿Hay elementos en los escritos de Calvino que uno *no* debería
esperar encontrar si Calvino fuera un proponente de la expiación limitada? Mientras que la respuesta corta a la pregunta es sí, tomará un poco
de investigación demostrar que esta conclusión es razonable. Por tanto, el
resto de este capítulo estará dedicado a poner delante del lector algunos
de los elementos en los escritos de Calvino que son incongruentes con
una expiación limitada. Sin embargo, el lector debería recordar que este

argumento no tiene la intención de ser una investigación exhaustiva de su vasta producción teológica, ni puede un argumento de este tipo ser conclusivo. Este capítulo es sencillamente ofrecido como un intento por demostrar que no es irrazonable afirmar que Calvino sostenía una expiación universal.[11]

El lenguaje universal en Calvino

Aunque Calvino en ninguna parte trata de manera explícita con el asunto de la extensión de la expiación, como lo hace con otras doctrinas tales como la predestinación o el número y naturaleza de los sacramentos, Calvino hace muchas declaraciones que tienen que ver con su perspectiva sobre la extensión de la expiación. Lo que llama la atención, y quizás es preocupante para los que afirman que Calvino sostenía una redención particular, es la extensión en que Calvino utiliza lenguaje universal para describir la expiación. Además, Calvino usa lenguaje universal en muchos contextos diferentes, como en su *Institución de la religión cristiana*, en sus comentarios y sermones, así como en varios de sus polémicos escritos. Si Calvino fuera un proponente de la expiación limitada, uno no esperaría ver tantos pasajes en los cuales él emplea lenguaje universal para describir la muerte de Cristo. Un ejemplo de estos pasajes demostrará cuán libremente Calvino usó lenguaje universal para describir la expiación.

Declaraciones universales incondicionales en Calvino

Cuando se lee a Calvino, uno es impresionado con el gran número de declaraciones universales incondicionales que él hace en cuanto a la expiación. Muchas de estas simplemente afirman que Cristo murió por la redención de

---

[11] Para un análisis más a fondo sobre la cuestión de la postura de Calvino en cuanto a la extensión de la expiación, ver Kennedy, *Union with Christ*. Para un análisis desde la perspectiva de la expiación limitada, véase G. M. Thomas, *The Extent of the Atonement: A Dilemma for Reformed Theology from Calvin to the Consensus (1536-1675)* (Carlisle, Inglaterra: Paternoster, 1998).

la humanidad o la salvación de toda la raza humana. Las siguientes declaraciones son unos pocos ejemplos:

> Ellos ya habían sido advertidos tantas veces que la hora estaba próxima
> en la cual nuestro Señor tendría que sufrir por la redención del mundo
> entero (*en laquello nostre Seigneur Iesus devoit souffrir pour la redemprion
> du genre humanin*).[12]

> Dios nos encomienda la salvación de todos los hombres sin excepción, así
> como Cristo sufrió por los pecados de todo el mundo (*nam ómnium salus
> sine exceptione nobis a Deo commendatur, quemadmodum pro peccatis totius
> mundi passus est Christus*).[13]

> Cuando él dice «los pecados del mundo», él extiende su bondad de manera
> indiscriminada a toda la raza humana (*Et quum dicit mundi peccatum,
> hanc gratiam ad totum genus humanum promiscue extendit*) que los judíos
> no piensen que el Redentor ha sido enviado tan solo a ellos... Ahora nos
> corresponde a nosotros abrazar la bendición ofrecida a todos, que cada
> uno decida que no hay nada que le impida encontrar la reconciliación en
> Cristo si solamente, llevado por la fe, viene a él.[14]

> Porque es sumamente importante que sepamos que Pilato no condenó a
> Cristo antes de que él mismo lo absolviera tres o cuatro veces, para que
> aprendamos que no fue por cuenta propia que fue condenado sino por

---

[12] J. Calvin, *The Deity of Christ and Other Sermons* (trad. en inglés Leroy Nixon; Grand Rapids, MI: Wm. B. Eerdmans, 1950), 55; *Ioannis Calvini Opera quae Supersunt Omnia* (eds. W. Baum, E. Cunitz y E. Reuss; *Corpus Reformatorum*; Brunswick, NJ: C. A. Schwetschke and Son, 1863-1900), 46:836. Todas las referencias del latín en los comentarios del Nuevo Testamento que hace Calvino son de *Ioannis Calvini in Novum Testamentum Commentarii* (ed. A. Tholuck; Amsterdam: Berolini, 1833-1834), en lo sucesivo NTC. Todas las referencias en la edición latina de *Institutes* son de Calvino, *Ioannis Calvini Opera Selecta* (eds. P. Barth y G. Niesel; 2da. ed.; Munich: Chr. Kaiser, 1926-1936), en lo sucesivo OS. Todas las demás referencias en latín y francés son de *Ioannis Calvini Opera quae Supersunt Omnia*, en lo sucesivo CO.

[13] Calvin, *Commentary*, Gálatas 5:12, NCT 6:68.

[14] Calvin, *Commentary*, Juan 1:29, NCT 3:21.

nuestros pecados. Además, que aprendamos que de manera voluntaria se sometió a la muerte, cuando rehusó usar la disposición favorable del juez hacia él. Fue esta obediencia la que hizo su muerte un sacrificio de olor grato por la expiación de todos los pecados.[15].

Él debe ser el redentor del mundo (*Redempteur du monde*). Él debe ser condenado, ciertamente, no por haber predicado el evangelio, sino por nosotros él debe ser angustiado, por así decirlo, hasta las más bajas profundidades y sufrir nuestra causa, puesto que él estuvo ahí, por así decirlo, en representación de todos los malditos y de todos los transgresores (*d'autant qu'il estoit la comme en la personne de tous maundits et de tous transgresseurs*), y de aquellos que merecían la muerte eterna (*et de ceux qui avoyent merité la mort eternelle*). Puesto que, entonces, Jesucristo tiene esta función, y él lleva las cargas de todos aquellos que han ofendido mortalmente a Dios, por eso él permaneció callado (*D'autant donc que Jesus Christ ha vest office-lá, et qu'il porte les fardeaux de tous ceux qui avoyent offensé Dieu mortelle, ent, voyla porquoy is se taist*).[16]

Todos los extractos mencionados enuncian en una forma o en otra que Cristo murió por los pecados de todo el mundo. En ninguno de estos casos Calvino matiza el lenguaje universal que utiliza.[17]

En otros ejemplos, Calvino presenta a Cristo como el que provee la expiación por el mundo entero o llevando los pecados y la culpa del mismo.

[Pablo] dice que esta redención se adquirió por la sangre de Cristo, pues por el sacrificio de su muerte todos los pecados del mundo han sido expiados (*nam sacrificio mortis eius expiata sunt omnia mundi pecatta*).[18]

---

[15] Calvin, *Commentary*, Juan 19:12, NCT 3:343.

[16] Calvin, *The Deity of Christ and Other Sermons*, 95, CO 46:870

[17] Hay algunos que argumentan que en algunos de estos pasajes Calvino también usa un lenguaje más específico, por ejemplo cuando dice que Cristo es «angustiado por *nosotros*». Se afirma que este lenguaje más específico se refiere a los cristianos, lo que indica la verdadera extensión de la que habla Calvino. Esta objeción será tratada adelante.

[18] Calvin, *Commentary*, Colosenses 1:14, NTC 6:225.

Sobre él fue puesta la culpa del mundo entero.[19]

Dios está satisfecho y aplacado, pues él llevó toda la maldad y todas las iniquidades del mundo.[20]

La muerte y la pasión de nuestro Señor no habrían servido de nada para borrar las iniquidades del mundo, excepto en la medida que obedeció.[21]

Cristo intercedió como su defensor [del hombre], tomó sobre sí mismo y sufrió el castigo que, desde el justo juicio de Dios, amenazaba a todos los pecadores (*poenam in se recepisse ac luisse quae es iusto Dei iudicio peccatoribus ómnibus imminebat*); que él purificó con su sangre esos males que habían vuelto a los pecadores aborrecibles a Dios; que por esta expiación él ha hecho propiciación y sacrificio a Dios el Padre.[22]

En unos pocos ejemplos, Calvino presenta a Cristo compareciendo ante el tribunal de Dios en el lugar de todos los pecadores.

Pero aunque nuestro Señor Jesucristo por naturaleza abrazó la muerte con horror y ciertamente fue una cosa terrible para él encontrarse delante del tribunal de Dios en el nombre de todos los pobres pecadores (pues él estuvo ahí, por así decirlo, teniendo que soportar todas nuestras cargas), aun así se humilló a sí mismo a tal condenación por el bien de todos.[23]

---

[19] Calvin, *Commentary*, Isaias 53:12, 4:131. Todas las referencias en los comentarios de Calvino sobre el Antiguo Testamento son de la Calvin Translation Society series (Edinburgh, Escocia: T & T Clark, 1845-1854) salvo que se indique otra cosa.

[20] Calvin, *Sermons on Isaiah's Prophecy of the Death and Passion of Christ*, 70, CO 35:637.

[21] Calvin, *The Deity of Christ and Other Sermons*, 155, CO 46:919.

[22] Calvin, *Institutio Christianae religionis* [1559] 2:16.2, bajo el título *Institutes of the Christian Religion* (ed. J. T. McNeill; trad. en inglés F. L. Battles; LCC 20-21; Filadelfia, PA: Westminster, 1960), 505, OS 3:483.

[23] Calvin, *The Deity of Christ and Other Sermons*, 155-56, CO 46:919. [Mais en tant que nostre Seigneur Iesus da nature avoit la mort en horreur, et mesmes que ce luy estoit une chose espovanrable de se trouver devant le siege iudicial de Dieu au nom de tous pobres pecheurs].

Notemos bien, entonces, que el Hijo de Dios no estuvo contento solo con ofrecer su carne y sangre y sujetarlos a la muerte, sino que estuvo dispuesto plenamente a aparecer ante el tribunal de Dios, su Padre, en el nombre y en representación de todos los pecadores (*au nom et en la personne de tous pecheurs*), y preparado para ser condenado, dado que Él llevó nuestra carga.[24]

Sería apropiado, en este momento, presentar una objeción algunas veces planteada por intérpretes particularistas de Calvino. Algunos particularistas han apelado al hecho que Calvino a menudo incluye frases exclusivas en declaraciones que de otra manera serían universales, tales como la frase «nuestra carga», al final del pasaje anterior. Ellos argumentan que el uso de Calvino de esta frase más exclusiva constituye una restricción de la(s) frase(s) universal(es) anterior(es), lo que indica que todo el pasaje tenía la intención de referirse solo a los electos.[25] Pero, puede argumentarse que una referencia particular a lo que Cristo ha hecho por «nosotros» no debe entenderse que excluye a los no electos. Además, varios de los pasajes citados arriba demuestran que Calvino bien señala que fue por *nosotros* y no por Él mismo que Cristo murió. Dos ejemplos ilustrarán este tema. Nota la preocupación de Calvino porque entendamos que Cristo murió por otros y no por Él mismo.

Porque es sumamente importante que sepamos que Pilato no condenó a Cristo antes de que él mismo lo absolviera tres o cuatro veces, *para que aprendamos que no fue por cuenta propia que fue condenado sino por nuestros pecados*. Además, que aprendamos que de manera voluntaria se sometió a la muerte, cuando rehusó usar la disposición favorable del juez hacia él. Fue esta obediencia la que hizo su muerte un sacrificio de olor grato por la expiación de todos los pecados.[26]

---

[24] Ibíd. 155-56, CO 46:52.
[25] Nicole señala este punto en relación a las otras dos citas anteriores en su artículo, «John Calvin's View», 197-225. Véase también Helm, *Calvin and the Calvinists*, 43-44.
[26] Calvin, *Commentary*, Juan 19:12, NTC 3:343, énfasis añadido.

Él debe ser el redentor del mundo. Él debe ser condenado, ciertamente, no por haber predicado el evangelio, sino por nosotros él debe ser angustiado, por así decirlo, hasta las más bajas profundidades y sufrir nuestra causa, puesto que él estuvo ahí, por así decirlo, en representación de todos los malditos y de todos los transgresores, y de aquellos que merecían la muerte eterna. Puesto que, entonces, Jesucristo tiene esta función, y él lleva las cargas de todos aquellos que han ofendido mortalmente a Dios, por eso él permaneció callado.[27]

Nota la manera, en ambos pasajes, en que Calvino hace hincapié en que Cristo no fue condenado a la muerte por algo que *Él* hubiera hecho, sino que Él fue condenado por *nuestros* pecados. El uso que Calvino hace de lenguaje «exclusivo» aquí no es para enseñar que Cristo murió solo por *nosotros* los cristianos, sino poner de manifiesto que *Cristo* no debe incluirse entre el número de aquellos que necesitaban redención.

En esta última cita, Calvino no distingue entre todos aquellos que estaban malditos, aquellos que merecen la muerte eterna y aquellos cuyas cargas Cristo llevó. Mientras que los electos fueron, en algún momento, malditos y dignos de la muerte eterna, nada aquí indica que Calvino tiene en mente solo a los electos. Calvino de manera específica menciona que «él lleva las cargas de todos aquellos que han ofendido mortalmente a Dios». Sin duda, los electos no fueron los únicos «que han ofendido mortalmente a Dios». ¿No debería incluirse a los no electos en este número también? En este pasaje solo puede entenderse de forma racional que Calvino escribe sobre lo que Cristo ha hecho por toda la raza humana. Además, al considerar la manera en que Calvino en otras partes usa un lenguaje universal con tanta libertad para describir la muerte de Cristo, no hay buenas razones para entender los pasajes, como los dos de arriba, que indiquen una decisión consciente de Calvino en cuanto a limitar la muerte de Cristo solo a los electos, es decir, a menos que se esté predispuesto a matizar uno mismo todo este lenguaje.

---

[27] Calvin, *The Deity of Christ and Other Sermons*, 95, CO 46:870, énfasis añadido.

Las declaraciones incondicionales anteriores demuestran que Calvino no estaba tan predispuesto.

Estos pasajes aportan solo una muestra de los muchos lugares donde Calvino usa un lenguaje universal para describir la expiación.[28] Pasajes como estos han llevado a muchos a afirmar que Calvino no sostenía una redención particular. Sin embargo, la evidencia que Calvino podría haber sostenido la perspectiva de la expiación universal no se limita a estas declaraciones universales simples y directas. En realidad, hay razones mucho más sólidas para hacer esta afirmación. La próxima sección examinará la interpretación de Calvino sobre una categoría de textos bíblicos que los proponentes de la expiación limitada afirman que, con una simple lectura del texto, enseñan con claridad que Cristo murió solo por los electos. Si Calvino fuera un proponente de la expiación limitada, uno esperaría que interpretara estos textos de manera similar a las interpretaciones que dan otros proponentes de la expiación limitada. En cambio, vemos que Calvino universaliza los textos que la tradición posterior afirma que enseñan con claridad la expiación limitada, algo que ciertamente no esperaríamos de Calvino, si fuera de verdad un proponente de la expiación limitada.

La universalización que hace Calvino de los pasajes donde aparece la palabra «muchos»

Cuando los proponentes de la expiación limitada defienden su posición, ellos a menudo comienzan recurriendo a los pasajes que afirman que Cristo murió por

---

[28] Otros pasajes bien conocidos incluyen: Calvin, *Sermons on Isaiah*, 70, CO 35:637; *Commentary*, Juan 1:5, NTC 3:4; *Commentary*, Juan 1:11, NTC 3:8; *Commentary*, Romanos 5:18, NTC 5:78; *Institutes*, 3.1.1., OS 4:1; *The Deity of Christ and Other Sermons*, 242, CO 48:622. Algunos han hecho hincapié a la declaración de Calvino en su última voluntad y testamento para probar que él creía en la expiación universal (véase C. Daniel, «Hyper-Calvinism and John Gill» [disertación doctoral, University of Edinburgh, 1983], 789). La declaración en cuestión dice así: «Yo además, testifico y declaro, como alguien que suplica humildemente e implora que me lave y purifique con la sangre de nuestro soberano Redentor, derramada por los pecados de la raza humana, y que me permita presentarme delante de su tribunal reflejando la imagen del mismo Redentor», *Letters of John Calvin* (ed. J. Bonnet, trad. en inglés D. Constable; Filadelfia, PA: Presbyterian Board of Publication, 1858), 4:365-69. Roger Nicole además incluye una extensa lista de pasajes donde Calvino se dice que emplea lenguaje universal para describir la expiación, «John Calvin´s View», 198n7.

«muchos», «sus ovejas» o «su Iglesia». El argumento de John Owen en *La muerte de la muerte en la muerte de Cristo* inicia de esta manera. El primer capítulo de este trabajo pregunta por quiénes murió Cristo. Él recurre a Mateo 20:28 («así como el Hijo del Hombre no vino para ser servido, sino para servir y para dar su vida en rescate por *muchos*», énfasis añadido) y otros pasajes similares para establecer como normativa la enseñanza bíblica sobre la cuestión de la extensión de la expiación. Owen argumenta que estos pasajes deben entenderse como la enseñanza que Cristo murió solo por *muchas* personas y no por *todas* las personas.[29] Él asume que Cristo y los escritores bíblicos de manera delibe- rada usaron la palabra «muchos» con la intención de excluir a algunos. De otra manera, Cristo y los escritores bíblicos habrían usado la palabra *todos*. Incluso los particularistas contemporáneos usan con frecuencia este argumento.[30]

Viendo la manera en que Calvino manejó estos pasajes y otros similares revela una diferencia sorprendente entre su interpretación y las interpreta- ciones de «calvinistas» posteriores como Owen. Pasajes como Mateo 20:28 le proporcionaron a Calvino una oportunidad perfecta para afirmar la redención particular si él así lo hubiera querido. En vez de interpretar la palabra «mu- chos» en el sentido de indicar que algunos fueron excluidos de la expiación, Calvino universaliza la palabra «muchos» al interpretar que quiere decir «todos». Los siguientes pasajes ilustran la manera en que Calvino interpreta el uso que hace Cristo de la palabra «muchos» como ocurre en Mateo 20:28:

> «Muchos» se usa, no para referirse a un número definido, sino a uno más grande (*Multos ponit non definite pro certo numero, sed pro pluribus*), en que

---

[29] J. Owen, *The Death of Death in the Death of Christ* (Edinburgh, Escocia: Johnstone & Hunter, 1852; repr., Edinburgh, Escocia: Banner of Truth Trust, 1967). Owen comienza con la suposición que estos son los pasajes normativos para interpretar todos los pasajes que hablan de aquellos por quienes Cristo murió. Hasta en el libro 4 de esta obra aborda aquellos pasajes que hablan que Cristo murió por todo el mundo. Habiendo ya arribado a la conclusión que los pasajes donde aparece la palabra «muchos» proporcionan la norma para entender la extensión de la expiación, a él le correspondería tratar de explicar todos los pasajes que hablan que Cristo murió por todo el mundo.

[30] Este argumento de Owen es uno de los más comunes usados para defender la redención particular. J. I. Packer lo afirma en la introducción a la edición de Banner of Truth Trust de *The Death of Death*. Véase también J. Murray, *Redemption Accomplished and Applied* (Grand Rapids, MI: Eerdmans, 1955), 62-63.

él se pone a Sí mismo delante de todos los demás. Y este es también el significado de Romanos 5:15, donde Pablo no está hablando de una parte de la humanidad, sino de toda la raza humana (*ubi Paulud non de aliqua hominum parte agit, sed totum humanum genus complectitur*).[31]

En lugar de tomar la oportunidad que se le presenta con este texto para limitar la expiación solo para los electos, Calvino lo universaliza.[32] Además, como nos dimos cuenta con anterioridad, Calvino a menudo quiere hacer hincapié que Cristo murió por *otros* y no por Él mismo. La frase «él se pone a Sí mismo delante de todos los demás» parece indicar que Calvino tenía este interés aquí también. Esta práctica de universalizar la palabra «muchos» ocurre con frecuencia en los escritos de Calvino. Cuando comenta sobre Isaías 53:12 («llevando Él el pecado de muchos»), Calvino escribe:

Solo Él llevó el castigo de muchos, porque sobre Él fue puesta la culpa del mundo entero. Es evidente del capítulo cinco de la epístola a los Romanos que «muchos» denota «todos» (*multos enim pro ómnibus interdum accipi*).[33]

Calvino interpreta Marcos 14:24 («Y les dijo: Esto es mi sangre del nuevo pacto, que es derramada por muchos») de la manera siguiente:

---

[31] Calvin, *Commentary*, Mateo 20:28, NTC 2:181. En su comentario sobre Romanos 5:15, Calvino nos pide observar «que un número mayor (*plures*) no se contrasta aquí con muchos (*multis*), pues él no habla del número de los hombres, sino como el pecado de Adán ha destruido a muchos, entonces arriba a esta conclusión, que la justicia de Cristo no será menos eficaz para salvar a muchos» (NTC 5:76). Él de manera específica declara que «muchos» no debe entenderse que se está contrastando con un número mayor, tal como «todos».

[32] La expiación limitada o redención particular son llamadas frecuentemente expiación definida, en particular como deferencia a aquellos que pudieran ofenderse por la idea que pueda haber «límites» a la muerte de Cristo. Algunos calvinistas (por ejemplo, Nicole) entonces emplean la frase «expiación definida» para aclarar que Cristo vino a morir solo por determinadas personas, no que haya límites en cuanto al número de personas por quienes Cristo *podría* haber muerto. El uso de Calvino de la palabra «definida» aquí parece indicar que él rechazaba la idea que hubiera alguno por quien Cristo no murió.

[33] Calvin, *Commentary*, Isaías 53:12, CO 37:266.

La palabra «muchos» no significa una sola parte del mundo, sino toda la raza humana: él contrasta a «muchos» con «uno», como quien dice que él no sería el Redentor de un hombre, sino que haría frente a la muerte para liberar a muchos de su culpa maldita. Sin duda que, al dirigirse a unos pocos, Cristo deseaba que Su enseñanza estuviera disponible a un número mayor… Así cuando nos acercamos a la santa mesa no solo debería venir a nuestra mente que el mundo es redimido por la sangre de Cristo, sino además considerar cada uno que sus propios pecados están cubiertos.[34]

La exégesis de Calvino de Hebreos 9:28 («así también Cristo, habiendo sido ofrecido una vez para llevar los pecados de muchos») sigue la misma línea de interpretación:

«Llevar los pecados significa liberar a aquellos que han pecado de su culpa por su propiciación. Él dice *muchos* es decir *todos* (*Multos dicit pro Omnibus*), como lo expresa Romanos 5:15. No cabe duda que no todos gozan los frutos de la muerte de Cristo (*non omnes ex Christi morte fructum percipere*), pero esto sucede porque su incredulidad se los impide. Esa cuestión no se aborda aquí porque el apóstol no está discutiendo cuántos, muchos o pocos, se benefician de la muerte de Cristo, sino quiere decir que Él murió por otros, no por Él mismo. Él, por lo tanto, contrasta los muchos con uno (*Itaque multos uni opponit*).[35]

Una vez más, Calvino universaliza la palabra «muchos» para incluir a todos los pecadores, no solo a los electos. Observa además en este pasaje que Calvino parece entender que, pese a que Cristo había muerto por todos, la incredulidad impide a las personas gozar del fruto de la muerte de Cristo.

Advierte también el contraste que Calvino hace en los dos pasajes anteriores. Calvino entiende que los escritores bíblicos contrastan a los «muchos» con «uno», Jesucristo. Como se mencionó antes, Calvino quiere que sus lectores

---

[34]   Calvin, *Commentary*, Marcos 14:24, NTC 2:311.
[35]   Calvin, *Commentary*, Hebreos 9:27, NTC 7:93-94.

entiendan la enseñanza de Jesús: No fue por Él mismo que Él murió sino por los *otros*. Si el texto hubiera afirmado que Cristo murió por *todos*, entonces al parecer ese número habría incluido al mismo Cristo. Por eso, Calvino explica que la palabra «muchos» en estos pasajes bíblicos funcionan para excluir a *Cristo* de entre aquellos que necesitaban de un sacrificio expiatorio. No *funciona* para excluir a los *no electos*.

En comparación con el manejo de Calvino de estos pasajes y otros similares, los particularistas suelen afirmar que Jesús y los escritores bíblicos de manera deliberada escogieron la palabra *muchos* en lugar de la palabra *todos*. Una interpretación típica particularista de estos pasajes sería que Cristo y los escritores bíblicos tenían la intención de enseñar que Cristo murió solo por «muchos» pecadores, a diferencia de «todos» los pecadores.[36] Contrario a esta lectura, Calvino interpreta la presencia de la palabra *muchos* en el sentido que Cristo murió por *otros* y no por Él mismo. Jesús y los escritores bíblicos no distinguen entre las *muchas* personas y *todas* las personas; más bien, ellos contrastan las *muchas* personas con *uno*, Jesucristo. Un último pasaje en el cual Calvino universaliza la palabra *muchos* viene de un sermón en Isaías 53:12 («llevando Él el pecado de muchos»).

> Entonces, es así como nuestro Señor Jesús llevó los pecados e iniquidades de muchos. Aunque, en realidad, la palabra «muchos» se usa con frecuencia como equivalente de «todos». Y ciertamente nuestro Señor Jesucristo se ofreció a todo el mundo. Porque no está hablando de tres o cuatro cuando afirma: «Porque de tal manera amó Dios al mundo, que ha dado a su Hijo unigénito». Sin embargo, debemos observar lo que el evangelista añade en este pasaje: «para que todo aquel que en él cree, no se pierda, mas tenga vida eterna». Nuestro Señor Jesucristo sufrió por todos y no hay ni pequeño ni grande que tengan excusa hoy, pues nosotros podemos obtener la salvación en Él. Los incrédulos que se apartan de Él y que se privan a sí mismos de Él, debido a su malicia, son hoy doblemente culpables, pues

---

[36] Véase Owen, *The Death of Death*, libro 1, capítulo 1, y Murray, *Redemption Accomplished and Applied*, 59-61.

¿cómo justificarán su ingratitud al no recibir la bendición de la cual ellos podrían tomar parte por la fe?[37]

Los cinco pasajes anteriores parecen demostrar una universalización intencional y deliberada que hace Calvino sobre la expiación. Contrario a la práctica de la mayoría de los particularistas, Calvino no tomó la oportunidad que presentan estos versículos de interpretar *muchos* de tal manera que limitara la expiación solo a los electos. Si Calvino fuera un proponente de la expiación limitada, uno desde luego no esperaría que Calvino intencional y deliberadamente universalizara los textos que más tarde los proponentes de la expiación limitada afirman que, de una simple lectura del texto, están enseñando de manera explícita la expiación limitada. Esta práctica de universalizar la palabra *muchos* ocurre con tanta frecuencia y en diferentes contextos (en sus comentarios así como en sus sermones) que rebasa con creces para demostrar no solo una predisposición hacia una creencia en una expiación universal, sino una enseñanza explícita sobre el asunto.

La culpabilidad de los no creyentes y la oferta del evangelio

El último pasaje introduce aun otro elemento en la comprensión de Calvino sobre la expiación que uno no prevería si Calvino fuera un proponente de la expiación limitada, es decir, que los no creyentes serán doblemente culpables por rechazar al que murió por ellos. Como el pasaje precedente ya ha demostrado, Calvino presenta a Cristo como el que sufrió por todos. Al final del pasaje, él señala que el rechazo de los no creyentes de este mismo Cristo aumenta su culpabilidad. La última oración del pasaje en cuestión se lee así: «Los incrédulos que se apartan de Él y que se privan a sí mismos de Él debido a su malicia son hoy doblemente culpables, pues ¿cómo justificarán su ingratitud al no recibir la bendición de la cual ellos podrían tomar parte por la fe?».[38] Aquí Calvino señala el rechazo que los no creyentes hacen del

---

[37]   Calvin, *Sermons on Isaiah*, 141, CO 35:679.
[38]   Ibíd. Véase también *Commentary*, Gálatas 1:3-5, NTC 6:3-4; Gálatas 1:16, NTC 6:11.

Cristo que murió por ellos como otra razón para su condenación. Calvino, con anterioridad, declaró que Cristo sufrió por todos y que no «hay ni pequeño ni grande que tengan excusa hoy, pues nosotros podemos obtener la salvación en Él». En este pasaje, Calvino parece asumir que Cristo ciertamente ha muerto por aquellos que lo rechazan. De otra manera, ¿cómo podría ser que rechazar a Cristo aumenta su culpabilidad y demuestra su ingratitud, si Cristo no hubiera efectivamente hecho provisión por ellos?

La comprensión de Calvino del contenido de la oferta del evangelio debe tomarse en cuanto en este punto, ya que él entiende que el Cristo que se ofrece en el evangelio ha muerto por aquel a quien Él es ofrecido, incluso cuando Él es ofrecido a aquellos que lo rechazan. Este entendimiento de la oferta del evangelio difiere de manera significativa del que suelen sostener los particularistas. Uno de los problemas permanentes de la doctrina de la expiación limitada es que, si Cristo no ha muerto en realidad por los pecados de toda la humanidad, entonces nunca podemos asumir que Cristo ha muerto por la persona a quien ahora le estamos presentando el evangelio. Para evitar este problema, los proponentes de la redención particular pueden decir que Jesucristo murió por los *pecadores* en general y no necesariamente por *ti*, o por *este particular pecador*. El contenido del evangelio que los creyentes están rechazando *no* es que Cristo murió por *ellos*, sino, más bien, simplemente que Cristo murió por los *pecadores*. El mismo concepto es válido cuando el creyente confía en el evangelio. No se requiere que el potencial convertido crea que Cristo murió por él. Lo único que se requiere es que él crea que Cristo murió por los *pecadores* o que Cristo es el verdadero Salvador de todos aquellos que creen.[39] Sin embargo, los escritos de Calvino hacen bastante claro que la oferta de salvación se basa en que Cristo muere por todos aquellos a quienes se ofrece la salvación, incluso aquellos que rechazan el evangelio. Se encuentra, además, en todos los escritos de Calvino, que la fe salvífica consiste en creer que Cristo ha muerto por «mí» personalmente. Uno de estos ejemplos está en su comentario sobre Gálatas 2:20 («Con Cristo

---

[39] Véase Owen, *The Death of Death*, 199-204, 292-98. Véase también la introducción de J. I. Packer a este mismo volumen, 15-18; John Murray, *Redemption Accomplished and Applied*, 109.

he sido crucificado, y ya no soy yo el que vive, sino que Cristo vive en mí; y la *vida* que ahora vivo en la carne, la vivo por fe en el Hijo de Dios, el cual me amó y se entregó a sí mismo por mí»). Él comenta sobre este versículo: «*Para mí* es contundente. No es suficiente considerar que Cristo murió por la salvación del mundo; cada hombre debe reclamar el efecto y la posesión de esta gracia para sí mismo».[40] Calvino está claro en su declaración que afirmar que Cristo murió por el mundo, o por los *pecadores*, no es suficiente. En un sermón sobre el mismo pasaje, las palabras de Calvino son bastante adecuadas: «Si bien se dice que el Hijo de Dios fue crucificado, no debemos solo pensar que lo mismo fue hecho por la redención del mundo: sino que, además, cada uno de nosotros debe en nombre propio unirse a nuestro Señor Jesucristo y concluir que fue por mí que Él sufrió».[41] Observa que para unirse con Cristo es necesario creer que «fue por mí que Él sufrió». Solo creer que Cristo murió por los «pecadores» no es suficiente.

Entonces, puede verse a través de sus escritos que Calvino fundamenta la oferta universal del evangelio en una expiación universal. Su comentario de Romanos 5:18 («Así pues, tal como por una transgresión resultó la condenación de todos los hombres, así también por un acto de justicia resultó la justificación de vida para todos los hombres») presenta un claro ejemplo. Calvino interpreta este versículo de la siguiente manera: «Pablo hace la gracia común a todos los hombres, no porque en realidad se extiende a todos, sino porque se ofrece a todos. Aunque Cristo sufrió por los pecados del mundo, y es ofrecido por la bondad de Dios, sin distinción a todos los hombres, pero no todos lo reciben».[42] La cláusula final en Romanos 5:18 podría indicar que la *salvación* verdaderamente vendrá a todos los hombres. Sin embargo, dado que Calvino estaba al corriente de la enseñanza bíblica que no toda la

---

[40] Calvin, *Commentary*, Gálatas 2:20, NTC 6:28. [*Neque parum energiae habet pro me: quia non satis fuerit Christus pro mundi salute mortuum reputare, nisi sibi quisque effectum ac possessionem huius gratiae privatim vindicet*].

[41] Calvin, *Sermons on Galatians*, 106, CO 50:453.

[42] Calvin, *Commentary*, Romanos 5:18, NTC 5:78 [*Communem omnium gratiam facit, quia omnibus expositae est, non quod ad omnes extendatur re ipsa: nam passus est Christus pro peccatis totius mundi, atque omnibus indifferenter Dei benignitate offetur, non tamen omnes apprehendunt*].

humanidad se salvará, él explica que el lenguaje universal de este versículo señala a la oferta de gracia del evangelio que hace Dios a todos los hombres, no a una salvación universal. Calvino reconoce con claridad una intención universal en la declaración de Pablo, pero interpreta que el pasaje quiere decir que Cristo es *ofrecido* a todo el mundo. Lo que es sorprendente aquí es que, contrario a las prácticas de muchos proponentes de la expiación limitada, Calvino se aparta de su camino en este punto para declarar que Cristo sufrió por los pecados de todo el mundo. Además, se diría que él fundamenta la oferta universal del evangelio en una expiación universal, algo que la tradición posterior afirma que es innecesario. Los proponentes de la expiación limitada quieren sostener que todo lo que es necesario para que la oferta del evangelio sea una oferta legítima para toda la humanidad es que haya un mandamiento de Dios para ofrecer el evangelio al mundo. Calvino, sin embargo, conecta la legitimidad de la oferta universal del evangelio al hecho que Cristo ha muerto por los pecados del mundo. Esta idea no es por cierto lo que uno esperaría de Calvino si él fuera un proponente de la expiación limitada. Por último, Calvino explica la expiación limitada de la *salvación*, y para ello no recurre a la extensión limitada de la *expiación*, sino, más bien, recurre a la extensión limitada de la *fe*. El comentario de Calvino sobre Gálatas 5:12 indica, además, que él entendió que la predicación universal del evangelio se fundamenta en una expiación universal. Él escribe: «Dios nos encomienda la salvación de todos los hombres sin excepción, así como Cristo sufrió por los pecados de todo el mundo».[43]

En los pasajes citados aquí, Calvino asume que algo hace que la oferta universal de salvación al mundo sea una oferta legítima de salvación, que Cristo ciertamente ha muerto por los pecados de todo el mundo. Sin este fundamento, la oferta universal de salvación podría ser una oferta falsa. Sin embargo, Calvino repetidas veces vincula la legitimidad de la oferta universal de la salvación al sufrimiento de Cristo por los pecados del mundo entero, algo que por cierto no preveríamos encontrar si Calvino fuera un proponente

---

[43] Calvin, *Commentary*, Gálatas 5:12, NTC 6:68 [*nan omnium salus sine exceptione nobis a Deo commendatur, quemadmodum pro peccatis totius mundi passus est Christus*].

de la expiación limitada. Una expiación universal además explica la manera en que Calvino puede afirmar que los no creyentes son «doblemente culpables» por rechazar el evangelio porque están rechazando una provisión real que Dios, en Su gracia, ha hecho por ellos en Cristo.[44]

La expiación universal en los escritos polémicos de Calvino

Si Calvino fuera un proponente de la expiación limitada, uno esperaría que en sus desacuerdos con otros teólogos él habría tomado la oportunidad para argumentar su posición cuando le hacía frente a las creencias de aquellos que afirmaban una expiación universal.[45] Una vez examinado, sin embargo, este no es el caso. Por ejemplo, en general se reconoce que en la refutación de Calvino a los decretos del Concilio de Trento, él no estuvo en desacuerdo con la declaración sobre la expiación universal.[46] Ciertamente, él, de manera específica, menciona el decreto que trata la extensión de la expiación y declara que él no discrepa con este.[47] Calvino cita el decreto de la manera siguiente: «A Él Dios lo estableció para que sea una propiciación por nuestros pecados, mediante la fe en su sangre, y no solo por los nuestros, sino también

---

[44] Calvin, *Sermons on Isaiah*, 141, CO 35:679. Véase también *Commentary*, Gálatas 1:3-5, NTC 6:3-4; Gálatas 1:16, NTC 6:11.

[45] Paul Helm argumenta que la falta de un extenso debate sobre este asunto hasta el surgimiento del arminianismo, antes del Sínodo de Dort, puede explicar el casi total silencio de Calvino sobre el asunto de la extensión de la expiación (*Calvin and the Calvinists*, 18). Helm está argumentando a partir del supuesto que la expiación limitada era la opinión dominante mucho antes de Dort y por eso Calvino no tuvo la oportunidad de entrar en el debate sobre este asunto. Si bien esto podría explicar la razón por la cual Calvino nunca argumentó este punto con otros teólogos reformados, no explica la razón por la cual Calvino no plantea el tema en sus polémicas con la Iglesia Católica Romana. Además, Robert Letham en su disertación doctoral de la Aberdeen University argumentó que la expiación universal era la postura original de la Reforma y que el particularismo empezó a predominar en la época de Beza («Saving Faith and Assurance in Reformed Theology: Zwingli to the Synod of Dort» [2 vols; disertación doctoral, Aberdeen University, 1979]). Si bien difiero con la opinión de Letham que Calvino (y Bullinger) introdujeron el particularismo, los primeros teólogos reformados no eran universalmente particularistas como parece asumir Helm.

[46] Kendall menciona esto en su breve argumento al inicio de *Calvin and English Calvinism*, 12. Véase también Daniel, «Hyper-Calvinism and John Gill», 790.

[47] Calvin, *Tracts and Treatises on the Doctrine and Worship of the Church* (trad. en inglés H. Beveridge; Edinburgh, Escocia: Calvin Translation Society, 1849; repr. Grand Rapids, MI: Eerdmans, 1958), 3:109. Las palabras de Calvino son «no toco el tercer y el cuarto encabezados» [*tertium et quartum capita non attingo*], CO 7:443.

por los pecados de todo el mundo... Pero, aunque Él murió por todos, no todos reciben el beneficio de su muerte, sino solo aquellos a quienes el mérito de su pasión es comunicada».[48] La redacción de esta declaración es universal de manera explícita en cuanto a la expiación; y, Calvino no muestra estar en desacuerdo con esto. Es difícil creer que Calvino sostuviera la redención particular, pues no hubiera dejado pasar la oportunidad de cuestionar a la Iglesia Romana sobre este punto.

Un pasaje de particular importancia en los escritos polémicos de Calvino demuestra que él no sostenía la redención particular, ni tampoco sostenía una determinada presuposición teológica que es la esencia de la posición de la expiación limitada. En la segunda parte de su tratado *Concerning the Eternal Predestination of God* [En cuanto a la predestinación eterna de Dios], Calvino defiende su doctrina de la predestinación contra Giorgio, un monje siciliano que se había pronunciado en contra de la enseñanza de Calvino sobre la predestinación. El pasaje en cuestión es bastante extenso, pero es digno de leer en su totalidad:

> Giorgio piensa que argumenta agudamente cuando dice: Cristo es la propiciación por los pecados de todo el mundo; y, por tanto, aquellos que desean excluir a los reprobados de la participación en Cristo deben colocarlos fuera del mundo (*Ergo extra mundum reprobus constituant oportet qui a Christi participatione arcere eos volunt*). Por esto, la solución común no aprovecha (que Cristo sufrió suficientemente por todos, pero eficazmente solo por los electos). Por este gran absurdo, este monje ha buscado el aplauso de su propia fraternidad, pero a mí no me afecta. Dondequiera que los fieles se han dispersado por todo el mundo, Juan les extiende la expiación obrada por la muerte de Cristo. Pero esto no altera el hecho que los reprobados están mezclados con los electos en el mundo. Es irrefutable que Cristo vino para la expiación de los pecados de todo el mundo (*Controversia etiam caret, Christum expiandis totius mundi peccatis*

---

venisse). Pero la solución está a la mano: que todo aquel que cree, tenga en Él vida eterna (Juan 3:15). Pues la cuestión no es cuán grande es el poder de Cristo o qué eficacia tiene en sí mismo, sino a quienes se da a Sí mismo para que lo puedan disfrutar. Si la posesión descansa en la fe y la fe emana del Espíritu de adopción, de ahí que solo él que es contado en el número de los hijos de Dios será un partícipe (*particeps*) de Cristo.[49]

En este pasaje, Calvino responde al argumento de Giorgio que, dado que se afirma que Cristo murió por todo el mundo, Calvino debe colocar a los reprobados fuera del mundo, pues la muerte de Cristo no se les aplica. Mi uso aquí de la palabra «aplicar» está cuidadosamente escogida. La polémica de Calvino con Giorgio indica con claridad que él comprendió que Giorgio creía en la salvación universal y que los beneficios de la muerte de Cristo serán de verdad «aplicados» a aquellos por los que Cristo murió.[50] Calvino, entonces, no está solo argumentando contra alguien que sostiene la perspectiva de una expiación universal, sino contra alguien que afirma que la muerte de Cristo por los pecados de todo el mundo resultará en la salvación de todo el mundo.

La posición de Giorgio parece estar basada en dos suposiciones. Primera, él entendió que Cristo había muerto por los pecados de todo el mundo. Segunda, él creía que todos aquellos por quienes Cristo murió ciertamente

---

[49] Calvin, *Concerning the Eternal Predestination of God* (trad. en inglés J. K. S. Reid; Londres: James Clark & Co., 1961) 149, CO 8:336. No se sabe si Calvino o Giorgio mencionan la fórmula de Lombardo que expresa que la muerte de Cristo era «suficiente para todos pero eficaz solo para los electos» (véase Daniel, «Hyper-Calvinism and John Gill», 807). Si es Calvino entonces claramente no piensa que esta fórmula es de alguna ayuda. Pero, en su comentario sobre 1 Juan 2:2, Calvino admite la verdad de la fórmula, pero indica que no tiene incidencia en ese contexto. Si este es un caso en el cual Calvino alude a esta fórmula, no hay razón para pensar que la rechaza, considerando su afirmación de la fórmula en su comentario sobre 1 Juan 2:2. Incluso si la cita que hace Calvino de Giorgio termina después de que se recita esta fórmula, lo que supondría que la alusión a la fórmula es de Giorgio y no de Calvin, en otras partes Calvino afirmó la verdad de la fórmula. Calvino puede ser inconsistente en este caso. Además, el «absurdo» al cual Calvino se refiere puede ser la conclusión de Giorgio que todos serían unidos a Cristo, lo que fue ciertamente la crítica principal de Calvino. La queja principal de Calvino trataba con el fracaso de Giorgio en no ver la necesidad de la fe y la participación en Cristo, pues la expiación debe aplicarse al creyente.

[50] Véase Calvin, *Concerning the Eternal Predestination of God*, 151-52, CO 8:337.

cosecharían los beneficios de esa muerte, la vida eterna. El argumento de Giorgio, en esencia, es que no puede haber reprobados, puesto que la salvación será «aplicada» a todos aquellos por quienes Cristo murió. Puesto que se afirma que Cristo murió por todo el mundo, entonces Cristo debe haber muerto por los reprobados también. De otra manera, los reprobados deben colocarse en algún lugar fuera del mundo.

Calvino no responde al argumento de Giorgio al negar la primera premisa de Giorgio, que Cristo murió por los pecados de todo el mundo. Más bien, Calvino responde el argumento al atacar la segunda premisa de Giorgio, que todos aquellos por quienes Cristo murió a la postre serán salvos. En realidad, Calvino afirma de manera explícita que es «irrefutable que Cristo vino para la expiación de los pecados de todo el mundo».[51] Si Calvino fuera un proponente de la expiación limitada, él sin duda habría corregido la creencia de Giorgio en cuanto a que Cristo murió por los pecados de todo el mundo. En cambio, él coincide con esta parte del argumento de Giorgio, pero rechaza la suposición que todos por quienes Cristo murió serán salvos. Calvino argumenta que no todos aquellos por los cuales Cristo murió serán al final salvos, pues no todos creen y son hechos partícipes de Cristo.

Este pasaje afecta la esencia de una de las suposiciones centrales de la expiación limitada: que la expiación, debido a su naturaleza, absolutamente y sin excepción trae vida eterna a todos por quienes la expiación se hizo. Este es el punto central a partir del cual Giorgio argumenta y el punto que Calvino rechaza. Si Calvino hubiera sido un proponente de la expiación limitada, su respuesta para Giorgio habría sido simple. Él podría haber argumentado sin dificultad que los reprobados están perdidos, no porque estuvieran «fuera» del mundo cuando la expiación se hizo, sino porque Cristo simplemente no expió por sus pecados cuando Él murió en la cruz. Pero Calvino no afirma esto. Él afirma, con Giorgio, que Cristo murió por los pecados de todo el mundo. Sin embargo, él no está de acuerdo con la segunda premisa de Giorgio: que la muerte expiatoria de Cristo de verdad salva a todos aquellos por quienes la

---

51 Ibíd., 149; CO 8:336.

expiación se hizo. Al rechazar su segunda premisa, Calvino también rechaza
la insistencia de la tradición reformada posterior: que la expiación salva a
todos aquellos por quienes la expiación se hizo.[52]

Conclusión

Esta discusión de la expiación universal en los escritos de Calvino, aunque de
ninguna manera exhaustiva, debería ser suficiente para que el lector entienda
las razones por las cuales tantos eruditos desde el tiempo de Calvino han
afirmado que él no creía en la expiación limitada. Aún así, esta discusión es
suficiente para demostrar que, si Calvino fuera un proponente de la expiación
limitada, hay bastante material problemático en sus escritos que no es compatible con esta posición. Este argumento además demuestra que aquellos
que se atreven a afirmar que Calvino creía en una expiación universal no
están haciendo tales afirmaciones sin buenas razones.

Esta discusión no ha planteado todas las posibles objeciones que los particularistas han formulado en torno a la afirmación que Calvino enseñaba
una expiación universal. Por ejemplo, mientras que es verdad que Calvino a
menudo interpreta que la palabra muchos es casi equivalente a todos cuando
aparece en ciertos versículos de la Escritura, Calvino además interpreta con
frecuencia que la palabra todos se refiere a algo un poco menos que «todas
las personas en el mundo». Los particularistas han recurrido a este aspecto
en la interpretación de Calvino de la Escritura como la evidencia que él no
difiere de manera significativa de las prácticas interpretativas de la tradición
reformada posterior.[53] Muchos intérpretes particularistas de Calvino también
recurren al comentario de Calvino sobre 1 Juan 2:2 como evidencia de que
Calvino de forma expresa afirmó la expiación limitada. Los comentarios de
Calvino sobre este pasaje parecen, ciertamente, afirmar la expiación limita-

[52] Tanto Paul Helm como Roger Nicole sostienen que Calvino afirmaba que todos aquellos por quienes Cristo murió serán de verdad salvos, pese a que ninguna evidencia apoya lo que sostienen. Para una
discusión más a fondo de este asunto, véase mi *Union with Christ and the Extent of the Atonement in
Calvin*, 40-41.

[53] Nicole, «John Calvin´s View», 211-12, 217. Véase también Kennedy, *Union with Christ*, 42-53.

da. Sin embargo, sus comentarios también demuestran que su más grande temor en relación a este texto no era que alguno pudiera interpretar que este versículo enseña que Cristo murió por toda la humanidad, sino que algunos habían interpretado que este versículo enseña que todo el mundo, incluyendo a Satanás y sus demonios, heredará de verdad la vida eterna con Dios. Este simple hecho introduce una cierta ambigüedad en lo que quiere decir Calvino en su comentario sobre 1 Juan 2:2.[54] Además, debemos recordar el pasaje de *Concerning the Eternal Predestination of God* [En cuanto a la predestinación eterna de Dios], que fue abordado arriba, en el cual Calvino argumenta contra Giorgio. En ese tratado, publicado un año *después* de su comentario sobre 1 Juan, Calvino declara, «Es irrefutable que Cristo vino para la expiación de los pecados de todo el mundo».[55] Así, incluso si uno no reconoce ninguna ambigüedad en el comentario de Calvino sobre 1 Juan 2:2, hay, sin duda, ambigüedad dentro de los escritos de Calvino, en general, en relación a su interpretación de 1 Juan 2:2. Basta con decir que aquellos en ambos lados de la cuestión del entendimiento de Calvino sobre la extensión de la expiación conocen bien de los diversos «problemas» en los textos que Calvino presenta a sus lectores. Si bien el debate sobre la perspectiva de Calvino en cuanto a la extensión de la expiación probablemente seguirá, ojalá esta corta discusión provea suficientes razones para cuestionar si Calvino estaba completamente de acuerdo con la tradición posterior que a menudo lleva su nombre.

---

[54] La ambigüedad surge de la declaración de Calvino que «el propósito de Juan era solo hacer esta bendición común para toda la Iglesia». La pregunta es si el antecedente de la palabra «esta» es «expiación» o «salvación». Dado el *peligro* que Calvino percibe claramente en este pasaje es que algunos *ya han* tomado este versículo en el sentido que el mundo entero, incluyendo a Satanás y todos sus demonios, serán de verdad salvos, entonces es posible que la declaración de Calvino es que Juan está limitando la extensión de la *salvación* real a la iglesia y no la extensión de la expiación *per se*. Para una discusión completa sobre este asunto, véase Kennedy, *Union with Christ*, 49-53. Véase también Daniel, «Hyper-Calvinism and John Gill», 803-4.

[55] Calvin, *Concerning the Eternal Predestination of God*, 149, CO 8:336.

{ Capítulo 8 }

El impacto potencial de las tendencias calvinistas sobre las iglesias locales bautistas

Malcolm B. Yarnell III

En años recientes, el tema del calvinismo ha cobrado de manera drástica una mayor importancia dentro de las conversaciones entre los bautistas, alrededor de la mesa en la casa y de la mesa en el seminario, e incluso, en ocasiones, alrededor de la Mesa del Señor. Aunque un elemento del calvinismo ha estado siempre funcionando dentro de los círculos bautistas, ha habido un incremento, según la opinión de la mayoría, en la influencia del calvinismo en las iglesias locales. Esta influencia es evidente entre los bautistas, en general, y entre los bautistas del sur, en particular. Hay proponentes y oponentes de la influencia del calvinismo, en las esferas académicas y eclesiásticas. Sin embargo, evaluar a los promotores y los detractores del calvinismo entre los bautistas no es la preocupación de este ensayo.[1] También, han aparecido en las noticias religiosas, en años recientes, historias significativas en cuanto a la influencia del calvinismo sobre las iglesias locales bautistas. Precisar estos eventos recientes no es el intento de este ensayo tampoco. Esa tarea se deja al periodista.[2]

Basándose en la teología bíblica y la teología histórica, este ensayo pretende bosquejar un rango potencial de cambios teológicos que el calvinismo puede introducir en los manuales de la iglesia local bautista, en particular respecto a la forma de gobierno y práctica de la iglesia. Este bosquejo de posibles cambios teológicos se logrará al discutir determinadas tendencias eclesiales que el calvinismo pone de manifiesto. La orientación teológica de este ensayo pretende ayudar a los no calvinistas a desarrollar la habilidad de entender a sus interlocutores calvinistas en la conversación. Una orientación teológica hacia los principios eclesiales del calvinismo puede ayudar a los lectores a prever el impacto potencial que el calvinismo puede tener sobre sus iglesias locales. Ese impacto puede variar según los eventos locales, pero los principios activos resultarán bastante consistentes.

En este punto es necesario hacer algunas otras precisiones. Primero, debido a que el autor ha resumido la posición bautista sobre la forma de gobierno y la práctica en otra parte, el fundamento neotestamentario de las posiciones bautistas no se defenderá, sino que se asumirá aquí.[3] Segundo, debido a que el autor trata el desarrollo de la herencia e identidad de los bautistas en otra parte, entonces, aquí no se considerará el ir y venir histórico del calvinismo bautista, aunque ciertamente es una parte integral e importante de la tradición bautista.[4] Por último, mientras que el desarrollo del calvinismo dentro

---

[1] E. R. Cledenen y B. J. Waggoner, eds., *Calvinism: A Southern Baptist Dialogue* (Nashville, TN: B&H Academic, 2008).

[2] Aunque escrito en favor del calvinismo, uno puede consultar C. Hansen, *Young, Restless, Reformed: A Journalist´s Journey with the New Calvinists* (Wheaton, IL: Crossway, 2008).

[3] M. B. Yarnell III, «Article VI: The Church» en *The Baptist Faith and Message 2000: Critical Issues in America´s Largest Protestant Denomination* (eds. D. K. Blount y J. D. Wooddell; Nueva York: Rowman & Littlefield, 2007), 55-70.

[4] Para una exposición resumida del calvinismo bautista, véase M.B. Yarnell, «Calvinism: Cause for Rejoicing, Cause for Concern», en *Calvinism* (eds. Clendenen y Waggoner, 73-95).

de la tradición evangélica como un todo es en sí mismo una conversación amplia e importante, el contexto más amplio puede abordarse, pero no será delineado a fondo aquí.

De nuevo, nuestro propósito, junto con las discusiones soteriológicas manejadas de manera competente por los otros colaboradores de este libro, es simplemente informar a los líderes de las iglesias locales bautistas del impacto potencial que el calvinismo pudiera tener sobre sus iglesias. El uso del subjuntivo en la última oración es intencional y digno de atención. El calvinismo, como un movimiento, no demuestra un acuerdo monolítico, aunque hay sin duda ciertas características comunes y tendencias dentro del movimiento. Además, algunos defensores del calvinismo, ya sea por restricciones temperamentales, vivenciales o contextuales, son discretos en su entusiasmo por la fe y práctica reformadas cuando se comparan con otros calvinistas. Tanto las historias de triunfo como de fracaso que los calvinistas y los no calvinistas repiten deben recibirse con alguna reserva. Todo movimiento tiene entusiastas que lo avergüenzan, y los oponentes de todo movimiento tiene sus entusiastas también. Los movimientos no deben juzgarse principalmente por los entusiastas que están en los extremos, tan terribles como pueden ser, sino por su influencia original y general.

Debido al deseo de entender el calvinismo según su influencia original y general, estudiar la importancia del movimiento reformado suizo es fundamental para desarrollar un bosquejo teológico funcional del movimiento más amplio, conocido como calvinismo o reformado. Como resultado de su importancia, este ensayo se enfoca en particular en la teología explicada por Juan Calvino, sobre la base de los desarrollos históricos anteriores y posteriores para iluminar la distintiva forma de gobierno y prácticas del calvinismo. Las sutilezas y matices entre Calvino y los calvinistas de Dort son importantes cuando se considera la doctrina de la salvación, pero carecen de importancia cuando se trata de la doctrina de la iglesia. De mayor importancia para los bautistas son, al parecer, las diferencias infranqueables entre la doctrina calvinista de la iglesia y la doctrina bautista de la iglesia.

Las tendencias eclesiales del calvinismo

El calvinismo muestra determinadas tendencias que ejercen un gran impacto sobre su doctrina de la iglesia y, por tanto, sobre la forma de gobierno y la práctica en la iglesia local. Estas tendencias eclesiales pueden resumirse como la iglesia antigua, las innovaciones agustinianas, el elitismo aristocrático y las tendencias antinomianas. Desde la perspectiva bautista, muchas de estas tendencias constituyen un desafío directo a la norma del Nuevo Testamento de la iglesia que los bautistas creen que es esencial que practiquen las iglesias de Jesucristo hoy, si desean ser fieles al Señor. Después de explicar el origen y relevancia de estas tendencias, se proveerá un resumen de la respuesta de los bautistas.

La iglesia antigua

La primera cosa para tener en cuenta sobre la doctrina calvinista de la iglesia es que, pese a su declaración metodológica en cuanto a *sola scriptura*, el calvinismo suele ir más allá de la Biblia para crear sus normas teológicas. Este movimiento puede verse en la propensión del calvinismo por doctrinas como los cinco puntos del Sínodo de Dort o una especulación imprudente cada cierto tiempo en cuanto al orden de los decretos divinos. El calvinismo, además, sostiene una norma teológica para la iglesia que va mucho más allá de la Escritura. Juan Calvino desarrolló esta norma eclesiástica extrabíblica, la cual él llamó «la iglesia antigua», favoreciendo la teología reformada de un reformador anterior en Zúrich.[5] Ulrico Zwinglio, quien formuló la doctrina reformada de la iglesia en sus primeros años, y quien fue peligrosamente descuidado en su trato de la Escritura. Al principio, Zwinglio buscó retornar al Nuevo Testamento como la norma para la teología y práctica de la iglesia.[6] Tristemente, cuando llegó a la implementación, Zwinglio comprometió aquellas tempranas convicciones con el fin de mantener su posición política, como veremos.

---

[5] Para una discusión más detallada de la eclesiología de Zwinglio, véase W. P. Stephens, *The Theology of Huldrych Zwingli* (Nueva York: Oxford University Press, 1986), 260-70.

[6] W. R. Estep, *The Anabaptist Story* (ed. rev., Grand Rapids, MI: Eerdmans, 1975), 10.

En términos políticos, Zwinglio estaba comprometido con el consejo de la ciudad de Zúrich en cuanto al progreso de su reforma de la iglesia. En una discusión sostenida en octubre de 1523, él, de manera explícita, entregó la reforma de la iglesia al estado. «Mis señorías», dijo el líder reformado, «vosotros decidiréis cualesquiera regulaciones que deban adoptarse en el futuro en relación a la misa».[7] Los estudiantes de Zwinglio no podían creer que su líder acabara de dejar sin efecto la voluntad del Señor para Sus iglesias. Ellos entendían que Dios había revelado Su voluntad para las iglesias a través de Su Hijo, como se registra en la Biblia espirada por el Espíritu Santo. Simon Stumpf respondió, «Maestro Ulrico, no tenéis el derecho de poner la decisión sobre este asunto en las manos de mis señorías, pues la decisión ya ha sido tomada: el Espíritu de Dios decide».[8]

Después de este evento, los estudiantes de Zwinglio notaron que él comenzó a alejarse de su compromiso por instituir una forma de iglesia según el Nuevo Testamento. Por ejemplo, aunque Zwinglio al principio coincidió con sus estudiantes que el bautismo estaba reservado solo para los creyentes, él no estuvo dispuesto a ir más rápido que el consejo conservador de la ciudad. El consejo no estuvo dispuesto a cambiar lo que se consideraba una forma de juramento de todo ciudadano a la supervisión del magistrado, el bautismo de infantes. Después que los primeros anabaptistas volvieron a instituir el bautismo solo para los creyentes en enero de 1525, Zwinglio se vio forzado a dar una respuesta teológica. En lugar de referirse a los mandamientos ordenados por el Señor en la Escritura, según se verifica en la práctica apostólica de la conversión previa al bautismo, Zwinglio inventó un nuevo tipo de teología del pacto. Concretamente, él conectó el «sacramento» del bautismo del Nuevo Testamento con la práctica de la circuncisión del Antiguo Testamento, fusionando así el Antiguo y el Nuevo Pacto.[9]

---

[7] Ibíd., 12.

[8] Ibíd.

[9] Zwingli, «Of Baptism», en *Zwingli and Bullinger: Selected Translations with Introductions and Notes* (ed. G. W. Bromiley; LCC; Filadelfia, PA: Westminster Press, 1953), 138.

Las idas y venidas exegéticas que Zwinglio realizó en su respuesta a los anabaptistas, en mayo de 1525, fueron forzosamente serpenteantes mientras se esforzaba en preservar la práctica del bautismo de infantes de la iglesia del estado. Impulsado por la necesidad política del momento, Zwinglio extendió la iglesia hasta el Antiguo Testamento, malinterpretó Colosenses 2:10-12 al sustituir la circuncisión espiritual con la circuncisión física, fundamentó el bautismo cristiano en la práctica de Juan el Bautista y no en la Gran comisión de Jesucristo, y negó que Su iglesia debe estar compuesta solo de cristianos verdaderos. Posteriormente, los teólogos reformados han seguido en buena medida el ejemplo de Zwinglio en sus teologías del pacto y del bautismo. La teología reformada del pacto está entonces fundamentada en lo que aun un prominente teólogo calvinista, sin poder evitarlo, podría describir como «flaqueza en la exégesis», igualada por «una flaqueza general en toda la teología del bautismo».[10]

El trato descuidado de Zwinglio de la doctrina de la iglesia en el Nuevo Testamento y sus prácticas se amplió en las reflexiones sistemáticas de Juan Calvino. Aunque Calvino, a diferencia de su predecesor, mantuvo alguna distancia entre las órdenes eclesiásticas y civiles, nunca las separó, sino que conservó la síntesis constantiniana de iglesia y estado. Para justificar esta síntesis y su práctica correspondiente del bautismo de infantes, Calvino repitió muchos de los argumentos fallidos y la hermenéutica retorcida de Zwinglio. Asimismo, él desarrolló el concepto de «la iglesia antigua» como una manera de probar una norma sustitutiva para la iglesia. Como es bien conocido, Calvino y sus seguidores enfatizan la «reforma» de la iglesia como una necesidad continua. Sin embargo, el objetivo de esa reforma no es necesariamente la de la iglesia del Nuevo Testamento. Más bien, el objetivo de la reforma de Calvino era un vago concepto conocido como «la iglesia antigua».

La iglesia antigua aparece en la presentación inicial de la doctrina de la iglesia, conocida como *Draft Ecclesiastical Ordinances* [Ordenanzas eclesiásticas], preparada para el consejo de la ciudad de Ginebra en 1541.[11] Esta

---

[10] G. W. Bromiley, «Introduction», en ibíd., 126.
[11] J. Calvin, *Draft Ecclesiastical Ordinances*, en *John Calvin: Selections from His Writings* (ed. J. Dillenberger; Atlanta, GA: American Academy of Religion, 1975), 229-65.

obra es importante para entender la forma de gobierno del calvinismo, pues es aquí donde los oficios/cargos y los sacramentos de las iglesias reformadas son por primera vez bosquejadas de manera sistemática. Es notable que las *Ordenanzas Eclesiásticas* no se fundamentan en la exégesis de la Escritura, sino brotan de las propias reflexiones de Calvino; reflexiones formadas en el crisol de sus experiencias como un abogado de derecho canónico y su deseo de unirse a los reformadores suizos. Aunque el Antiguo Testamento, el Nuevo Testamento y la Palabra de Dios se mencionan y apenas apoyan sus pensamientos, ellas no están sometidas a una exégesis cuidadosa. En otras palabras, en el sistema inicial de Calvino sobre la doctrina de la iglesia, la Escritura se menciona, pero no se examina. Mucho más grave que la definición rigurosa que la Escritura hace de la iglesia fue la propia norma erróneamente definida que Calvino hace de la iglesia antigua.

Calvino promovió este concepto de la iglesia antigua en su escrito *Institución de la religión cristiana*, un tratado revisado con regularidad que alcanzó su forma final latina en 1559. Increíblemente, pese a los años de trabajo con el texto bíblico como un predicador, Calvino nunca de forma sustancial revisó su doctrina de la iglesia en una dirección más bíblica. Como ocurre con las *Ordenanzas Eclesiásticas*, la iglesia antigua en la *Institución* sirvió como la norma aproximada para la iglesia contemporánea. La iglesia primitiva incluyó (1) los patriarcas del Antiguo Testamento, quienes, según él, fueron regenerados antes de la aparición del Salvador,[12] (2) las iglesias del Nuevo Testamento, y (3) las iglesias posneotestamentarias hasta principios de la Edad Media.[13] La iglesia antigua fue corrompida por la Iglesia Romana, lo que se ve de manera progresiva a través de la Edad Media. Así, no todos los acontecimientos eclesiales alejados del Nuevo Testamento fueron inapropiados, aunque los de la Iglesia Romana sí lo fueron.[14]

---

[12] J. Calvin, *Institutes of the Christian Religion* (ed. J. T. McNeill; trad. en inglés F.L. Battles; LCC; 2 vols,; Filadelfia, PA: Westminster Press, 1960) [en lo sucesivo, *Institutes*], 4.16.10-16, 24.

[13] Calvin, *Institutes*, 4.4.1, 10-15.

[14] Ibíd., 4.5.

Quizás, ante todo, desde la perspectiva bautista, el señorío de Cristo tiene poca importancia en la eclesiología de Calvino. Ciertamente, su iglesia antigua no estaba basada en el Señor, «Cristo no instituye nada nuevo», pues Cristo mismo participó y se sometió a las formas de la iglesia antigua.[15] Aunque Calvino reconoce a Cristo como cabeza para la condición «de la gran unidad» de la iglesia, su afirmación teológica no tiene importancia concreta. En lugar de la norma para las iglesias establecidas por Jesús, Calvino creía que el Nuevo Testamento no ofrecía una forma para la iglesia, excepto en vagos términos. La iglesia antigua, según Calvino, «se esforzó en conservar la institución del Señor y no se apartó de ella».[16] En otras palabras, Calvino no estuvo necesariamente interesado en una definición cristológica y bíblica de la iglesia, sino apeló a lo que comprendió que era una doctrina con fallos porque la iglesia antigua sí se «apartó».

En marcado contraste con la norma calvinista de la «iglesia antigua» está la norma bautista de «la iglesia del Nuevo Testamento». Los bautistas y su pariente teológico del siglo XVI, los anabaptistas, no han buscado una reforma de sus iglesias según una forma parcialmente bíblica de la iglesia. Más bien, los bautistas de manera expresa elevaron la norma del Nuevo Testamento. Ellos han buscado una reforma integral, o un restablecimiento de la iglesia como la estableció el Señor Jesucristo y modelada en la enseñanza y práctica de los apóstoles. Al igual que Robert A. Baker lo argumenta en su excelente estudio de los bautistas, nosotros hemos buscado el «modelo y autoridad» establecido en el Nuevo Testamento.[17] La Convención Bautista del Sur, en concordancia, define la iglesia no según la iglesia antigua reformada que confunde el Antiguo y el Nuevo Testamentos y pone la tradición humana por encima de la voluntad de Cristo. *La fe y el mensaje bautista* define la iglesia desde el inicio como «una iglesia del Nuevo Testamento» y procede solo a partir de allí.[18]

---

[15] Ibíd., 4:11.1.

[16] Ibíd., 4.4.1.

[17] R. A. Baker, *The Baptist March in History* (Nashville, TN: Convention Press, 1958), 1.

[18] Todas las citas de *The Baptist Faith and Message* proceden de *The Baptist Faith and Message: A Statement Adopted by the Southern Baptist Convention, June 14, 2000* (Nashville, TN: LifeWay, 2000) y hace

Innovaciones agustinianas

Quizás la más grande dependencia que Calvino demostró tener de otro teólogo fue su respeto a Agustín de Hipona. Este teólogo, a principios de la Edad Media, desarrolló la teología que más tarde católicos romanos y protestantes siguieron. Es un axioma común entre los historiados cristianos que los protestantes por lo general siguieron la soteriología agustiniana, mientras que los católicos romanos siguieron la eclesiología agustiniana. Esto, sin embargo, no es el caso del todo. En relación a la doctrina de la iglesia, los luteranos y los calvinistas han retenido muchas innovaciones teológicas de Agustín. La aceptación protestante de la doctrina agustiniana de la iglesia es notable en particular en dos casos: la doctrina agustiniana de la iglesia universal invisible y su intolerancia hacia la oposición religiosa.

La iglesia universal invisible

Primero, la doctrina agustiniana de la iglesia se caracteriza por una reminiscencia difusa de su uso de las categorías platónicas de pensamiento. La iglesia visible, para Agustín, no es primordialmente la iglesia local y reunida, como la define el Nuevo Testamento, sino la universal e inseparable del mundo. La expectativa del Señor de santidad dentro de Su iglesia, además, se presenta como una esperanza escatológica y no como una meta actual. El restar importancia a la iglesia visible como una congregación de creyentes nacidos de nuevo y la elevación de la iglesia universal como una congregación mundial, la cual es visible solo de manera ocasional, es característico de la doctrina agustiniana y protestante de la iglesia. Al reconocer el problema sobre su defensa de una iglesia visible e impura en comparación con el ideal bíblico de una iglesia visible regenerada (2 Cor. 6:11-7:1), Agustín inventó el concepto de la iglesia invisible compuesta solo de los electos.[19] Lamentablemente para Agustín, no hay fundamento bíblico para la idea de una reunión universal invisible de creyentes.

---

referencia al artículo. La fe y el mensaje bautista, art. VI.

[19] M. B. Yarnell, III, «The Development of Religious Liberty: A Survey of Its Progress and Challenges in Christian History», *The Journal for Baptist Theology and Ministry* 6 (2009): 128.

Juan Calvino y los calvinistas han, en buena medida, adoptado estas innovaciones agustinianas al definir la iglesia, sin mayor crítica. La adopción calvinista de este aspecto de la doctrina agustiniana de la iglesia ha creado una tensión infranqueable dentro de la doctrina calvinista de la iglesia, pues mientras afirma la naturaleza secreta de la iglesia invisible, los calvinistas desean también con fervor tener una presencia visible e impacto sobre su cultura local. Esta tensión se muestra en las confesiones reformadas, las cuales, en general, promueven la iglesia invisible como una categoría mayor, incluso cuando tratan de hacer relevante a sus iglesias en sus culturas.[20] Esta innovación extrabíblica permite a los calvinistas alternar entre las definiciones de la iglesia, dependiendo de la conversación específica en la cual participan. Cuando se habla de ideales, la iglesia universal invisible, algunas veces llamada la iglesia universal, es el tema primario. Cuando se habla de la práctica, la iglesia local visible es, por lo general, lo que se tiene en mente. Esta definición elástica de la iglesia es el origen, en parte, de la confusión en las conversaciones actuales entre bautistas calvinistas y bautistas no calvinistas.

En oposición al ideal de los anabaptistas y bautistas de una iglesia con miembros regenerados, para Calvino, así como para Agustín, la iglesia visible, sin duda, no tiene previsto ser una institución pura. Debe más bien permanecer una iglesia mezclada (tanto de electos y no electos) puestos allí dentro en secreto.[21] Este recurso de la iglesia mezclada no significa que los calvinistas rechazan la práctica de la disciplina, pues ellos ciertamente la defienden. Sin embargo, el separatismo o el cisma debe evitarse a toda costa, incluso si esto significa la desaparición de la iglesia regenerada. Por desgracia, además, para Calvino y muchos calvinistas, ¡la iglesia local visible se confunde a menudo con la versión difusa agustiniana de la iglesia universal como una realidad presente a nivel mundial! Las iglesias locales

---

[20] La Segunda Confesión Helvética, por ejemplo, mientras conservan la síntesis constantiniana de cultura e iglesia, cree que la iglesia puede ser tan invisible que a veces esta «parece extinta». *Reformed Confessions of the Sixteenth Century* (ed. A. C. Cochrane; Louisville, KY: Westminster John Knox Press, 2003), 266-67.

[21] Calvin, *Institutes*, 4.1.2.

están incluidas en la iglesia universal como una asamblea presente aunque invisible.[22]

Desde una perspectiva bautista, estas posiciones calvinistas causan dificultades. La definición agustiniana de la iglesia universal contradice la definición escatológica de la iglesia universal que enseña el apóstol Juan (ver Apoc. 19:1-10) y que se ratifica al final del artículo VI de *La fe y el mensaje bautista*. Según el fundador del Southwestern Baptist Theological Seminary [Seminario Teológico Bautista del Suroeste], la iglesia universal se reunirá hasta el fin de los tiempos cuando Cristo esté en medio de ella de forma corporal. Además, «toda enseñanza en la dirección que ahora existe una asamblea general que es invisible, sin ordenanzas y en la cual se entra solo por la fe, es probable que desacredite la asamblea particular, que ahora de verdad existe y que es el pilar y fundamento de la verdad».[23]

Intolerancia religiosa

Segundo, la doctrina de Calvino sobre la iglesia no depende solo de la innovación agustiniana de la iglesia invisible, sino también de la intolerancia religiosa del mencionado teólogo. Agustín malinterpretó la parábola del trigo y la cizaña en Mateo 13:24-30 y equiparó el campo con la iglesia y no con el mundo.[24] Esta interpretación es desastrosa por dos razones. Primera, de manera expresa contradice la interpretación que el mismo Jesús da a la parábola (Mat. 13:38). Segunda, cuando se combina con el entendimiento difuso de Agustín de la iglesia universal, permite la persecución de los disidentes religiosos.

Por una parte, Agustín criticó a los donatistas por defender el ideal de la iglesia regenerada, al afirmar que ellos estaban tratando de causar un cisma en la iglesia de todo el mundo. Por otra parte, Agustín además promovió la

---

[22] Ibíd., 4.1.9.

[23] B. H. Carroll, *Baptists and Their Doctrine: Sermons on Distinctive Baptist Principles* (Nueva York: Fleming H. Revell, 1913), 42-43.

[24] Yarnell, «The Development of Religious Liberty», 128-29.

persecución de los donatistas al afirmar que ellos no solo estaban perturbando a la iglesia sino también al estado, los que ahora estaban mezclados en la síntesis constantiniana. El estado debía imponer la unidad en la iglesia como un servicio a Cristo e incluso ayudar en la salvación de los mismos cismáticos. Agustín utilizó subterfugios en relación a la persecución, algunas veces argumentando en favor de la persecución religiosa y otras veces argumentando en contra de la misma. Más tarde, los clérigos medievales radicalizaron sus opiniones, y así se creó un estado perseguidor que reprimía toda disidencia religiosa en el nombre de la iglesia universal.[25]

Calvino adoptó los argumentos de Agustín para la persecución religiosa, incluyendo la mala interpretación de Mateo 13. Él, repetidas veces, usó estos argumentos para refutar a los anabaptistas.[26] Estos primeros clérigos libres, en la mente de Calvino, eran «pervertidos», «maliciosos» y poseídos por un «orgullo insano».[27] Pese a su intolerancia hacia los anabaptistas, Calvino, igual que Agustín, con regularidad suplicaba por tolerancia religiosa.[28] La hipocresía de la extrema intolerancia de Calvino, demostrada en particular hacia Miguel Servet, no pasó desapercibida para el humanista cristiano Sebastian Castellio, quien reprendió a Calvino por su rol en la acusación y ejecución de Servet. Este fue quemado en la hoguera por dos asuntos: su negación de la Trinidad y su negación del bautismo de infantes.[29] La intolerancia religiosa de Calvino es también un grave error, la cual, con posterioridad, han defendido los calvinistas o le han restado importancia.

En contra de tales actitudes y acciones intolerantes, se encuentra el testimonio claro de la tradición de quienes enfatizaron que el bautismo es solo para creyentes. La intolerancia religiosa es por completo inaceptable para los cristianos, y la libertad religiosa es un derecho dado por Dios que todos

---

[25] Ibíd.

[26] Calvin, *Institutes*, 4.1.13, 4.1.16, 4.1.19, 4.12.11-13, etc.

[27] Ibíd. 4.1.13, 4.20.7; Calvin, *Brief Instruction Arming All the Good Faithful Against the Errors of the Common Sect of the Anabaptists*, en *Treatises Against the Anabaptists and Against the Libertines* (trad. en inglés B. W. Farley; Grand Rapids, MI: Baker Academic, 1982).

[28] Calvin, *Institutes*, 4.12.9.

[29] Yarnell, «The Development of Religious Liberty», 131-32.

los humanos poseen. La tolerancia ha sido el testimonio consistente de la tradición de quienes enfatizan el bautismo solo de los creyentes, desde el primer texto de libertad religiosa, escrito por el anabaptista Baltasar Hubmaier en 1524, quien fue torturado por Ulrico Zwinglio, hasta hoy.[30] La rigidez doctrinal, demostrada de la manera más terrible en la persecución y cacería constante de los anabaptistas por parte de los reformados revela las dos perspectivas irreconciliables sobre lo que significa ser un cristiano fiel. El asesinato llevado a cabo por los reformados, a través del ahogamiento público, de Felix Manz en 1527 bajo Zwinglio, y el asesinato llevado a cabo por los reformados, a través de la hoguera, de Miguel Servet, en Ginebra, bajo Calvino, manifiestan una perspectiva fundamentalmente errónea hacia Dios y hacia el hombre.

La posición bautista del sur, por una parte, es clara: «El ideal cristiano es el de una iglesia libre en un estado libre, y esto implica el derecho para todos los hombres del acceso libre y sin obstáculos a Dios, y el derecho a formar y propagar opiniones en la esfera de la religión, sin interferencia por parte del poder civil».[31] La cuestión no es si los calvinistas están de acuerdo con esos actos horribles, pues ellos ciertamente no lo están. La cuestión hoy es si la rapidez para juzgar existe todavía dentro de ciertas variedades del calvinismo.[32]

Elitismo aristocrático

El impacto de Calvino y el calvinismo en el desarrollo de la democracia moderna ha sido un tema de mucha discusión. Algunos han negado de manera categórica que Calvino fue una causa de la democracia moderna; otros han

---

[30] T. White, «The Defense of Religious Liberty by the Anabaptists and the English Baptists», en *First Freedom: The Baptist Perspective on Religious Liberty* (eds. T. White, J. G. Duesing y M. B. Yarnell III; Nashville, TN: B&H Academic, 2007), 52.

[31] *Baptist Faith and Message*, artículo XVII.

[32] Si bien un calvinista evangélico conservador como Mark Driscoll acusa a los miembros de su iglesia de «pecar cuando cuestionan» su liderazgo, otros que se ven a sí mismos como herederos de la eclesiología de Calvino están «cambiándola y adaptándola». J. D. Douglass, «Calvin and the Church Today: Ecclesiology as Received, Changed, y Adapted», *Theology Today* 66 (2009): 136.

argumentado que el calvinismo fue una causa inconsciente de la democracia.[33] La conversación cultural en cuanto a la actitud de Calvino hacia las formas del gobierno civil es interesante, pero es insignificante cuando se relaciona con las actitudes de Calvino sobre el gobierno adecuado de la iglesia. Lo que es relativamente claro es que Calvino defendió una forma atenuada de democracia dentro de las iglesias, aunque promovió un elitismo aristocrático entre los ministros, doctores y ancianos. Calvino prefería la aristocracia, o, mejor dicho, la aristocracia representativa, a cualquier otra forma de gobierno. Esta preferencia ha creado una tendencia hacia las formas de gobierno aristocráticas dentro de las iglesias calvinistas; formas de gobierno que la mayoría de las veces resultan en organizaciones extrabíblicas que se colocan a sí mismas entre Cristo y las iglesias locales.

Durante los siglos XVI y XVII, las tres formas clásicas de gobierno: monarquía (solo uno manda), aristocracia (unos pocos mandan) y democracia (todos mandan), fueron los temas de amplia discusión para los teólogos. Muchos teólogos evangélicos, en particular entre los ingleses, concluyeron que alguna forma de «gobierno mixto», o facetas de las tres formas, sería lo mejor.[34] El mismo Calvino concluyó que la aristocracia, quizás atenuada con un poco de democracia superficial, era lo mejor: «Pues si las tres formas de gobierno que discuten los filósofos deben considerarse en sí mismas, no negaré que la aristocracia, o un sistema compuesto de aristocracia y democracia, se destaca mucho más que todas las demás».[35]

Por un lado de la aristocracia, la monarquía era ofensiva a Calvino, en parte por haber tenido que huir de Paris después del famoso incidente de los carteles, y en parte debido a los errores propagados por la jerarquía romana.[36] Si el calvinismo ayudó a promover la democracia moderna, fue primordialmente a

---

[33] R. M. Kingdon y R. D. Linder, eds., *Calvin and Calvinism: Sources of Democracy?*, Problems in European Civilization (Lexington, MA: D.G. Heath and Company, 1970).

[34] Compárese con S. Brachlow, *The Communion of the Saints: Radical Puritanism and Separatist Ecclesiology* (Nueva York: Oxford University Press, 1988), *passim*.

[35] Calvin, *Institutes*, 4.20.8.

[36] Un cartel que denunciaba la misa fue clavada en la recámara del rey, lo que desencadenó la persecución de los evangélicos y resultó en la salida de Calvino de Paris. B. Cottret, *Calvin: A Biography* (trad. en inglés M. W. McDonald; Grand Rapids, MI: Eerdmans, 2000), 82-88.

través de la actitud hostil de demócratas y republicanos contra las monarquías. Pero, por el otro lado de la aristocracia, la democracia también presentaba problemas para Calvino. En sus escritos, Calvino condena la anarquía y el desorden, a los cuales, «el vulgo, que es inconsiderado», puede llevar.[37] Esta falta de consideración merecía una especial condena cuando él dirigió sus pensamientos hacia el grupo que bautizaba del siglo XVI al que con sorna llamó «anabaptistas». Más que pura democracia, que era característico de los «locos desvaríos» de aquellos que practicaban el bautismo solo de creyentes,[38] Calvino defendió el modelo aristocrático de la iglesia antigua. Este modelo aristocrático se encuentra en alguna parte entre la jerarquización romana a la derecha y el congregacionalismo anabaptista a la izquierda.

Aunque a Calvino le desagradaba el término «jerarquía», no estaba en contra de un orden simplificado en la iglesia.[39] Sobre todo, la constitución de la iglesia debía ser ordenada, poseer dignidad y animar a la moderación.[40] La dignidad, el orden y la moderación eran las medidas por las cuales los calvinistas juzgaron la forma de gobierno; y la aristocracia, el gobierno del más apto, fue a la que se le concedieron estas virtudes. Al interpretar Mateo18:15-20, un pasaje crítico donde Cristo, de manera explícita, da a «la iglesia» la autoridad sobre la comunión de los miembros, Calvino demostró ser innovador. Dado que Calvino consideraba la aristocracia la forma superior de gobierno, él abogó por la creación de los tribunales eclesiásticos: «Como estas amonestaciones y correcciones no se pueden hacer sin conocimiento de causa, es preciso que haya algún procedimiento de juicio y de algún orden… [Nosotros] debemos atribuir necesariamente una jurisdicción a la iglesia».[41]

Al recurrir a la necesidad por alguna clase de «jurisdicción» mientras mantenía una definición fluida de «iglesia», Calvino creó una apertura para la introducción de mecanismos de intervención sobre las iglesias locales. Calvino argumentó que esta jurisdicción se ejerce mejor por un número de

---

[37] Véase Calvin, *Institutes*, 4.4.12.
[38] Ibíd., 4:16.1.
[39] Ibíd., 4.4.4.
[40] Ibíd., 4.10.28.
[41] Ibíd., 4.11.1.

hombres y no de uno solo: «Esta autoridad no estaba en manos de una sola persona, a fin de que no obrase de acuerdo con su capricho, sino que residía en el consejo de los ancianos». La preferencia de Calvino por la aristocracia, cuando se combina con su entrenamiento legal, implicó la creación de diversos tribunales eclesiásticos sobre las iglesias. Al citar los escritos de Cipriano, Calvino defendió que un «consejo de presbíteros» debía ejercer la autoridad final en la iglesia local.[42] Este consejo de presbíteros está compuesto de dos órdenes: pastores y maestros por una parte, y ancianos laicos por otra parte.[43] En muchas comuniones reformadas, hoy, sobre la aristocracia local del presbiterio se encuentra la aristocracia regional del sínodo y la aristocracia nacional de la asamblea general.

La primera orden de ministros, normalmente llamados pastores, está compuesto de aquellos que son responsables de la predicación de la Palabra y la administración de los sacramentos. Calvino tenía una alta opinión de los pastores, a quienes él llamó «la misma boca de Dios» y «el nervio central» de la iglesia, dotándolos además con la autoridad para aplicar la «corrección fraternal».[44] La segunda orden, de doctores, definida como un oficio separado en las *Ordenanzas Eclesiásticas*, pero incluido en el cargo de los pastores en la *Institución*, anima a los reformados a elevar los eruditos al nivel de pastores. (¡Qué teólogo académico no desea ese honor!). La próxima orden, los ancianos laicos gobernantes, depende de una interpretación altamente especulativa de 1 Timoteo 5:17.[45] La orden final, los diáconos, está relegada a la tarea de atender a los pobres y los enfermos, según la forma de la iglesia antigua.[46]

Históricamente, este principio de aristocracia ha impactado no solo las estructuras dentro de la iglesia, sino a menudo ha estimulado la creación de estructuras sobre la iglesia local, como se mencionó arriba. Aunque algunos

---

[42] Ibíd., 4.11.6.

[43] Ibíd.

[44] D. Fergusson, «The Reformed Churches», en *The Christian Church: An Introduction to the Major Traditions* (ed. P. Avis; Londres: SPCK, 2002), 25; J. T. McNeill, *The History and Character of Calvinism* (Nueva York: Oxford University Press, 1954), 161.

[45] Calvin, *Institutes*, 4.3.8.

[46] Ibíd. Véase Calvin, *Draft Ecclesiastical Ordinances*, 235-37.

calvinistas se han inclinado hacia la independencia congregacional, ellos, por lo general, han tenido una visión más excelsa del ministerio que la que han tenido los bautistas.[47] Como alternativa, en el otro lado del calvinismo congregacional está el fenómeno histórico del episcopado reformado, donde los obispos tienen un lugar elevado en el sistema de gobierno de la iglesia. El episcopado reformado se ha manifestado entre los puritanos ingleses y los húngaros reformados.[48] Estos dos extremos, el congregacionalismo y el episcopado, demuestran la naturaleza elástica de la doctrina calvinista de la iglesia, una elasticidad fomentada por la mala definición de «iglesia antigua» que hace Calvino.

Con mayor frecuencia, sin embargo, los calvinistas no han optado ni por el congregacionalismo ni por el episcopado. Al seguir la preferencia de Calvino por el elitismo aristocrático, ellos han adoptado alguna forma de presbiterianismo. Los principios del presbiterianismo se han definido como «la paridad del clérigo», «el derecho de las personas a una parte sustantiva en el gobierno de la iglesia» y «la unidad de la iglesia en tal sentido, que una pequeña parte está sujeta a una mayor, y una mayor al todo».[49] El resultado histórico de estos principios ha sido la creación de cuerpos sobre las iglesias locales que ejercen la autoridad en el nombre de «la iglesia». La confusión de las definiciones bíblicas y extrabíblicas de la iglesia queda patente aquí también.

Según Calvino, la gente de las iglesias tiene un rol, y un rol necesario en esto. Él incluso culpa a los católicos romanos por eliminar el consentimiento popular en la elección de los ministros. Ahora bien, los pastores y los ancianos, ante todo, se ocupan de la elección de los ministros y las decisiones en relación a la admisión o la disciplina de los miembros de la iglesia. Ellos actúan en nombre de la iglesia y luego traen la decisión a la iglesia para su previsible ratificación. Por ejemplo, en relación a la disciplina, Calvino expresó:

---

[47] Brachlow, *The Communion of Saints*, 157-202.
[48] J. H. Leith, *Introduction to the Reformed Tradition: A Way of Being the Christian Community* (ed. rev., Atlanta, GA: John Knox Press, 1981), 164-67.
[49] Ibíd., 156.

Solamente añadiré que la legítima manera de proceder en la excomunión es que los presbíteros no lo hagan por sí solos, sino sabiéndolo la iglesia, y con su aprobación; de modo que la multitud no disponga de lo que se hace, sino que simplemente sea testigo de ello, a fin de que los presbíteros no hagan nada conforme a su capricho.[50]

Como un resultado del elitismo aristocrático entre los calvinistas, «algunas veces este derecho [de las personas en decisiones críticas] no era más que la aprobación de una decisión que ya se había tomado».[51]

Debe concluirse que esta tendencia hacia el elitismo aristocrático dentro del calvinismo es incompatible con las enseñanzas del Nuevo Testamento, tal como se define, por ejemplo, en las repetidas confesiones de los bautistas del sur. Según la revisión del año 2000 de *La fe y el mensaje bautista*, la tendencia aristocrática y el uso calvinista afín del sínodo y las asambleas sobre la iglesia son inapropiados. A diferencia del gobierno fuera del contexto de las iglesias en el presbiterianismo, el artículo VI establece que «una iglesia del Nuevo Testamento del Señor Jesucristo es una congregación local y autónoma de creyentes bautizados». A diferencia de la naturaleza aristocrática del calvinismo, el artículo VI establece que «cada congregación actúa bajo el señorío de Jesucristo por medio de procesos democráticos». Por supuesto, los bautistas también reiteran el liderazgo de los pastores, pero simplemente no hay espacio para el elitismo aristocrático del calvinismo entre los bautistas, quienes defienden con firmeza la doctrina bíblica del sacerdocio de todos los creyentes.

Tendencias antinomianas

Una de las tendencias que ha caracterizado al cristianismo protestante a través de su historia, a veces con mayor ferocidad que otras, es el antinomianismo. Este se deriva de las palabras griegas «contra» (*anti*) y «ley» (*nomos*). Se refiere a la idea que no es necesario para los cristianos obedecer la ley de Dios. Por

---

[50]   Calvin, *Institutes*, 4.12.7.
[51]   Leith, *Introduction to the Reformed Tradition*, 164.

lo general la han defendido la segunda generación de reformadores y la han eludido la primera generación de reformadores. Por ejemplo, en el luteranismo, Johann Agricola argumentó contra Martín Lutero que la ley ni siquiera era necesaria para preparar a las personas para la recepción del evangelio. Después Lutero modificó sus enfáticas denuncias de la ley al escribir que la disciplina cristiana también requería de la obediencia a las enseñanzas de Cristo.[52] Más tarde, el antinomianismo estuvo presente entre los bautistas particulares del siglo XVIII que enfatizaron el calvinismo como la norma de la ortodoxia. Los bautistas hipercalvinistas estuvieron todavía presentes para recibir las reprensiones de Charles Haddon Spurgeon en el siglo XIX.[53]

Una forma de antinomianismo, el dejar a un lado la ley de Dios, es evidente en la eclesiología del calvinismo. Esta forma de antinomianismo surgió en la propia obra de Calvino. Mientras acusaba a los anabaptistas de «severidad inmoderada» por desear una iglesia de miembros regenerados, el mismo Calvino se orientó hacia un antinomianismo eclesial. Las acusaciones personales de Calvino contra los anabaptistas cubrían su falta de interés en respetar la Palabra de Dios cuando se trataba de la doctrina de la iglesia. Él creía «que muchos detalles de la forma de gobierno no pueden establecerse a partir de la Escritura»,[54] y, por lo tanto, consideró que la insistencia anabaptista en cuanto a que la Escritura proporcionaba la forma para la iglesia era una forma de legalismo. Calvino no arribó a su antinomianismo eclesial sin lucha y, quizás, contra lo que conocía de sí mismo. A pesar de todo, poco a poco, arribó al punto donde estuvo dispuesto a restarle importancia a la ética de la iglesia en el nombre de la preservación del evangelio.

Una revisión de la polémica de Calvino contra los anabaptistas, llevada a cabo al mismo tiempo que él construía su doctrina de la iglesia, manifiesta

---

[52] R. D. Linder, s.v. «Antinomianism», en *Evangelical Dictionary of Theology* (ed. W. A. Elwell; Grand Rapids, MI: Baker Books, 1984), 58.

[53] Timothy George sostiene que Gill no era un hipercalvinista, pero sus seguidores podrían inclinarse en esa dirección. T. George, «John Gill», en *Theologians of the Baptist Tradition* (eds. T. George y D. S. Dockery; Nashville, TN: B&H, 2001), 27. I. H. Murray, *Spurgeon v. Hyper-Calvinism: The Battle for Gospel Preaching* (Carlisle, PA: Banner of Trust, 1995).

[54] Leith, *Introduction to the Reformed Tradition*, 158.

esta lucha. Primero, Calvino enfatizó que la iglesia es visible donde la Palabra se predica y los sacramentos se administran, pero notablemente ausente en esta discusión de los «distintivos» de la iglesia, está la disciplina de la iglesia.[55] Aunque él vio la disciplina de la iglesia como los nervios de la misma, no la consideró necesaria para la iglesia.[56] Segundo, él se manifestó enérgicamente en contra de la idea de separación, cisma o sectarismo. Aquí, él demostró una forma sutil de ecumenismo relacionado con su agustinianismo, un ecumenismo que muchos de sus seguidores han encontrado atractivo.[57]

Tercero, Calvino hizo una distinción entre doctrinas «necesarias» y «asuntos no esenciales». Una cita extensa sería conveniente en este punto:

> Además, que podrá deslizarse algún fallo en administración de la doctrina o de los sacramentos pero no debamos apartarnos de la comunión de la iglesia. Porque no todos los artículos de la doctrina de Dios son de una misma especie. Hay algunos tan necesarios que nadie los puede poner en duda como primeros principios de la religión cristiana. Tales son, por ejemplo: que existe un solo Dios; que Jesucristo es Dios e Hijo de Dios; que nuestra salvación descansa en la misericordia de Dios. Y así otras semejantes. Hay otros puntos doctrinales en los que hay controversia, y con todo no rompen la unidad de la Iglesia.[58]

Inmediatamente después de su descripción aproximada de doctrinas esenciales versus doctrinas no esenciales, Calvino inició su ataque contra los anabaptistas porque estos se apartaban de aquellos de mala vida. Él se refirió a ellos como de la misma clase que «eran, antiguamente, los que se llamaban a sí mismos cátaros» y «los donatistas, que siguieron la locura de los anteriores».[59] Contra el ideal anabaptista de la iglesia regenerada, Calvino

---

[55] Calvin, *Institutes*, 4.1.9.
[56] Ibíd., 4.12.1
[57] Ibíd., 4.1.10; D. Fergusson, «The Reformed Churches», en *The Christian Church: An Introduction to the Major Traditions* (ed. P. Avis; Londres: SPCK, 2002), 32.
[58] Calvin, *Institutes*, 4.1.12
[59] Ibíd., 4.1.13.

argumentó que «la iglesia está compuesta de buenos y malos».[60] Por último, Calvino introdujo la doctrina de la «tolerancia» como un rechazo a la doctrina de la iglesia regenerada.[61] Así pues, Calvino concluyó que en la iglesia los anabaptistas debían aceptar «la comunión con las personas de mala vida». Él coincidió con ellos en que los malos, idealmente, no deberían estar presentes en la iglesia, pero uno no debería apartarse de ellos.[62] Calvino estuvo molesto con los anabaptistas no solo en cuanto a sus prácticas como iglesia regenerada, sino además porque negaban el bautismo de infantes.

Juan Calvino nunca pudo percibir que el bautismo de infantes era una innovación extrabíblica, aun cuando él se manifestó en contra de las innovaciones extrabíblicas instauradas por los católicos romanos. Este fracaso por parte de Calvino y los calvinistas de no percibir que conservan prácticas que no son bíblicas ha sido la *causa* célebre para la separación que se ha mantenido entre bautistas y otras iglesias libres, por un lado, y la mayor parte de iglesias reformadas, por otro lado. Como H. E. Dana lo indicó, los protestantes, inclusive los luteranos, los reformados y las denominaciones congregacionalistas, han hecho avances genuinos en comparación con los católicos romanos porque ellos afirman la autoridad de la Escritura: «Ellos ahora aceptan las Escrituras como la guía directa e infalible en la fe y la práctica. El error de los protestantes está en el incumplimiento consistente en aplicar este principio. Ellos retienen y defienden prácticas para las cuales no hay de verdad fundamento bíblico».[63] Calvino y los calvinistas en cuanto a su doctrina de la iglesia son culpables de antinomianismo, menosprecian la ley de Cristo como algo que no es necesario obedecer, aunque ellos mismos no lo perciben.

La separación de doctrinas esenciales y no esenciales ha sido parte integral del antinomianismo eclesial del calvinismo. Con frecuencia, las doctrinas teológicas se definen como esenciales, mientras las doctrinas referentes a la ética y la iglesia se definen como no esenciales. Como lo señaló John H. Leith, «la

---

[60] Ibíd.
[61] Ibíd., 4.1.14.
[62] Ibíd., 4.1.15.
[63] H. E. Dana, «The Influence of Baptists upon the Modern Conceptions of the Church», *Southwestern Journal of Theology* 51 (2008): 61.

tradición reformada se distingue no solo por su insistencia en que la forma de gobierno es importante, sino además, por su radical subordinación de la forma de gobierno al evangelio». Él agrega, «la insistencia calvinista en la gracia de Dios que ayuda y en la iglesia como el grupo de los electos debilita incluso la importancia de los sacramentos y, mucho más, la necesidad de alguna estructura de gobierno».[64] Cuando estas actitudes se introducen dentro del contexto bautista, la historia demuestra que el hipercalvinismo no está lejos.

Estos sutiles impulsos antinominianos explican por qué los calvinistas están dispuestos a innovar en relación a la iglesia, mientras los bautistas con frecuencia han sostenido que Dios entregó un determinado modelo para la iglesia. Además explica por qué muchos calvinistas están más abiertos que muchos bautistas al ecumenismo en el nombre de la unidad en cuanto a las doctrinas esenciales, mientras desestiman la forma de gobierno.[65] Los bautistas han sido a menudo desconfiados de los esquemas ecuménicos por temor a que ellos suplanten la voluntad del Señor para Sus iglesias.[66] Las tendencias antinomianas del calvinismo pueden explicar por qué algunos calvinistas adoptan la Comunión abierta, mientras muchos bautistas favorecen la Comunión cerrada o incluso una Comunión estricta.[67] Más de un calvinista percibe el gobierno de la iglesia como algo no esencial para la fe, mientras que muchos bautistas perciben el gobierno de la iglesia como esencial.

---

[64]   Leith, Introduction to the Reformed Tradition, 147.

[65]   Ibíd.,147-48; Fergusson, *The Reformed Traditions*, 34-42.

[66]   *Baptist Relations with Other Christians* (ed. J. L. Garrett; Valley Forge; PA: Judson Press, 1974).

H. E. Dana, «The Influence of Baptists upon the Modern Conceptions of the Church [La influencia de los bautistas sobre las concepciones modernas de la Iglesia]», Southwestern Journal of Theology 51 (2008): 61.

Leith, Introduction to the Reformed Tradition, 147.

Ibíd., 147-48; Fergusson, The Reformed Traditions, 34-42.

Baptist Relations with Other Christians [Relaciones de los bautistas con otros cristianos] (ed. J. L. Garrett; Valley Forge; PA: Judson Press, 1974).

[67]   Las Iglesias de la Convención Bautista del Sur, por ejemplo, de manera oficial promueven la posición de la Comunión cerrada. La fe y el mensaje bautista, artículo VII. Para un paradigma de la Comunión, véase E. Caner, «Fencing the Table: The Lord's Supper, Its Participants, and Its Relationship to Church Discipline», en *Restoring Integrity in Baptist Churches* (eds. T. White, J. G. Duesing y M. B. Yarnell III; Grand Rapids, MI: Kregel Books, 2008), 163-78.

La tendencia bautista de alejarse del antinomianismo se ejemplifica en la definición del gobierno de la iglesia como una de las doctrinas esenciales de la fe. Según J. B. Gambrell, tres veces presidente de la Convención Bautista del Sur, los fundamentos bautistas incluyen:

> La deidad y señorío de Jesucristo; la salvación a través de la expiación hecha en la cruz por la muerte de Cristo; una fe personal en Jesús, esencial para la salvación personal; la regeneración por el Espíritu de Dios; una iglesia cuyos miembros son convertidos; la obediencia al mandamiento de Jesús en cuanto al bautismo, es decir la inmersión de un creyente, y esto es una condición de la membresía de la iglesia; el bautismo y la Mesa del Señor como símbolos y no sacramentos; cada iglesia local independiente y gobernada por sí misma, según el principio de una pura democracia; no órdenes en el ministerio; el derecho inalienable de cada alma de adorar a Dios o no adorarlo, según su propia voluntad, o, en pocas palabras, la libertad del alma en la religión; la separación de la iglesia y el estado, en el Reino de Cristo; las Escrituras son la ley suprema.[68]

La fe y el mensaje bautista afirma el entendimiento de Gambrell sobre las doctrinas esenciales, que incluye el gobierno y las prácticas de la iglesia. En el prefacio de ese documento, los bautistas del sur afirmaron: «No nos avergonzamos al declarar ante el mundo que estas doctrinas las consideramos preciosas y esenciales para la tradición de fe y práctica entre los bautistas».[69] A este respecto, el calvinismo es incompatible con la visión bautista.

Conclusión

Estas cuatro tendencias caracterizan la doctrina calvinista de la iglesia: la iglesia antigua, las innovaciones agustinianas, las preferencias aristocráticas

---

[68] J. B. Gambrell, «The Union Movement and Baptist Fundamentals», *Southwestern Journal of Theology* 51 (2008): 46-47.

[69] *Baptist Faith and Message*, Prefacio.

y el antinomianismo eclesial. Al encontrarse la iglesia bautista local con el calvinismo, es probable que experimente porciones o la totalidad de estas tendencias. Es la opinión de este autor que las tendencias calvinistas y su impacto potencial tienen sus tendencias compensatorias entre aquellos que son bautistas confesionales y practicantes. La extensión del impacto variará, dependiendo del fervor del proponente y el consentimiento de la iglesia. De mi propia observación de la evidencia anecdótica actual, los cambios potenciales pueden incluir los siguientes, muchos de los cuales son una consecuencia directa de las cuatro tendencias descritas anteriormente.

La influencia que ejerce el concepto de iglesia antigua del calvinismo y la aceptación de las innovaciones agustinianas puede incluir un incremento en las conversaciones sobre la iglesia universal invisible; un incremento en las relaciones ecuménicas, incluyendo una cooperación cercana con ministros e iglesias que propugnan la forma de gobierno reformado, a diferencia de un compromiso único a las iglesias locales; y un incremento en las conversaciones sobre la relevancia cultural y la transformación cultural junto con un descenso en el énfasis de la libertad religiosa. La influencia que ejerce la preferencia aristocrática del calvinismo puede implicar la adopción del modelo de multiplicidad de ancianos a diferencia del modelo de un solo pastor; y, yendo un paso más allá, la disminución del gobierno congregacional en favor de un gobierno de ancianos. La influencia que ejercen los impulsos antinomianos del calvinismo puede incluir la admisión de miembros sobre la base del bautismo de infantes/o bautismo por aspersión o afusión, y la apertura de la Comunión a aquellos que no se han sometido al bautismo según el mandamiento del Señor y el testimonio de los apóstoles. Por último, relacionado con las cuatro tendencias, existe un potencial incremento en las conversaciones sobre doctrinas especulativas junto con un descenso en las prácticas evangelizadoras, tales como la reducción en las invitaciones al final de un servicio de adoración.

Pese a los desafíos para la identidad bautista que puede presentar una variedad entusiasta del calvinismo, algunos bautistas están convencidos que ellos no pueden permanecer como bautistas si además quieren ser verdaderamente calvinistas. Pero, aunque estos bautistas, y algunos capaces y virtuosos en esto, han tratado de combinar la soteriología reformada con la eclesiología bautista, la combinación puede, en última instancia, resultar inestable. Richard Muller ha declarado, desde una perspectiva reformada, que los dos sistemas de creencia son incompatibles. Para Muller, ser un calvinista no es solo sobre los cinco puntos del Sínodo de Dort. Ser reformado, que es lo mismo que ser calvinista, implica aceptar toda la forma de expresar el cristianismo según esta tradición. El calvinismo incluye, entre otras cosas, el restarle importancia a las decisiones personales de recibir a Cristo, el bautismo de infantes y una relación funcional sana entre la iglesia y el estado.[70] Muller, un teólogo calvinista altamente respetado, puede tener razón. Al fin y al cabo, es imposible ser a la vez verdaderamente reformado y verdaderamente bautista, en especial cuando se considera a la iglesia local.

---

[70] R. A. Muller, «How many points?» *Calvin Theological Journal* 28 (1993): 425-33.

{Capítulo 9}

La invitación pública y el calvinismo

R. Alan Streett

La mayoría de los calvinistas se oponen al uso de una invitación pública o un llamado al altar al final de los sermones.[1] Ellos piensan que tales prácticas tienden a confundir en el mejor de los casos, que son espiritualmente peligrosas en el peor de los casos, y sin duda, son un obstáculo para la verdadera evangelización.[2] Los calvinistas de los cinco puntos critican la invitación por tres razones. Primera, ellos creen que no tiene fundamento bíblico. Segunda, ellos creen que su origen se remonta a solo unos pocos siglos. Tercera, ellos piensan que es incompatible con su comprensión de la depravación total, la elección incondicional, la expiación limitada y la gracia irresistible. Cuando los jóvenes predicadores y aun aquellos experimentados leen los tratados

---

[1] E. Hulse, *The Great Invitation* (Hertfordshire, Inglaterra: Evangelical Press, 1986) constituye un ejemplo del riguroso calvinista que se opone a la invitación pública. Él de forma despectiva designa a la invitación pública como «sacramento evangélico» (103) y dedica todo el capítulo siete para desarrollar su punto (104-9). L. S. Chafer, *True Evangelism* (Grand Rapids, MI: Kregel Books, 2002) es un ejemplo de un calvinista de cuatro puntos que tiene la misma postura.

[2] Chafer, *True Evangelism*, 17-18.

calvinistas que protestan contra la invitación, ellos podrían preguntarse si deberían asimismo abandonar la práctica de llamar públicamente a los pecadores para que confiesen su fe en Cristo. Yo entiendo personalmente esta confusión, habiendo pasado a través de un período similar de cuestionamiento durante mis años de formación como un evangelizador itinerante.

Este capítulo incluirá un poco de mi propia lucha sobre la invitación pública. Luego responderé a las críticas calvinistas al demostrar que la invitación tiene un sólido fundamento bíblico, que ha sido utilizada durante la historia de la iglesia, y que predicadores de diversas creencias teológicas deberían practicar. Puesto que Juan 3:16 declara enfática y claramente que «todo aquel que cree» en Cristo «tiene vida eterna», le correspondería a todos los predicadores invitar a las personas a recibir esa vida.

Una historia personal

Como uno que se ocupaba en la evangelización durante las décadas de 1970 y 1980, llevé a cabo encuentros de evangelización en todos los estados de la región central en la costa del Atlántico en Estados Unidos. Yo predicaba sermones centrados en el evangelio sobre las grandes doctrinas de la Biblia (justificación, redención, perdón, reconciliación, juicio, propiciación, regeneración), y luego, como Spurgeon, «iba directo a la cruz». En la conclusión de mis mensajes, invitaba a los oyentes a arrepentirse de sus pecados, poner la fe solo en el Señor Jesucristo crucificado y resucitado para salvación e indicaba que, al venir al frente, recibirían consejo e información adicional. A través de los años, muchos han respondido.

Durante este período me expuse a libros y artículos escritos por teólogos reformados que difamaban las invitaciones en la evangelización, y alegaban que tales recursos no tenían fundamento bíblico. A consecuencia de ello, empecé a cuestionar la validez de pedir a los pecadores que respondieran públicamente al evangelio.

Dado que era un evangelizador itinerante, el asunto era primordial. Yo tenía que saber si una invitación era un medio legítimo para llamar a las personas a Cristo. Estas dudas persistentes tuvieron un impacto inmediato y evidente en mi predicación. Si bien el contenido de mis sermones permaneció intacto, me encontré a mí mismo con pavor de dar una invitación al final del sermón por temor de añadir obras a la fe.

Para resolver estos asuntos que, a mi juicio, me satisficiera, realicé mi propia investigación. Por aquel entonces estaba trabajando tiempo parcial en mi doctorado, así que escogí como tema para mi disertación, «La invitación pública: su naturaleza, validez bíblica y puesta en práctica». Sin saber a donde el viaje podría llevarme, abordé el tema con toda la objetividad posible. Solo deseaba descubrir la verdad, reportarla y luego actuar como correspondiera. Después de tres años de intenso estudio, concluí que la invitación del evangelio tiene respaldo bíblico y, por lo tanto, puede darse sin contradecir los principios del Nuevo Testamento o la conciencia del predicador.

El libro *The Effective Invitation* [La invitación eficaz][3] es mi disertación doctoral de creciente popularidad. Se ha convertido en un libro de texto estándar para los cursos de homilética y la evangelización en seminarios y universidades cristianas. Después de su publicación, Errol Hulse escribió una respuesta calvinista en la que gran parte de la crítica está basada en la tergiversación de lo que escribí y no en asuntos sustantivos.[4]

En lo que resta de este capítulo, presentaré el fundamento bíblico e histórico para la invitación pública y luego responderé a las preocupaciones teológicas de los críticos. Al hacerlo así, espero ayudar a los pastores que pueden estar luchando con este asunto a solventar el asunto de una vez por todas. Segundo, espero mostrar que dar una invitación pública y sostener el calvinismo no son necesariamente incompatibles.

---

[3] R. A. Streett, *The Effective Invitation* (Grand Rapids, MI: Kregel Books, 1995).

[4] Véase nota 1 al pie de página para los datos bibliográficos completos de Hulse, *The Great Invitation*. Hulse también examinó con un ojo crítico a R. T. Kendall, *Stand Up and Be Counted* (Grand Rapids, MI: Zondervan, 1984). En el momento de la publicación de Hulse, Kendall servía como pastor de la Westminster Chapel en Londres, Inglaterra, habiendo tomado el lugar que ocupaba Martyn Lloyd-Jones, un profundo calvinista que rechazaba dar una invitación pública. Cuando Kendall comenzó a llamar a las personas para que hicieran un compromiso público de su fe, se convirtió en un objetivo favorito de la crítica calvinista.

Base bíblica para la invitación

Los críticos calvinistas sostienen que la invitación es un artilugio moderno, que se remonta solo al evangelizador Charles Finney en el siglo XIX. En realidad, ejemplos abundan en la Escritura desde Génesis hasta Apocalipsis. Esta sección examinará solo una muestra de las invitaciones públicas que se encuentran en el Antiguo y Nuevo Testamentos.

Ejemplos del Antiguo Testamento

El primer ejemplo se remonta al libro de los orígenes. Cuando los primeros humanos pecaron y se escondieron de Dios, Él los llamó para que se mostraran (Gén. 3:8). El perdón y la redención estuvieron disponibles para ellos solo si respondían en obediencia al llamado; entonces, el ponerse al descubierto era esencial para su salvación. Permanecer escondido significa permanecer perdido. El pecador debe responder a la invitación de Dios.

Unos capítulos más adelante, Dios invita a la familia de Noé a entrar en el arca donde escaparían a la ira por venir (Gén. 7:1). Si ellos solo «hubieran creído en sus corazones», pero no hubieran tomado la acción que se requería de ellos, habrían perecido en el diluvio. Ellos obedecieron la orden del Señor (vv. 6.7) y encontraron protección.

Cuando Dios llamó personalmente a Abraham para que dejara su familia y su hogar y por fe se fuera a una tierra desconocida, él respondió a la directriz divina (Gén. 12:1-4). Sobre la base de la respuesta de Abraham, Dios formó un pueblo para Sí.

Después del éxodo, Dios guio a los hijos de Israel hacia el Sinaí e instruyó a Moisés para que declarara en Su nombre: «Vosotros habéis visto lo que he hecho a los egipcios, y cómo os he tomado sobre alas de águilas y os he traído a mí. 'Ahora pues, si en verdad escucháis mi voz y guardáis mi pacto, seréis [...] para mí un reino de sacerdotes y una nación santa'» (Ex. 19:4-6). Moisés, en obediencia, reunió en un lugar a los ancianos y al pueblo y les comunicó «...todas estas palabras que el Señor le había mandado» (v. 7). En un acto de unanimidad pública, el pueblo replicó: «...Haremos todo lo que el Señor ha dicho...» (v. 8). Sobre la base de su profesión pública, Dios instruyó a Moisés para que los consagrara como Su pueblo especial, y una nación nació ese día.

Más adelante, cuando Moisés descendió del monte con la ley en la mano, se horrorizó al descubrir que el pueblo había caído en libertinaje e idolatría. En justa indignación, lo cual nos recuerda de la justa indignación de Jesús al limpiar el templo, Moisés quebró el ídolo, limpió el campo y los desafió con las palabras, «...El que esté por el Señor, venga a mí...» (Ex. 32:26). Su llamado por una respuesta pública fue inmediatamente respondido: «...Y se juntaron a él todos los hijos de Leví» (v. 26).

Luego, Josué, el segundo gran líder de Israel, reunió a la nación en un sitio público para hacerles un recuento de la liberación de Dios en tiempos pasados e invitarlos a abandonar la idolatría y servir a Yahweh (Jos. 24:14). Su conclusión resonaba fuerte y clara: «...escoged hoy a quién habéis de servir» (v. 15a). Sus elecciones estaban entre los dioses de Egipto o de los amorreos o Yahweh. Él entonces anunció: «... pero yo y mi casa, serviremos al Señor» (v. 15b). Josué obligó al pueblo a hacer una elección pública, y ellos respondieron, «...No, sino que serviremos al Señor» (v. 21). Entonces Josué colocó una gran piedra junto al santuario del Señor para recordar al pueblo de su compromiso (vv. 25-27).

Asimismo, el profeta Elías confrontó a su generación en el monte Carmelo con un reto similar: «...¿Hasta cuándo vacilaréis entre dos opiniones? Si el Señor es Dios, seguidle; y si Baal, seguidle a él...» (1 Rey. 18:21). Cuando ellos no respondieron, Elías pidió a Dios que enviara fuego del cielo como evidencia de Su poder (vv. 38-39). «Cuando todo el pueblo lo vio, se postraron sobre su rostro y dijeron: El Señor, Él es Dios; el Señor, Él es Dios» (v. 39).

En el año dieciocho del reinado de Josías sobre Judá, el sumo sacerdote Hilcías descubrió el rollo perdido de la ley (2 Rey. 22:3-10). Por años, la nación había vivido en el pecado, ignorante de la Palabra de Dios. Al oír las palabras de la ley, Josías rasgó sus vestidos, mostrando la profundidad de su arrepentimiento (v. 11). Él entonces mandó a reunir a todos, incluyendo a los profetas, sacerdotes y el pueblo, y leyó la ley en alta voz (23:1-2).

Después el rey se puso en pie junto a la columna e hizo pacto delante del Señor de andar en pos del Señor y de guardar sus mandamientos, sus testimonios y sus estatutos con todo su corazón y con toda su alma, para cumplir las palabras de este pacto escritas en este libro. Y todo el pueblo confirmó el pacto (2 Rey. 23:3).

El llamado de Josías y la afirmación pública del pueblo trajeron el despertar a Judá y la restauración de la verdadera adoración a Dios (vv. 4-23).

Ejemplos del Nuevo Testamento

Jesús llamó públicamente a las personas para que lo siguieran. Él prometió, «...todo el que me confiese delante de los hombres, yo también le confesaré delante de mi Padre que está en los cielos» (Mat. 10:32). A su vez, él advirtió, «Pero cualquiera que me niegue delante de los hombres, yo también lo negaré delante de mi Padre que está en los cielos» (v. 33). Jesús no ofreció esperanza de salvación a aquellos que desearan permanecer anónimos.

Una de sus palabras de exhortación era «Ven». A algunos Él dijo, «... ven, sígueme» (Mat. 19:21). A otros llamó, «...Venid y veréis» (Juan 1:39). A las masas Él clamó, «Venid a mí, todos los que estáis cansados y cargados, y yo os haré descansar» (Mat. 11:28). En otra ocasión Él mandó, «...Si alguno quiere venir en pos de mí, niéguese a sí mismo, tome su cruz, y sígame (Mar. 10:21). Todos los pecadores eran exhortados a «... que vengan a mí, porque de los que son como éstos [los niños] es el reino de los cielos» (Mat. 19:14). En Apocalipsis el Espíritu y la esposa dicen: «Ven» y comparten «gratuitamente del agua de la vida» (Apoc. 22:17). Tanto Dios como los que evangelizan dan este doble llamado.

Muchos respondieron al llamado de Jesús. A Zaqueo, encaramado en un árbol, le dijo, «...date prisa y desciende...» (Luc. 19:5). A plena vista de sus amigos y enemigos que lo conocían como un despreciable, pero rico cobrador de impuestos, él respondió al llamado (vv. 8-9). Si se hubiera quedado en el árbol, Zaqueo habría perdido la oportunidad de salvarse.

Cuando Jesús dijo, ¿Quién ha tocado mi ropa? Una mujer con un problema de sangre respondió abiertamente. El registro muestra que «… temerosa y temblando […] vino y se postró delante de Él […] Y *Jesús* le dijo: Hija, tu fe te ha sanado; vete en paz...» (Mar. 5:33-34). Si ella hubiera permanecido escondida entre la multitud, ella hubiera sido sanada pero no salvada. De manera similar, el leproso retornó después de ser sanado, «…cayó sobre su rostro…», y le agradeció a Jesús públicamente (Luc. 17:16). Después de inquirir sobre el paradero de los otros nueve leprosos, Jesús pronunció, «…tu fe te ha sanado» (v. 19). De nuevo, una acción externa estuvo relacionada con la salvación.

La importancia de hacer una profesión pública de fe

El apóstol Pablo nos recuerda «que si confiesas con tu boca a Jesús por Señor, y crees en tu corazón que Dios le resucitó de entre los muertos, serás salvo; porque con el corazón se cree para justicia, y con la boca se confiesa para salvación» (Rom. 10:9-10). Ahora bien, si uno lo recorta, este texto vincula la confesión pública con la salvación. Uno debe *a la vez* creer y confesar los hechos del evangelio para ser salvo (v. 9). Así como el corazón cree «*para justicia*», así con la boca confiesa «*para* salvación» (v. 10).

Dado que la confesión es importante para la salvación, debemos preguntar, «¿de qué manera los primeros creyentes confesaron externamente su alianza a Cristo?». James H. Jauncey cree que la iglesia apostólica consideró el bautismo como el acto inicial de confesión pública.[5] Faris D. Whitesell está de acuerdo:

> El bautismo en los días apostólicos significó dar un paso al frente y hacer una declaración abierta de la fe, lo cual significa casi lo mismo hoy. El bautismo era la línea pública de demarcación entre la vieja vida y la nueva en los tiempos del Nuevo Testamento, y sin duda exigía la confesión pública y la identificación personal con el grupo cristiano.[6]

---

[5] James H. Jauncey, *Psychology for Successful Evangelism* (Chicago, IL: Moody Press, 1972), 17.
[6] Ibíd., 397.

Es probable que los pecadores demostraron su arrepentimiento y fe a través del bautismo. No es de extrañar entonces encontrar a Juan el Bautista, el primero en anunciar el arribo inminente del reino de Dios, pidiendo a una nación obstinada que respondiera públicamente con arrepentimiento y que se presentara para el bautismo (Mat. 3:1; Mar. 1:4; Luc. 3:3). Aquellos que atendieron sus instrucciones «eran bautizados por él en el río Jordán» (Mat. 3:6). Este acto público de contrición era un paso que se requería para recibir el perdón de pecados y prepararse para entrar en el reino de Dios.

Cuando Jesús comenzó Su ministerio, Él también invitó a los que le escuchaban a responder de manera pública a través del arrepentimiento y el bautismo (Mar. 1:15; Juan 3:26; 4:1). Los que respondieron, al tomar la acción que se les requería, implicó que deseaban seguirlo, de la misma manera que se espera que respondan hoy.

Que Jesús, después de haber resucitado, incluyera el bautismo en la Gran Comisión confirma su papel estratégico en la tarea evangelizadora (Mat. 28:18-20). «Bautizándolos» marca el paso inicial en hacer un discípulo. Cuando Jesús ordena a Sus apóstoles a bautizar, Él está, por implicación, encargándoles que extiendan una invitación pública.

¿Acaso nos sorprende que después de la ascensión del Señor, los primeros predicadores del evangelio tomaron con seriedad el mandato del Señor respecto al bautismo? Pedro, cuando habló desde el pórtico del templo, concluyó su famoso sermón de Pentecostés con estas palabras de exhortación:

> «… Arrepentíos y sed *bautizados* cada uno de vosotros en el nombre de Jesucristo para perdón de vuestros pecados, y recibiréis el don del Espíritu Santo… Entonces los que habían recibido su palabra fueron bautizados; y se añadieron aquel día como tres mil almas» (Hech. 2:38, 41, énfasis añadido).

Algunos que rechazan el bautismo como parte del llamamiento del evangelio a menudo preguntan, «¿Dónde semejante bautismo pudo haber ocurrido?». Al fin y al cabo, el río Jordán estaba muy lejos y las piscinas locales no podrían dar cabida a números tan grandes. «Este dilema se respondió cuando el muro del sur del Monte del Templo se excavó a principios de la década de 1970».[7] Numerosas piscinas rituales fueron desenterradas, localizadas frente a los escalones que conducían al templo. Puesto que los peregrinos tenían que limpiarse ritualmente antes de entrar al templo en Pentecostés, estas piscinas servían para ese propósito y es probable que sirvieran como las piscinas bautismales para los 3000. Uno solo puede imaginar el impacto que este bautismo tuvo en las multitudes de judíos que se abrían camino hacia el templo.

En muchas ocasiones, vastos números respondieron a la predicación de Jesús y los apóstoles. En Pentecostés, 3000 dieron un paso al frente (Hech. 2:41). Otros 5000 se añadieron más tarde a sus filas (Hech. 4:4). Que fuera posible calcular los convertidos indica que eran identificables en alguna forma. El bautismo era el medio más probable de distinguir entre los perdidos y los salvos.

Cuando uno camina por el libro de Hechos, encuentra a Felipe que «predicaba a Cristo» y el «reino de Dios» en Samaria (Hech. 8:5, 12) y las personas respondieron en fe y bautismo (v. 13). Después de su éxitosa cruzada en Samaria, el Espíritu dirigió a Felipe a Gaza donde encuentra y le explica el evangelio a un eunuco etíope (Hech. 8:26-35).

> Yendo por el camino, llegaron a un lugar donde había agua; y el eunuco dijo: Mira, agua. ¿Qué impide que yo sea bautizado? Y Felipe dijo: Si crees con todo tu corazón, puedes. Respondió él y dijo: Creo que Jesucristo es el Hijo de Dios. Y mandó parar el carruaje; ambos descendieron al agua, Felipe y el eunuco, y lo bautizó (vv. 8:36-38).

Asimismo, después de predicar el evangelio en Cesarea a la casa gentil de Cornelio, un centurión romano, el apóstol Pedro les extendió una invitación para ser bautizados (Hech. 10:44-47). Ellos dieron gracias y fueron los primeros gentiles convertidos a Cristo.

---

[7] Bill Grasham, «Archeology and Christian Baptism», *Restoration Quarterly* 43, n.º 2 (2001). Página consultada el 13 de mayo de 2016. http://www.acu.edu/legacy/sponsored/restoration_quarterly/archives/2000s/vol_43_no_2_contents/grasham.html.

Después de la experiencia con Cristo de Saulo de Tarso en el camino a Damasco, él es guiado hacia Ananías, un creyente judío, quien insta a su compatriota arrepentido a ser bautizado: «Hermano Saulo […] El Dios de nuestros padres te ha designado […] testigo suyo serás a todos los hombres […] Y ahora, ¿por qué te detienes? Levántate y bautízate, y lava tus pecados invocando su nombre» (Hech. 22:13-16). Lucas registra que Saulo obedeció la orden y se presentó para el bautismo del creyente (Hech. 9:18).

Ya en el ministerio, el apóstol Pablo, en algún momento, viajó a Filipos donde encontró a Lydia, vendedora de finas telas, «que adoraba a Dios; y el Señor abrió su corazón para que recibiera lo que Pablo decía. [Entonces] ella y su familia se bautizaron» (Hech. 16:14-15). Mientras estaba en Filipos, Pablo y su compañero Silas fueron arrestados y pudieron mostrar al carcelero local el camino de la salvación:

> Y le hablaron la palabra del Señor a él y a todos los que estaban en su casa. Y él los tomó en aquella misma hora de la noche, y les lavó las heridas; enseguida fue bautizado, él y todos los suyos. Llevándolos a su hogar, les dio de comer, y se regocijó grandemente por haber creído en Dios con todos los suyos (Hech. 16:32-34).

En Corinto, Pablo «…discutía en la sinagoga todos los días de reposo, y trataba de persuadir a judíos y a griegos» (Hech. 18:4). Uno de los muchos convertidos, «…Crispo, el oficial de la sinagoga, creyó en el Señor con toda su casa, y muchos de los corintios, al oír, creían y eran bautizados» (Hech. 18:8).

El llamado al bautismo público era una parte importante de la misión de la predicación para los primeros cristianos. Aquellos que respondieron en obediencia demostraban su fe al identificarse con el Señor crucificado y resucitado a través del bautismo (Rom. 6:4-5; Col. 2:12). Es imposible separar la proclamación y la invitación para bautizarse. ¿Qué pasó cuando el agua no estaba disponible? Las Escrituras guardan silencio al respecto. Quizás se hizo un llamado provisional hasta que el agua estuvo disponible.

¿Por qué bautizar hoy?

El mandato para evangelizar y bautizar se extiende «hasta el final de los tiempos». Una señal de alerta debe darse para restaurar el bautismo a su lugar de prominencia del Nuevo Testamento. Cuando el agua no está disponible, el pastor o el que está evangelizando debería concluir su mensaje del evangelio con un llamado a las personas a que se arrepientan y a que lo demuestren públicamente al presentarse sin demora para ser bautizados. Cuando las condiciones no hacen posible este llamado, el predicador debería dar la invitación para que los pecadores se arrepientan y públicamente muestren su compromiso en alguna otra forma. Al nuevo convertido debería decírsele sobre la importancia del bautismo, y deberían hacerse los arreglos necesarios para que se bautice en una fecha futura.

La invitación a lo largo de la historia

Los adversarios de la invitación pública afirman que es una reciente invención homilética.[8] Mientras esta declaración no tiene base en la realidad histórica, es correcto señalar que la invitación cayó en desuso poco después del período apostólico y no regresó por completo hasta los tiempos modernos. Entonces, pocos ejemplos se encuentran en los registros históricos antes del siglo XVI porque el catolicismo romano dominó el mundo occidental por más de un milenio. Una salvación basada en los sacramentos significó que no hubo razones para llamar a las personas a que profesaran su fe públicamente en Cristo. Solo con la llegada de la Reforma Protestante la invitación recuperó su justo lugar en la predicación del evangelio, pero a duras penas.

---

[8]   Según J. F. Thornbury, *God Sent Revival* (Grand Rapids, MI: Evangelical Press, 1977), Finney llamó por primera vez a las personas en 1831 para que dieran un paso al frente y se hincarán en los lugares cerca del púlpito reservados para las personas preocupadas sobre su condición espiritual. Este uso de «medios» o «nuevas medidas» causó conmoción entre los pastores calvinistas «Luces Antiguas» (es decir, miembros de grupos conservadores que se oponían a la emocionalidad o al uso de métodos característicos de los avivamientos religiosos). Los oponentes más acérrimos de Finney fueron el evangelizador Asahel Nettleton y el pastor Lyman Beecher de Nueva Inglaterra. Después de una conferencia cumbre para discutir sobre el asunto, Beecher escogió apoyar a Finney y declaró que las nuevas medidas no eran incompatibles con la teología calvinista.

Durante los primeros 100 años de la Reforma, la traducción de la Escritura en los idiomas vernáculos y su distribución a las masas fueron los principales vehículos para la evangelización.

Los católicos romanos que fueron la excepción a la regla

Incluso durante la Edad Media, sin embargo, unos pocos predicadores católicos rompieron con la tradición e instaron a los convertidos a profesar públicamente su fe en Cristo. Según Lloyd M. Perry, Bernardo de Claraval (1093-1153), predicador de la era de las Cruzadas, extendió invitaciones públicas con regularidad. Él señaló: «El llamado básico de Bernardo de Claraval era que las personas se arrepintieran de sus pecados. Con frecuencia, él pediría a los que deseaban restaurar la comunión con Dios o la iglesia que levantaran la mano».[9] Pedro de Bruys (?-c. 1131) fue otro evangelizador que con firmeza habló en contra del bautismo de infantes, la veneración del crucifijo y muchas otras prácticas no bíblicas de la iglesia establecida. Él fue un precursor del movimiento anabaptista, predicó el evangelio e instó a los hombres a arrepentirse, creer y bautizarse.[10] Arnoldo de Brescia (1100-1155) también tomó una postura firme contra el énfasis en los sacramentos del catolicismo romano y a favor del evangelio puro, llamando a sus oyentes a presentarse para el bautismo del creyente. Acabó ahorcado, su cuerpo quemado y sus cenizas vaciadas en el río Tíber.

Los anabaptistas: Cerrando la brecha

En la transición del catolicismo romano al protestantismo, los anabaptistas buscaron una respuesta pública al evangelio. Al oponerse a la iglesia de Roma en los asuntos del bautismo de infantes, la instauración del clero y la veneración de María, ellos llamaron a los pecadores a arrepentirse de sus pecados, poner su fe en Cristo y presentarse para rebautizarse. Enseguida, enfrentaron

---

[9]   L. M. Perry y J. R. Strubhar, *Evangelistic Preaching* (Chicago, IL: Moody Press, 1979), 44.
[10]   Streett, *Effective Invitation*, 85.

fuerte oposición, y como resultado, muchos padecieron el martirio. Pero, también fueron el objeto de la ira protestante.

Baltasar Hubmaier (1481-1528), el anabaptista alemán más prominente de su época, fue quemado en la hoguera. Su esposa fue ahogada en el río Danubio, emblemático de la aversión que la iglesia establecida tenía hacia el bautismo del creyente. Antes de su muerte, Hubmaier había ganado miles de convertidos para Cristo.[11]

Conrad Grebel (c. 1498- 1526), el padre del movimiento anabaptista suizo, predicó el evangelio y pidió a los que le escuchaban que se rebautizaran como una profesión de su fe. Grebel realizó el primer bautismo de adultos de la Reforma. La iglesia oficial reformada bajo Zwinglio tomó medidas concretas contra él. El 7 de marzo de 1526, el consejo de Zúrich pasó un edicto que hacía punible rebautizar adultos con el ahogamiento. Acusado de un acto ilegal, Grebel fue arrestado y puesto en prisión. Él logró escapar pero murió poco tiempo después.[12]

Felix Manz (c. 1498-1527), el erudito del movimiento, se convirtió en la primera víctima del edicto, sufrió el martirio en Zúrich por ahogamiento. George Blaurock (c. 1491-1529), un exsacerdote católico romano, fue el fundador del movimiento de los hermanos suizos en Zúrich y el más importante evangelizador de su época. Fue condenado y quemado en la hoguera, después de rebautizar 1000 nuevos convertidos en cuatro años y medio de ministerio.[13]

La Reforma

Aunque las principales voces de la Reforma condenaron la práctica del re-bautismo público, ellos requirieron que los miembros de la iglesia profesaran públicamente su fe en Cristo y declararan la seguridad de la salvación antes de que se les permitiera tomar la *comunión*.[14] Sin una profesión pública de la fe, la

---

[11] Ibíd., 87.
[12] Ibíd.
[13] Ibíd.
[14] E. S.Morgan, *Visible Saints: The History of the Puritan Idea* (Nueva York: University Press, 1963), 99-105.

salvación de un miembro se consideraba espuria. Es probable que esta práctica comenzó con Juan Calvino, quien llamaba a los creyentes a que hicieran un juramento público que tenían seguridad de la salvación antes de participar del pan y del vino.[15] El Sínodo de 1662 reafirmó que una confesión pública de fe «ante la iglesia» era necesaria para ser admitidos a la mesa de la *comunión*.[16]

El Primer Gran Despertar

Según McLendon, a principios de 1740, el pastor congregacionalista Eleazar Wheelock, un riguroso calvinista y fundador del Darmouth College, cuando sintió la acción del Espíritu al terminar su sermón de la noche «pidió a los afligidos que se reunieran en las bancas de abajo así podría conversar con ellos con más comodidad».[17] Este llamado precedió a la escena del ministerio de avivamiento de Finney por 90 años.

George Whitefield y Jonathan Edwards, ambos sólidos calvinistas durante el apogeo del Gran Despertar, exhortaban a los pecadores en el cierre de sus sermones a reunirse con ellos en privado para darles consejo espiritual.[18] Estas reuniones se llevaban a cabo en las casas pastorales, establos o algún otro edificio bien ubicado. A través del uso de estas invitaciones que permitían que las respuestas se aplazaran, multitudes vinieron a Cristo.

Entre el Primero y el Segundo Gran Despertar, los bautistas separados en este lado del Atlántico[19] y los metodistas en el otro lado[20] también instaban a los angustiados y a aquellos bajo aflicción que pasaran adelante para encontrar descanso para sus almas.

---

[15] J. Calvin, *Institutes of the Christian Religion* (1559), I:IV:8 (trad. en inglés Ford Lewis Battles; Filadelfia, PA: Westminster Press, 1960), II:1022-23.

[16] «Result of the Synod of 1662», *The Creeds and Platforms of Congregationalism* (ed. W. Walker; Nueva York: United Church Press, [1893] 1960), 328.

[17] H. B. McLendon, «The Mourner's Bench» (disertación para su doctorado; Southern Baptist Theological Seminary, 1902), 16.

[18] H. G. Olive, «The Development of the Evangelistic Invitation» (tesis para su maestría, Southern Baptist Theological Seminary, 1958), 15. Véase también Streett, *Effective Invitation*, 89.

[19] M. Coppenger, «Kairos and the Altar Call», *Heartland* (verano de 1999): 1.

[20] McLendon, «The Mourner's Bench», 16.

El Segundo Gran Despertar

Las «reuniones religiosas al aire libre» en la década de 1790 en la frontera del Oeste de los Estados Unidos fueron el catalizador que desató el Segundo Gran Despertar. La predicación con fervor y las invitaciones públicas caracterizaron estas reuniones masivas. Los que las organizaban erigían altares frente a la plataforma del orador donde los pecadores se arrodillarían y encontrarían consuelo para sus almas.[21] El Despertar en la costa Este, encabezada por Timothy Dwight, el presidente de Yale, combinó el calvinismo y los avivamientos y utilizó el modelo de invitar a una reunión después de la predicación.

Cuando Finney entró en la escena, la invitación pública se había practicado en una u otra forma por más de un siglo. Entre los contemporáneos y más acérrimos oponentes calvinistas de Finney estaban los congregacionalistas «Luces Antiguas», quienes, como Calvino dos siglos antes, irónicamente instaban a los miembros de la iglesia a confesar abiertamente su fe en Cristo y a declarar la seguridad de la salvación antes de tomar la *comunión*.[22] Estos mismos oponentes señalaron a Asahel Nettleton (1783-1844), el primer evangelizador que nació en Estados Unidos y un contemporáneo de Finney, como el evangelizador ideal quien predicaba a los pecadores sobre el reino sin hacer una invitación. Los registros históricos cuentan una historia diferente. Nettleton, en realidad, usaba estas invitaciones que permitían que las respuestas se aplazaran al terminar sus sermones evangelizadores, exhortando a los oyentes a asistir a una «reunión para las personas que tuvieran preguntas», después del servicio donde recibirían instrucción especial en cuanto a la salvación de su alma. Este lugar donde se llevaba a cabo la instrucción era «para aquellos que se sentían listos para esta aventura».[23] C. E. Autrey explica: «El lugar donde se llevaba a cabo la instrucción le dio la oportunidad de separar del resto de la congregación a aquellos que tenían convicción para

---

[21] Ibíd., 10.

[22] Morgan, *Visible Saints*, 99-105.

[23] B. Tyler, *Memoirs of the Life and Character of Reverend Asahel Nettleton* (Boston: Congregational Board of Publications, 1856), 100. Véase también Thornbury, *God Sent Revival*, 113-14.

enseñarles de manera apropiada. En este lugar, los individuos podrían hablar con otros sin la emoción y la presión de la gente».[24]

Es probable que Nettleton tomara estos métodos de Whitefield y Edwards, dos de sus héroes. Uno se pregunta cuánto difiere cualitativamente «pasar a las bancas de adelante y sentarse» de «asistir a una reunión para hacer preguntas» dado que ambas piden a los pecadores que se muevan físicamente de sus asientos en el auditorio a otro lugar donde recibirán instrucción.

Dos representantes calvinistas de la Era Moderna

Los antagonistas aducen que Charles H. Spurgeon, un calvinista de cinco puntos y podría decirse, el predicador más poderoso hacia finales del siglo XIX, resistió el uso de la invitación pública. De nuevo, los críticos no ofrecen evidencia para sus afirmaciones. Spurgeon siempre predicó esperando un veredicto de la audiencia y apoyó a otros que hicieron lo mismo.[25] Según Eric Hayden, un antiguo pastor del Tabernáculo Metropolitano, puesto que la arquitectura del edificio no permitía que cientos dieran un paso al frente, Spurgeon hizo lo mejor que pudo. Él «con frecuencia pediría a los que tenían preguntas que asistieran a uno de los salones de conferencias en el sótano para recibir consejo de los ancianos».[26] En otras ocasiones, él invitó a *los que tenían necesidades espirituales* a reunirse con él, por lo general en el cuarto de la iglesia donde se guardaban las vestimentas, los martes a las tres de la tarde, para discutir la salvación de sus almas.[27] Él con regularidad utilizó a personas que exhortaban para que cuidaran a aquellos que eran convencidos durante un sermón, una práctica que había popularizado John Wesley un siglo antes.[28] A estos que ex-

---

[24]   C. E. Autrey, *Basic Evangelism* (Grand Rapids, MI: Zodervan, 1959), 131.

[25]   Bob Ross, presidente de Pilgrim Press, con probabilidad conoce más que ningún otro sobre Spurgeon. Él dedica una página entera en su sitio en la red para explorar la actitud de Spurgeon hacia la invitación pública. http://www.pp.com/invite1.htm.

[26]   E.W. Hayden, *Searchlight on Spurgeon* (Pasadena, TX: Pilgrim, 1973), 7-8. Véase también B. Ross, *The Pictorial Biography of Spurgeon* (Pasadena, TX: Pilgrim, 1981), 98; L. Drummond, *Spurgeon* (Grand Rapids, MI: Kregel Books, 2000), 308-9; y Kendall, *Stand Up*, 56.

[27]   Drummond, *Spurgeon*, 307-8.

[28]   Streett, *Effective Invitation*, 91-92.

hortaban se les deba libertad para tratar con las almas atribuladas. La revista de Spurgeon, *The Sword and the Trowel* [La espada y la cuchara], con frecuencia reportó sobre las hazañas evangelizadoras de sus estudiantes de ministerio y otros evangelizadores ordenados que difundían el evangelio en todo Londres. Una de las menciones registra: «se llegó a contar cada noche los que asistían a la reunión para hacer preguntas; y el lunes en la noche aproximadamente 50 se pararon para reconocer que habían recibido a Cristo durante la reunión».[29]

John MacArthur, Jr., un expositor bíblico y riguroso calvinista bien conocido, se crió en la casa de un pastor bautista del sur. Siguiendo los pasos de su padre, asistió al seminario, entró al ministerio y fue llamado por la Grace Community Church [Iglesia Grace Community] en California, Estados Unidos, para que fuera su pastor. Bajo su tutelaje, la congregación creció de 450 personas a más de 5000. En una entrevista MacArthur explicó su método de invitación: «Nosotros vemos cientos que se salvan y se bautizan cada año. Nunca tenemos un servicio sin una invitación, y nunca tenemos una invitación sin personas que no asistan a nuestras salas de oración».[30] Él agregó:

> Personalmente creo que toda la predicación debe ser predicación persuasiva. Cuando alguien viene a escucharme, le insto a tomar una decisión. Es decir, el objetivo de toda mi predicación es arrinconarlo contra la pared. Él va a tener que decir, «quiero» o «no quiero hacerlo». Al cierre de cada servicio digo algo como, «si quieres conocer a Jesucristo… y abrazarlo, entonces quiero que vengas a la sala de oración».[31]

Respuesta a los críticos: Consideraciones teológicas

Uno de los oponentes más abiertos del último siglo a la invitación pública fue Martyn Lloyd-Jones, sucesor de G. Campbell Morgan como pastor principal

---

[29] Kendall, *Stand Up*, 56.
[30] «Una entrevista con John MacArthur, Jr.», *Fundamentalist Journal* (noviembre de 1984): 48.
[31] Ibíd.

de la Westminster Chapel [Capilla Westminster] en Londres, Inglaterra.[32]
En su libro *Preaching and Preachers* [La predicación y los predicadores], él
indica que dará diez razones para oponerse a la invitación pública.[33] Como
Lloyd-Jones fue un portavoz principal para el pensamiento reformado, sus
argumentos contra la invitación pública pueden considerarse representativos
del movimiento como un todo.

Examinar y contestar cada objeción puede poner fin a la acusación que
la invitación pública se basa en teología defectuosa. Primero, Lloyd-Jones
afirma que la invitación pública está errada porque pone presión directa en
la voluntad humana.[34] Él insiste, al creer que tres partes constituyen al hombre interior: intelecto, emociones y voluntad; que la voluntad nunca debe
abordarse de manera directa, sino solo de manera indirecta al ir primero a
través del intelecto y las emociones.[35] Su preocupación es que la invitación
es una forma de coacción.

La preocupación del Dr. Lloyd-Jones sobre abordar de manera directa la
voluntad no habla fehacientemente contra la invitación pública, sino solo
contra lo que se percibe que es el abuso de la invitación. Es evidente que el
llamado nunca debería buscar coaccionar o manipular a las personas, sino
apuntar a persuadirlas mediante el uso de la Escritura.

Segundo, Lloyd-Jones propone que muchas personas dan un paso al frente
debido a la personalidad del evangelizador o por las influencias psicológicas, y
no por razones espirituales válidas.[36] Este argumento es difícil de demostrar o
desmentir, puesto que es casi imposible juzgar con precisión los motivos *del
que tiene preguntas*. Sin embargo, como su primer argumento, esta objeción
solo trata los abusos de la invitación, no el uso legítimo de una invitación.

Tercero, Lloyd-Jones objeta que las invitaciones públicas son, con frecuencia,
añadidas a los sermones; entonces, dividen la proclamación en dos partes dis-

---

[32] E. Fife, «D. Martyn Loyd-Jones: Twentieth-Century Puritan», *Eternity* (noviembre de 1981): 29-30.
[33] En realidad, él solo enumera nueve razones. Véase M. Lloyd-Jones, *Preaching and Preachers* (Grand Rapids, MI: Zondervan, 1971), 271.
[34] Ibíd.
[35] Ibíd.
[36] Ibíd., 272.

tintas.[37] El problema de Lloyd-Jones, sin embargo, es con el uso de la Escritura. Pedro no solo predicó el evangelio en el día de Pentecostés, sino que instó a los que oían a arrepentirse y presentarse públicamente para el bautismo del creyente. La invitación a arrepentirse incluía un llamamiento para la acción pública.

Cuarto, a él le preocupa que la invitación pública implica que los pecadores tienen un poder inherente para venir a Cristo, el cual ellos no tienen. Él argumenta contra la «autoconversión», al notar que aquellos que están muertos en sus delitos y pecados no pueden responder a la invitación (1 Cor. 2:14; Ef. 2:1).[38]

Lloyd-Jones no menciona que Dios usa la Palabra predicada para «dar» arrepentimiento y fe (Hech. 5:30-31; 11:18; Rom. 10:17). Lo que es normalmente imposible llega a ser posible mediante el poder sobrenatural de Dios. Así nos lo recuerda Leighton Ford:

> Si alguno siente que no puede dar una invitación para que un pecador venga a Cristo, debido a la incapacidad del hombre, ¡le recuerdo que Jesús invitó a un hombre cuya mano estaba paralizada a hacer lo que no podía hacer! «...Extiende tu mano...» Jesús ordenó (Mat. 12:13), y el hombre obedeció la orden ¡e hizo lo que no haría! Le recuerdo también que Jesús le dijo a un hombre muerto que hiciera algo que no podía hacer, ¡vivir! «...¡Lázaro, ven fuera!», Él ordenó (Juan 11:43), y Lázaro obedeció la voz de Jesús e hizo lo que no podía hacer.[39]

Durante el tiempo de la invitación, Dios habla a través del evangelizador, llamando al que está espiritualmente muerto a la vida (2 Cor. 5:20). Dios, no el hombre, resucita el alma.

Quinto, Lloyd-Jones afirma que la mayoría de los evangelizadores tratan de manipular al Espíritu Santo vía la invitación.[40] Lo que quiere decir Lloyd-Jones

---

[37] Ibíd., 273.
[38] Ibíd., 274.
[39] Leighton Ford, *The Christian Persuader* (Nueva York: Harper and Row, 1966), 120.
[40] Lloyd-Jones, *Preaching and Preachers*, 274-75.

con exactitud es confuso, puesto que no provee detalles. Es posible que esté diciendo que los evangelizadores a menudo logran que las personas caminen hacia el altar cuando el Espíritu Santo no está actuando. Ningún predicador decente del evangelio trataría de manipular a la audiencia o coaccionar al Espíritu Santo para que actuara en contra de Su voluntad. Como un embajador del Rey, él solo entrega el ultimátum del Rey y espera la respuesta.

Sexto, el Dr. Lloyd-Jones declara que muchas personas dan un paso al frente por razones egoístas, es decir, para ganar la aceptación de la familia, escapar al juicio y otras.[41] De nuevo, determinar el motivo de una persona para responder al llamado del evangelio es imposible, pero si el predicador da instrucciones precisas, en el momento de la invitación, puede estar seguro que su audiencia entiende con claridad lo que él les está pidiendo hacer y por qué. Otro paso preventivo es aconsejar a fondo a aquellos que han dado un paso al frente para verificar las razones por las cuales respondieron. El evangelio puede explicarse de nuevo, y desafiar *al que busca* a que se arrepienta y crea en Cristo.

Séptimo, Lloyd-Jones cree que las invitaciones públicas provocan que las personas piensen que caminar hacia el altar las salva.[42] Dado que las personas abrazan creencias erróneas, el evangelizador debe explicar, antes de la invitación, que dar el paso al frente no salva a nadie. Él tiene que explicar con más detalle que hacer esto es la expresión externa del arrepentimiento y la fe.

La octava crítica es que la invitación pública suplanta la obra del Espíritu Santo.[43] Previamente, Lloyd-Jones dijo que el evangelizador trata de manipular al Espíritu; ahora él sostiene que el evangelizador trata, mediante la invitación pública, de hacer la obra del Espíritu.

En realidad, el predicador y el Espíritu van de la mano en la evangelización, y a veces distinguir donde inicia uno y donde termina el otro es difícil. Ellos están unidos en una sola misión. Juntos exhortan, convencen, persuaden y llaman a las personas a Cristo. El apóstol Pablo dijo a Timoteo: «... el Señor

---

[41] Ibíd., 275.
[42] Ibíd., 276.
[43] Ibíd., 277.

estuvo conmigo [...] a fin de que por mí [...] todos los gentiles oyeran...» (2 Tim. 4:17, énfasis añadido). A los colosenses les escribió: «... nosotros proclamamos, amonestando a todos los hombres, y enseñando a todos los hombres con toda sabiduría, a fin de poder presentar a todo hombre perfecto en Cristo. Y con este fin también trabajo, esforzándome según *su poder que obra poderosamente en mí*» (Col. 1:28-29, énfasis añadido).

Juan el apóstol finaliza su libro con esta exhortación: «... el Espíritu y la esposa dicen: Ven...» (Apoc. 22:17). Sin duda, el evangelista ve su predicación del evangelio y el dar la invitación como un trabajo conjunto con el Espíritu. De manera lógica, C. E. Autrey deduce, «el evangelizador no está marginando al Espíritu Santo cuando él suplica al hacer una invitación, como tampoco lo hace cuando prepara y predica el sermón».[44]

Por último, Martyn Lloyd-Jones objeta que la invitación pública llama a los pecadores a «decidir» por Cristo.[45] Aquí el sostiene que nadie decide por Dios, dado que sus voluntades están en esclavitud.

Pero Dios hace responsables a los oyentes de responder al evangelio. El evangelista con urgencia manifiesta: «...Dios declara ahora a todos los hombres, en todas partes, que se arrepientan» (Hech. 17:30). Luego llama a los pecadores a obedecer el mandato y ser salvos. La responsabilidad por la salvación corresponde a los oyentes, no a Dios. ¡Ellos deben elegir! Stephen Olford hace la siguiente observación:

> No hay nada más emocionante en todo el mundo que emitir el llamado del evangelio y ver a los hombres y a las mujeres creer. La invitación que ofrece la salvación de Dios demanda un veredicto. El hombre nunca puede confrontar el evangelio del Señor Jesucristo y permanecer indiferente, apático o frío. Él tiene que decidir. Él tiene que responder a la revelación e invitación del evangelio. Si él cree es salvo; si él rechaza está perdido.[46]

---

[44] Autrey, *Basic Evangelism*, 128.
[45] Lloyd-Jones, *Preaching and Preachers*, 278.
[46] S. F. Olford, *The Christian Message for Contemporary Man* (Waco, TX: Word, 1972), 54.

Irónicamente, aunque Lloyd-Jones criticó a otros por dar una invitación, él mismo hacía un llamado. Al final de cada sermón, él instaba a sus oyentes a arrepentirse y creer el evangelio. Mientras que no los invitaba a que pasaran al frente, los exhortaba para que se reunieran con él en privado después del servicio o en su oficina la mañana siguiente, cuando él los guiaría personalmente a Cristo. Esta incongruencia es sorprendente. Como una vez lo comentó Billy Graham:

> Hemos notado que algunos que están contra las invitaciones públicas se toman muchas molestias para usar el llamado en la evangelización personal. Si está bien pedir a un solo pecador que se arrepienta y que reciba al Señor Jesucristo, ¿por qué no está bien pedirle a toda la audiencia que haga lo mismo?[47]

Una propuesta modesta para los calvinistas

Examinar el concepto del «llamado» ofrece una posible solución para los calvinistas que se oponen a la invitación. Los calvinistas creen en dos «llamamientos». El primero es el llamamiento «general», también conocido como «universal» o «externo». El segundo se designa como el llamamiento «específico» o «interno», también conocido como «eficaz». El llamamiento general puede identificarse con la invitación pública. Es una convocatoria para todos los pecadores a arrepentirse y creer en el Señor Jesucristo. Esta exhortación, dirigida a toda la audiencia, busca una respuesta inmediata. En el nombre de Dios, el predicador demanda una respuesta (Hech. 17:31). El llamamiento general puede ser, y con frecuencia es, resistido (Hech. 7:51; Luc. 18:18-24).

Si bien el llamamiento externo es la obra del evangelizador, el llamamiento interno es la obra del Espíritu (Juan 6:37, 44, 65). Él abre el corazón de los pecadores y los prepara y dispone para responder (Hech. 16:14). Este entendimiento de las dos clases de llamamiento debe animar al predica-

---

[47] B. Graham, *Biblical Invitations* (Minneapolis, MN: Billy Graham Evangelistic Association, n.f.), 18-19.

dor del evangelio. Jesús habló de los «muchos» que «son llamados» [vía el llamado general], pero «pocos» que «son escogidos» [vía el llamado eficaz] (Mat. 20:16, RVR1960).

Una vez que uno distingue entre los dos llamamientos, debe también reconocer que no todos los que responden al llamamiento externo serán regenerados. La parábola de los cuatro suelos es prueba de esto (Mar. 4:1-20), pero algunos ciertamente nacerán de nuevo en un instante. Thomas Watson escribió: «El llamamiento externo lleva a los hombres a una *profesión* de fe en Cristo, el llamamiento interno lleva a una *posesión* de Cristo».[48] El evangelizador predica el evangelio e insta a las personas al arrepentimiento, a la fe y a demostrar su deseo de hacerlo de manera pública, de preferencia a través del bautismo. Puesto que él no ve los corazones de aquellos que responden de manera externa, debe aceptar su profesión de fe como válida. En el día de Pentecostés, aquellos que prestaron atención a la exhortación de Pedro se pronunciaron públicamente por Cristo y se les dio la bienvenida de inmediato en la iglesia. Nosotros deberíamos hacer lo mismo.

Solo el tiempo revelará la veracidad del compromiso de uno con Cristo. En su momento, los que no muestren evidencia de conversión y permanezcan en su pecado pueden tratarse según los principios de la disciplina de la iglesia (Mat. 18:15-18).

Conclusión

Si bien una profesión pública de fe no es una garantía de la salvación, siempre acompaña a la salvación (Rom. 10:9-10). Por eso damos una invitación.

No llamamos a las personas a que sigan a Cristo por razones prácticas, sino porque deseamos sinceramente cumplir el modelo que se encuentra en los Evangelios y en Hechos. Por lo tanto, no eludamos dar una invitación debido a sus críticos o sus muchos abusos. Esforcémonos en emular a Cristo y los apóstoles al invitar a las personas a seguir los pasos del Señor.

---

[48] T. Watson, *Body of Divinity* (Londres: Banner of Truth, 1958), 153.

Si los predicadores calvinistas, así como otros de diferentes creencias teológicas, iniciaran a instar a sus oyentes a hacer una profesión pública de su fe, creo que el Espíritu Santo atraería a muchas más personas a Cristo bajo sus ministerios. ¿En realidad creemos que podemos mejorar el método del Nuevo Testamento de hacer el llamado a las personas para que vengan a Cristo?

Capítulo 10

Reflexiones sobre el determinismo y la libertad humana

JEREMY A. EVANS

Introducción

En una discusión sobre el problema del libre albedrío y la naturaleza de la salvación, en particular en un contexto cristiano, los participantes en la discusión necesitan claridad sobre el problema real que se les plantea. La cuestión no se refiere a la compatibilidad de la soberanía divina y la libertad humana, sino a que podamos encontrarle sentido a la noción que la libertad humana y el determinismo causal son compatibles. Los libertarios, es decir, las personas que no piensan que la libertad y el determinismo son compatibles, defienden el punto de vista que «algunas acciones humanas son elegidas y ejecutadas por el agente sin que haya condición suficiente o causa de la acción antes de la acción misma».[1] Para el libertarianismo, para que una persona sea

---

[1] W. Hasker, *Metaphysics: Constructing a Worldview* (Downer's Grove, IL: InterVarsity Press, 1983), 32. Véase también el excelente trabajo de R. Kane, *A Contemporary Introduction to Free Will* (Oxford,

libre, ciertas condiciones deben estar presentes, es decir, que las alternativas reales estén abiertas a la persona mientras delibera sobre un curso de acción, no hay ninguna coerción presente y la persona todavía se considera libre. El punto de vista libertario se enfoca en la persona (es decir, un agente personal) y toma con seriedad la noción que en la conexión de los eventos el agente es una causa que contribuye para ciertas cosas (no necesariamente todas) que suceden. La libertad libertaria sostiene que una persona es una causa, *hace* ciertas cosas, y no solo se somete a una serie de eventos. Por ejemplo, suponte que cuando regreso a visitar a mis amigos en Nueva Orleans me llevan a mi restaurante favorito en la ciudad. Delibero sobre lo que comeré y eventualmente escojo la pasta con pollo empanizado, como lo he hecho en ocasiones anteriores. Mientras delibero sobre ordenar la pasta, al menos tengo dos opciones: ordenar o no ordenar. Después de tomar *esa* decisión, surgen varias opciones (por ejemplo, si escojo no comer el pollo empanizado, entonces delibero sobre lo que en realidad comeré, quizás *Bagre Lafayette*). Este ejemplo ilustra (no a la perfección) el punto de vista libertario que para que la gente sea libre, verdaderas opciones deben estar abiertas a ellas como agentes.[2] Si las elecciones de las personas están determinadas por fuentes externas o internas, entonces ellas no pueden afirmar en ningún sentido que las elecciones fueron libres. Tanto los factores internos como los externos influyen en sus decisiones, pero no las determinan. Por lo tanto, los libertarios describen el determinismo causal y la libertad humana como incompatibles.

Los deterministas responden al problema del libre albedrío de manera diferente. En general, el determinismo afirma que para cada evento que sucede «hay eventos previos y circunstancias que son condiciones suficientes o causas, de modo que, dados estos eventos previos y circunstancias, es imposible que el evento no ocurra».[3] Si volvemos a mi deliberación en el

---

Inglaterra: Oxford University Press, 2005), 32-39.

  [2] Nota importante: esto no significa que las posibilidades alternativas se requieren para cada decisión que toma un agente. El libertarianismo toma con seriedad la noción que nuestras decisiones moldean nuestro carácter y generan una gama limitada de posibilidades cuando persistimos en determinados cursos en la toma de decisiones y la acción.

  [3] Véase Haskes, *Metaphysics*, 32. Véase también Kane, *Contemporary Introduction*, 12-23.

restaurante en Nueva Orleans, el determinista sostendrá que factores más allá de mi control gobiernan mi decisión para escoger o no escoger la pasta con pollo empanizado. Entonces, debido a un sinfín de causas psicológicas, deseos más fuertes u otros factores determinantes, mi decisión en el restaurante es causalmente necesaria. Entonces ¿cómo puede un compatibilista afirmar que mi decisión queda relegada por causas internas y externas, pero todavía soy libre de forma significativa? Robert Kane explica que en este punto el determinista preguntará a las personas qué quieren decir cuando expresan que las acciones o elecciones son libres, por ejemplo, libre de comer la pasta con pollo empanizado. Para los que sostienen el determinismo, la primera condición de la libertad es que yo soy libre para ordenar el pollo empanizado si tengo el poder o la capacidad para elegirlo, si quiero o decido hacerlo.[4] Ciertamente, la libertad requiere un poder o capacidad de elegir un curso de acción, o puede ser un poder que elijo no ejercer. La segunda condición para el entendimiento de un compatibilista sobre la libertad es que no hay limitaciones o impedimentos «que me previenen de hacer algo que quiero hacer».[5] Yo no sería libre de comer pollo empanizado si las circunstancias me impidieran hacerlo, por ejemplo, debido a las limitaciones de tiempo, nosotros no tuviéramos tiempo de trasladarnos hasta el restaurante, o si yo tuviera un ataque inesperado de parálisis o si el restaurante no estuviera abierto ese día. Mientras tenga la capacidad de comer pollo empanizado y ninguna limitación me prevenga de elegir el pollo empanizado, entonces, desde una perspectiva compatibilista, yo soy libre en cuanto a esa decisión.

¿Cómo este punto de vista de la libertad difiere de la explicación libertaria de la libertad que ya se mencionó? Primero, ninguna de estas dos condiciones estipula que las alternativas reales se requieren para que el agente sea libre. Si suponemos que el restaurante está abierto, que yo no sufro de parálisis o una agenda apretada de conferencias, y yo quiero comer pollo empanizado, entonces soy libre de hacerlo. Además, yo sigo siendo considerado libre en

---

[4] Véase Kane, *Contemporary Introduction*, 13.
[5] Ibíd.

el compatibilismo incluso si el pasado determina lo que yo haré o desearé. Entonces, aunque esta interpretación de la libertad humana afirma que el determinismo es verdad, no encuentra problema en señalar que la libertad humana es compatible con el determinismo. Por así decirlo, aunque mis deseos están más allá de mi control directo (en realidad, ellos me controlan), siguen siendo *mis* deseos. Con frecuencia, esta clase de libertad se denomina *libertad de inclinación*, donde yo puedo hacer lo que quiera pero no tengo poder sobre mis deseos. Soy libre, siempre y cuando no tenga impedimentos en ejercer estos deseos a través de las elecciones. Sin duda, esta vertiente del «compatibilismo» es una de muchas,[6] pero será el centro de la discusión en este capítulo, dado que domina el panorama del pensamiento teológico sobre el problema puesto ante nosotros.

¿Es el compatibilismo, o el determinismo teológico como algunos lo llaman, la mejor manera de entender el libre albedrío bíblica y filosóficamente? La respuesta calvinista es afirmativa, mientras que los libertarios están menos que convencidos. Este capítulo tiene la intención de proveer algunas consideraciones por las cuales es innecesario apoyar un punto de vista calvinista radical sobre la libertad humana, incluso cuando se toma con seriedad el problema del pecado. De nuevo, yo sostengo la completa soberanía de Dios, la cual es compatible con la libertad humana, y niego la declaración que el determinismo es compatible con la libertad humana.[7] La estructura de este ensayo no pretende hacer un extenso y elaborado argumento contra el calvinismo, sino ofrecer insumos para la reflexión sobre diversos asuntos, con la esperanza de proveer algunas nociones para futuras discusiones y referencias. Por lo tanto, este capítulo tiene el título «Reflexiones sobre el determinismo y la libertad humana».

---

[6]   El tipo de determinismo que sostiene que el libre albedrío y el determinismo son incompatibles se denomina a menudo «determinismo duro» o «fatalismo».

[7]   Este capítulo tiene previsto ofrecer una crítica y, al menos por ahora, deja a otros el argumentar a favor de las explicaciones libertarias de la libertad. Algunos trabajos dignos de leer incluyen H. McCann, *The Works of Agency: On Human Action, Will, and Responsibility* (Ithaca, NY: Cornell University Press, 1998); T. O'Connor, *Persons and Causes: The Metaphysics of Free Will* (Oxford, Inglaterra: Oxford University Press, 2000); R. Kane, *The Significance of Free Will* (Oxford, Inglaterra: Oxford University Press, 1998); y R. Clarke, *Libertarian Accounts of Free Will* (Oxford, Inglaterra: Oxford University Press, 2003).

Un breve tratado bíblico e histórico sobre el pecado y sus efectos

La mayoría de los cristianos afirma que el pecado de Adán alteró de forma drástica el curso de los eventos humanos; alteró la humanidad y el mundo natural. Una de las supuestas alteraciones ocurrió en la naturaleza de la acción humana, el problema del libre albedrío. En relación a la caída de Adán, los efectos del pecado sobre la acción humana deben recibir un atento examen, ¿está dentro de la capacidad de cada uno aceptar la oferta de salvación en Cristo, dado el cambio radical en el carácter humano y el ambiente? Al fin y al cabo, la Escritura describe a la humanidad después de la caída como espiritualmente muerta (Ef. 2:1) e incapaz de aceptar las cosas del Espíritu de Dios, las cuales se disciernen espiritualmente (1 Cor. 2:14). Además, los no creyentes están bajo el yugo de la esclavitud del pecado (Gál. 5:1), satisfaciendo los deseos de la carne (Gál. 5:16). Es comprensible que el pecado más grande es el rechazo de lo que Dios ha cumplido en Cristo *vía* Su pasión y resurrección (Mar. 3:28; 1 Juan 5:16-17). La Escritura categoriza este último pecado como imperdonable, dando lugar al juicio eterno (Rom. 6:23). En resumen, los seres humanos tienen necesidad de la gracia y la salvación.

Teniendo en cuenta este corto bosquejo de la condición humana, no sería difícil endosar el determinismo. La doctrina de la perversidad y universalidad del pecado[8] no se puede negar. «Todos nosotros nos descarriamos como ovejas, nos apartamos cada cual por su camino...» (Isa. 53:6). Leemos en Proverbios: «¿Quién puede decir: Yo he limpiado mi corazón, limpio estoy de mi pecado» (20:9). Considera la afirmación en Eclesiastés: «Ciertamente no hay hombre justo en la tierra que haga el bien y nunca peque» (7:20). En su sermón en el Areópago, el apóstol Pablo hizo un llamamiento universal a los pecadores para que vinieran al arrepentimiento: «Pero Dios, habiendo pasado por alto los tiempos de esta ignorancia, ahora manda a todos los hombres en todo lugar, que se arrepientan; por cuanto ha establecido un día en el cual juzgará al mundo con justicia, por aquel varón a quien designó,

---

[8]   Universal excepto para Cristo, por supuesto.

dando fe a todos con haberle levantado de los muertos» (Hech. 17:30-31, RVR1960). Tan graves son las consecuencias de la caída, que Jesús le dice a Nicodemo que a menos que uno sea «nacido del Espíritu» o «[nazca] de nuevo» no puede entrar al reino de Dios (Juan 3:5-8). Jesús habla incluso que somos esclavos del pecado: «...En verdad, en verdad os digo que todo el que comete pecado es esclavo del pecado; y el esclavo no queda en la casa para siempre; el hijo sí permanece para siempre. Así que, si el Hijo os *hace* libres, seréis realmente libres» (Juan 8:34-36, la letra cursiva es mía). Sin duda, mucho más se puede decir sobre el problema del pecado, pero ahora se prestará atención a las implicaciones del pecado sobre la capacidad de los seres humanos para elegir a Dios. En particular, ¿es la depravación humana tan destructiva en la mente y voluntad humanas que debemos afirmar una completa incapacidad para entender y aceptar a Jesús?[9]

Armado con la narrativa bíblica que describe a los seres humanos como egoístas y con necesidad de ser liberados de la esclavitud del pecado, Bruce Ware concluye:

> Es probable que el concepto bíblico más importante en relación a la cuestión de la libertad humana es la noción que nosotros los seres humanos realizamos nuestras elecciones y acciones a partir de lo que desean nuestros corazones. Es decir, lo que más queremos, lo que nuestras naturalezas nos inclinan con mayor intensidad a querer, esta es la fuente de la que fluye el raudal de nuestras elecciones y acciones.[10]

Considera las afirmaciones de Agustín en su influyente obra *Grace and Free Choice* [La gracia y la libre elección] (426 a.C.):

> Aunque está claro que una vez la gracia ha sido dada, nuestros buenos méritos también comienzan a existir, pero a través de esa gracia. Pues,

---

[9] El pecado denota un fracaso intelectual y volitivo; no es solo un asunto de la voluntad.

[10] B. Ware, *God's Greater Glory: The Exalted God of Scripture and the Christian Faith* (Wheaton, IL: Crossway Books, 2004), 79.

si la gracia es quitada y un ser humano cae, ya no está erguido, sino que se arroja de cabeza por su libre elección. Por tanto, incluso cuando un ser humano comienza a tener buenos méritos, no debe atribuírselos a sí mismo, sino a Dios.[11]

Cabe señalar que Agustín no afirma aquí que los afectos de la humanidad están determinados por fuerzas mayores más allá de su control. Después en la misma obra, él afirma que es «cierto que nosotros deseamos cuando deseamos, pero Dios nos *causa* desear lo que es bueno» (16:32; la letra cursiva es mía), y dice, «pienso que he argumentado suficiente contra aquellos que con violencia atacan la gracia de Dios, la cual no destruye la voluntad humana, sino que la cambia de una mala voluntad a una buena voluntad, y una vez que es buena, la ayuda» (20.41). Asimismo, Agustín no solo sostiene que las personas de buena voluntad tienen una buena voluntad desde arriba, sino que implica que la voluntad de Dios también *controla* las voluntades de aquellos que hacen mal como bien. Aunque él escribe en *Grace and Free Will* (*La gracia y la libre elección*], «El Todopoderoso produce en los corazones de los seres humanos incluso el movimiento de sus voluntades para hacer a través de ellos lo que Él mismo quiere hacer a través de ellos, y Él absolutamente no puede querer nada injusto» (21.42), este sentimiento se basa en una declaración previa que Dios «hace lo que Él quiere incluso en los corazones de las personas malas, devolviéndoles, no obstante, según sus méritos» (21.42). Algunos ejemplos de Dios *causando* las malas voluntades (nota Agustín) son el endurecimiento del corazón de faraón y la traición de Judas (20.41).

Estas declaraciones previas son difíciles de reconciliar con los primeros trabajos de Agustín, donde parece enseñar que el movimiento voluntario de la voluntad se requiere para cualquier explicación significativa de la responsabilidad personal.[12] Parece que el término «voluntario» para Agustín significa el contenido de la voluntad de la persona que no está hecha a través de «alguna

---

[11] Véase Agustín, «Grace and Free Will» en *Answer to the Pelagians* IV, parte 1, vol. 26 (trad. en inglés R. Teske; Hyde Park, NY: New City Press, 1999).

[12] Véase su famosa obra *On Free Will*, en especial los libros 2 y 3.

violencia que lo obliga contra la voluntad de uno» o una «causa irresistible» (3.18). Ahora bien, Agustín después vio que si él aprueba una perspectiva de la libertad humana que es determinista, entonces ciertos resultados surgirán de este compromiso. En cuanto a la mente entenebrecida, Dios la ilumina para entender quién es Él y qué ha hecho en la persona y obra de Jesús. En cuanto a la voluntad, la iluminación de la mente capacita a la voluntad para elegir lo que es de verdad bueno (Dios), porque después que los humanos entienden lo que es de verdad bueno, y en la medida que ellos eligen según el bien percibido, entonces ellos eligen a Dios.

Juan Calvino, en su famosa obra *Institutes of the Christian Religion* [Institución de la religión cristiana], coincide con Agustín, y nota que en Adán todos los seres humanos perdieron sus capacidades originales y no pueden hacer nada bueno (2.2.1).[13] Como Calvino lo describe, los efectos del pecado son exhaustivos; nada queda del *imago Dei* (2.1.9), lo que incluye la libertad original con que Él dotó a Adán para que la usara de modo adecuado.[14] Aunque la naturaleza pecaminosa de las personas las compele a elegir todo y solo lo malo, ellas aun así pecan voluntariamente. En tanto la relación sea una que restringe la capacidad de los seres humanos y que no están obligados a escoger lo que eligen, entonces ellos son significativamente libres y moralmente responsables (2.3.5; 2.2.6). Como una explicación equivalente, Calvino argumenta que Dios mismo, siendo perfectamente bueno, no puede hacer nada sino lo bueno (Su naturaleza demanda que Él actúe solo de tal manera que es buena). De nuevo, las personas pueden ser moralmente alabadas o culpadas mientras que actúan libremente, donde la libertad se entiende como elegir según el más grande deseo de uno.[15]

---

[13] J. Calvin, *Institutes of the Christian Religion* (ed. J. McNeil; Filadelfia, PA: Westminter Press, 1960), 22.

[14] Esta declaración de la libertad original, que a menudo se argumenta como libertad libertaria, es controversial. Sin duda, algunos argumentan que el pecado de Adán fue determinado en la eternidad pasada por Dios, y que Dios causalmente produce el pecado en Adán al darle el deseo por pecar, así forzando la caída. Estoy en desacuerdo, pero reservo esta discusión para otro tiempo.

[15] Otro punto controversial es que Dios, bajo esta interpretación, está causalmente determinado que haga lo que hace. Es decir, Su naturaleza determina Sus deseos.

La gracia irresistible/el llamamiento eficaz: bíblica y lógicamente innecesarios

El compatibilismo clásico supone la idea que cuando Dios obra una gracia salvífica en los corazones de las personas, ellos vendrán a la fe en Jesús. Así lo afirma el lema, la regeneración precede a la fe. Esta relación tiene la intención de entenderse lógicamente, no temporalmente. Temporalmente, la relación causa y efecto ocurre simultáneamente; lógicamente, la regeneración ocurre antes de la fe. El mecanismo de la obra salvífica de Dios es el llamamiento interno al hombre, el cual es un llamamiento especial para los electos que despierta los dones de la fe y el arrepentimiento. Algunas veces este punto de vista se denomina el llamamiento eficaz, opuesto al llamamiento «externo» o «general» a todos para la fe y el arrepentimiento.[16] Según Calvino, el Espíritu Santo «hace que la Palabra predicada se arraigue en sus corazones».[17] La manera de la actividad de Dios en esta obra es irresistible, por consiguiente, a menudo denominada gracia irresistible. El famoso calvinista R. C. Sproul nota, «Nosotros no creemos para nacer de nuevo; nosotros nacemos de nuevo para creer».[18]

A simple vista, tal punto de vista parece tener fundamento bíblico. En Juan 6:44, Jesús declara que «nadie puede venir a mí si no lo trae el Padre que me envió…». Tradicionalmente, para consolidar este punto, la palabra «traer» es equiparada con ser «arrastrado» (*helkuō*). Sin duda, en algunos ejemplos, la palabra tiene este preciso significado (ver Sant. 2:6), pero en los asuntos de la salvación el cuadro no es tan claro. Santiago no está hablando de la salvación, sino del pecado de la parcialidad; por tanto, hay diferentes categorías con diferentes aplicaciones. Para aclarar el punto, Jesús, cuando habla de Su crucifixión, declara, «Y yo, si soy levantado de la tierra, atraeré (*helkuō*) a todos a mí mismo» (Juan 12:32). Este texto es sobre la obra salvífica de Cristo, la que cae en la misma categoría como se encuentra en Juan 6:44. La diferencia

---

[16] Que la referencia aquí es para el llamamiento general, más que el llamamiento ineficaz, es interesante. Como referencia en Calvino para esta distinción, véase *Institutes* 3.24.2.

[17] Véase Calvin, *Institutes* 3.24.8.

[18] R. C. Sproul, *Chosen by God* (Wheaton, IL: Tyndale, 1986), 72-73. Véase también su obra *Willing to Believe: The Controversy over Free Will* (Grand Rapids, MI: Baker Books, 1997).

entre Juan 6:44 y 12:32 no es el término *traer*, sino entenderlo como «ser arrastrado». Al extender la aplicación de la declaración de Jesús en 12:32, Él atrae a todas las personas a Él mismo, produce cristianos universalistas, pero esta conclusión no funciona con varios pasajes que indican que la mayoría de las personas no gozarán de la eterna bienaventuranza con Dios (Mat. 7:13).

> Richard Cross pregunta, «Supongamos que adoptamos... que no puede haber cooperación humana natural activa en la justificación. ¿Esta posición requiere que aceptemos que la gracia es irresistible?».[19] Cross nos brinda razones para pensar que no. Considera su ejemplo:

> Supongamos... que me despierto para descubrir que me encuentro viajando en una ambulancia. Supongamos también que, todo el tiempo que estoy consciente en la ambulancia, tengo la opción de no estar allí. Quizás puedo simplemente pedirle al chofer que pare y me deje salir. Si yo no hago esto, entonces no impido la acción que se me hace, ser llevado al hospital, o lo que sea. Pero, del mismo modo, que yo no contribuyo causalmente para esto, tampoco me opongo a los hechos (es decir, al no impedirlo). No impedir que x ocurra ¿equivale a querer o hacer que x ocurra? En general, no, dada la coherencia de la noción de un acto interior de la voluntad, porque dado esto es posible aceptar que hay muchas cosas que yo, por ejemplo, ni impido ni quiero, incluso en el caso que yo puedo impedirlas. Si yo no hago algo, permanezco en la ambulancia. Pero, sería extraño describir esto como un caso en que yo voy al hospital (como opuesto a que soy llevado allí).[20]

La analogía es clara y ciertamente se aplica a nuestra discusión. Los calvinistas radicales acapararon el mercado del monergismo que implicaba la gracia

---

[19] R. Cross, «Anti-Pelagianism and the Resistibility of Grace», en *Faith and Philosophy* 22:2 (2005): 204.

[20] Ibíd., 207. Ken Keathley usa la analogía de Cross en su excelente obra *Salvation and the Sovereignty of God: A Molinist Approach* (Nashville, TN: B&H Academic, 2010). Además, Keathley ofrece un trato bíblico mucho más extenso de los conceptos utilizados que lo que hace Cross, lo que es un recurso invaluable para los teólogos que no son de una inclinación filosófica. Yo recomiendo este trabajo.

irresistible, pero el modelo de Cross ofrece una explicación del monergismo y la gracia resistible. De este modo, soluciona muchas de las preocupaciones tradicionalmente atribuidas al sinergismo. Si la única contribución que los humanos hacen en la salvación es negativa, entonces esta contribución apenas puede considerarse un acto digno de alabanza, en realidad, entorpece la actividad de Dios de traer a los humanos a una relación correcta con Él. Más bien, los creyentes no reciben ningún crédito personal, porque en y a través de la obra de Dios, las personas vienen al arrepentimiento y la fe.

Como ya se ha indicado, la explicación libertaria de la libertad requiere que la responsabilidad final descanse en el agente de alguna manera y que, moralmente, esta requiere que en algún punto el agente tenga dentro de su capacidad elegir otra cosa. Esta descripción de la gracia salvífica implica que la única contribución que la persona hace no es de condición personal positiva, como sostienen vertientes del pelagianismo y semipelagianismo. Ciertamente, la obra hecha en la salvación es causada por Dios (Ef. 2:8-9) y no resulta del individuo «que se empuja hacia arriba por su propio impulso». La fe del creyente es un don dado gratuitamente desde arriba y no reside en ninguna capacidad natural de la persona (Fil. 1:28-29). Creer el monergismo y la gracia resistible también ayuda a explicar cómo Dios no quiere que nadie perezca (1 Tim. 2:3). Por último, se tiene un orden de eventos más prometedor. Antes que decir que una nueva vida lleva a una fe salvífica, una fe salvífica trae nueva vida. Jesús ofrece perdón de pecados a aquellos que creen en Él (Hech. 13:38); el que escucha las palabras de Cristo y cree pasa de muerte a vida (Juan 5:24). Observa que el versículo no dice «el que ha pasado de muerte a vida cree», sino «el que cree ha pasado de muerte a vida». El Nuevo Testamento está repleto con otros ejemplos donde la nueva vida se trae a partir de la fe (Juan 20:31; 1 Tim. 1:16). Basta con decir que, incluso cuando se cree en el monergismo, esto no implica bíblica o lógicamente que la gracia irresistible tenga que proceder.

El resto de este capítulo se enfocará en otras preocupaciones que rodean el sostener el compatibilismo clásico como un modelo viable del libre albedrío en el teísmo cristiano. El alcance de estas objeciones centra todo y únicamente

en los puntos de vista que reproducen ideológicamente los postulados que
se explicaron antes en los escritos de Agustín, Calvino y Edwards.

La objeción de la responsabilidad

De manera atractiva, el compatibilismo ofrece suficientes condiciones (o
causas) para explicar porqué un evento ocurre y no otro. Además, dado
que la causa de las elecciones de las personas se deriva de su carácter, esta
descripción de la libertad no socava la responsabilidad personal. Así que, la
pregunta importante es: «¿cuáles son las fuentes de estas condiciones suficientes?» Considera mi elección de la pasta con pollo empanizado. Todas
las condiciones para una acción responsable se cumplen. Nada me obligó
a elegir el pollo empanizado; yo lo ordené porque quería hacerlo. Según el
determinismo, justo antes de elegir el pollo empanizado, una serie de eventos
y circunstancias ocurrieron de manera que ellos garantizan mi elección del
pollo empanizado. Estos eventos y circunstancias son las «causas próximas»
de mi elección.[21] Mi deseo de comer pollo empanizado, unido a mi creencia
que podría comerlo, causó que lo eligiera. Entonces ¿de dónde viene este
deseo y esta creencia? Ambos son la consecuencia de causas *previas*, porque
«dado que *cada* evento, según el determinismo, tiene causas suficientes
previas, nosotros podemos trazar la cadena de causas hacia atrás hasta que
arribemos a un conjunto de eventos y circunstancias que juntos constituyen
una condición suficiente para la aparición de la causa *próxima*».[22] Al presionar
el concepto un paso más allá, todo esto ocurrió antes de que yo naciera, y en
cuanto al pecado, esto puede trazarse en nuestro linaje humano de regreso
hasta Adán.

Estas distinciones se hacen para tomar en consideración las implicaciones
de causalidad en la responsabilidad humana. Si fundamentar la responsabilidad moral en la causa próxima del evento parece suficiente, entonces los
deterministas han hecho un buen trabajo. Los deseos, los anhelos, los objetivos

---

[21] Véase Hasker, *Metaphysics*, 35.
[22] Ibíd.

o intenciones del agente explican la causa próxima de la acción. La preocupación es si el agente es responsable por la(s) causa(s) previa(s), no la *causa próxima*. El corolario moral entonces cambia de «¿es Judas responsable por su rechazo de Jesús» a «es Judas responsable por los eventos que determinaron su rechazo de Jesús?». Es difícil ver como Judas podría ser responsable por la causa previa, dado que él no existía cuando el lazo causal estaba siendo formado.[23] El acto de traición de Judas era causalmente necesario por las circunstancias conectadas a causas previas, para las cuales él no contribuyó en absoluto. Donde no hay contribución, no hay responsabilidad moral.

El mejor escenario que un determinista puede ofrecer es que el castigo llega a ser un eslabón en la cadena causal de la conducta humana, en efecto, llega a ser una causa previa de la formación de la intención y la elección futuras. Pero esta interpretación no ayuda para nuestra discusión sobre los asuntos de la salvación, porque el único futuro referente abierto para esta discusión es en la gloria, cuando los efectos de nuestras elecciones sean manifestados para juicio. Entonces, coincido con Robert Kane, que la responsabilidad final reside donde está la causa final.[24] Si yo nunca soy la fuerza original detrás de mis elecciones, entonces no soy responsable por el contenido de mis elecciones. En algún punto de la cadena causal, debo tener la libertad de oponerme a la causa (la capacidad de hacer lo contrario). Mi responsabilidad por mi condición volitiva presente puede ser el resultado de decisiones previas que he hecho, decisiones que formaron mi carácter que quizás redujeron la posibilidad de elegir de manera diferente en el curso de mi vida natural. Mis elecciones anteriores como una parte de la narrativa de la responsabilidad personal son importantes. Solo entonces pueden las causas previas llegar a estar conectadas con nuestras elecciones presentes (causas próximas), y la responsabilidad personal tiene sentido. Según Kane, siempre y cuando la decisión presente del agente tenga alguna base en una decisión libre previa, entonces las personas son, en definitiva, responsables por sus decisiones presentes.

---

[23] Ibíd.

[24] Véase R. Kane, *The Significance of Free Will* (Oxford, Inglaterra: Oxford University Press, 1998), 35.

La objeción del vacío

¿Hay alguna evidencia que los humanos siempre eligen según sus más grandes deseos como lo declaran los calvinistas? Algunos pasajes de la Escritura indican lo contrario. Pablo señala: «No entiendo lo que me pasa, pues *no hago lo que quiero*, sino lo que aborrezco», y «yo sé que en mí, es decir, en mi naturaleza pecaminosa, nada bueno habita. Aunque *deseo hacer lo bueno*, no soy capaz de hacerlo» (Rom: 7:15, 18, NVI). Uno podría afirmar que este pasaje es sobre la santificación de Pablo y no sobre su salvación, ya que él ya era salvo. Pero, este argumento no aborda el meollo de la cuestión. La afirmación del calvinista radical gira en torno a la noción del determinismo psicológico completo, que los humanos *siempre* dan curso a sus deseos o motivos más fuertes. De otra manera, no hay razón suficiente para explicar por qué se elige un curso de acción y no otro. La respuesta normal para esta preocupación es que los humanos interpretan erróneamente cual es en realidad su más grande deseo o motivo. En cuanto a los deseos de Pablo, los compatibilistas tienen dos posibilidades. La primera, ellos pueden permanecer fieles a su posición y explicar la elección de Pablo contra lo que él quiere, como el malentendido de Pablo de cuál era en realidad su deseo más fuerte. En lugar de tomar cuando Pablo dice «deseo hacer lo bueno», él debió haber querido decir, «pero yo tengo un mayor deseo por otra cosa». Es evidente, sin embargo, que la Escritura no hace esta declaración sino que provee la opuesta; él hace las cosas que aborrece.

Además, esta propuesta reduce al motivo más fuerte como el motivo que lleva a la acción, lo que resulta en la afirmación trivial que nosotros «siempre actuamos según el motivo que nos impulsa».[25] No solo esta propuesta no aclara nada, sino que hace que surjan más preguntas. Ningún elemento de esta discusión ha sido reducido a proposiciones obvias sobre la voluntad y la acción humana, sino que los calvinistas radicales hacen este movimiento; el determinismo se convierte en una verdad racional, comparable con «todos los solteros son hombres no casados». Estipular que el motivo más fuerte gobierna la acción es muy diferente a demostrarlo.

---

[25]   Hasker, *Metaphysics*, 44.

La segunda posibilidad para el compatibilista (a la cual no le presto mucha atención) es cambiar los puntos de vista sobre el albedrío a mitad del camino y argumentar que, después de la salvación, Dios obra (sinergismo) nuestras voluntades en la santificación, pero no controla causalmente nuestras voluntades. Ejemplos como Romanos 7 pueden bastar para tal afirmación; que los factores internos y externos influyen en las decisiones de las personas sin determinarlas. La experiencia también da razones para hacer esta afirmación. Aunque la justificación está completa en Cristo, los humanos continúan ocupándose en su salvación con temor y temblor (Fil. 2:12). Los humanos continúan pecando, aunque ya no están bajo la maldición del pecado. Sin embargo, acompañado con este cambio en el albedrío, están todos los problemas que se supone lo contaminan. Los mismos compatibilistas que argumentan que la libertad libertaria no presenta una causa o razón suficiente ahora deben proveer una respuesta a sus propias objeciones. Además, si ellos explican cómo elegir entre cursos alternativos de acción, entonces ellos han debilitado su declaración anterior que no hay razón(es) para que la voluntad humana exista en un constructo libertario. Yo espero, con impaciencia, su contribución para nuestra discusión sobre la santificación.

¿El Dios Autosuficiente?

Dios es digno de adoración. Él es autosuficiente, que existe por sí mismo, y es Creador de todo ser contingente. Al trino Dios no le falta nada y no requiere de otro para satisfacer o explicar la plenitud de Su ser. En realidad, la Trinidad tiene a su disposición gran poder que explica *cómo* Dios puede entenderse como autosuficiente e independiente. Antes de la creación, la Trinidad ejemplificó una unidad de voluntad y propósito, bondad e incluso justicia de un miembro al otro. Estas propiedades relacionales se expresaron con perfección y no dependieron de ningún otro para manifestarse en Su naturaleza. Nuestro compromiso con la declaración que Dios es autosuficiente no puede hacer concesiones. Sin embargo, según James Beilby, la afirmación calvinista que el propósito fundamental de Dios en la creación es «demostrar Su gloria» parece «que implica que Dios tiene un 'otro' a quien debe demostrar Su gloria».[26] Como observa Beilby, si esta relación es el caso, entonces Dios es dependiente en algún sentido «de este *otro* para la demostración de Su gloria, e irónicamente, menos soberano que en una teología donde la demostración de la gloria de Dios es menos central».[27] El corazón del problema es que esta dependencia relacional no solo socava la declaración que el calvinismo adecuadamente explica sobre lo que significa la soberanía y la gloria de Dios, sino también amenaza una creencia teológica esencial: la aseidad de Dios (que existe por sí mismo).

Beilby distingue dos tipos de aseidad. El primer tipo es una aseidad ontológica, la cual afirma que «Dios no tiene causa, no tiene inicio, no es dependiente de persona externa, principio o realidad metafísica para su existencia».[28] El segundo tipo de aseidad es la aseidad psicológica; no hay falta o necesidad en Dios. Dios está «completamente satisfecho consigo mismo, no necesita nada fuera de Sí mismo para estar feliz o complacido».[29]

Hacer esta distinción pone de manifiesto lo que es de verdad ventajoso para la teología trinitaria. Teniendo en cuenta a la Trinidad, Dios no necesitaba de la creación para satisfacer alguna cosa que le faltara (aseidad psicológica). Sin la creación, el Padre, el Hijo y el Espíritu Santo mantenían una unidad relacional que era perfecta no solo en bondad, sino también en justicia. La justicia debe mencionarse porque mucho puede decirse de la idea que los humanos son «recipientes de la ira» y que para dar a conocer la plenitud de las propiedades de Dios requiere que Él manifieste Su misericordia y Su ira. Pero, esta sugerencia interpreta mal lo que la Escritura quiere decir con la ira de Dios. La ira no es una de las propiedades de Dios; la justicia lo es. La ira es solo una manifestación de lo que la justicia demanda. Si los humanos libremente rechazan a Jesús, entonces la ira de Dios cae directamente sobre ellos (Juan 6:33); pero Dios no tiene necesidad de ejemplificar Su ira para

---

[26]   J. Beilby, «Divine Aseity, Divine Freedom: A Conceptual Problem for Edwardsian-Calvinism», *en Journal of the Evangelical Theological Society* 47/4 (diciembre de 2004): 647.

[27]   Ibíd., 647, la letra cursiva es mía.

[28]   Ibíd., 648.

[29]   Ibíd.

que Él sea perfectamente justo. La justicia existió en la Trinidad antes de la creación; así que Dios no necesita a ningún humano para estar completamente satisfecho en Su justicia.

Pero, otro problema persiste después de refutar que Dios está satisfecho consigo mismo. Si Dios necesita de la creación para ejemplificar estas propiedades, entonces los humanos pueden cuestionar con toda razón si Dios era libre en Su acto de creación. La aseidad divina lógicamente requiere que la elección de Dios para crear el mundo fuera libre. Pero, discernir cómo Dios puede ser libre para crear o no crear es difícil si suponemos que *en crear* Él se proponía traer gloria para Sí mismo, un cometido que no podía lograr sin la creación.[30] Beilby con razón nota que no existe tensión entre la aseidad divina y *nuestro* propósito en la creación de darle gloria a Dios, o incluso para Dios ser glorificado por Su creación.[31] Cada uno de estos conceptos es correcto. La gloria de Dios era completa sin la creación; nada que ocurre en la creación puede añadir o quitar a Su perfección y santidad. Él no gana gloria cuando es alabado, Su gloria se *reconoce* en la alabanza. Los humanos deberían esperar lo mismo cuando reconocen que su fin principal en la vida es conocer y disfrutar a Dios. Ciertamente, una tensión existe entre «la aseidad y la afirmación que el propósito de *Dios* al crear fue traer gloria para Sí mismo».[32]

El aspecto más apremiante de este asunto se refiere a la libertad de Dios. Considera la discusión previa sobre la aseidad psicológica de Dios. Esta requiere que la decisión de Dios para crear debe ser libre de factores determinantes internos o externos. Dada la condición de Dios como el único ser que existe en Sí mismo, establecer alguna causa externa que pueda determinar Su acto de creación sería difícil. Determinar los factores internos requiere entender que la plenitud y la perfección del ser de Dios admitiría que algo está siendo satisfecho en Él cuando crea el mundo. Beilby correctamente señala; «si la creación era internamente necesaria, entonces la naturaleza de Dios sería tal que Él necesitaba crear el mundo para ser quien era. Por

---

[30] Ibíd., 649.
[31] Ibíd.
[32] Ibíd.

implicación, mientras Dios tiene la capacidad de crear, ser un creador ni es una de Sus propiedades esenciales ni es generada por ninguna de Sus propiedades esenciales».[33]

A estas alturas simplemente no puede afirmarse que Dios tiene el tipo de libertad compatibilista que se mencionó en esta discusión. Si Dios elige según Su más grande deseo, y algo en Su naturaleza determina que Su más grande deseo es comunicar Su gloria, entonces la revelación de la gloria de Dios en la creación está internamente determinada, y Su autosuficiencia se socava otra vez. Por extensión lógica, si el acto de creación es necesario, entonces cada situación en la creación es también necesario.[34] Estas preocupaciones son más que un fastidio; ellas desafían el concepto de la perfección de Dios. Pero hay otras repercusiones que merecen consideración.

Sobre el principio del ser y deber ser y el mejor mundo posible

Algo ha salido mal en la creación. Pecar significa errar el tiro, no alcanzar la perfección o no cumplir una obligación. En términos bíblicos, el pecado engaña (Heb. 3:13), lo que indica que la mente humana no es como debería ser. También se describe como hacer lo que está moralmente incorrecto (Sal. 51:4); los humanos no hacen las cosas que *debieran* hacer (Rom. 7). El pecado no es solo una condición que tienen los humanos; es algo que hacen los humanos, y *de facto* implica un fracaso de su parte en cumplir una norma de evaluación. El pecado indica que el mundo no es como debería ser.

El énfasis descansa en las palabras *debería* y *debe* porque son términos normativos; no solo describen eventos; y esta distinción plantea un problema interesante para la *perspectiva reformada* de la voluntad. Para indicar el problema de manera concisa, cualquier persona que quiera conceder a Dios el tipo de soberanía propuesto por el calvinismo radical, lo cual es una explicación causal de la voluntad y acción humanas, pero quiere decir que el mundo no

---

[33] Ibíd.
[34] Sobre este punto véase T. Flint, *Divine Providence: The Molinist Account* (Ithaca, NY: Cornell University Press, 1998), 28-30.

es como debería ser (pecado) está con la enorme dificultad de explicar cómo puede hacer estas afirmaciones en conjunto la una con la otra.[35] Para evitar asuntos menos cruciales, enfoquémonos en el rechazo a Dios. Como ya se ha señalado, la condición del hombre caído es una de separación de Dios. Además, igual que Agustín, Calvino y Edwards afirman que sin la asistencia de Dios, los seres humanos son incapaces de llegar a aceptar a Jesús como Señor y Salvador. Teniendo en cuenta su compromiso con la gracia irresistible, la única conclusión viable para ellos sobre porqué las personas rechazan a Cristo es que Dios eligió no operar una gracia salvífica en sus corazones.

¿Por qué Dios no operó una gracia salvífica en sus corazones? Sin duda, los calvinistas por lo general posponen la distinción entre la voluntad soberana y la voluntad moral de Dios, y postulan que los seres humanos pueden conocer solo la voluntad moral de Dios; los principios de la Escritura que gobiernan nuestro bienestar moral, y los mandamientos pronunciados para producir acciones de valor positivo moral. La voluntad soberana de Dios sigue siendo un misterio. Por qué Él elige unos para salvación y no otros es un misterio. Pero esta propuesta plantea un punto interesante. Con base en la Biblia, el rechazo a Dios es un fracaso moral, y las condiciones bajo las cuales los seres humanos enmiendan las cosas con Él se cumplen en Jesús. Ninguna de estas ideas es misteriosa. Un argumento que podría plantearse es que como los seres humanos están muertos en Adán, Dios no causó el rechazo de los humanos *per se*, y cualquier acto de gracia de Su parte (incluso en una persona) muestra Su misericordia. Además, Dios no tiene ninguna obligación de salvar a nadie, ni tampoco la gratuidad de Su obra salvífica.

Quizás estas afirmaciones tendrían mérito si solo Dios fuera libre. Cuando Agustín, Calvino y Edwards propusieron que las obras de Dios eran por necesidad, las implicaciones van más allá de Su acto determinado de creación, ya que también deben aplicarse a las personas que Él eligió regenerar para la fe. Que Dios no tiene la obligación de salvar no es el punto. Que Dios no podría haber elegido de otra manera *es* el punto. Sobre esto, Thomas Flint

---

[35] Yo estoy en deuda con mi buen amigo John Ross Churchill por sus reflexiones invaluables en esta discusión.

ofrece una propuesta útil, que cuando los humanos niegan que Dios tiene libertad libertaria, y Él crea porque debe hacerlo, entonces el mundo humano es el único mundo posible. Por tanto, los contrastes entre contingencia y necesidad quedan absueltos, y junto con esto, la gracia de Su creación y nuestra existencia.[36]

El segundo punto tiene que ver con el primero, pero se centra en la discusión sobre los mejores mundos posibles (en adelante MMP). Mucho podría decirse sobre los MMP, pero en general, de la gama de mundos posibles disponibles para Dios antes de que Él creara, uno de los mundos es el mejor. El punto de vista calvinista radical afirma que el mundo presente es el MMP. Como lo han mostrado los escritos de Agustín y Calvino, la participación de Dios en los eventos del mundo es un resultado directo de Su deseo de que estos sean exactamente como son; la salvación de Pedro y no de Judas se deriva de forma unilateral del decreto y control causal de Dios. Además, cada último detalle del universo hace al cosmos exactamente como Dios pretendía que fuera. Si la soberanía de Dios y el control se toman como exhaustivos, este mundo no puede ser otra cosa que el MMP; cualquier otro mundo indicaría que Dios actuó de manera que manifiesta Sus atributos con deficiencia. Entonces, aunque puede ser concebible una gama de mundos que Dios podría haber creado, Él está moralmente constreñido a crear el mejor. Es más, si cada detalle de la creación conforma el retrato del MMP, entonces cualquier cambio significaría menos que lo mejor. Si esta propuesta es el caso, entonces es difícil determinar cómo los calvinistas radicales pueden afirmar que ciertas cosas que son, no deben ser, lo que incluye el pecado. Si la providencia de Dios gobierna causalmente hasta el último detalle (como insisten los calvinistas radicales), y afirmamos que el mundo no es como debiera ser (que conceptualmente implica el pecado, y en este caso el rechazo a Jesús), entonces estamos aseverando que Dios no debería haber causado que el mundo fuera como es. De nuevo, estas ideas no son misteriosas, sino contradictorias.

---

[36] Véase Flint, *Divine Providence and Human Freedom*, 26-30. Una persona que da de gracia, o gratis, da de la abundancia, no por necesidad. El término «gratuito», o de gracia, denota *dar sin causa*; sin causa no significa «sin razón» sino «sin necesidad».

Una preocupación sobre el problema del MMP aún permanece. Suponte que uno argumenta, de acuerdo con Efesios 1 y Romanos 9, que la dirección de Dios del curso de los eventos humanos exactamente como lo hace es buena porque esa dirección manifiesta todos los aspectos de Su gloria, incluyendo Su ira. Esta dirección no puede evitar los problemas del MMP discutidos en la sección anterior. Si es mejor para que la ira se manifieste y si el pecado es una condición necesaria para la ira, entonces el pecado debería estar en el MMP. Si uno niega que un mejor mundo posible existe, esta preocupación aún no desaparece. Incluso si es bueno para la ira de Dios que se manifieste, y el pecado es necesario para la ira, el pecado debe estar en el mundo, aunque no sea el MMP. Incluso si uno pudiera demostrar que ninguna contradicción explícita ha ocurrido, las relaciones que se afirman al mismo tiempo aquí son, como mínimo, raras.

Los actos del habla y el calvinismo[37]

La orden previa en el sermón de Pablo en el Areópago requiere un examen más detenido: «Pero Dios, habiendo pasado por alto los tiempos de esta ignorancia, ahora *manda* a todos los hombres en todo lugar, que se arrepientan; por cuanto ha establecido un día en el cual juzgará al mundo con justicia, por aquel varón a quien designó, dando fe a todos con haberle levantado de los muertos» (Hech. 17:30-31, RVR1960, la letra cursiva es mía). Al examinar este pasaje, una buena pregunta para hacer es: «¿Cuál es la relación entre la voluntad de Dios y sus mandatos?». Sin duda, Él ha mandado a los seres humanos que se arrepientan, que deben moverse de su condición de incredulidad a una de fe (Heb. 11:6). Sin embargo, esto plantea una interesante pregunta para el calvinista: Si Dios ha querido pasar por alto a muchos de los perdidos para darles la capacidad de creer, ¿qué sentido puede tener Su *mandato* de arrepentirse y creer, en particular *sabiendo* que Él no los ha capacitado para creer? Anteriormente, esta discusión se centró en el principio del ser y deber

---

[37] El asunto en esta sección será necesariamente más técnico que en las secciones anteriores.

ser. Las personas con razón se preguntan como pueden ser responsables por algo que no pueden hacer (deber implica poder). Esta sección prestará atención a los problemas que se relacionan con el discurso divino, en particular, las implicaciones del calvinismo en los actos del habla.

Para llevar a cabo esta tarea, debe entenderse lo que propone la teoría de los actos del habla. En general, el discurso entre las personas implica más que palabras; también implica acciones (o acciones previstas) incorporadas dentro del contenido de las palabras. A través del habla las personas pueden informar, ordenar, persuadir o hacer un sinnúmero de cosas. Pertinente a esta discusión sobre los imperativos bíblicos está el darse cuenta que lo que Dios manda debe tener una conexión lógica con lo que Él pretende lograr a través de Su acto de mandar, así creando una dificultad para los puntos de vista reformados sobre la voluntad. En el correcto acto del habla, un acto perlocutivo y un ilocutivo varían. Aunque la discusión está matizada, el acto ilocutivo se tratará como la intención del hablante que se revela en su discurso, y el acto perlocutivo como el efecto o efecto esperado del discurso en el hablante y/o los oyentes.[38]

Con esto en mente, considera los mandatos que Dios hace de arrepentirse y creer. Si Dios ha «soplado» las palabras de la Escritura para revelar Su plan de salvación, entonces es razonable creer que Él tiene la intención que cada uno de estos mandatos genere una acción de condición moralmente positiva para aquel a quien el mandato está dirigido, Él tenía la intención de mandar a los seres humanos que se arrepientan. Las personas usan órdenes para motivar a otras a actuar, en particular lo que ellas no van a hacer, sino lo que deberían estar haciendo. Lucas con claridad declara que Dios ha mandado a *todos* que se arrepientan. ¿Para quién es este mandato moralmente obligatorio? Bíblicamente, la respuesta es todos. Pero, cuando se sigue la línea de pensamiento afín al calvinismo, cada último detalle de la creación manifiesta los propósitos y el control soberano de Dios, incluyendo la condenación de

---

[38] Véase la famosa obra de J. L. Austin, *How to Do Things with Words* (Londres: Oxford University Press, 1962), 101-3.

algunos para Su beneplácito.[39]¿Cómo, entonces, deben entender los seres humanos los imperativos citados con anterioridad, donde parece que Dios ha ordenado algo (arrepentimiento y fe de parte de todos) que Él no ha deseado? La única propuesta viable es que hay una brecha que separa los mandatos de Dios de Su voluntad, y los seres humanos son moralmente responsables por el contenido de la voluntad de Dios y no por el de Sus mandatos.

¿Cuáles son las razones para esta afirmación? La ilocución es la intención del hablante al efectuar un acto del habla. Cuando Dios manda arrepentirse, Él tiene el propósito de hablar la verdad sobre la necesidad de las personas que vuelvan sus corazones hacia Él. Pero, es evidente que este volverse implica algo más por parte de las personas que solo un asentimiento mental; implica un cambio completo en la perspectiva del significado real de la vida. Amar a Dios significa aborrecer lo que es malo, colocándolo a Él en un sitio de gran estima (percolución). Considera cómo se aplica esto a nuestra discusión anterior sobre los llamamientos general y especial de Dios. El llamamiento general, como ya se discutió, se da a todo oyente del evangelio, pero el llamamiento especial es un llamado interno dirigido solo a los electos. En esencia, el mensaje, aunque con dos distintas ilocuciones (intención contenida en el enunciado) divinas, es el mismo. Si Dios elige a algunos para salvación, entonces Él no tiene planeado que Su discurso cambie el estatus moral de las personas no electas ante Él. Según el calvinismo, Dios elige a algunos para salvación. Por lo tanto, Dios no tiene planeado que Su discurso cambie el estatus moral de las personas no electas ante Él.

Imagínate una cruzada de evangelización en la década de 1970, donde Billy Graham se presenta ante 50 000 personas, reunidas en el Estadio *Shea* en Nueva York. Suponte que 5000 personas reciben un llamamiento especial y 45 000 reciben un llamamiento general. El mensaje entregado es el mismo en contenido (quizás Juan 3:16); la única diferencia era cómo Dios planeaba que cada uno de los oyentes entendiera lo que fue dicho. De este ejemplo se desprenden las implicaciones sobre la perlocución divina. Dios tenía la

---

[39]   Véase Calvin, *Institutes*, 3.21.7.

intención que los electos fueran iluminados para salvación, para los no electos Él no tenía la intención de efectuar una obra transformadora en sus vidas. Se recibió un mismo mensaje, pero dos perlocuciones divinas.

Esta conclusión sobre la ilocución de los mandatos divinos es sumamente problemática, porque si Dios ordena para informar a los seres humanos y dirigir sus pasos lejos de las acciones y pensamientos pecaminosos, entonces, como es de esperar, Él tiene la intención de mandar a los seres humanos con el propósito de cambio. No solo este postulado no es verdad para el calvinismo; es igualmente verdad que Dios hace responsables a las personas por patrones de acción y pensamiento que Él nunca tuvo la intención de corregirlos mediante Su mandato. Ciertamente, si Dios conocía que no había elegido a muchos, entonces Su intención en la ilocución para los no electos no sería para un curso de acción correctivo. Si los mandatos divinos no tienen la intención de corregir un curso de acción y pensamiento, entonces, los no electos no están obligados moralmente a ese curso de acción (Dios nunca tuvo la intención que ellos cambiaran su estatus).

Problemas similares aquejan la perlocución del discurso divino. J. L. Austin y John Searle pensaron que existe una correlación entre la ilocución y la perlocución; es decir, la intención del hablante en el discurso y el efecto deseado o previsto del discurso en el oyente, en particular en los casos donde el lenguaje es directivo (imperativo) en naturaleza y no sugerente (que puede incluir elementos de persuasión, pero nada que se asemeje a la fuerza de un mandato). Pero hay buenas razones para cuestionar la viabilidad de esta relación. Si las intenciones de Dios en el discurso no pueden conectarse con el efecto previsto del enunciado, entonces elaborar una explicación sólida de obligación moral se vuelve excepcionalmente difícil. Recuerda, el problema aquí atañe a la elección, no a la voluntad permisiva de Dios, la cual no eludiría el hecho que el rechazo a Dios (un fracaso moral) es la fuente de todos los demás fracasos *morales*.

Sin duda, los pensamientos en esta sección no están plenamente cubiertos como se desea, una explicación más completa va más allá de los límites de espacio de este artículo. Los frutos de esta preocupación son en especial útiles en diversas áreas. La mayoría de los calvinistas usan la teoría de los actos del habla para fundamentar su explicación de que la Palabra se origina en Dios, en particular aquellos que sostienen una teoría verbal y plenaria de que la Palabra se origina en Dios. Uno podría objetar a la propuesta al modificar el modelo del discurso divino, por ejemplo, de los actos del habla al expresionismo, pero tal movimiento sería insensato. Socavaría el modelo más provechoso del discurso disponible y desharía la mayoría de explicaciones de cómo los seres humanos tienen la Palabra que se origina en Dios. Aquí el modelo predominante de los teóricos reformados se ha usado, por lo que el fundamento de su investigación no es *ad hoc*. En esta sección la relación entre la intención de Dios al hablar y el efecto deseado en Su discurso está abierto a la discusión, en particular en lo que concierne a la doctrina de la elección. Elementos de esta preocupación relacionados con esta doctrina no se han abordado adecuadamente.[40]

Este ensayo tiene por objetivo recabar las preocupaciones sobre los puntos de vista reformados respecto a la voluntad y proveer insumos para la reflexión sobre por qué deberían ser reconsiderados. Un modelo positivo del discurso divino espera a los teóricos no reformados, y me estoy absteniendo de arribar al libertarianismo, solo porque la teología reformada es insuficiente para explicar la voluntad y acción humanas. Un modelo positivo debe facilitarse para el modelo libertario, pero esta tarea se quedará para otro tiempo. Basta con decir que si el modelo monergista de Richard Cross y la gracia resistible se toman en consideración, entonces el problema en el discurso divino es, a primera vista, menos apremiante. Cuando Billy Graham predica en el Estadio *Shea*, el llamado de Dios es a todas las personas por igual, entonces el problema de los llamamientos general y especial no tiene asidero. Ninguna sutileza se requiere entre la ilocución y la perlocución. Dios tiene la intención de mandar a los oyentes que se arrepientan, causando un cambio completo en el corazón del oyente hacia el mensaje salvífico de nuestro Señor Jesús.

---

[40] Véase K. Vanhoozer, *God, Scripture, and Hermeneutics* (Downers Grove, IL: InterVarsity Press, 2002); y Vanhoozer, *Is There Meaning in This Text?* (Grand Rapids, MI: Zondervan, 1998). Véase también N. Wolterstorff, *Divine Discourse: Philosophical Reflections on the Claim that God Speaks* (Cambridge, Reino Unido: Cambridge University Press, 1995).

Conclusión

Los temas abordados en este capítulo son importantes, y sin duda este trabajo no será el último sobre el tema en cuestión. Los creyentes sinceros que aman al Señor y lo sirven con diligencia pueden encontrarse a ambos lados del pasillo (o caminando en medio del pasillo). No podemos perder nuestro rumbo en temas de importancia primaria. Cuando se trata del calvinismo, la discusión es interna (dentro de la iglesia); los creyentes deben considerar estos temas porque incluso una lectura rápida de la Palabra de Dios suscita las cuestiones discutidas aquí. Pasajes como el endurecimiento del corazón de faraón o conceptos como la predestinación y la elección no pueden eludirse. Todos estos, y más, permean la Escritura y buscan explicaciones. Por diversas razones, esta discusión es interna. La primera, las personas que no son de la fe no solo están por lo general desinteresadas en cuanto a este asunto, sino que con facilidad lo pueden percibir como otro ejemplo de división y rencilla cristiana. Tratar de descubrir los asuntos más profundos de la Escritura no deben llevar a olvidar los mandatos primarios en ellos, en particular amar a Dios y al prójimo (Mat. 22:37). Los asuntos difíciles, ya sean personales o intelectuales, deben tratarse con amor, pero deben tratarse. Un planteamiento puede ser directo, pero debe ser motivado por amor. La segunda, esta discusión es para la iglesia porque se centra en *cómo Dios opera en la salvación*, no a través de quién Dios ha operado para proveer el medio necesario de nuestra salvación, Jesús. Cuando testificamos, la persona de Cristo debe considerarse como lo más importante. Nosotros levantamos Su sacrificio como el centro de nuestro mensaje y tenemos buenas razones para hacerlo. No tenemos que explicar el *mecanismo* de la salvación cuando testificamos, solo el *mensaje* de salvación a aquellos que no conocen a Jesús como su Salvador. Estas son preocupaciones prácticas, pero aun así preocupaciones.

Este capítulo ha tratado de proveer información útil en cuanto a la naturaleza de la acción humana y la riqueza y textura de este problema. No importa qué punto de vista sobre la libertad humana uno defienda, los problemas surgirán. En las teorías deterministas sobre la libertad humana, la relación de Dios con el pecado y el mal siempre emergerán. Los libertarios tienen sus propios demonios para expulsar, que incluye proveer un trato satisfactorio de los pasajes que los calvinistas aman citar y que, en apariencia, parecen apoyar su punto de vista.

Yo me moví de una perspectiva reformada en cuanto a la voluntad a una perspectiva libertaria durante mi tiempo como estudiante en el seminario. Curiosamente, el cambio no ocurrió debido a mis profesores; la mayoría de ellos eran sin duda calvinistas. Más bien, llegué a considerar el libertarianismo como la perspectiva que ofrecía problemas menos apremiantes al abarcar las áreas más importantes de investigación. Fue bastante difícil reconciliar el determinismo con una explicación coherente de la libertad humana e incluso más difícil entender cómo Dios, quien conoce que toda persona necesita un Salvador, no la capacitaría para aceptar la oferta de nueva vida en Cristo. Sentí que la transición intelectual lejos de Ginebra era necesaria para evitar lo que consideré que eran problemas mayores que los que enfrentan las perspectivas no reformadas en cuanto a la voluntad. Ken Keathley hace una excelente observación aquí en defensa del molinismo (una perspectiva libertaria de la libertad):

> Si los molinistas tienen que recurrir al misterio… ellos lo hacen con un mejor y más razonable argumento. Preferiría tener la dificultad molinista de no ser capaz de explicar cómo la omnisciencia de Dios opera que la dificultad calvinista de explicar cómo Dios no es el autor del pecado. En otras palabras, las dificultades del molinismo tratan con los atributos infinitos de Dios y no con Su santo y justo carácter.[41]

Este mismo sentir facilitó el ímpetu para mi viaje lejos de Ginebra.

---

[41] Véase K. Keathley, «A Molinist View of Election, or How to Be a Consistent Infralapsarian» en *Calvinism: A Southern Baptist Dialogue* (eds. E. Ray Clendenen y B. Waggoner; Nashville, TN: B&H Academic, 2008), 214.

Capítulo 11

El mal y la soberanía de Dios

Bruce A. Little

E n la clara mañana de otoño del 11 de septiembre de 2001, me encontraba ordenando mi oficina (en la cual me había instalado unos pocos días antes) cuando un boletín informativo llamó mi atención. Mi pequeño televisor de escritorio estaba sintonizado para ver el programa *Today Show* cuando una noticia de última hora anunciaba que un avión acababa de estrellarse en una de las Torres Gemelas del Centro Mundial de Comercio. A pesar de lo inquietante que era, parecía que el daño o amenaza inmediatos estaban limitados a aquellos en los alrededores del evento. Pronto, sin embargo, se hizo evidente que este choque no era un accidente de pequeña escala, sino un acto de terror premeditado que implicaba mucho más que las Torres Gemelas. Pasarían horas antes que la magnitud de la destrucción y el costo de vidas humanas asociado con este histórico evento se grabara en la memoria de los ciudadanos norteamericanos, al igual que en la del resto del mundo. En ese día, miles de vidas se perdieron y muchos miles más nunca serían los mismos. ¿Dónde estaba Dios? O ¿había un Dios presente, al menos el Dios de los cristianos?

Lo impensable había sucedido. Delante de los ojos de una nación estaba la realidad que el mal existe de manera concreta. La diplomacia y la tecnología no lo habían desterrado a lugares remotos. El evento sobresaltó los corazones de millones con un renovado sentido de finitud e impotencia humanas (aunque por poco tiempo) que resultó en una reacción intuitiva de clamar a Dios. De manera instintiva, las personas oraron y hablaron de Dios. Esta realidad una vez más hizo que surgiera el antiguo dilema: Si Dios es todopoderoso y toda bondad, ¿cómo pudo permitir tan horrenda maldad[1] en este mundo creado y sustentado por este Dios? Por una parte, hay una necesidad instintiva por Dios en esas ocasiones; pero, por otra parte, si Dios es bondadoso y todopoderoso, ¿cómo permitió que tal cosa como el 11 de septiembre sucediera? Es decir, si Dios es todo lo que los cristianos afirman que es, ¿por qué existe el mal en un mundo creado y sustentado por este Dios soberano? Además, este evento pone de manifiesto la necesidad del corazón humano de tener respuestas reales en cuanto al asunto de la relación de Dios con el mal. Ahora bien, al responder sobre el asunto de la existencia del mal, debe de manera consistente ofrecerse una respuesta en cuanto al sufrimiento (maldad) causado por agentes morales (como una violación), sufrimiento causado por desastres naturales (como un tsunami) y sufrimiento físico (como un cáncer). Toda respuesta que no tome en cuenta estas tres áreas no ha abordado el alcance del asunto y será deficiente. Si la afirmación de la cristiandad, como una cosmovisión superior, quiere tener una moneda de cambio intelectual en el mercado de las ideas, no puede ignorar el asunto del mal. Por supuesto, muchos han tratado de responder a la pregunta del mal, y sus respuestas solamente han hecho surgir otras preguntas.

No es que los cristianos no han ofrecido respuestas en el pasado, pues lo han hecho. Este conjunto de respuestas se denomina a menudo como una

---

[1] La palabra «maldad» se usa en un sentido amplio en esta discusión. Su uso incluye la maldad moral, la cual es la maldad causada por un agente moral, así como la maldad natural y la maldad física. Su uso aquí asume una conexión entre la maldad y el sufrimiento. Yo argumentaría que no todo el sufrimiento es malo (por ejemplo, el que viene de Dios cuando disciplina a Sus hijos como en Heb. 12:6-11). Ahora bien, todo sufrimiento tiene sus raíces en la maldad.

teodicea.[2] A modo de aclaración, no todo el que aborda el asunto del mal aceptaría el concepto de la teodicea. Este ensayo, sin embargo, no desarrolla o defiende una teodicea.[3] En particular, este trabajo examina las respuestas que han dado aquellos en la tradición teológica calvinista.[4] En el momento cuando surge la palabra *calvinismo*, puede producirse una reacción instintiva en algunas personas para prepararse para una batalla. Esa reacción, al menos aquí, no está presente. Esta crítica, espero, será justa e imparcial, conducida no como una contienda, sino con consideración. La honestidad intelectual me obliga a revelar que yo no me considero a mí mismo un calvinista o un arminiano, pero mi posición teológica es irrelevante a lo que voy a desarrollar aquí.

La precisión en diversos puntos espero que eliminará malos entendidos que pueden ser demasiado frecuentes en una discusión de esta naturaleza. Primero, no todos los calvinistas[5] se tienen en cuenta aquí, pues creo que hay excepciones a la regla en cualquier posición teológica. Segundo, no uso el término *calvinista* en un sentido peyorativo; es solo una cuestión de usar una clasificación tradicional en cuanto a una posición teológica. Tercero, se admite que la diferencia entre posiciones teológicas no debe interpretarse como una distinción entre los que aman a Dios y quieren glorificarlo y los que no. Cada posición se mantiene o cae según los méritos o fortalezas de los argumentos que la apoyan. Lamentablemente, con demasiada frecuencia las discusiones importantes de esta naturaleza degeneran en retórica inútil que de manera innecesaria crea división entre los cristianos. El principio del amor es importante en este punto. Sería absurdo pensar que una persona afirme una creencia que sabe que esta bíblicamente equivocada solo porque viene

---

[2] La palabra «teodicea» *(theos dikē)* significa la justificación de Dios y le permite a uno argumentar la existencia de Dios a la luz del mal.

[3] Este tópico se trata en otra parte: B. A. Little, *A Creation-Order Theodicy: God and Gratuitous Evil* (Lanham, MD: University Press of America, 2005).

[4] Otros libros analizan este asunto desde diferentes perspectivas calvinistas: J. Feinberg, *The Many Faces of Evil* (ed. rev. y exp.; Wheaton: Crossway Books, 2004); U. Middelmann, *The Innocence of God* (Colorado Springs, CO: Paternoster, 2007).

[5] Algunos dentro de la tradición reformada toman la soberanía a un nivel distinto que otros. Véase, por ejemplo, R. C. Sproul, Jr., en su libro *Almighty Over All: Understanding the Sovereignty of God* (Grand Rapids, MI: Baker Books, 1999).

con el sistema teológico que ha adoptado o porque quiere ser diferente. Si bien los sistemas teológicos tienen un papel importante en hacer teología, al fin y al cabo, el compromiso de uno debe ser llegar a la verdad, no solo defender un sistema.

Por último, que yo sepa, ninguna declaración proposicional en la Biblia enuncia una respuesta completa sin ambigüedades sobre este asunto del mal. Por lo tanto, elaborar una respuesta implica partir de inferencias de lo que la Biblia establece con claridad, un procedimiento no extraño para la Iglesia. Al sacar estas inferencias, la inferencia teológica no debe negar lo que Dios afirma ni afirmar lo que Dios claramente niega; debe procurar consistencia interna. Cualquier respuesta al asunto del mal tocará distintas doctrinas, pero por más que la respuesta esté enmarcada, (1) debe reflejar consistencia dentro del sistema teológico de uno, (2) debe evitar falacias lógicas o inconsistencias, y (3) debe hacer una aplicación balanceada de todos los atributos reconocidos de Dios. El método, o lo que se conoce como hermenéutica, es, por lo tanto, importante, como son todas las premisas teológicas previas con las que uno viene a la discusión.

Aunque este ensayo comienza con el evento del 11 de septiembre, otros eventos necesitan una respuesta también, y posiblemente con mayor razón. Cientos de acontecimientos nefastos que causan gran sufrimiento ocurren todos los días alrededor del mundo; sin embargo, no reciben mucha publicidad porque implica un número mucho menor de personas. Muchos de estos sucesos son casos de horrenda maldad y sufrimiento que destrozan familias y hieren a los seres humanos en la parte más profunda de su ser porque la víctima principal es un niño. Fyodor Dostoevsky, en su novela *Los hermanos Karamazov*, lucha con este asunto, al igual que Voltaire en *Candide*. En un sentido natural o intuitivo, el sufrimiento de los niños pequeños ofende la sensibilidad moral de las personas sin que importe quiénes son o cuáles son sus creencias religiosas. No solo los niños están indefensos, pero la perspectiva cristiana introduce otra dificultad existencial. ¿Qué sentido tiene la crueldad abusiva dirigida hacia los niños cuando Jesús dice que ellos son especiales a los ojos de Dios?

El evangelio de Mateo registra las palabras de Jesús respecto a la perspectiva de Dios de los niños: «… En verdad os digo que si no os convertís y os hacéis como niños, no entraréis en el reino de los cielos… Y el que reciba a un niño como éste en mi nombre, a mí me recibe» (Mat. 18:3,5). Más tarde declaró Jesús en cuanto a los niños pequeños: «Mirad que no despreciéis a uno de estos pequeñitos, porque os digo que sus ángeles en los cielos contemplan siempre el rostro de mi Padre que está en los cielos» (Mat. 18:10). Jesús reprendió a los discípulos cuando trataban de evitar que los niños pequeños se acercaran a Él: «Pero Jesús dijo: Dejad a los niños, y no les impidáis que vengan a mí, porque de los que son como éstos es el reino de los cielos» (Mat. 19:14). Al menos estos tres textos indican que los niños son especiales a los ojos de Dios. Jesús, quien es Dios, lo declaró así. Estos textos no dan una respuesta al porqué del sufrimiento de los niños; ellos solo reconocen que maltratar a los niños es una ofensa a Dios. El sufrimiento de los niños no solo ofende a Dios; ofende la sensibilidad moral de la humanidad casi universalmente. Este sufrimiento está en contra de las palabras de Jesús. Por lo tanto, aunque uno responda a la pregunta sobre el mal, no solo debe abordar el alcance del mal en general, sino el sufrimiento de los niños en particular.

Considera la situación de la pequeña niña Jéssica en Florida (Estados Unidos) hace un par de años, a quien un delincuente sexual convicto secuestró, violó y luego quemó viva en su patio. Tenía nueve años cuando fue sacada de su habitación. La cito aquí no por alguna razón en particular, sino solo como una representante de los cientos de niños pequeños, muchos más jóvenes que Jéssica, que han sido objeto de horrible tortura cada año. No solo Jéssica sufrió esta tortura inhumana, sino aquellos que tenían relación con ella han sufrido y sufrirán por años por venir. La mayoría piensa que si hubiera un Dios, sin duda Él intervendría en favor de estos niños pequeños, es decir, si Él fuera a intervenir por alguien, en especial a la luz de lo que Jesús declara. Si Dios fuera el Dios del universo, ¿por qué permitiría que estas cosas les sucedan a los inocentes?[6] Es evidente que este ejemplo, a simple vista, no constituye

---

[6] Cuando hablo de los niños que son inocentes, no estoy sugiriendo que ellos no son corruptos desde el nacimiento. No estoy usando la palabra en su sentido teológico, sino más bien en un sentido de culpabilidad moral personal por las propias acciones.

una derrota a la afirmación que Dios existe. No obstante, el sufrimiento de los niños presenta un grave problema para aquellos que tratan de ofrecer una respuesta al asunto del mal. ¿Dónde está Dios en todo esto?

Si bien esta discusión ha mencionado el asunto de los niños y su inocencia, los calvinistas como John Piper afirman que nadie es inocente. Al comentar sobre el vuelo 1549 de US Airways, el cual el 5 de enero de 2009 experimentó un excepcional aterrizaje sobre el río Hudson, Piper hace este comentario. «Dios puede hacer caer un avión cuando Él quiera, y si lo hiciera, no es injusto con nadie. Aparte de Cristo, ninguno de nosotros merece nada de Dios, sino juicio. Nosotros lo hemos menospreciado de manera tan consistente que Él sería perfectamente justo si se lleva a cualquiera de nosotros, en cualquier momento, de cualquier forma que elija».[7] Este punto de vista significa que cuando Jéssica fue torturada y quemada viva, Dios no hirió a nadie. A fin de cuentas, como se argumenta, Jéssica es una pecadora y merece la ira de Dios, por tanto Él no le debía nada. Desde luego, es verdad que Dios no le debe nada a los seres humanos y solo en Cristo hay seguridad de no sufrir el castigo por el pecado. Cristo murió por los pecados del mundo (1 Juan 2:1-2), y solo aquellos que están en Cristo son librados de la muerte segunda. Sin embargo, Piper parece confundir el sufrimiento en el tiempo con el sufrimiento en la eternidad. Si Cristo ha muerto por los pecados del mundo, entonces el Padre ha sido satisfecho en ese sentido. Entonces ¿por qué afirmar que, debido a que Jéssica es una pecadora, Dios justamente puede ordenar su tortura? Además, si Él ordenó su muerte de la manera en que aconteció, entonces, en realidad, es la única manera en que podía acontecer si la soberanía significa algo. No es solo que sucedió de esa manera; estaba ordenado que sucediera de esa manera porque Dios es soberano, o al menos es como la soberanía se aplica a esta situación. Significa más que solo decir que Dios permitió que pasara.

Según los calvinistas como Piper, Dios no debe ser culpado incluso aunque Él lo haya ordenado. Dios ordena el mal que Él ordena a los humanos que se abstengan de hacer. O Dios ordena el mundo bajo principios morales diferentes

---

[7] J. Piper, «The President, the Passengers, and the Patience of God», página consultada el 21 de marzo de 2009. http://www.desiringgod.org./ResourceLibrary/TasteAndSee/ByDate/2009/3520.

de los que da a la humanidad, o hay una contradicción en la naturaleza de Dios. Lógicamente ¿qué sigue si uno acepta la idea que Dios ordenó el fin horrible de Jéssica aunque el violador sea responsable? Dado que Dios ordenó ese acto en particular, Dios también debe haber ordenado al pedófilo que actuara (aunque según esta perspectiva, el pedófilo es completamente responsable por actuar de la manera en que lo hizo). Comprende la fuerza lógica de esta perspectiva: no hay manera en que Jéssica fuera violada excepto que *alguien* la violara. Si la violación es ordenada, entonces también al *violador* se le ordenó actuar.

Jéssica, sin embargo, no está sola en todo este sufrimiento; muchos otros sufren también. Los padres, los abuelos y otros parientes deben vivir con el conocimiento de la tortura, así como con la pérdida de su amada hija. Al final uno solo puede concluir que Dios también ordenó esta tristeza. Pero, Jesús no parece reflejar una actitud indiferente hacia el sufrimiento y la pérdida, aunque Jesús reveló al Padre a la humanidad (Juan 1:18). ¿Y la viuda de Naín? Parece que Jesús tuvo compasión de la viuda cuando Él se cruzó con el cortejo fúnebre que llevaba a su único hijo para ser sepultado. En esa ocasión nadie le suplica que haga algo, y nadie ora. Según el texto, «Al verla, el Señor tuvo compasión de ella, y le dijo: No llores» (Luc. 7:13). Jesús con sencillez alarga su mano, toca el féretro, y dice, «...Joven, a ti te digo: ¡Levántate!» (Luc. 7:14). La vida entró al joven otra vez. La perspectiva de los calvinistas del mismo Dios que ordena la tortura y la muerte espantosa de una niña como Jéssica y de manera desapasionada ve sufrir a sus padres parece curiosa a la luz de este pasaje. Además, según Lucas, Jesús proclama que la humanidad está viviendo en «...el año favorable del Señor» (4:19) porque «...Dios estaba en Cristo reconciliando al mundo consigo mismo, no tomando en cuenta a los hombres sus transgresiones, y nos ha encomendado a nosotros la palabra de la reconciliación» (2 Cor. 5:19). Sin duda, este pasaje tiene algo que decirnos en cuanto a la manera en que Dios interactúa con el mundo, lo cual parece estar en desacuerdo con la perspectiva calvinista. Uno debe coincidir en que Dios, en un sentido (aparte de Su gracia), puede hacer lo que a Él le plazca con cualquier ser humano. Aun así, no debe ignorarse que Él ha puesto algo sobre Sí mismo para estos días, es decir, ser «…paciente para con vosotros, no queriendo que nadie perezca…» (2 Ped. 3:9). Si bien es correcto afirmar que Dios puede, en un sentido, hacer como le place, Sus compromisos (promesas) a Su creación, le constriñen, y esta limitación de ninguna forma merma Su soberanía. Además, a los cristianos se les manda hacer bien a todas las personas, en especial a aquellos de la familia de la fe (Gál. 6:10). ¿Debería Dios hacer menos, particularmente el Dios soberano?

La doctrina de la soberanía divina ocupa un lugar importante en esta discusión y con toda razón. Si los cristianos no afirmaran que Dios gobierna como el Único omnipotente soberano sobre Su creación, el asunto de Dios y el mal tomaría una forma considerablemente diferente. La doctrina de la soberanía de Dios se encuentra en el centro de la posición calvinista sobre el mal. Sin embargo, que otros apliquen la soberanía divina de manera algo distinta no es el problema, sino más bien como entienden los calvinistas la soberanía en relación al asunto del mal en el contexto mayor del control soberano de Dios.

El otro lado del argumento se enfoca en el libre albedrío. El término *libre albedrío* es lamentable, puesto que no significa precisamente lo que el término sugiere, pues el hombre no es libre de hacer cualquier cosa que desee. La libertad libertaria es un término preferido.[8] Muchos de los que afirman la libertad libertaria también ratifican una alta opinión de la soberanía divina. El libre albedrío, que es más o menos intercambiable con libertad libertaria, y la soberanía divina tienen fundamento en la Escritura, eso explica por qué muchos cristianos sostienen ambos. La controversia evoluciona con la manera de entender la relación entre la soberanía y el libre albedrío. Según uno entiende la relación, así va a responder al asunto de Dios y del mal.

---

[8] Sin embargo, hay algunos ligeros matices en la definición entre aquellos que afirman la libertad libertaria. Thomas Flint ofrece la siguiente definición: «Una teoría del agente causal, según la cual la causa final de una acción libre no es algún conjunto de condiciones previas, sino el agente mismo que ejecuta la acción» (*Divine Providence* [Ithaca, NY: Cornell University Press, 1995], 32). Yo añadiría que hechos anteriores/condiciones pueden inclinar o influir en una persona para elegir, pero que ni determinan ni causan la elección.

Con eso dicho, el tema en cuestión, como los calvinistas suelen responder al asunto del mal, puede avanzar. En general, muchos calvinistas[9] (así como cualquier persona que rechaza la noción del libre albedrío), al explicar el mal en este mundo, recurren a alguna forma de un bien mayor, el cual encuentra sus orígenes en Agustín de Hipona. Este planteamiento argumenta que Dios permite en este mundo solo el mal del cual Él puede lograr un mayor bien o prevenir un mal mayor. Considerando que no hay forma de conocer si un mal mayor se previno o no, parte de la explicación puede probablemente abandonarse. En cuanto a la posición de Agustín, Richard Middleton observa: «mientras que la posición explícita de Agustín en *De Libero Arbitrio* es que el mundo no es peor por todo el mal en él, debido a la providencia de Dios (técnicamente, que todo mal está contrarrestado por el bien), cuando más tarde, llegamos a su *Enchiridion*, Agustín de forma audaz asevera que 'Dios juzgó mejor sacar bien del mal que no permitir que existiera ningún mal'».[10] Para Agustín, era mejor que las personas tuvieran libre albedrío que no tenerlo, aunque el libre albedrío hiciera posible el mal (no necesario) en la creación de Dios. Agustín argumentaba que fue la bondad de Dios la que lo llevó a crear personas con libre albedrío, pues decía que era mejor ser un ser moral que un ser no moral: «Tal es la generosidad de la bondad de Dios que Él no se ha abstenido de crear incluso esa criatura que Él sabía de antemano que no solo pecaría, sino que permanecería en la voluntad de pecar. Así como un caballo desbocado es mejor que una piedra que no huye porque carece de movimiento propio y percepción sensorial, así la criatura que peca por libre albedrío es más excelente que la que no peca solo porque no tiene libre albedrío».[11]

Agustín afirmaba que el pecado vino por el libre albedrío del hombre y que Dios, en absoluto, ordenó u obligó a los seres humanos a hacer el mal.

---

[9] Si bien uso el término «calvinista» y cito a aquellos comprometidos con el calvinismo, la crítica se aplica a cualquier persona que respondería al problema del mal de la misma forma. Yo citaré a dos reconocidos voceros para esta posición: John Piper y Gordon H. Clark. Cito a estos calvinistas para evitar la acusación de estar respondiendo a un argumento que ellos no han presentado. Al citarlos, de ninguna manera se tiene la intención de ridiculizarlos personalmente o a sus creencias cristianas.

[10] R. J. Middleton, «Why the 'Greater Good' Isn´t a Defense», *Koinonia* 9 (1997): 83-84.

[11] Agustín, *The Problem of Free Choice* (eds. J. Quasten y J. Plumpe; trad. en inglés D. M. Pontifix; ACW; Westminster, MD: The Newman Press, 1955), 3.4.15.

En realidad, el mal no era necesario aunque Dios sabía sobre este. Agustín escribió:

> Tu conocimiento previo [de Dios] no sería la causa de su pecado [del hombre], aunque sin duda él [hombre] pecaría; de otra manera tú no sabrías de antemano que esto sucedería. Por eso, estos dos no son contradictorios, tu conocimiento previo y el acto libre de alguien más. Asimismo, Dios no obliga a nadie a pecar, aunque Él ve con anticipación a aquellos que pecaran por su propia voluntad.[12]

Para Agustín, la voluntad es libre, y, por eso, las personas son de verdad moralmente responsables por sus actos. Además, Agustín sostenía que la voluntad es culpable por su propio cambio o que es su propia causa. Él observó que el cambio del bien al mal de la voluntad «pertenece solo al alma, y es voluntario y por lo tanto culpable».[13] Sin embargo, él creía que Dios en Su providencia, sacaba bien del mal que Él permitía, así justificando que se permitiera el mal. Agustín tenía una fuerte opinión sobre la providencia de Dios, la cual la comprende como la obra de Dios en la historia de sacar bien de todo mal; en realidad, ese mal es el único mal que Dios permitiría en el mundo. Hoy, muchos dentro de la tradición calvinista argumentan que el mayor bien es la gloria de Dios (Agustín argumentaba a favor de los bienes particulares en esta vida) y niegan la idea del libre albedrío. Además, hay un cambio sutil entre Dios *permite* el mal, y Dios tiene un *propósito* en el mal.

Algunos afirman que Dios tiene un propósito en todo el mal que Él permite, pero dan algún espacio para el libre albedrío. Otros, como Piper, mantienen que Dios tiene un propósito e incluso *ordena* o quiere el mal para este propósito. En este caso, el propósito del mal es glorificar a Dios y está sólidamente construido sobre la soberanía de Dios. En otras palabras, o Dios controla todas las cosas o no controla nada. Ser de verdad soberano significa que lo que sea que pase en la tierra, si es para Sus buenos propósitos, Dios

---

12   Ibíd., 3.4.10.
13   Ibíd., 3.1.2.

lo quiere; de otra manera, no podría haber seguridad que Su propósito se lograría. Dos preguntas surgen de este punto de vista: (1) ¿Requiere la soberanía divina este punto de vista para mantener una perspectiva bíblica sobre la soberanía? (2) Si Dios ordena o quiere todas las cosas, ¿en qué sentido las personas (no Dios) son moralmente responsables por sus actos? El planteamiento del bien mayor difiere, para el caso de Agustín, que la providencia de Dios permite el mal, aunque en más recientes perspectivas calvinistas, Dios incluso ordena o quiere el mal. En el caso de Jéssica, entonces, según una perspectiva, Dios *permitió* que ella fuera torturada hasta la muerte por ninguna otra razón que la pura perversidad por parte del perpetrador, y Dios obtendría algún bien de esto. No quiero decir que este punto de vista no plantea otras preguntas también, pero solo estoy señalando la diferencia. Según la otra perspectiva, Dios lo *ordenó* para la mayor gloria de Cristo, que es Su buen propósito.

Aquellos que toman lo que podría considerarse un calvinismo moderado (a menudo denominado compatibilismo) fundamentan su respuesta respecto al mal en Romanos 8:28, RVC: «Ahora bien, sabemos que Dios dispone todas las cosas para el bien de los que lo aman, es decir, de los que él ha llamado de acuerdo a su propósito». Este texto, sin embargo, solo afirma que Dios dispone «para el bien de los que lo aman… de los que él ha llamado de acuerdo a su propósito». Una lectura superficial del texto revela que esta disposición se aplica solo a aquellos que «aman a Dios», lo que excluye a la mayoría de la población de la tierra y no dice nada sobre los desastres naturales. Este versículo, si bien provee consuelo para el creyente, no provee una posición fundacional desde la cual contestar la pregunta sobre el mal. Afirmar que Dios permite el mal porque Él propiciará algún bien de esto, no encuentra respaldo en este versículo. Un examen superficial de la explicación del bien mayor para todo el mal revela importantes debilidades.[14] Debido a que esta explicación está presente en muchas respuestas cristianas sobre

---

[14] Las preguntas sobre por qué existe mal son difíciles y complejas. Todas las posiciones tienen algunas debilidades. Al final uno debería ir con la respuesta que abarque la mayor cantidad de material bíblico de manera consistente y que recurra lo menos posible al misterio.

el mal, considerar de manera somera algunas de estas debilidades será útil. La crítica también mostrará cómo estas debilidades se aplican a la posición calvinista bajo consideración en este ensayo.

Primero, parece bastante obvio (a al menos lo es para mí) que lo que sucede en este mundo sucede ya sea porque Dios lo ha *permitido* o lo ha *ordenado*. No preveo ninguna objeción en este punto, excepto, quizás, de aquellos que sostienen un teísmo abierto. El punto de preocupación se da en cuanto a por qué Él lo permite. Que Él lo permita porque Su mano soberana obtendrá algún bien (en particular buenas cosas o el bien de la gloria de Dios) del mal, tiene ante sí graves dificultades. Esta dificultad no dice que Dios no puede sacar bien del mal. La dificultad es si el bien que obtiene justifica moralmente a Dios en permitir el mal. Por el momento, deja de lado que Romanos 8:28 no explica mucho del sufrimiento en este mundo; en realidad no dice nada sobre por qué Dios permite el sufrimiento. Afirma que Dios traerá algún bien de determinadas clases de sufrimiento. Estos son dos asuntos diferentes; por qué Él *permite* el sufrimiento y qué podría *hacer* en el sufrimiento. Sugerir que uno puede moverse de lo que Dios podría hacer con el sufrimiento por qué Él permite el sufrimiento lo hace a uno un consecuencialista, en que el fin justifica los medios. Es decir, justificar la causa al mirar el efecto equivale a permitir que el fin excuse o justifique los medios. El texto no indica nada sobre por qué Dios permite el sufrimiento.

Aun así, si Dios *ordena* o *permite* el mal, surgen un par de asuntos prácticos. Si Dios ordena o permite el mal para traer el bien (sin importar cuál es el bien), ¿qué dice eso sobre la responsabilidad del cristiano de defender la justicia social? Si Dios ordena o permite el mal para traer el bien, entonces parecería que los cristianos no deberían participar en la lucha contra la injusticia social (lo cual la Biblia llama maldad). Si quieren detenerla, ellos evitarían obtener el bien, un bien necesario para el plan de Dios. Si Dios es realmente soberano y Él ordena el mal, sería imposible para los meros humanos detenerlo, y luchar contra la injusticia social sería fútil. Aplica esto al tema del aborto, un acto que puede con toda propiedad ser puesto en la categoría de maldad (tomar la vida). Dado que el aborto ocurre, entonces

Dios lo permitió o lo ordenó para traer algún bien. Por lo tanto, lógicamente, tratar de eliminar el aborto sería, en realidad, frustrar (o al menos intentar frustrar) el plan de Dios de traer algún bien. Además, si Dios permitió el mal, el bien debe ser necesario, lo cual vuelve al mal necesario.

El segundo motivo de preocupación se refiere a la relación entre el bien y el mal dentro del plan de Dios. El bien (si el bien es algún bien en particular o la gloria de Dios) debe de alguna manera lograr los propósitos de Dios; por eso, el bien debe ser necesario para Sus propósitos. Si el bien puede solo venir del mal, entonces el mal también debe ser necesario para el plan de Dios. Evadir esta conclusión parece difícil:

> Dios no puede producir algunos bienes sin males particulares, pues si cualquier mal lo hace, Dios debería escoger el menor de los sufrimientos. Además, si Dios puede producir el bien sin el mal, entonces Él debería, pues si Él puede y no lo hace, entonces Él no es el buen Dios que se defiende. Uno podría argumentar que si Dios necesita de males particulares para producir algunos bienes, entonces Dios no es omnipotente. En este caso, el Dios todopoderoso y absolutamente bueno es incapaz de producir un bien sin la ayuda del mal. Enseguida uno puede ver cuán complicado teológicamente se vuelve esto. Reduce a Dios y hace al mal una parte necesaria de Su plan.[15]

Si el mal es necesario en el plan de Dios, entonces, dado que es Su plan, Él es el único responsable por el mal, lo cual parece que Juan contradice con claridad al afirmar que «Dios es luz, y en Él no hay tiniebla alguna» (1 Juan 1:5b). En el caso de Jéssica, su tortura entonces era necesaria para algún bien en la totalidad de los propósitos de Dios, independientemente de si Él la ordenó o permitió.

Una vez que se hace al mal parte del diseño de Dios dentro de Su plan mayor, la línea directa hacia Dios como la causa del mal se vuelve más recta

---

[15] Little, *A Creation-Order Theodicy*, 112.

y firme. Si el Dios soberano está en control de todas las cosas, entonces lo que sucede sobre esta tierra debe satisfacer los propósitos específicos de Dios. Además, o todas las cosas tienen un propósito o todas las cosas son caóticas o dejadas al azar. Puesto que el caos y el azar son incompatibles con la soberanía de Dios, entonces se desprende que todas las cosas deben tener un propósito, y la garantía de este propósito es la voluntad de Dios. Parece haber, sin embargo, un error de lógica en este punto. La sugerencia no puede sostener que si todas las cosas en la vida no son parte del propósito de Dios, entonces todas las cosas son dejadas al azar. Este argumento falla porque no distingue entre la razón y el propósito.

Sin duda, o así me parece, si Dios es de verdad soberano, entonces por todo lo que sucede (al menos sobre la tierra), hay una razón, pero no forzosamente un propósito. A menudo la Biblia registra la razón de Dios para algo que sucede, pero no necesariamente Su propósito. Considera la relación de Dios con Israel como se expresa en Deuteronomio 28. Dios no da Su propósito en lo que declara, pero sí expresa la razón de las consecuencias en la vida de Israel que variarán según su escogencia. Ahora bien, dar esa explicación no es lo mismo que decir que todo lo que sucede debe tener un propósito. Una ilustración mostrará la diferencia. Si, cuando tú me preguntas por qué no pagué mi cuenta de la electricidad, yo digo que fue debido a que no tenía el dinero, entonces te he dado una razón. Sin embargo, si yo te respondiera que no pagué mi cuenta de la electricidad porque estoy protestando por el reciente aumento en el precio de dicho servicio, entonces te he dado el propósito por el cual no la pagué. Como lo ilustran los ejemplos, la razón y el propósito para una acción difieren. Por eso, es perfectamente consistente afirmar que, debido a que Dios es soberano, nada pasa sobre esta tierra por azar ya que siempre hay una razón. Que Dios tiene propósitos en cuanto a la historia no puede negarse. Muchas cosas suceden porque Dios tiene un propósito, tal como enviar a Su Hijo para ser el Salvador del mundo (Juan 3:16), pero esa explicación no aclara todas las cosas.

En un sentido más amplio, es la diferencia entre plan y orden. Uno puede planear algunas cosas para indicar propósito. Otras cosas, sin embargo, suceden por orden dentro del universo, lo cual provee la razón de que estas cosas ocurrieron. Si una persona cae de un edificio alto, no es un asunto del azar que se hiera a sí misma, puesto que es predecible debido a la manera en que el mundo está estructurado. Ese ejemplo ilustra una razón que emana del orden natural. Si, por otro lado, una persona salta de un edificio para quitarse la vida, ella está dependiendo del orden natural para lograr su propósito. Los dos eventos difieren no en que uno es caótico y el otro no lo es, dado que ambos son predecibles. Ambos tienen una razón, pero un propósito está en juego solo en el último caso. Dios, sin duda, tiene suficientes razones para permitir que las cosas sucedan en este planeta dentro del orden natural establecido de la creación, pero no requiere afirmar que Él tiene un propósito en todas las cosas. Algunas veces las cosas suceden debido al orden del universo: «...todo lo que el hombre siembre, eso también segará» (Gál. 6:7). Además, algunas veces Dios se propone algo, pero debido a la desobediencia del agente humano, no se hace realidad (Isa. 5:4). La desobediencia de Israel da la razón por la cual las cosas resultaron como lo hicieron. El propósito de Dios es producir fruto. Cuando eso no sucede, Dios juzga a Su viña (Isa. 5:5-7) para que Israel se arrepienta. Eso explica el propósito del juicio. Israel sufrió, pero ese no era el propósito de Dios al plantar la viña. Al final, el propósito de Dios para Israel y el mundo se cumplirá a pesar de la desobediencia debido a Su mano providencial en la historia. Él es el Único soberano que opera a través de Su providencia para llevar la historia a su final establecido. A la luz de esto, es posible mantener una perspectiva firme sobre la soberanía y el orden en este mundo a la vez que se mantiene que el mal en este mundo no es necesariamente la obra de los propósitos de Dios.

Un segundo asunto se relaciona en cómo entendemos la soberanía. La idea de la soberanía puede entenderse de dos maneras. Una manera de entender que Dios tiene el control (soberanía) es al pensar en un hombre que controla su vehículo. Si él gira el volante a la izquierda, el vehículo (bajo circunstancias normales) va hacia la izquierda. Es decir, hay una conexión directa entre la dirección del vehículo y la voluntad del conductor. Esta forma de soberanía, como se habló antes, es *soberanía fuerte*. Otra manera de entender el control de

Dios es la del hombre que está en control de su familia. Él se asegura que todos sigan las reglas establecidas. Esta forma se llama *soberanía simple* y es la que se muestra en los textos del antiguo Cercano Oriente que se refieren al señor y su vasallo. Hay, por otra parte, más de una manera legítima de entender a Dios como el que tiene el control (soberano). En realidad, esta última opinión sobre la soberanía es justo como John Piper ve el control de Dios cuando habla de Satanás. Piper escribe, «Dios le ha dado [Satanás] sorprendente libertad para obrar su pecado y miseria en el mundo. Él es un gran gobernante sobre el mundo, pero no el máximo. Dios tiene la última palabra».[16] Desde luego, el mismo Dios soberano que trata con Satanás también trata con los seres humanos. En la teología de Piper, Dios no le da al hombre la misma libertad que Él le da a Satanás.

Los escritos de John Piper muestran la opinión de la soberanía fuerte. Piper, un líder evangélico, ha traído mucho ánimo espiritual a la comunidad de fe. Por eso, la siguiente interacción es solo para ver cómo, siendo un calvinista, él responde al asunto de Dios y el mal a la luz de una soberanía fuerte. En una reciente publicación suya en internet, se refiere al evento que otros apodaron el «Milagro sobre el Hudson» como una parábola para nuestra nación (Estados Unidos). El acontecimiento se desencadenó el 5 de enero de 2009, cuando el vuelo 1549 de *US Airways*, poco después del despegue, se encontró con una bandada de gansos, algunos de los cuales fueron succionados por los motores del avión, lo que ocasionó que estos se apagaran. El capitán Sullenberger, un piloto experimentado, escogió aterrizar el avión sobre el río Hudson y no intentar aterrizar en un aeropuerto a varios kilómetros de distancia. Sin lugar a dudas, este fue uno de esos eventos donde el entrenamiento, juicio excepcional y circunstancias correctas se juntaron, lo que dio lugar a que todos los pasajeros sobrevivieran. La nación con toda razón aplaudió al capitán Sullenberger como un héroe. Piper, no obstante, tenía una opinión diferente sobre el suceso. Él escribe: «Dos misiles guiados por láser no hubieran sido tan efectivos como esos gansos. Es increíble, según las estadísticas. Si Dios gobierna la naturaleza, ningún pájaro (y el avión) hubiera caído sin que Él lo

---

[16] J. Piper, *Spectacular Sins: And Their Global Purpose in the Glory of Christ* (Wheaton, IL: Crossway, 2008), 44.

permitiera (Mat. 10:29), entonces, el accidente del vuelo 1549 fue diseñado por Dios».[17] Él agrega, «Si Dios guía a estos gansos de manera tan precisa, él también guía la mano del capitán».[18] Es decir, Dios en su soberanía es incluso responsable por el movimiento de las manos del piloto. Además, según Piper, todo el suceso fue «diseñado» por Dios. Esta afirmación solo puede significar que Dios en Su soberanía lo diseñó antes de que el mundo fuera para que sirviera a Sus propósitos. Si esto es así, Dios no solo permite esto; Dios lo diseña y lo ejecuta. En Su omnipotencia Él ejecuta el plan, entre otras cosas, al guiar el vuelo de los gansos y las manos del piloto para llevar a cabo un evento que dará, como lo declara Piper, una parábola de Su poder a la nación. No hay manera que las cosas resulten de forma diferente. ¿Quién es responsable por este evento? Según este punto de vista sobre las cosas, Dios es el responsable al guiar a los gansos hacia los motores y guiar las manos del piloto. Dios es responsable, pero no es culpable moralmente. La lógica de esta perspectiva significa que Él también diseñó todos los eventos que precedieron a ese evento. Este punto de vista incluye asegurarse que estos gansos en particular estaban allí en ese momento específico así como ordenar todo en la vida de Sullenberg para que estuviera en ese avión ese día. Observa que Dios no intervino de manera providencial en ese momento como respuesta a alguna oración o por Su propia misericordia. Según este punto de vista, Dios lo diseñó para que sirviera a Sus propósitos, supuestamente para mostrar Su poder a un nuevo presidente y a una nación.

Solo unos pocos días después de que había sucedido el «Milagro sobre el Hudson», otro percance aéreo ocurrió, pero esta vez 50 personas murieron. Según los reportes, «el vuelo de conexión 3407 de Continental desde Newark, Nueva Jersey, entró directamente a través del techo de la casa, la sección de la cola visible a través de las llamas que explotaban al menos a una altura de 50 pies (15 metros)».[19] Cuando el avión de Continental estaba por aterrizar,

[17] J. Piper, «The President, the Passengers, and the Patience of God».
[18] Ibíd.
[19] «Buffalo Plane Crash: Continental Connection Flight 3407 Crashes into House, Kills 50», http://www.huffing tonpost.com/2009/02/13/plane-crashes-into-house_n_166609.html.

se estrelló en una casa en los suburbios de Búfalo, provocando una feroz explosión que mató a todas las 49 personas a bordo y a una persona en la casa. Aunque la investigación no ha terminado, la investigación preliminar concluyó que «las órdenes del piloto, no una acumulación de hielo sobre las alas y la cola, probablemente iniciaron la fatal picada del bimotor Bombardier Q400 hacia un vecindario a seis millas (ocho kilómetros) del aeropuerto de Búfalo, Nueva York, según las personas familiarizadas con la situación».[20]

Al aplicar la explicación teológica de Piper al episodio del Hudson, la implicación lógica es que en este caso Dios guio al piloto del vuelo 3407 a un error de juicio para que Dios «hiciera caer el avión» matando a 50 personas. Podría argumentarse que Él solo guio la mano a acciones seguras, pero que el accidente del vuelo 3407 fue solo un accidente. Pero, si Piper mantiene que todo el mal ocurre para darle gloria a Cristo, entonces uno puede razonablemente concluir que en ambas situaciones Dios participó para llevar a cabo Su diseño, el cual incluye este mal. Además, mientras que Dios no le debe nada a nadie, Él no ha hecho daño a las 50 personas muertas. En su libro *Spectacular Sins* [Pecados espectaculares], Piper escribe en la sección titulada «Todas las cosas *para* Jesús, incluso el mal»:

> Este libro tiene por objeto mostrar que todo lo que existe, incluyendo el mal, está ordenado por un Dios infinitamente santo y sabio para que la gloria de Cristo brille con más intensidad. La palabra *ordenado* es peculiar, yo lo sé. Pero quiero ser claro a que me refiero con dicha palabra. No hay ningún intento de oscurecer lo que estoy declarando sobre la relación de Dios con el mal. Pero, hay un intento de declarar con cuidado lo que la Biblia declara. Con *ordenar* me refiero a que Dios causa algo directamente o lo *permite* por sabios propósitos. Este permitir es una clase de causa *indirecta*, puesto que Dios conoce todos los factores que intervienen, qué consecuencias tendrán y que Él podría evitar cualquier resultado.[21]

---

[20] «Pilot Action May Have Led to Buffalo Crash», http://www.foxnews.com/story/0,2933,495267,00.html.

[21] Piper, *Spectacular Sins*, 54.

Luego, Piper afirma:

> Entonces, cuando afirmo que todo lo que existe, incluyendo el mal, está
> ordenado por un Dios infinitamente santo y sabio para que la gloria de
> Cristo brille con más intensidad, quiero decir eso, de una forma o de otra,
> Dios se ocupa de que todas las cosas sirvan para glorificar a Su Hijo. Ya sea
> que lo cause o lo permita, Él lo hace con un propósito. Para un Dios infi-
> nitamente sabio y omnisciente, tanto el causar como el permitir tienen un
> propósito. Son parte del gran cuadro de lo que Dios planea llevar a cabo.[22]

Observa la palabra «propósito». Puede ser solo una pobre escogencia de
palabras, pero parece que no lo es. Piper usa sus palabras con cuidado para
decir que en todo el mal en esta tierra, Dios tiene un propósito: que la gloria
de Cristo brille con más intensidad. Si es para los propósitos de Dios y el
propósito refleja la voluntad de Dios, entonces la voluntad de Dios no es
perfecta si cualquier mal no se materializa. La muerte de Jéssica es parte de
esta voluntad. Esta posición no solo hace al mal necesario para los propósitos
de Dios; hace a Dios moralmente responsable por el mal.

Al tratar este asunto, Piper acepta que Dios parece ser culpable, pero él
afirma que no lo es. En realidad, Piper argumenta que en todo esto, Dios
no es culpable; nosotros simplemente no entendemos cómo son las cosas,
pero así son. Piper explica su declaración en cuanto a la «soberanía de Dios
sobre el pecado» al añadir una nota al pie de la página para demostrar cómo
armoniza ese punto de vista con Santiago 1:13-15. Él escribe:

> Así que, me parece que Santiago está diciendo que Dios nunca experi-
> menta esta forma de «ser arrastrado» o «ser seducido». Y Él no produce
> directamente (ver capítulo 4, nota 1) en los seres humanos el ser «arras-
> trados» y «seducidos» hacia el mal. De alguna manera (que nosotros no
> somos capaces de comprender por completo), Dios, sin que se le culpe de

---

[22] Ibíd., 56.

«tentar», es capaz de lograr que una persona lleve a cabo lo que Él ordena que haga para Él, incluso si ello incluye el mal.[23]

Al final, Piper concluye que aunque las personas pueden no entenderlo, Dios ordena el mal, pero que al mismo tiempo no es culpable por el mal. ¿Qué dice esto sobre la tortura de Jéssica y su secuestrador y todos los eventos que rodearon ese horrible día? ¿No podría la gloria de Cristo brillar más intensamente con mucho menos trauma para Jéssica y sus amigos y su familia? Entonces, Dios no solo ama la gloria de Cristo más que a Jéssica, Él de verdad quiere ordenar el mal que cae sobre Jéssica, de modo que la gloria de Cristo pueda brillar más intensamente.

No es que la gloria del Señor no tenga importancia, porque sí la tiene (1 Cor. 10:31), pero afirmar que Dios ordena el mal para magnificar la gloria de Cristo parece confundir la diferencia entre el bien y el mal. Es decir, Dios ordenó el sufrimiento de Jéssica con el propósito de que la gloria de Cristo brille más intensamente. Pero si una vida recta glorifica a Dios (1 Cor. 6:20), ¿cómo el mal también glorifica a Dios? ¿Cómo dos cosas contrarias, una ordenada y la otra prohibida, glorifican a Dios? Que Cristo *será* glorificado no se debate. No es si Cristo recibirá gloria, porque en *el final de los tiempos*, Él la recibirá. Como lo dice Pablo: «Por lo cual Dios también le exaltó [Cristo] hasta lo sumo, y le confirió el nombre que es sobre todo nombre, para que al nombre de Jesús se doble toda rodilla de los que están en el cielo, y en la tierra, y debajo de la tierra, y toda lengua confiese que Jesucristo es Señor, para gloria de Dios Padre» (Fil. 2:9-11). Pero, la declaración de Pablo es una afirmación de un tipo diferente. Solo indica lo que el fin será y guarda silencio sobre el problema de la necesidad o causalidad. La declaración solo indica que a pesar del mal, Dios tiene la última palabra y la gloria vendrá a Cristo aunque en cierto momento Él fue rechazado. Decir que todo el mal particular era necesario para la gloria de Cristo, es decir algo bastante distinto.

---

[23] Ibíd., 24.

No cabe duda que la idea de la gloria de Dios en la historia llena las páginas de la Escritura. El punto de preocupación es si el triunfo sobre el pecado hace que brille la gloria de Cristo con más intensidad. La noche de la traición a Cristo (justo antes de ir a la cruz), Él ora: «Y ahora, glorifícame tú, Padre, junto a ti, con la gloria que tenía contigo antes que el mundo existiera» (Juan 17:5). La gloria por la cual Jesús ora es la gloria que Él tenía con el Padre antes que el mundo fuera. Jesús no se refiere a una gloria que viene porque está próximo a vencer el mal en la cruz, sino, más bien, a la gloria que era antes de la creación. Sin duda, la obra de Cristo en la cruz demuestra la redención que hace el Hijo encarnado, crucificado por los pecados del mundo; ese, sin embargo, no parece ser el argumento. El argumento es que Dios ordena todos los eventos individuales del mal como parte de Su plan para que la gloria de Cristo pueda brillar con más intensidad. En definitiva, cuando las palabras se usan para que se entiendan de acuerdo al uso común, el pecado es una parte del plan de Dios. Es, como señala Piper, «parte del gran cuadro de lo que Dios planea llevar a cabo». En lo que respecta al Dios soberano, Él tiene solo un gran cuadro.

Para aclarar este punto, el asunto no es si Dios traerá gloria para Sí al final. Él lo hará. La preocupación es que en la teología calvinista Dios ordena el mal en el proceso para que la gloria de Cristo brille con más intensidad. Pero, ¿cuántos actos de maldad toma mostrar que Cristo tiene poder sobre ellos? ¿Cada acto de maldad resulta en que la gloria de Cristo brille con más intensidad? Si este es el caso, entonces parece que las personas necesitan la fealdad para apreciar la belleza. Esto significaría que la belleza y la gloria de Dios no podrían apreciarse plenamente hasta que existiera la fealdad, la maldad. Así, Adán en el huerto no pudo apreciar la belleza y la gloria de Dios. ¿Se hacía necesaria la caída en el huerto? La necesidad de la caída, que ha resultado en horribles males de la tortura humana, sin mencionar a los miles que van al infierno, al final se justifica en base a que era necesaria para que la gloria de Cristo brille con más intensidad. La lógica de este argumento indica que mientras más maldad haya, más brillara la gloria de Cristo. La Biblia, sin embargo, no manda a las personas a que ordenen sus vidas de tal manera; en realidad, manda justo lo opuesto: «¿Qué diremos, entonces? ¿Continuaremos en pecado para que la gracia abunde? ¡De ningún modo!..» (Rom. 6:1-2). Por lo tanto, que Dios ordenara Su creación de esta manera parece curioso. Al fin y al cabo, parece como si en el sistema calvinista Dios no solo ordena el mal, sino que de verdad necesita del mal si Cristo debe tener una mayor gloria. En realidad, se hace necesaria la caída en el huerto, lo que al final significa que Adán no tenía otra opción. Entonces, ¿por qué no es Dios moralmente responsable incluso si es por una buena causa, es decir, la gloria de Cristo?

Gordon H. Clark, al defender lo que él llama *la posición calvinista sobre Dios y el mal*, escribe: «Como Dios no puede pecar, por consiguiente, Dios no es responsable por el pecado, aunque él lo decrete».[24] En realidad, al responder a la posición arminiana, él escribe: «Desearía sincera y enfáticamente afirmar que si un hombre se emborracha y dispara a su familia, era la voluntad de Dios que el hombre debería hacerlo…. En Efesios 1:11, Pablo nos asegura que Dios obra todas las cosas, no solo algunas cosas, conforme al consejo de su voluntad».[25] Observa aquí, Clark sostiene que es la voluntad de Dios y antes indica que está *decretado* por Dios y aun así mantiene que Dios no es la causa del pecado o el mal. Piper señala que el mal es *ordenado* por Dios, pero Dios no es culpable. El versículo que cita Clark solo dice lo que Dios hace con todas las cosas; no dice que Dios *desea* todas las cosas. Afirma que Dios obra todas las cosas a la luz del consejo de su voluntad. Este versículo parece declarar solo que la obra providencial de Dios en la historia humana mantiene en curso Su plan para la humanidad. Observa que este versículo dice algo bastante diferente de lo que opina Clark.

En medio de esta discusión se encuentra el asunto de la responsabilidad moral. Aquellos de una posición calvinista a menudo niegan la responsabilidad moral de Dios por el mal.[26] Clark y Piper sostienen que sus explicaciones

---

[24] G. H. Clark, *God and Evil: The Problem Solved* (Unicoi, TN: The Trinity Foundation, 2004), 40.
[25] Ibíd., 27.
[26] R. C. Sproul, Jr. puede ser una excepción; sin embargo, uno podría argumentar que él es el más consistente con la posición calvinista.

deterministas del mal no transfieren la responsabilidad moral a Dios, sino que ambos afirman que Dios no es culpable y el hombre es responsable. Aun así, aparte de atribuir responsabilidad moral, según la posición calvinista, el mal en este mundo no estaría aquí si Dios no lo hubiera ordenado o querido. Es decir, en definitiva, Jéssica (y los cientos como ella) sufrió su fin debido a Dios. El Holocausto, los millones que fueron asesinados por Stalin, la matanza de Pol Pot en Camboya, cada bebé golpeado hasta la muerte y cada cáncer no podrían estar aquí si no fuera porque Dios lo quiso o lo ordenó. A fin de cuentas, parece difícil escapar a la conclusión que Dios es moralmente responsable, aunque se presenten argumentos para negar esta conclusión.

Gordon Clark presenta una manera de responder a la acusación que la posición calvinista hace a Dios moralmente responsable por el mal aunque lo ordenara. Clark busca suavizar la contradicción al elaborar la noción de la voluntad oculta de Dios y Su voluntad revelada. En el contexto de Génesis 22, Clark escribe:

> Uno puede hablar de la voluntad oculta y de la voluntad revelada de Dios. Aquellos que ven contradicción en el caso anterior no dudarían en argumentar de forma similar sobre este punto también. El arminiano diría que la voluntad de Dios no puede contradecirse, y que, por eso, Su voluntad oculta no puede contradecir a Su voluntad revelada. Así, el calvinista diría lo mismo; pero él tiene una noción más clara de cuál es la contradicción, y lo que las Escrituras dicen. Fue la voluntad oculta de Dios que Abraham no debería sacrificar a su hijo Isaac; pero fue Su voluntad revelada (por un tiempo), Su mandato, que él debería hacerlo. Superficialmente parece una contradicción. Pero no lo es. La declaración, o mandato, «Abraham, sacrifica a Isaac», no contradice la declaración, al momento conocida solo por Dios, «Yo he decretado que Abraham no sacrifique a su hijo». Si los arminianos tuvieran un sentido de la lógica más agudo ellos no serían arminianos.[27]

---

[27]   Clark, *God and Evil*, 28.

Por el momento, el debate entre calvinistas y arminianos será puesto a un lado para considerar el argumento de Clark por mérito propio. La lógica de todo su argumento puede no ser tan clara como lo afirma. Él señala que la contradicción se remueve al afirmar que la voluntad oculta de Dios es que Abraham no debe sacrificar a su hijo, mientras que la voluntad revelada es que él debería sacrificar a su hijo. Sugerir que Dios conoce cuál prevalecerá apenas resuelve la contradicción. Es decir, es difícil ver cómo recurrir al conocimiento de Dios soluciona el problema. En realidad, recurrir al conocimiento de Dios parece agrandar el problema. La conclusión es que Dios tiene, al parecer, dos voluntades incoherentes, dado que Él conoce dos hechos opuestos al mismo tiempo. Si Dios es soberano, ¿cómo tiene dos voluntades (oculta y revelada) en cuanto al mismo evento, en especial cuando las voluntades afirman dos hechos opuestos? Clark admite que hay una contradicción aparente en el texto, pero piensa que lo ha resuelto. Sin embargo, pienso que su solución fracasa por razones lógicas. Por supuesto, sin duda, hay una solución a esta aparente contradicción, pero sugiero que no es la solución de Clark.

La explicación de Clark sobre la situación de Abraham en la que participa la voluntad oculta y la voluntad revelada de Dios debe también aplicarse al borracho que dispara a su familia. Fue la voluntad oculta de Dios que él no disparara a su familia, pero fue Su voluntad revelada que él debería disparar a su familia. Al final es la voluntad revelada la que de verdad se cumple en tiempo y espacio. Entonces, lo que sucede en este caso es justo lo opuesto de lo que sucede en el caso de Abraham. La voluntad oculta en el caso del borracho es que él no debería asesinar (Ex. 20:13), pero cuando él mata, Clark dice que es la voluntad de Dios ¿Esta es la voluntad oculta o la voluntad revelada? Con seguridad, Clark no puede estar diciendo que matar es la voluntad oculta de Dios. La muerte de la familia, puesto que Clark afirma que es la voluntad de Dios, entonces, debe ser la voluntad revelada de Dios. Aun así, este argumento pone a la voluntad revelada y la voluntad oculta del Dios soberano en conflicto, de modo que al parecer una es una voluntad soberana y la otra no lo es. El mandato «no matarás» parece ser la voluntad soberana de Dios. Por eso, cuando Clark afirma que la matanza de la familia es la voluntad de Dios, no puede ser la voluntad soberana, que es la afirmación que busca argumentar. En consecuencia, en el caso de Jéssica, tanto su tortura como su no tortura eran la voluntad de Dios. Al fin y al cabo, esta opinión solo puede llamarse incoherente. Se presenta a Dios como queriendo lo que no quiere, no obstante Él no es culpable de contradicción, ni se le encuentra culpable por la matanza.

Si Dios no es culpable, ¿quién lo es? Solo otro agente participa, es decir el hombre. Según el calvinismo, el hombre no tiene libre albedrío, entonces ¿cómo puede ser moralmente responsable? Piper y Clark coinciden que Dios, en última instancia, es la causa del mal, ya sea directa o indirectamente. Piper usa el término «ordenado» (ya sea causalidad directa o indirecta), y Clark afirma que Dios quiere el mal. Si Dios ordena o quiere el mal, pero no es culpable y las personas no tienen libre albedrío, entonces, ¿quién es moralmente responsable? Piper y Clark sostienen que el individuo tiene la responsabilidad moral por su maldad aunque no tenga libre albedrío. Clark trata de responder a este problema:

> Quizás el asunto puede aclararse al señalar en otras palabras precisamente cuál es la pregunta. La pregunta es, ¿es libre la voluntad? La pregunta no es ¿hay una voluntad? El calvinismo, con toda certeza, sostiene que Judas actuó voluntariamente. Él eligió traicionar a Cristo. Él lo hizo por voluntad propia. Ninguna pregunta se plantea sobre si tenía o no tenía una voluntad. Lo que los calvinistas preguntan es si esa voluntad era libre. ¿Hay factores o poderes que determinan la elección de una persona, o no tiene causa la elección? ¿Podría Judas haber elegido de otro modo? No, si hubiera podido elegir de otro modo, lo hubiera hecho; pero, ¿podría haber elegido en oposición a lo que estaba preordenado por Dios? Hechos 4:28 indica que él no podía.[28]

El punto de Clark es que uno no puede elegir distinto de lo que eligió aunque podría haberlo hecho diferente, pero solo si Dios lo hubiera querido diferente.

---

[28] Ibíd., 31.

Clark separa la idea de «libre» de la idea de voluntad. Por supuesto, la voluntad nunca es libre en el sentido absoluto, pero para Clark no es libre en ningún sentido. Según Clark, la voluntad del hombre no puede elegir en ningún sentido. La voluntad se vuelve solo el canal a través del cual lo que Dios quiere se realiza. En el caso del hombre que violó a Jéssica, él solo pudo haber elegido de otro modo si Dios hubiera querido de otro modo. Aun así, el violador es responsable. Clark señala que el hombre tiene una voluntad debido a su asociación con una acción humana, no porque funciona como una voluntad en el sentido normal de la palabra (que elige entre una cosa y su contrario).

Para muchos, incluyendo a Agustín, la voluntad quería decir que tenía la libertad para moverse por sí misma. Agustín observa:

> Entonces, ¿qué necesidad hay de pedir a la fuente de ese movimiento por el cual la voluntad cambia del bien inalterable al bien variable? Nosotros convenimos que pertenece solo al alma, y es voluntario y por eso culpable; y todo el valor de la enseñanza sobre este asunto consiste en su poder para censurarnos y comprobar este movimiento y alejar nuestras voluntades de las cosas temporales que están por debajo de nosotros al gozo del bien eterno.[29]

Por lo tanto, Agustín sostiene que la voluntad es, al menos, culpable por su propio cambio previo a la caída (y por algún tiempo él también creyó que esto era verdad después de la caída). En realidad, Richard Swinburne señala que este punto de vista persistió en la iglesia por los primeros cuatro siglos. Él escribe,

> Mi apreciación de la tradición teológica cristiana es que todos los teólogos cristianos de los primeros cuatro siglos creían en el libre albedrío del hombre en el sentido libertario, como lo creyeron todos los teólogos posteriores

---

[29] Agustín, *The Problem of Free Choice*, 3.1.2.

ortodoxos de oriente, y la mayoría de los teólogos católicos de occidente desde Duns Scotus (en el siglo XIV) en adelante.[30]

La mayoría de los teólogos creyeron que la libertad libertaria era la única manera en que los seres humanos podían ser moralmente responsables por sus acciones, justo como la Biblia lo indica con claridad. Incluso, la noción de voluntad lleva la idea de la capacidad de elegir entre esto y aquello, incluso entre opuestos. Declarar que la voluntad no es libre es volver lo que se llama voluntad a otra cosa distinta, al menos según nuestra comprensión común de la palabra.

Clark anticipa otra pregunta, a saber, ¿cómo puede algo llamarse una elección si es una necesidad? Es decir, si Dios quiere algo (realmente todas las cosas) ¿en qué sentido podría decirse a una persona que tiene una elección? Clark responde al decir:

> Por lo tanto, elección y necesidad no son incompatibles. En vez de pre-juzgar la pregunta al confundir elección con libre elección, uno debería dar una definición explícita de elección. El adjetivo podría justificarse solo después, si así fuera el caso. Elección puede definirse, al menos lo suficiente para el propósito presente, como un acto mental que de manera consciente inicia y determina otra elección. La capacidad de haber elegido otra cosa es un asunto irrelevante y no tiene cabida en la definición.[31]

Él está enfatizando que la voluntad es solo algo que inicia y determina más elecciones. La voluntad no es una clase de autodeterminante como Agustín y muchos padres de la iglesia enseñaron, sino más bien la voluntad solo inicia lo que Dios ha querido. Así es como la voluntad de Dios entra en la historia. Desde luego, uno no está seguro de cuál voluntad, la voluntad oculta o la voluntad revelada. Clark, al parecer, dice que el hombre tiene la capacidad de elegir, pero no la libertad de elegir. Es curioso cómo esto concuerda con

---

[30] R. Swinburne, *Providence and the Problem of Evil* (Nueva York: Clarendon, 1998), 35.
[31] Clark, *God and Evil*, 32.

la idea de la responsabilidad moral. Es como decir que las personas pueden tener un automóvil de cualquier color que quieran mientras quieran negro. Es cierto que pueden elegir tener un automóvil o no tenerlo, pero no pueden en ningún sentido legítimo decir que tienen una opción en cuanto al color. En definitiva, la voluntad, en los términos de Clark, no es voluntad en absoluto.

El fin lógico de la posición calvinista sobre el problema de la soberanía lleva a una forma fuerte de determinismo, que no es el resultado necesario de la soberanía bíblica. Además, la responsabilidad moral por el pecado debe hallar en Dios a su agente causal final. La protesta en contra de sacar esta conclusión implica un argumento que comete la falacia de la equivocación (en particular con la palabra «voluntad») y la falacia de explicar por nombrar, es decir, asumir que solo decir que algo es así lo hace que sea así. Sin embargo, la Biblia parece afirmar algo diferente. En la Escritura, los seres humanos pueden elegir entre opuestos, tales como la vida y la muerte (Deut. 30:15-19; Jos. 24:15; Isa. 56:4). El Antiguo Testamento es una historia de la respuesta de Dios a la accidentada historia de Israel, en la cual en un momento está actuando con fidelidad y al minuto siguiente está desempeñando el papel de ramera. El libro de Jueces es una triste historia que revela un patrón donde Israel libremente elige la infidelidad contra el mandato de Dios, y cómo Él interviene. Considera el resumen de las maldiciones y bendiciones de Dios en Deuteronomio 28. Allí, si Israel obedecía, seguirían las bendiciones (v. 1); pero si Israel desobedecía, las maldiciones vendrían sobre la nación (v. 15). O este registro es una historia real, o Dios hace que parezca como si las personas tuvieron elecciones libres reales cuando, en realidad, no las tuvieron, si los calvinistas tienen razón. Si no tuvieron una elección libre, entonces no se les puede imputar la responsabilidad moral. Considerando que se dieron distintos resultados, dependiendo de si los israelitas obedecieron o desobedecieron, el entendimiento con sentido común es que ellos eligieron libremente entre cosas opuestas. De otra manera, todo el episodio no tiene sentido. Al final, sus elecciones pueden ser menos que insignificantes, más bien ilusorias y engañosas hasta donde llega el registro. Afirmar que ellos eligieron pero que no eran libres es eludir el significado de «elegir», y entonces el lenguaje no significa nada. No solo eso, sino que destruye toda la noción de justicia. El hombre que violó a Jéssica y la enterró viva no pudo elegir de manera distinta. En el sentido llano del lenguaje, esa elección significa que a él no se le debería hacer responsable. Por otro lado, afirmar que Dios ordena pero no es moralmente responsable no se puede resolver simplemente recurriendo al misterio.

Mientras los calvinistas como John Piper pueden respetarse por su deseo de honrar al Señor, en este asunto, simplemente están equivocados y sus posiciones son incoherentes. Lamentablemente, estar equivocado en esta área tiene graves implicaciones para áreas de la teología, más allá del problema del mal. A fin de cuentas, si ellos desean sostener su punto de vista sobre la soberanía, deberían estar dispuestos a aceptar la conclusión lógica de su posición y reconocer que Dios es moralmente responsable por el mal. Entonces, pueden tratar de armar un caso de por qué esta posición no contradice directamente la clara enseñanza de la Escritura. Si mi crítica tiene alguna legitimidad, al fin y al cabo, esta posición lógicamente afirma que Dios es responsable causal y moralmente por el 11 de septiembre, el borracho que mató a su familia y la violación y muerte de Jéssica. Mientras escribo este párrafo final, he recibido una noticia en mi computadora que reporta que un hombre apuñaló fatalmente a su hermana de 17 años y decapitó a la otra hermana de 5 años durante la fiesta de cumpleaños de esta última, antes que la policía le disparara al hombre. Estos actos fueron también ordenados por Dios, si Piper y los otros tienen razón.[32] ¿Es esto lo que la Biblia enseña?

---

[32] Otros libros generales sobre el problema del mal incluyen W. Dembski, *The End of Christianity* (Nashville, TN: B&H Academic, 2009); D. Geivett, *Evil and the Evidence for God* (Filadelfia, PA: Temple University Press, 1993); C. S. Lewis, *The Problem of Pain* (Nueva York: Touchstone, 1996); M. Peterson, *God and Evil* (Boulder, CO: Westview Press, 1998); A. Plantinga, *God, Freedom, and Evil* (Grand Rapids, MI: Eerdmans, 1974); y N. T. Wright, *Evil and the Justice of God* (Downers Grove, IL: InterVarsity Press, 2006). Otros libros tienden a responder las preguntas existenciales que plantea el mal: D. A. Carson, *How Long O Lord?* (Downers Grove, IL: InterVarsity Press, 1990); J. Feinberg, *Deceived by God?* (Wheaton, IL: Crossway, 1997); C. Plantinga Jr., *Not the Way It's Supposed to Be* (Grand Rapids, MI: Eerdmans, 1995); R. Zacharias, *Cries of the Heart* (Nashville, TN: Word, 1998).

{Índice de autores}

{Índice de temas}

{Índice de textos bíblicos}